普通高等教育经济管理类专业精品教材

企 业 管 理 学

主 编 袁 宇 战书彬
参 编 徐丽萍 王 丹 孙 瑜 周海霞 崔海龙

机 械 工 业 出 版 社

"企业管理学"是经济管理类专业的核心课程，是在学生对管理学知识有一定了解的基础上，介绍企业类组织运作管理的一门总括性的课程，侧重于企业管理过程中涉及的内容、技术、方法的介绍，是偏重理论联系实践的一门课程。本书的编写以培养特色应用型学生为导向，以提高学生企业管理理论知识水平、实践技能和综合素质为目标，注重理论联系实际，注重用案例材料来教学。本书按照企业管理活动中的基础活动和支持活动对教材内容进行合理的逻辑安排，同时兼顾时代发展对企业管理的影响，突出当代企业管理的新内容和热点内容，具体内容包括企业概述、企业制度与环境、生产运作管理、市场营销、企业物流管理、企业战略管理、人力资源管理、技术开发与技术创新、企业文化、企业经营决策、管理创新等。

　　本书可作为高等教育经济管理类专业的教材，也可供企业培训管理人员使用。

图书在版编目（CIP）数据

　　企业管理学/袁宇，战书彬主编. —北京：机械工业出版社，2016.5（2023.1重印）
　　ISBN 978-7-111-53735-9

　　Ⅰ.①企…　Ⅱ.①袁…　②战…　Ⅲ.①企业管理—高等学校—教材　Ⅳ.①F270

　　中国版本图书馆 CIP 数据核字（2016）第 099459 号

机械工业出版社（北京市百万庄大街22号　邮政编码100037）
策划编辑：易　敏　责任编辑：易　敏　何　洋
责任校对：孙丽萍　封面设计：鞠　杨
责任印制：常天培
北京中科印刷有限公司印刷
2023 年 1 月第 1 版第 5 次印刷
185mm×260mm·18.5 印张·420 千字
标准书号：ISBN 978-7-111-53735-9
定价：49.80 元

电话服务　　　　　　　　　　网络服务
客服电话：010-88361066　　机　工　官　网：www.cmpbook.com
　　　　　010-88379833　　机　工　官　博：weibo.com/cmp1952
　　　　　010-68326294　　金　书　网：www.golden-book.com
封底无防伪标均为盗版　机工教育服务网：www.cmpedu.com

本书作者精心制作了PPT、教学大纲、习题及答案、教学视频等辅助教学资源，可帮助教师更好地安排教学。使用本书作为教材授课的教师可登录机械工业出版社教育服务网（www.cmpedu.com）下载，也可登录青岛农业大学官方网站查看更多资料。

前　言

"企业管理学"是经济管理类专业的专业核心课程，是在学生对管理学知识有一定了解的基础上，介绍企业类组织运作管理的一门总括性的课程。它涉及企业管理的各个领域，基本任务是研究企业管理的一般任务和基本方法。当今，随着企业内外部环境的变化，对管理人才的要求也在不断更新。为了培养应用型管理人才，提升授课效果，我们精心编写了本书。

本书的编写，首先以培养特色应用型学生为导向，以提高学生企业管理理论知识水平、实践技能和综合素质为目标，注重理论联系实际，注重用案例材料来教学，以更好地促使学生掌握理论知识，同时启发其思考。其次，本书充分考虑了与管理学原理、企业战略概论、人力资源管理等管理类课程的逻辑关系，在保持体系完整的基础上，尽量减少内容的重复。再次，在结构设计上，本书充分考虑了生产运作、营销、物流、决策、技术开发等各类活动在企业运营中的地位，从基础活动和支持活动的角度，对教材内容进行了合理的逻辑安排。这种安排不仅使读者能充分领略到各类活动在企业管理中的地位，而且将技术开发等内容单独列出，强调了在当今社会需求千变万化的时代，技术开发和技术创新的重要地位；同时增加了企业物流的内容，主要从企业的角度，对其经营活动中所涉及的采购物流、生产物流、销售物流、回收物流与废弃物流的内容进行了总括性介绍，进一步完善了企业基础活动的流程。在每章内容的安排上，每章开头安排了本章内容的结构框图，以利于学生对本章内容的整体把握；安排了引入案例、材料阅读、案例思考以及复习思考题，以帮助学生更好地理论联系实际。

教材分为四篇共十一章：第一篇企业管理基础，主要介绍企业和企业管理的基础理论；第二篇企业基础活动，涉及生产运作、市场营销、企业物流管理三章的内容；第三篇企业支持活动，包括企业战略管理、人力资源管理、技术开发与技术创新、企业文化和企业经营决策五章的内容；第四篇管理创新，介绍了管理创新的相关内容。本书是集体智慧的结晶，在李树超教授和战书彬教授的规划和指导下，由袁宇、徐丽萍、王丹、孙瑜、周海霞、崔海龙等老师共同完成，具体分工为：袁宇负责第一、二、四、五章的编写，徐丽萍负责第三、六、十章的编写，王丹负责第七、九章的编写，孙瑜负责第十一章的编写，周海霞和崔海龙负责第八章的编写。全书由袁宇、战书彬主编、审阅和定稿。

本书的出版得到了山东省教育厅精品课程建设课题、青岛农业大学特色应用课程建设课题资金的支持。在编写过程中，我们学习和参考了"参考文献"中各位作者的优秀思想，并得到了机械工业出版社编辑的鼎力帮助，在此，我们编写组成员表示衷心的感谢！

受到知识和写作水平的限制，书中难免出现疏漏、错误之处，恳请广大读者批评指正。

编　者

目　　录

第三篇 企业支持活动

第四篇　管理创新

企业管理学

企业管理基础

第一章　企业与企业管理

1. 掌握企业的概念和基本特征。
2. 了解关于企业使命的两种观点。
3. 理解企业类型的分类方法及各类企业的基本特征。
4. 熟悉企业制度的演变过程，以及不同企业制度的特点和区别。
5. 了解公司设立、合并、剥离与分立、解散与清算的有关知识。
6. 熟悉企业系统的概念。
7. 掌握企业管理要素及提高企业素质的途径。
8. 了解企业管理的范畴。

【关键术语】

企业　企业使命　企业类型　企业制度　个人业主制　合伙制　公司制

无限责任公司　有限责任公司　国有独资企业　股份有限公司　两合公司

企业系统　企业素质　企业管理

【结构框图】

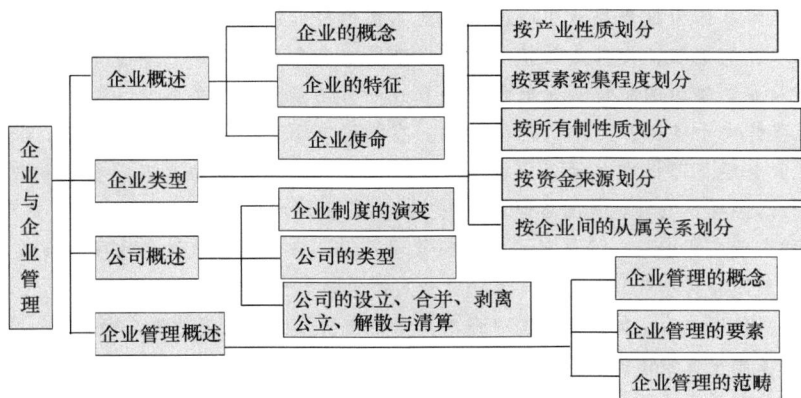

【引入案例】　海尔集团体制改革

1984 年 1 月，青岛电冰箱总厂刚成立时，其资本是由城镇集体资本金和企业法人资本金为主体构成的，是职工共同的有形与无形资产的投入。

1989 年 4 月 28 日成立的青岛琴岛海尔股份有限公司，是市政府批准的以青岛电冰箱总厂为主体骨干企业，是以电冰箱产品为龙头，联合全国 8 省 12 市的工业企业、科研机构、大专院校和外贸、银行等专业部门共 65 个单位组成的松散型的生产联合体。当时，股份公司的资本构成主要加入了内部职工股（1000～2000 元／人），外部法人单位的股份占全部股份的很少一部分。

1991 年是"八五"计划的第一年。国内经济工作的重点进一步转向结构调整和提高效益，国际经济全球化形势迅速发展，面对市场经济发展的趋势，海尔必须做出新的总体战略决策。张瑞敏带领一班人，经过反复研究，为海尔确立了集约化经营的发展战略，并首先解决了体制创新和组织结构调整问题。1991 年 12 月 20 日，经青岛市政府批准，琴岛海尔集团公司成立。公司是以琴岛海尔股份有限公司（电冰箱总厂）为核心，含青岛空调器厂和青岛电冰柜总厂，在三厂基础上共同组建形成的集团母公司。这是海尔历史上第一次真正的体制变革。

1993 年 11 月 19 日，青岛海尔电冰箱股份有限公司股票在上海证券交易所上市，上市公司初始资本 17 亿元，其中，集团 105 亿元，二轻联社 586 万元，公众股 5916 万元。这标志着海尔集团又一次进行了体制创新，走上了使集团持续、稳定发展的道路，进一步得到与自身现代化经营相互适应的体制保证。同时，上市公司募集资金 4 亿多元支持了初期海尔工业园的建设并用于相关行业的发展，为海尔的战略调整和转移及走向跨国经营提供了资金保证和有力支持。集团内部形成了适应经营特点的联合舰队体制框架，下属企业也按相关法规进行产权规范，建立了母公司与子公司、子公司与子公司之间相互交叉持股、参股的多元投资主体的产权关系。集团兼并的 18 个企业，无论是国有企业还是其他所有制成分的企业，都与集团公司形成了出资与被出资的明晰的产权关系。集团内部建立和完善了以资本为纽带的母子公司体制。随着集团规模的扩大，海尔又一次调整组织结构，改为事业部制，集团在组织结构上形成责权明确的四个层次的管理体系。集团总部为投资决策中心，各事业本部为经营决策中心，各事业部为利润中心，生产工厂、公司为成本控制中心，员工为质量中心，各个层次各负其责。这一事业部制基础上的联合舰队模式，使每个加入海尔集团的单位都是有很强独立战斗力的舰只，既能各自为战，又是联合作战的一部分，最终实现整体大于各部分之和的经营效果。在投资方面，集团公司权力集中，集团的事业本部可以对外投资，但要经总部批准，母公司行使投资权，另外，子公司也具有投资权和收益权。

海尔集团实行总经理负责制。集团总部设五个中心，即规划发展中心、财务中心、资产运营中心、人力资源开发中心和企业文化中心，都是集团的职能管理部门。海尔集团通过党政联席会议决定重大事项，参加会议的人员有集团公司总裁、集团公司其他负责人、党务负责人等。

海尔集团是以集体资本为主体，兼有国有资本、外资和社会公众投资的混合所有制，由多元投资主体构成的集团。这种多元投资主体的所有制结构更适合其生产经营方式，可以产权纽带形成股权结构与责权结构相对应的母企业与子企业及相关企业的有效的集、分权关系。

2005 年 1 月 28 日，海尔中建集团有限公司（1169.HK）公布，海尔集团对公司的注资计划已完成，公司改名为海尔电器集团有限公司。这意味着海尔集团海外借壳上市宣告成功。

2013 年，海尔集团与阿里巴巴集团联合宣布达成战略合作。双方将基于海尔集团在供应链管理、物流仓储、配送安装服务领域的优势，以及阿里巴巴集团在电子商务生态体系的优势，联手打造全新的家电及大件商品的物流配送、安装服务等整套体系及标准。该体系将对全社会开放。

目前，中国自主家电品牌出口量目前仅占到海外整体市场份额的 2.46%，而这当中的 89% 都来自海尔。2014 年年底，全球消费市场权威调查机构欧睿国际(Euromonitor)发布的数据显示，海尔品牌全球零售量份额为 10.2%，连续六年蝉联全球白色家电第一品牌。

（资料来源：根据《海尔集团体制案例分析》补充整理，时代光华管理培训网，http://www.hztbc.com/news/news_ 25596. html）

正如案例材料指出的，1989 年 4 月–1993 年 11 月，海尔实行股份制和集团化发展完成了两个转变，实现了体制的飞跃，使海尔从创立时的松散型的生产联合体制，向完善的以资本为纽带的母子公司体制转型。体制的理顺为海尔资源调配、生产管理、科学技术、组织结构、人力资源的开发和利用、市场营销、宏观决策等各方面的变革提供了良好的制度框架，推进了海尔集团的发展。在本章中，首先介绍企业的概念、特点，探讨企业的使命，之后介绍根据不同标准划分出的不同类型的企业及其各自特点；其次介绍企业制度的演变，重点介绍公司制度、特点、法律类型，以及公司的设立、合并、剥离与分立、解散与清算的相关内容；最后从企业管理的概念、要素、范畴的角度介绍企业管理相关知识。

第一节　企业概述

一、企业的概念

企业(Enterprise)是一个与商品经济相联系的历史概念，它是商品经济的产物。在不同的时期中，人们以不同的视角对企业的本质进行考证，提出了不同的观点。

古典经济学、微观经济学将企业视为以追求利润最大化为原则而存在的经济人。古典经济学家将企业定义为"把土地、劳动、资本等生产要素投入并转化为一定产出的经济单元(组织)"。在传统的新古典经济学家看来，企业不过是一个特殊的生产函数——一个内部没有"摩擦"的"黑箱"。在发达的商品经济条件下，由于市场竞争使企业的风险加大，人们对企业的认识又有了不同的理解。新古典理论认为，企业是一种以盈利为目的的经济单位。法律与经济学派认为，企业是集合土地、资本、劳动力等生产要素，在创造利润动机和承担风险的条件下，对某种事业做有组织的经营(阿门·阿尔奇安(Armen Albert Alchian)、哈罗德·德姆塞茨(Harold Demsetz)、迈克尔·詹森(Michael C.Jensen)和威廉·麦克林(William H. Mecking)，等人的定义)。西方制度学派的主要代表人物托斯丹·邦德·凡勃伦((Thorstein B. Veblen)，在他的《企业论》中认为，企业的动机是金钱利益……它的目的和通常的结果是财富的积累。企业是一个组织一定数量资源去实现资产增值的经济法人，是一个有生命的社会经济主体。世界著名管理大师彼得·德鲁克(Peter F. Drucker)认为，要知道何谓企业，就必须先了解它的目的为何。它的目的必须存在于企业本身之外。而在社会之中，因为企业是社会的一个器官，所以它的目的只有一个——创造顾客。企业是人们组织起来为居民提供产品和服务的单位。

总之，企业是为满足社会需要并获取盈利，实行自主经营、自负盈亏、独立核算，具有法人资格，从事商品生产和经营的基本经济单位。

二、企业的特征

从企业的概念可以看出，企业具备以下几个基本特征：

企业基本特征

- 依法成立。
- 明确的产权。
- 享有经营自主权。
- 利润极大化的追求者。
- 盈亏自负的经济实体。
- 企业和其他社会集团和个人的关系是商品交换的关系。
- 企业是独立的法人。

（一）依法成立

一个经济实体要想作为企业存在于社会，要根据相关法律的规定，得到国家政府部门的确认，发给企业营业执照，才成为企业。它在法律准许的范围内活动，并受法律的保护，所以说企业的行为是法律行为。

（二）明确的产权

为了保证投资人的利益，企业必须有明确的产权，即企业是谁投资的就是谁的。法人产权制就是企业作为法人，对企业注册的资产拥有独立支配权和资产负债权。投资者的资本投入企业，一经企业注册就成为法人占有的资产，投资者便对它失去了支配权。所以，现代企业产权制度的实质是所有者终极所有权与企业法人财产权的分离，现代企业使法人享有独立的法人财产权。

（三）享有经营自主权

企业在生产什么、如何生产、为谁生产方面完全由企业决定。其中，生产什么根据消费者的需求决定，如何生产取决于同业竞争对手，为谁生产取决于谁拥有收入。

（四）利润极大化的追求者

企业经营的目的是赚取利润，它不同于有特定意义的非营利组织，如事业单位、慈善机构等。这是企业之所以为企业的本质特征。赚取利润是企业经营的目标，也是企业生存和发展的基石；不能盈利，企业便失去了生产和发展的基础物质保障。

（五）盈亏自负的经济实体

企业自负盈亏，自盛自衰。企业若盈利了，除了纳税以外，别人无权分享，政府无权剥夺；若经营亏损了，别人不会同情，政府也没有补贴的义务，无法经营只好破产。破产这种"死刑"的威胁迫使企业发愤图强、不断进取。收益盈亏与企业盛衰存亡休戚相关，这是一条驱使企业奋蹄奔跑的无形之鞭。

（六）企业与其他社会集团的关系是商品交换的关系

企业与社会成员之间发生的关系，本着等价交换、自愿互利的原则，而且这一原则也体现在企业与员工之间的雇佣关系中。这是企业的利润原则所决定的。

（七）企业是独立的法人

企业作为法人，有独立的民事权利能力和民事行为能力，是独立享受民事权利和承担民事义务的主体。规范和完善的法人企业享有充分的经营自主权，并以其全部财产对其债务承担责任，而终极所有者对企业债务责任的承担仅以其出资额为限。

三、企业使命

企业使命（Mission）是企业存在的根本目的。企业的目的包括两个方面："满足社会需要并获得盈利"，这反映出企业社会与经济两方面的职能与责任。然而，在管理者实际决策时，两方面目标的完全保证往往不如单一目标的不懈追求来得简单明确，况且社会利益与经济效益对于企业而言并非总是协调、统一的。

（一）获利

企业首先要考虑的是在激烈的市场竞争中求得生存和发展。因为企业员工的生活要有保障，就要有很好的经济收入；企业要扩大生产规模，就要追加投资。这一切都要求企业通过生产经营活动来实现一定的利润，以保证企业生存和发展目标的实现。

（二）满足社会需要

企业不仅是一个经济组织，具有经济的功能，而且是一个社会性组织，是社会责任的承担者。所谓企业的社会责任（Social Responsibility），是指一个组织在其经济和法律义务之外愿意去做正确的事情，并有以益于社会的方式行事的意向。目前普遍的观点认为，企业需承担的社会责任的内容十分广泛，主要体现在对利益相关者需要的满足方面。利益相关者（Stakeholder）是指可能对组织的决策和活动施加影响或可能受组织的决策和活动影响的所有个人、群体和组织。作为组织利益相关者的个人和群体包括股东、管理者、非管理层员工、客户、供应商、组织所在地的社区以及组织所在国家的全体公民。因此，企业的社会责任具体体现在以下几个方面，如表1-1所示。

表 1-1　企业责任

名　　称	内　　容
对顾客的社会责任	深入调查并千方百计地满足顾客的需求；广告要真实；交货要及时；价格要合理；产品使用方便、经济、安全；产品包装不应引起环境污染；实行质量保证制度；提供周到的售后服务等
对供应商的社会责任	恪守信誉，严格执行合同
对竞争者的责任	公平竞争
对政府和社区的责任	执行国家的法令和法规；照章纳税；保护环境；提供就业机会，支持社区建设等
对所有者的社会责任	提高投资收益率；提高市场占有率；提升股票价值等
对员工的社会责任	保证公平的就业、上岗、报酬、调动、晋升；创造安全、卫生的工作条件；提供丰富的文化娱乐活动；吸收员工参与管理；对员工进行教育、培训；让员工分享利润等
对解决社会问题的责任	救济无家可归的人员；安置残疾人就业；资助失学儿童返回校园；在高校设立奖学金；支援落后地区发展经济；帮助老人等

（三）关于企业使命的两种观点

关于企业使命，主要存在两种不同的观点。第一种观点主张企业的使命主要是盈利，企业只应承担有限的社会责任。该观点认为：在一个自由竞争的市场体系下，企业追求私利极大化的过程会导致社会公利极大化的结果；担负社会责任的企业往往以牺牲企业利润和效率为代价；社会的公平取决于代表民意的政府，而不应由企业领袖来参与；企业管理者应接受更多的营销、生产、财务方面的职业训练，社会决策并非他们之所长；企业利润分散于社会既不稳定又不充足，不能有效地解决社会问题。因此，企业使命主要是完成其经济任务、追求利润目标，社会问题则由政府或社会本身来解决。

第二种观点认为，企业的使命不仅包括盈利，而且应该主动承担社会责任，因为这对企业本身有很大的好处。如果企业都不进行大规模裁员，就不会有很高的失业率，相应的购买力也不会下降，企业市场便不会萎缩；如果企业不管社会问题，很有可能导致社会混乱，最终受害者仍是企业；同样，如果企业不顾社会，人民就会转向政府，要求对企业进行更严厉的管制，这有可能更为糟糕；还有许多问题的确是由企业造成的，企业有义务负责完善、改善社会环境及其公众形象。

企业作为一个经济系统，无论从哪一方面来说都必须是盈利的，因此千方百计地提高经济效益毫无疑问是管理者的中心任务。然而，盈利是应该被直接作为目的来追求，还是被当成一种过程产物来看待，这一问题确实是值得管理者考虑的，尤其是那些经营较好、正在谋求进一步发展的企业，更应慎重考虑这一关系。如果管理者把盈利水平作为最高目标加以追求，其他的一切都只是实现这一目标的手段，则比较容易导致经营方面的短期行为，影响战略目标的稳定，并且容易使企业去追逐高回报率的行业或市场，而不易使企业在长期竞争中把注意力集中于自身素质的提高，这可能会对企业长远的生存与发展产生基础性的动摇。相反，若是企业把更多的精力用于关注市场、用户，对市场的变化、用户需求发展的趋势能够了解和掌握，并迅速做出反应，甚至引导、把握趋势的变化，企业就将在这一市场上长久不衰、日益兴旺；相应的，不仅盈利水平会较高而且稳定性会很好，同时，高市场占有率与良好的企业形象所导致的经营风险会很低。由此可见，**如果企业把眼光更多地放在服务对象身上，更多地关注长远的社会、市场、顾客利益，社会和用户是会充分予以回报的，利润作为服务过程的产物将自然而然地产生而无须刻意追逐。**

阅读材料　关于企业使命的专家观点

1. 松下幸之助的观点

松下幸之助（Konosuke Matsushita）早在 1932 年就提出了"企业人一定要尽企业人的本分，为提高社会生活的品质和追求世界文化的繁荣而奋斗"的企业使命。在世界经济大萧条之时，他就在考虑"生产者的使命""为什么办企业"这类经营理念问题，并从一次偶然的宗教活动中悟出了"正义的经营"之道。

商人的目的就是盈利。当然这是指正当的利益。如果没有利益，任何事业都没有发展的前途。企业的合理利润，是为了维持整个社会的协调。

在本质上，我们必须把利润看成企业达到使命所获得的报酬。因此，经营没有获得利润，可以说是因为它对社会贡献太少，或是没有完成它所肩负的使命。没有利润的经营违反了企业的社会责任。换句话说，企业由经营活动来达成贡献社会的使命，并从中获得适当的利润，这对企业而言非常重要。因此，任何企业不管处于何种社会情势之中，都必须诚实及努力地完成它对社会的使命，同时从其事业的活动中获取适当的利润，然后依法纳税，取之于社会，用之于社会。这对企业来说，是一项相当重要的责任和义务。

2. 彼得·德鲁克的观点

美国著名的管理学家彼得·德鲁克在 1987 年出版的《管理——任务、责任和实践》一书中对企业使命进行了如下论述：

企业目标的唯一有效定义就是创造顾客。管理当局的每一项行动、每一项决策、每一项考虑，都必须把经济上的成就放在首位；管理的第二项任务是使工作富有活力并使员工有成就感；管理的第三项任务是处理企业对社会的影响和对社会的责任。

中外管理学界与实业界都在思考、探索一种更好的经营思想与思想方法，试图把企业利益与公众、顾客利益更好、更自然地协调统一起来。

第二节　企业类型

根据企业不同的划分标准，企业的分类如表 1-2 所示。

表 1-2　企业分类

按产业性质划分	按要素密集程度划分	按所有制性质划分	按资金来源划分	按企业间的从属关系划分
第一产业企业	劳动密集型企业	国有企业	中资企业	母公司与子公司
第二产业企业	资金密集型企业	集体企业	外资企业	总公司与分公司
第三产业企业	技术密集型企业	私营企业	中外合资经营企业和中外合作经营企业	
	知识密集型企业	混合企业		

一、按产业性质划分

所谓产业，是指人们直接从事的生产活动或服务活动。经济学中将人们的这种活动划分为三种类型。

第一产业是指广义的农业生产活动，包括农、林、牧、副、渔；第二产业是指工业生产活动，如所有厂矿、交通运输、工业建筑等企业，都属于第二产业企业；第三产业是指为生产和生活服务的行业，如银行、邮电、饮食、商业、娱乐、旅游、信息服务等行业的企业，都属于第三产业企业。

就社会发展的趋势看，第三产业的就业人数和产值占全部产业就业人数和全部产值的比重日益增加，即产业结构发生了重大变化。产业结构之所以会发生这样的变化，是因为随着科学技术水平的提高，第一、第二产业的机械化、自动化程度越来越高，从业人数大大减少；而随着信息的发达，生活水平的提高，信息服务和生活服务、娱乐、旅游的需求增加，这方面的从业人员随需求大大增加。第三产业越发达，人们的生活就越方便，物质和精神生活的享受水平就越高。因此，第三产业发达与否，已成为鉴别社会发达程度的重要标志。我国目前正经历着这种产业结构的变化，第三产业的发展有着广阔的前景。但第三产业的发展是以第二产业的发展为前提的，是工业化进程所决定的。

二、按要素密集程度划分

根据要素密集程度，企业可分为劳动密集型、资金密集型、技术密集型和知识密集型企业。

（一）劳动密集型企业

劳动密集型企业（Labor-intensive Enterprise）是指技术装备程度低、需要使用大量劳动力的企业。用以衡量劳动密集程度的指标有单位劳动力占用固定资产、单位产品人工成本含量、人工成本比重。相对说来，单位劳动力占用固定资产少、单位产品人工成本含量高、人工成本比重大的企业，属劳动密集型企业。

劳动密集型企业的主要特点是劳动工具比较简单，技术要求比较低、投资省，单位投资和单位设备能吸收较多的劳动力，但劳动生产率比较低。对于寻求劳动力出路的地区，发展劳动密集型企业是一项经济发展战略。但从发展前景看，劳动密集型企业还是要转化为技术密集型企业的。

（二）资金密集型企业

资金密集型企业（Capital-intensive Enterprise）即单位劳动力占用资金较多的企业，例如冶金、石油、机械制造等企业，也可称为资本密集型企业。

资金密集型企业的主要特点是投资大，相对容纳劳动力少，资金周转慢。优点是劳动生产率高，竞争能力强。

（三）技术密集型企业

技术密集型企业（Technology-intensive Enterprise）是指采用现代科学技术装备和手段较多，生产经营要求现代科学技术水平较高的企业，如采用高效组合机床、数控机床、加工自动线、合成材料技术、原子能技术、激光技术、航天技术、生物技术、机器人的企业。

技术密集型企业占用劳动力少，生产和管理要求科学技术知识较多，并能为各产业部门提供新材料、新能源、新工艺、新设备、新方法等。

（四）知识密集型企业

知识密集型企业（Knowledge-intensive Enterprise）是指综合运用现代科学技术知识的企业，如，电子计算机、飞机和宇航、大规模和超大规模集成电路、原子能等工业企业，以及电子计算机软件设计、技术和管理咨询服务、信息处理等企业。

知识密集型企业的特点是：综合运用多学科的最新科学研究成果，科学和生产、业务紧密结合；有较先进、复杂的技术设备，建设投资和产品开发费用较大；科学技术人员的比重大；管理和作业人员需有较高的科学文化知识水平；使用劳力和消耗原材料较少。

三、按所有制性质划分

（一）国有企业

我国的国有企业又称为全民所有制企业，是指所有权为国家所有，依法注册、登记，自主经营、自负盈亏、独立核算的生产经营组织。国有企业具有法人资格，以国家授予其经营管理的财产承担民事责任。国有企业财产属于国家所有，对国家负责，经营目标是确保国有资产保值和增值。由于我国全民所有制采取国家所有制形式，由国家代表全民行使所有者的职能，所以，国家有关管理机构自身的完善程度与管理人员的素质等问题会影响到国有企业的正常、高效运营。国有企业发生的亏损有时不单纯是经营性亏损，而可能是政策性亏损。政策性亏损是指企业为实现国家规定的社会公益性目标或者指令性计划而形成的亏损；经营性亏损则是因企业自身的经营管理不善造成的。国有企业经营管理中存在的政府性行为与市场经济的不适应，是我国改革进程中有待解决的问题。

（二）集体企业

集体企业即集体所有制企业，是指所有权为人民群众集体所有，依法注册、登记的生产经营性组织。目前集体企业在我国主要分为农业中的集体所有制和工商业中的集体所有制，其中农业中的集体所有制现在主要是指家庭联产承包责任制。

（三）私营企业

私营企业是指生产资料为私人所有，依法注册、登记的生产经营性组织。

（四）混合企业

混合企业是指所有者中可能既有国家和集体等公有制成分，又有个人与外资等私有制成分的企业，是不同性质所有制之间的联合。正由于其混合所有的性质，使其组建和经营更加灵活、有活力，更有利于资源的优化组合和合理调配，应变能力较强。

四、按资金来源划分

（一）中资企业

中资企业是指资本来源于我国境内，所有者为中国公民或法人的生产经营性组织。

（二）外资企业

外资企业又称外商独资经营企业，是指外国的企业、其他经济组织或者个人，依照中国的法律和行政法规，经中国政府批准，设在中国境内，全部资本由外国投资者投资的企业。

（三）中外合资经营企业和中外合作经营企业

1. 中外合资经营企业

中外合资经营企业是指由外国投资者和中方投资者依照中国的法律和行政法规，经中国政府批准，设在中国境内，由双方共同投资、共同经营，按照各自的出资比例共担风险、共负盈亏的企业。中外合资经营企业一般采取股权式方式组成，其组织形式多为有限责任公司。

2. 中外合作经营企业

中外合作经营企业是指契约式的中外合营企业，它是由外国企业、其他经济组织或者个人同中国的企业和其他经济组织，依照中国的法律和行政法规，设在中国境内，由双方用契约确定各自的权利和义务的企业。合作经营企业可以依法取得中国的法人资格，也可以不具备法人资格。具备法人资格的合作企业，一般采取有限责任公司形式，投资者以其投资或者提供的合作条件为限对企业承担责任；不具备法人资格的合作企业，合作双方依照中国民事法律的有关规定承担民事责任。

五、按企业间的从属关系划分

根据控制与被控制的关系，企业可划分为母公司与子公司，并形成企业集团；根据管辖与被管辖的关系，企业可划分为总公司与分公司。

（一）母公司与子公司

1. 母公司与子公司的概念

母公司与子公司是相对而言的。母公司是指通过持有其他公司一定比例的股票或资产，从而对其拥有实际控制权的公司，所以也称为控股公司。受母公司控制、支配的公司为子公司。

2. 母公司与子公司的联系和区别

母公司与子公司都具有法人资格。母公司一般是依据其掌握的子公司的控股权，通过其在子公司股东会及其董事会中的席位而产生的决策权，对子公司实施控制的。母公司和子公司的联系和区别如下：

- 子公司受母公司的实际控制。
- 母公司与子公司之间的关系基于股份的占有或控制协议而产生。
- 母公司与子公司各为独立的法人。

3. 企业集团

企业集团是指以资本为主要联结纽带的母子公司为主体，以集团章程为共同行为规范的母公司、子公司、参股公司及其他成员企业或机构共同组成的具有一定规模的企业法人联合体。企业集团不具有企业法人资格。企业集团是建立在公司法人制度的基础之上的，其成员企业在法律上各自保持独立法人的地位。如图 1-1 所示，中国远洋运输（集团）总公司在境内外控股和参股的有中国远洋、中远投资、中远太平洋、中远国际、中远航运和中集集团等。中远集团作为二级子公司的母公司，对其拥有实际控制权，所控股的子公司都是具有法人资格、自负盈亏的经营实体。

阅读材料　集团公司成立必须具备的条件

企业集团的母公司注册资本在 5000 万元人民币以上，并至少拥有 5 家子公司。

母公司和其子公司的注册资本总和在 1 亿元人民币以上。

集团成员单位均具有法人资格。

国家试点企业集团还应符合国务院确定的试点企业集团条件。

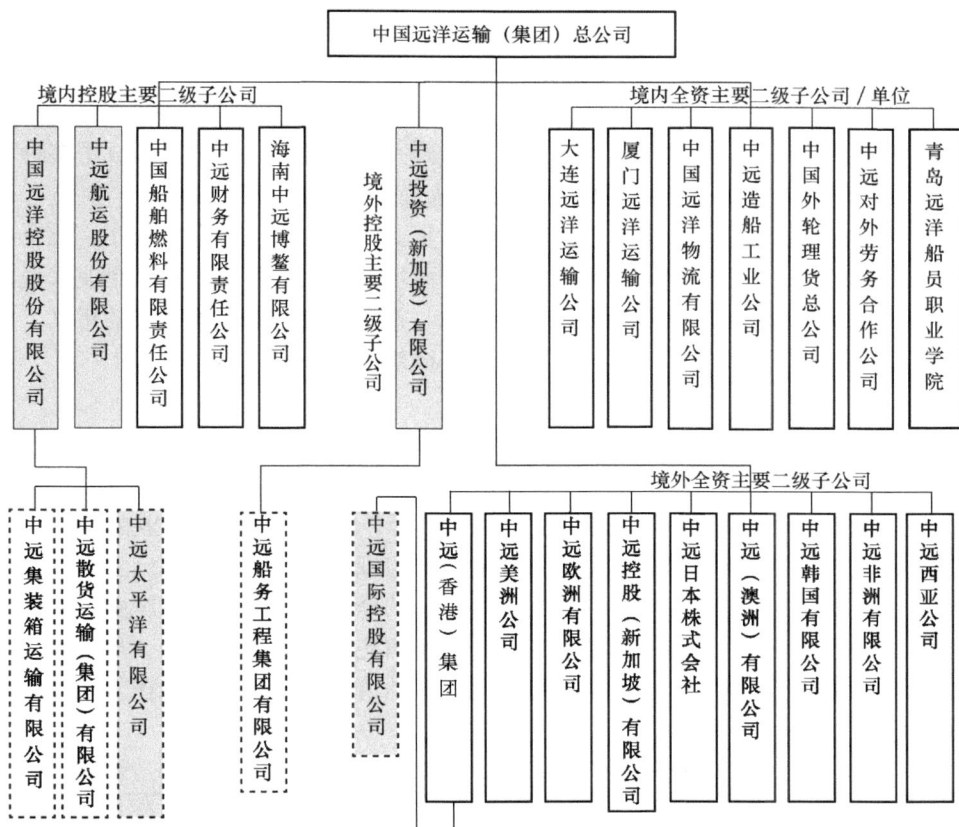

图 1-1　中远集团组织结构图

注：1. 实线框内为二级子公司/单位，虚线框内为二级子公司所属重要子公司。

　　2. 方框内有底色的是上市公司。

（资料来源：中远集团公司网站）

（二）总公司与分公司

总公司（Head Office）与分公司（Branch Office）也是相对而言的。总公司是指依法设立共管辖公司全部组织的具有企业法人资格的总机构。总公司通常先于分公司而设立，在公司内部管辖系统中处于领导、支配地位。

由于经营管理的需要，在一个公司内部采取设立的分支机构就是分公司。分公司作为总公司所管辖的分支机构，在业务、资金、人事等方面受本公司管辖，在法律上和经济上都没有独立性，无自己的章程，其民事责任由总公司承担。分公司的特点具体如下：

- 分公司一般没有独立的公司名称和章程。
- 分公司不具有独立的资本，不是独立核算的纳税主体。
- 分公司对外不独立承担民事责任。
- 经营活动的结果由总公司整体承担。
- 分公司名称为总公司名称后加"分公司"字样，其名称中虽有公司字样，但不是法律意义上的公司。

第三节　公司概述

企业制度经历了一个从简单到复杂、从不完善到完善的过程，并由此形成了多种不同的类型。在市场经济条件下，企业制度的基本形式从资本的所有者形式来看，主要有三种类型，即个人业主制、合伙制和公司制。不同形式的企业在法律地位、设立程序、投资者的利润和责任、资金的筹措、管理权的分配、税收等方面均有很大的不同。对于企业来说，选择适当的法律形式，对于企业的发展以及投资者预期收益的实现有着极为重要的意义。如何选择企业的形式，要根据企业的具体情况和有关的法律规定来决定。

一、企业制度的演变

（一）个人业主制

个人业主制（Sole Proprietorship）是指由一个人出资，由业主行使对企业的唯一、完全的控制权，并且对企业的债务承担全部个人责任的法律组织形式。从法律规定上看，个人企业并不是法人，不具独立的法律人格。它的财产和业主的个人财产没有任何区别。业主以自己的全部财产对该企业的债务负连带无限清偿责任。所谓连带无限清偿责任，是指股东不论出资多少，对公司债权人以全部个人财产承担共同或单独清偿全部债务的责任。这种企业形式具有的优势和劣势如表 1-3 所示。

表 1-3　个人业主制企业的优劣势对比

优　势	劣　势
注册手续简单，费用低	信贷信誉低，融资困难
法规限制少	无限责任
决策自主	可持续性低
税收负担较轻，只征收个人所得税而免征企业所得税	财力有限，难以有大的发展
注册资金随意	难以享受到许多经营税收优惠
易中断经营	业主负担重
	缺乏企业管理

（二）合伙制

合伙制（Partnership）是指由两个或两个以上的当事人联合经营的企业。合伙人按照协议共同出资、经营、分享利润并承担风险和责任。合伙人对企业的债务负连带无限清偿责任。

合伙制企业一般是基于当事人之间签订的合伙合同而成立的。合伙合同签订后，还需要去主管部门登记注册，有些特殊行业还需到特殊的主管部门审批。合伙企业一旦成立，各合伙人之间就应享有相应的权利和义务。其权利包括分享利润的权利、参与经营管理的权利、监督和检查账目的权利、获得补偿的权利等。其义务包括出资的义务、忠实的义务、谨慎和注意的义务、不随意转让所出资金的义务、这种企业形式具有的优势和劣势如表 1-4 所示。

表 1-4　合伙制企业的优劣势对比

优　势	劣　势
合伙人共同筹资，资本规模较大	合伙人负有连带责任
共负偿债的无限责任，风险较小	所有权转让困难
获得贷款的能力较强	集体决策，难免互相干扰
合伙人对企业负有完全责任，可增强经营者的信心	易形成多头领导，权力分散，增大管理协调的难度
政府对合伙制企业的监督和控制较松	

　　无论是个人业主制企业还是合伙制企业，由于受各种限制，规模一般都较小，称其为小企业。它们是经济发展过程中最多也是最重要的企业形式，因为小企业也有其经济价值：
- 小企业往往是发展一种新产品或新项目的起点。
- 小企业可以使个人有取得经验的机会，并使其以后可以在更大规模上运用这些经验。
- 小企业在满足当地需求上可能比大企业更具优越性。
- 许多顾客对大量生产的商品感到厌倦，而欢迎由巧匠个人所生产的物品或提供的个性化服务。
- 小企业是经济波动的减震器。

（三）公司制

　　公司制企业（Corporation）也称公司，是现代企业中最重要、较普遍的一种企业类型。从严格的法律角度来说，它是指依法设立并以盈利为目的具有法人资格的经济组织。公司是企业法人，享有独立的法人财产。企业对法人财产依法拥有的独立的支配权力就是法人财产权，具体体现为企业法人对法人财产的占有、使用、处置等权利。

阅读材料　公司制的产生

　　1841 年 10 月 5 日，美国西部铁路上发生了一次列车撞车事故，死伤多人，遭到了舆论的谴责，指责老板无能管理企业。在舆论的压力下，企业进行了改组，首先建立了各级责任制，选拔精通铁路技术的人员、专家担任领导，而原来的领导退居二线，只拿股票，按期领取股息，实行了第一次企业的所有权和经营管理权的分离。由此出现了第一代由全部拿薪水的管理人员通过一个正式的管理机构来管理现代化的企业，这就是公司制的产生。

　　公司制企业有四个方面的特点：
- 迅速、大量地筹集资本。
- 股东有限责任，风险分散。
- 所有权与经营权分离。
- 全员雇佣制。

阅读材料　中国历史中公司制企业的雏形

中国历史上较早的公司制企业的雏形可以追溯到中国的晋商。兴于明初，从 14 世纪中叶到清末活跃 500 余年的晋商，较早实现了经营权和所有权的分离，即人力资本与财东资本分离：东家（财东资本）即具有人事任免权的大股东，对店铺经营结果进行控制，给予经营者（掌柜）足够的权力，到财政年末，根据执行结果予以奖惩，一般以三年为一个财政周期，看重长期经营行为和效果。掌柜的分红可能超过财东的分红。东家聘请掌柜（人力资本），即职业经理人，全权负责店铺的日常经营。

二、公司的类型

公司分为无限责任公司、有限责任公司、股份有限公司和两合公司等几种类型。

（一）无限责任公司

无限责任公司（Company with Unlimited Liability）是指由两个以上的股东组成，股东对公司的债务承担连带无限清偿责任的公司。所谓连带无限清偿责任，是指股东不论出资多少，对公司债权人以全部个人财产承担共同或单独清偿全部债务的责任，是典型的人合公司。这种公司风险较大，特点如下：

（1）公司解散清算时，股东要以自己的全部动产与不动产来对公司所负债务负责，即当公司资产不足以清偿公司债务时，股东要以自己的资产来清偿。

（2）无限责任公司的设立简单，通常没有法定的最低注册资本额的限制，也无须对外公开财务状况。

（3）股东转让股权受到严格的限制，股东的责任与其在公司内部的利益成正比，而且延伸至公司所有的债务。

（4）由于无限责任的存在，且股东有权直接参加公司的管理，无限责任公司的股东必须积极努力经营以免公司破产，所以其相应的信用程度也要高一些。

（5）股东风险大，股本转让又困难，相对自由度低，所以筹集资本比较困难。

（二）有限责任公司

有限责任公司（Company with Limited Liability）是指由 50 个以下股东共同出资，每个股东以其认缴的出资额对公司行为承担有限责任，公司以其全部资产对其债务承担责任的企业法人，本质上是一种资合公司。它与无限责任公司的区别是它只承担有限责任，而不负连带无限清偿责任；它与股份有限公司的区别是它并不对外公开发行股票。

1. 有限责任公司的特征

（1）不发行股票。股东各自的出资额一般由他们协商确定。在他们各自交付了其协定应付的股金后，由公司出具书面的出资证明（股份证书），作为其在公司中享有权益的凭证。

（2）股东人数较少，股东常常作为雇员参加公司的经营管理。

（3）公司股权转让有严格的限制。万一发生特殊情况需要转让，必须经全体股东一致同意。如股东欲转让其股份，其他股东有优先购买权。这也是限制股东人数的一个原因。

（4）公司的账目不对外披露。

2. 一人有限责任公司

一人有限公司是指只有一个自然人股东或者一个法人股东的有限责任公司。实质意义上的"一人公司"在西方国家，特别是美国较为普遍。一人有限责任公司公司有两个基本法律特征：一是股东人数的唯一性；二是股东责任的有限性。我国《公司法》中对一人有限责任公司做了特殊规定，一个自然人只能投资设立一个一人有限责任公司，该一人有限责任公司不能投资设立新的一人有限责任公司。一人有限责任公司章程由股东制定，一人有限责任公司不设股东会；一人有限责任公司的股东不能证明公司财产独立于股东自己的财产的，应当对公司债务承担连带责任。

3. 国有独资公司

国有独资公司是指国家单独出资，由国务院或者地方人民政府授权本级人民政府国有资产监督管理机构履行出资人职责的有限责任公司。它是一种特殊的有限责任公司，因为它的股东只有一个，即国家授权投资的机构单独开办，故它也是一种特殊的一人有限责任公司。

国有独资公司章程由国有资产监督管理机构制定，或者由董事会制订报国有资产监督管理机构批准。国有独资公司不设股东会，由国有资产监督管理机构行使股东会职权，除此以外具备一般有限责任公司的一切特征，并享有有限责任公司应有的权利和义务。

（三）股份有限公司

股份有限公司（Company Limited by Share）是指注册资本由等额股份构成，并通过发行股票筹集资本，公司以其全部资产对公司债务承担有限责任的企业法人。它是典型的资合公司，在法律上具有独立的法人地位。设立股份有限公司，应当有 2 人以上 200 人以下为发起人。

股份有限公司的特点：一是股东对公司债务只承担有限责任；二是公开发行股票，股东权益随股票的转移而转移（股票是流动的，可以买卖）。股份有限公司是现代企业最主要也是最典型的组织形式。

（四）两合公司

两合公司（Limited Partnership）是指由负无限责任的股东和负有限责任的股东组成的公司。其中，无限责任股东对公司债务负连带无限责任，负无限责任的股东具有执行业务的权力并承担相应的责任，可以对外代表公司；有限责任股东对公司债务以出资额为限负有限责任，有限责任的股东不得随意转让其资本份额，若转让须经全体无限责任股东同意。

两合公司的基本特点与无限公司相似，但可以同时满足不同投资者的需要。有良好的信用和经营能力但没有财力的人，与拥有财力但没有能力或不愿直接从事经营活动的人，可以相互结合、互取所长。两合公司由于决策权和经营权完全掌握在无限责任股东手中，其有限责任股东的地位远不如有限责任公司的股东，所以，一般情况下投资者不愿参加两合公司。实际上，采用这种公司形式的企业并不多见。

我国《公司法》规定的公司只指有限责任公司和股份有限公司两种。

三、公司的设立、合并、剥离与分立、解散与清算

（一）公司的设立

公司设立就是企业要取得法人资格。设立公司，应当依法向公司登记机关申请设立登记，由公司登记机关发给公司营业执照，依法制定公司章程，依法登记公司法定代表人。公司可以设立分公司或子公司。不同类型的公司设立条件分析如下：

1. 有限责任公司的设立条件

（1）股东符合法定人数，有限责任公司由 50 个以下股东出资设立。

（2）有符合公司章程规定的全体股东认缴的出资额。

（3）股东共同制定公司章程。

（4）有公司名称，建立符合有限责任公司要求的组织机构。

（5）有公司住所。

2. 股份有限公司的设立条件

股份有限公司的设立可以采取发起设立或者募集设立的方式。发起设立是指由发起人认购公司应发行的全部股份而设立公司；募集设立是指由发起人认购公司应发行股份的一部分，其余股份向社会公开募集或者向特定对象募集而设立公司。

股份有限公司的设立条件如下：

（1）发起人符合法定人数。

（2）有符合公司章程规定的全体发起人认购的股本总额或者募集的实收股本总额。

（3）股份发行、筹办事项符合法律规定。

（4）发起人制定公司章程，采用募集方式设立的经创立大会通过。

（5）有公司名称，建立符合股份有限公司要求的组织机构。

（6）有公司住所。

阅读材料　2014 年新《公司法》（自 2014 年 3 月 1 日起施行）修改变化

第一，将注册资本实缴登记制改为认缴登记制。

除法律、行政法规以及国务院决定对公司注册资本实缴有另行规定的以外，取消了关于公司股东（发起人）应自公司成立之日起两年内缴足出资、投资公司在五年内缴足出资的规定；取消了一人有限责任公司股东应一次足额缴纳出资的规定。转而采取公司股东（发起人）自主约定认缴出资额、出资方式、出资期限等，并记载于公司章程的方式。

第二，放宽注册资本登记条件。

除对公司注册资本最低限额有另行规定的以外，取消了有限责任公司、一人有限责任公司、股份有限公司最低注册资本分别应达 3 万元、10 万元、500 万元的限制；不再限制公司设立时股东（发起人）的首次出资比例以及货币出资比例。

第三，简化登记事项和登记文件。

有限责任公司股东认缴出资额、公司实收资本不再作为登记事项。

（二）公司合并

1. 公司合并的定义和类型

公司合并可以采取吸收合并或者新设合并的方式。一个公司吸收其他公司为吸收合并，被吸收的公司解散，即 A+B→A；两个以上公司合并设立一个新的公司为新设合并，合并各方解散，即 A+B→C。

2. 公司合并的动机

公司合并分为善意合并和恶意合并。

（1）善意合并（也称友好合并，Friendly Merger）。它是指被合并公司同意合并公司提出的合并条件并承诺给予协助，故双方高层通过协商来决定合并的具体安排，如合并方式（以现金、股票、债券或其混合等）、合并价位、人事安排、资产处置等。由于合并当事双方均有合并意图，而且对彼此之间的情况较为熟悉，故此类合并成功率较高。这种方式的合并是以协议为基础的，故又称为协议合并。

（2）恶意合并（也称敌意合并或强迫接管合并，Hostile Merger）。它是指合并公司在被合并公司管理层对其合并意图尚不知晓或持反对态度的情况下，对被合并公司强行进行合并的行为。

（三）公司剥离与分立

1. 公司剥离

公司剥离是指企业将现有部分子公司、部门、产品生产线、固定资产等出售给其他公司，并取得现金或有价证券作为回报。

2. 公司分立

公司分立是指一个公司依照公司法有关规定，通过股东会决议分成两个以上的公司。公司分立分为存续分立和解散分立两种。

（1）存续分立。它是指一个公司分离成两个以上公司，本公司继续存在并设立一个以上新的公司。

（2）解散分立。它是指一个公司分散为两个以上公司，本公司解散并设立两个以上新的公司。

3. 公司剥离与分立的动因

公司进行剥离与分立，大多基于以下原因：

- 适应经营环境变化，调整经营战略。
- 提高管理效率。
- 谋求管理激励。
- 提高资源的利用效率。
- 弥补并购决策失误或成为并购决策的一部分。
- 获取税收或管制方面的优势。

（四）公司解散与清算

1. 公司解散

公司解散是指已成立的公司基于一定的合法事由而使公司消失的法律行为。

2. 公司清算

除因合并、分立而解散外，在其他解散的情形下，公司均需进行清算。通过清算，结束解散公司的既存法律关系，分配剩余财产，从而最终消灭其法人资格。

公司基于以下原因，需要进行解散：公司章程规定的营业期限届满或者公司章程规定的其他解散事由出现；股东会或者股东大会决议解散；因公司合并或者分立需要解散；依法被吊销营业执照、责令关闭或者被撤销；公司经营管理发生严重困难，继续存续会使股东利益受到重大损失，通过其他途径不能解决的，持有公司全部股东表决权 10% 以上的股东，可以请求人民法院解散公司。

公司解散的，应当在解散事由出现之日起 15 日内成立清算组开始清算。有限责任公司的清算组由股东组成；股份有限公司的清算组由董事或者股东大会确定的人员组成。

清算组在清理公司财产、编制资产负债表和财产清单后，发现公司财产不足清偿债务的，应当依法向人民法院申请宣告破产。公司经人民法院裁定宣告破产后，清算组应当将清算事务移交给人民法院。

公司清算结束后，清算组应当制作清算报告，报股东会、股东大会或者人民法院确认，并报送公司登记机关，申请注销公司登记，公告公司终止。

第四节　企业管理概述

一、企业管理的概念

企业管理，是由企业经理人员或经理机构，根据企业的运作规律及实际情况，按照市场需求，对企业的经济活动过程进行计划、组织、指挥、协调、控制，以提高经济效益、实现企业目标的活动的总称。

二、企业管理的要素

（一）企业系统的概念

系统是指由两个或两个以上相互联系、相互作用的要素按一定方式组合成的具有特定功能的有机整体。系统具有整体性、目的性、关联性、层次性和环境适应性。任何系统都处于一定的环境之中，同环境存在着物质、能量、信息的交换，并力图保持与外界的平衡。

企业系统是由人力、物力、财力、信息等要素按照一定的技术规律和管理规律，经其配置、整合所构成的，具有生产并为社会提供产品（劳务）功能的相对独立的经济实体。企业系统是一个存在于自然和社会这一大环境中的投入产出系统，是既影响环境，也受环境影响的开放系统，如图 1-2 所示。

（二）企业管理要素概述

企业管理的要素即企业经营过程中必须投入的资源，也是构成企业正常运转的必要条件，包括人力、物力、财力、信息、时间五方面。

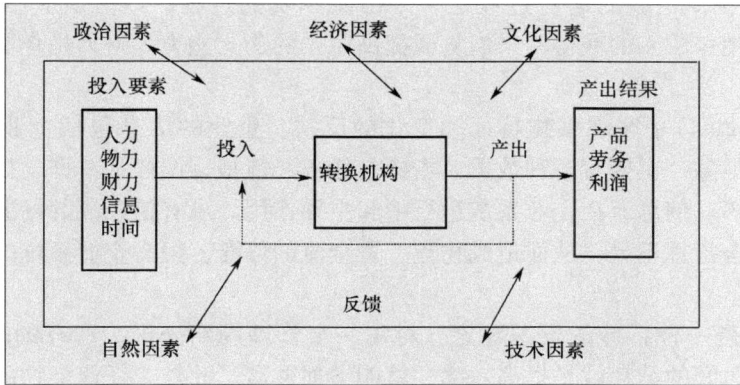

图 1-2　企业系统图

1. 人力

人力（Human Resources）是企业的实体要素，是达成企业目标最积极最活跃的因素。企业中的人员，按其在生产过程中的作用，可分为三类：

（1）直接生产人员。直接从事生产作业的人员，是企业的主力军。越是机械化、自动化程度低的企业，这类人员的比重应越大。他们生产技能的高低，体能、智能的强弱，以及劳动情绪等，直接影响产品的数量和质量。

（2）辅助生产人员。企业生产服务的人员，如医务、保安、招待、非车间搬运人员等。他们虽不直接进行生产作业，但都做着维持生产作业不可缺少的工作。辅助生产人员的存在是企业内部合理分工的结果。随着服务社会化以及第三产业的发展，这部分人员会大量减少。

（3）管理人员。可分为行政管理人员、经济管理人员和技术生产管理人员，这三类人员组成企业的管理队伍。行政管理人员包括经理、部门、科室、车间领导者和秘书等行政工作人员；经济管理人员包括统计、会计、推销、采购、广告、公关等方面的经管人员；技术生产管理人员包括各种生产、科研工程技术人员。这类人员是企业生产经营和技术的决策人，他们是企业成败的关键人物，特别是经理人，更是关键中的关键。

随着企业生产技术的不断更新，高新技术产业的不断发展，以及生产管理自动化的到来，企业技术人员的比重将不断壮大。

2. 物力

物力（Material）是构成企业运营的全部物质要素，即劳动资料和劳动对象的总和，也可称为物质资源，如机器、设备、房屋、车辆、工具等与原料、材料、燃料等。它是企业生产的物质基础，也是企业的另一大实体要素。

企业生产经营在很大程度上受物质资源的制约，所谓企业的技术改造，主要是企业设备、机械的更新，即用更现代化的设备取代过时的设备，用新材料、燃料等取代旧材料、燃料，从而提高产品质量和劳动生产率。企业的现代化程度主要取决于物力的，特别是设备的现代化程度。

3. 财力

财力（Capital）指企业的资金，这是物的价值转化形态，包括固定资金、流动资金等。从资金循环的过程看，企业的运营过程是一个由买到卖的过程，即由供应（购买）——生产——销售。通过销售收入的获得，来恢复或提高原先的购买能力。财力是企业的生命之源。

4. 信息

信息（Information）是客观事物特征和变化的反映。企业的信息包括企业内外的各种生产、技术、经济信息，主要有各种数据、指标、任务、情报、图样、单据、规章、记录、报表、合同、文件等。信息流在企业系统运行中起主导作用。没有信息流的畅通和反馈，企业系统在运行中就会指挥不灵，从而造成物流、资金流的停滞，阻碍企业系统的正常运行。

5. 时间

时间（Time）是一种特殊的资源要素。对每一个管理周期来说，占有的时间是有限的，所以减少和缩短时间的消耗就是提高效率，就能增加财富。此外，任何事物的发展过程往往都有自己的转折时期，这就是时机、转机点或关键时刻。时机是时间的概率价值。选择和把握时机，充分发挥时机的作用，运用时间的概率价值，以期达到常规价值所不能达到的目的和取得重要成就，就成为管理者应该把握的重要问题。

（三）提高企业素质

企业素质是指构成企业的一定质和量的各要素及其所发挥作用的状态与整体的效益表现，如图 1-3 所示。

首先，提高要素本身的质和量。企业要有足够的人力、物力、财力、信息等经营资源，而且符合一定的质量标准，提高企业素质就是提高它们的质和量。

图 1-3　企业素质构成图

其次，使各要素的数量配合方面达到最优。各要素的量不是孤立的，而是有相互关联的比例关系，而且这种比例有一定的科学性。例如，人与物之间、各类人员之间、财与物之间都要求保持一定的比例。提高企业素质，就是要使这些比例关系达到最优。

再次，协调发挥各要素的最大作用。各要素在数量、质量、比例关系都达到要求的情况下，充分发挥它们的作用，即人尽其才、物尽其用、财尽其力，并且一个要素作用的发挥要能带动其他要素作用的发挥。

最后，与环境协调发展。企业的一切经营活动都受到外部环境的影响。企业必须适应环境，与环境协调发展。

企业整体素质的提高，表现为企业能力的提高，包括开发能力、竞争能力、应变能力、发展能力的提高，最后达到提高盈利能力的目的。

阅读材料　ZARA 盈利能力提升分析

　　Inditex 公司是西班牙排名第一、全球排名第三的服装零售商，在全球 52 个国家拥有 2000 多家分店，旗下拥有 ZARA、Pulland Bear、Massimo Dutti、Bershka、Stradivarius、Oysho 等 9 个服装零售品牌。ZARA 是这个 9 个品牌中最出名的，是 Inditex 公司的旗舰品牌。

ZARA 创始于 1985 年，它既是服装品牌，也是专营 ZARA 品牌服装的连锁店零售品牌。ZARA 坚持自己拥有和运营几乎所有的连锁店网络的原则，同时投入大量资金建设自己的工厂（目前有 22 家自有工厂）和物流体系，以便于"五个手指抓住客户需求，另外五个手指掌控生产"，快速响应市场需求，为顾客提供"买得起的快速时装"（Affordable Quick Fashion）。该战略的成功得益于公司出色的服装行业的**全程供应链管理，以及支撑供应链快速反应的 IT 系统应用**。ZARA 公司采取"快速、少量、多款"的品牌管理模式，在保证保持与时尚同步的同时，通过组合开发新款式，快速推出新产品，而且每种款式在每个专卖店推出的数量都只有几件，人为地造成"缺货"，以实现快速设计、快速生产、快速出售、快速更新，专卖店商品每周更新两次的目标。

（1）开发能力。ZARA 的开发能力很强，产品从设计开始到选料、染整、剪裁、针缝、整烫、运送乃至成品上架最长只需 3 周，一年推出的商品超过 12000 款，几乎是同业的 5 倍之多。

（2）竞争能力。与和竞争对手相比，ZARA 的竞争优势体现在时尚的设计、快速的配送、柔性化的生产方式等方面：10~14 天的反应型生产配送；绝大多数的产品都在当季生产，季前生产比例只有 10%~15%；每年推出 12000 个新款；在 GAP 等美国服装巨头几乎零增长利润的时候，ZARA 的销售额保持了每年 20% 的增长速度。

（3）应变能力。ZARA 的应变能力很强，在大多服装企业的新品推出周期为 3~6 个月的情况下，ZARA 的产品从设计到上架的最长周期是 3 周；ZARA 的"Fashion Hunter"（时尚猎人）随时穿梭于米兰、东京、纽约、巴黎等时尚重地观看服装秀，以撷取设计理念与最新的潮流趋势，进而推出高时髦感的时尚单品；采用小批量、多批次的供货方式，每周两次向各地专营店进行新产品配送，销售期超过两周的滞存产品也会及时更换；收到订单后，8 个小时以内就可以装船运走。

（4）发展能力。公司的可持续发展落脚于全程供应链管理，以及支撑供应链快速反应的 IT 系统应用。公司初期便斥巨资设计一体化供应链，因而 ZARA 拥有一套完整的计划、采购、库存、生产、配送、营销和客户关系管理的平台，以及在这个平台基础上的供应链协同系统。而其他遍布全球的营销网络则通过它们的终端系统与总部保持紧密连接，力求在最短的时间内将信息传回总部，并完成信息流、资金流以及物流的流转。

三、企业管理的范畴

如图 1-4 所示，企业管理的范畴包括基础活动和支持活动两个主要方面。其中，基础活动包括企业物流、生产运作和市场营销；支持活动包括企业战略管理、人力资源管理、技术开发、企业文化建设和企业决策几个方面。企业管理的整个活动是在企业内部制度的支撑和外部环境的交互下实现的。

（一）基础活动

基础活动是指生产经营的实质性活动，包括企业物流、生产运作和市场营销三个主要方面。基础活动与商品实体的加工或服务的提供直接相关，通过基础活动的流转，企业实现价

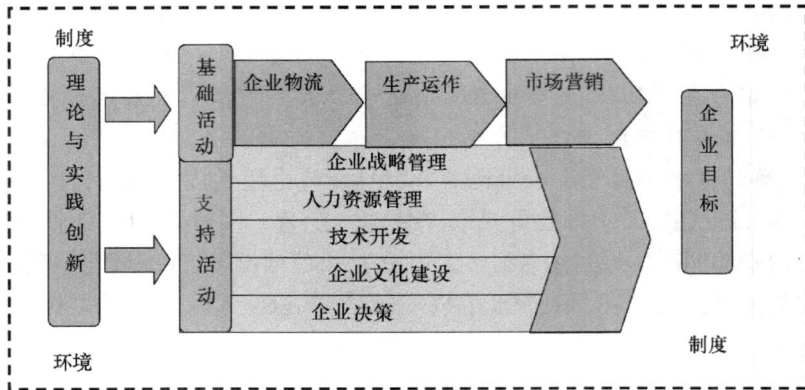

图 1-4　企业管理范畴图

值增值。

　　企业物流是指从采购生产所需的各种生产资料开始，经过加工制造，形成产成品并供给客户为止的全过程，还包括随生产消费所产生的废弃物的回收和再利用活动。因此，企业物流主要包括采购物流、生产物流、销售物流和回收与废弃物流四个流程环节。

　　生产运作涉及生产运作系统的设计、运行与维护的全过程。其中，生产运作系统的设计包括产品或服务的选择和设计、生产运作设施的定点选择、生产运作设施布置、服务交付系统设计和工作设计。生产运作系统的运行主要涉及在现行的运作系统中如何适应市场的变化，按用户的需求，生产合格产品和提供满意服务。生产运作系统的维护主要是指为保证生产系统的正常运行，对涉及的设备、设施、工艺布局等进行的维护管理。

　　市场营销是对思想、产品及劳务进行设计、定价、促销及分销的计划和实施的过程。主要包括企业如何根据市场的需求，促进和引导购买者购买企业产品有关的活动，如广告、定价、促销、市场调查、分销商支持和管理等。

　　（二）支持活动

　　支持活动是指用以支持基本活动而且内部之间也相互支持的活动。在支持活动的支持下，企业的基础活动得以有效地实现价值的增值；同时，支持活动之间相互支持，促进其作用的有效发挥。支持活动包括企业战略管理、人力资源管理、技术开发、企业文化建设和企业决策。

　　企业战略是关于企业宗旨、目的、目标的一种模式，以及为达到这些目标所制定的主要政策和计划。通过企业战略管理，解决企业目前从事什么业务和将要从事什么业务，企业目前是一种什么类型和将要成为什么类型等问题。企业战略管理是"统领"，决定了企业一切基础活动和支持活动。

　　人力资源管理是指企业的员工招聘、雇用、培训、考核、激励等各项管理活动。这些活动支持着企业中的各项基本活动和支持活动。在任何一个企业中，都可以通过人力资源管理在员工的素质、技能和动力方面以及聘用和培训成本方面的作用来影响竞争优势。

　　技术开发是指可以改进价值活动的一系列技术活动，既包括生产技术，也包括非生产技术。企业的每项生产经营活动都包含着不同性质、开发程度和应用范围的技术，因此，技术开发活动不仅与最终产品直接相关，而且支持着企业的全部活动。

企业文化是指企业员工经过长期的生产实践，培育起来并且共同遵守的目标、价值观、行为规范的总称。通过企业文化建设，使企业文化融入员工的思想和行为，其价值导向、凝聚、激励、约束作用便会发挥出来，能够有效盘活企业有形资产，促进企业的创造性和发展可持续性。企业文化以人力资源为载体发挥其作用，间接支持着企业中的各项基本活动和支持活动。

企业决策是指在明确问题的基础上，为未来的行动确定目标，并在多个可供选择的行动方案中，选择一个合理方案的分析判断过程。西蒙（H. A. Simon）曾提出"管理就意味着决策"，可见决策贯穿于整个企业管理的全过程，不管是基础活动还是支持活动，每个环节都离不开科学决策的支持。

本章小结

1. 企业是为满足社会需要并获取盈利，实行自主经营、自负盈亏、独立核算，具有法人资格，从事商品生产和经营的基本经济单位。企业是商品经济的产物，是生产力发展到一定水平的产物，是一个经济性、社会性组织，是具备法人资格、自主经营的系统。

2. 企业使命包括获得盈利和承担社会责任两方面。如果企业单纯把盈利水平作为最高目标加以追求，容易导致经营方面的短期行为；如果企业在长期竞争中能更多地关注长远市场、用户、社会的利益，则会获得社会和用户的充分回报，利润作为服务过程的产物将自然而然地产生。

3. 根据产业性质、要素密集程度、所有制性质、资金来源、企业间的从属关系等不同标准，企业可划分为不同的类型。

4. 企业制度的演变经过个人业主制、合伙制、公司制三个阶段。公司制企业（即公司）分为无限责任公司、有限责任公司、股份有限公司、两合公司。我国《公司法》规定的公司包括有限责任公司（一人有限责任公司、国有独资公司）和股份有限公司两种。不同类型的公司具备不同特点和企业设立要求。公司设立、合并、剥离与分立、解散与清算均需遵循一定的程序和要求。

5. 企业系统是由人力、物力、财力、信息等要素按照一定的技术规律和管理规律，经其配置、整合所构成的，具有生产并为社会提供产品（劳务）功能的相对独立的经济实体。企业系统是一个存在于自然和社会这一大环境中的投入和产出系统，是既影响环境，也受环境影响的开放系统。

6. 企业管理是由企业经理人员或经理机构，根据企业的运作规律及实际情况，按照市场需求，对企业的经济活动过程进行计划、组织、指挥、协调、控制，以提高经济效益、实现企业目标的活动的总称。企业管理的要素包括人力、财力、物力、信息、时间五方面。提高企业素质即需从提高要素本身的质和量、使各要素的配合数量达到最优、协调发挥各要素的最大作用、与环境协调发展几个方面入手，综合提升企业的开发能力、竞争能力、应变能力、发展能力，达到提高盈利能力的目的。

7. 企业管理的范畴包括基础活动和支持活动两个主要方面。其中，基础活动包括企业物流、生产运作和市场营销；支持活动包括企业战略管理、人力资源管理、技术开发、企业文化建设和企业决策几个方面。企业管理的整个活动是在企业内部制度的支撑和外部环境的交互下实现的。

复习思考题

1. 企业的概念和特点是什么？
2. 如何理解企业的使命？目前存在哪些观点？你的观点是什么？请说明原因。
3. 个人业主制、合伙制、公司制企业的概念及特点是什么？
4. 有限责任公司、股份有限公司的特点和设立要求分别是什么？
5. 公司合并的类型有哪些？
6. 企业在什么情况下会进行公司的剥离和分立？
7. 如何理解企业系统的含义？
8. 如何提高企业的素质，需从哪些方面着手来实现？
9. 请介绍企业管理的内涵，试说明企业管理的范畴。

案例思考

企业使命

彼得·德鲁克在 1987 年出版的《管理——任务、责任和实践》一书中是这样表述企业使命的：

工商企业的管理必须始终把经济上的成就放在首位，在每一项决策和行动中都这样。它只有通过自己在经济上的成果，才能证明自己有存在的必要及自己的权威。如果一个企业在提供经济成果方面失败了，它就失败了。如果一个企业未能以消费者愿意支付的价格向消费者提供他们需要的商品和服务，它就失败了。如果一个企业未能提高或至少维持把付给它的那些经济资源的物质生产能力，它就失败了。这就意味着企业有责任获得利润，而不论一个社会的经济或政治结构或思想意识形态是怎样。

管理的第二项任务是使工作富有活力并使员工有成就感。工商企业（或其他任何机构）只有一项真正的资源——人。它通过富有活力的人力资源来完成它的任务，通过完成工作来取得成就。因此，使工作富有活力是首要的职能。但与此同时，在今日的社会中，这些机构日益成为个人取得生计并取得社会地位、与人交往、个人的成就和满足的手段。因此，使员工有成就越来越重要，并且是一个机构所取得成就的衡量标准。它日益成为管理的一项任务。

按照它本身的逻辑把工作组织起来仅只是第一步。第二步并且是困难得多的一步是使工作适应于人——而人的逻辑同工作的逻辑是根本不同的。使员工有成就意味着要把人看成是一种有着特别的生理和心理特点、能力、限制以及不同的行动模式的有机体。它意味着要把人力资源看成是人而不是物，而人力资源不同于其他资源，具有个性和公民资格，对于是否工作以及工作多少或好坏能加以控制，因而就要求其有责任心、激励、参与、满足、鼓励和报酬、领导、地位和职能。

管理，而且只有管理，才能满足这些要求。对于员工来讲，无论他是操作机器的工人还是执行副总经理，都必须通过他们在工作和职位上的成就来取得满足，也就是说，在企业中取得满足。

管理的第三项任务是处理企业对社会的影响和对社会的责任。我们的各个机构没有一个是为着它自身而存在的，也不是以自身为目的。每一个机构都是社会的一个器官，而且是为社会而存在的，工商企业也不例外。自由企业不能由其本身来评定其好坏，只能由它对社会的影响来评定其好坏。

工商企业为了完成其任务，提供经济商品和服务，就必须对人、社区和社会发生影响。它必须对人（如员工）拥有权力和权威，而员工自己的目标和目的并不是由企业来规定，也不是包含在企业之中的。企业作为一个邻居，作为提供工作和税收收入的来源，同时也作为废物和污染物的来源，必然对社区产生影响。还有，在我们这个由各种组织构成的多元社会中，企业除了对生活的数量即经济商品和服务的基本关心以外，日益关心生活的质量，即现代人和现代社区的物质的、人性的和社会的环境。

管理的这一个方面对于所有各种机构的管理人员的工作来讲都是本身固有的。大学、医院和政府机构同样存在着对社会的影响和对社会的责任——而且一般较工商企业更加没有意识到它们，更加不关心它们对人、社会和社区的责任。可是，我们越来越期望工商企业管理承担起生活质量的领导。因此，处理对社会的影响就成为管理的第三项主要任务和第三个主要的方面。

（资料来源：彼得·德鲁克. 管理——任务、责任和实践 [M]，孙耀君，译. 北京：中国社会科学出版社，1987.）

问题讨论：

1. 什么是企业使命？企业的使命体现在哪些方面？

2. 彼得·德鲁克提出的企业使命包括三方面的内容，它们之间的逻辑关系是怎样的？

3. 时至今日，你如何看待彼得·德鲁克的观点？

4. 企业应如何协调获得盈利与社会责任两个主要目标之间的关系？

第二章　企业制度与环境

1. 掌握现代企业制度的概念和特征。
2. 理解现代企业制度的内容。
3. 了解影响企业发展的环境因素及其对企业的影响。
4. 了解当今环境的变化。
5. 理解环境变化给企业管理带来的变革。

【关键术语】

现代企业制度　产权制度　企业法人制度　宏观环境因素
经济全球化　知识经济　大数据"互联网+"

【结构框图】

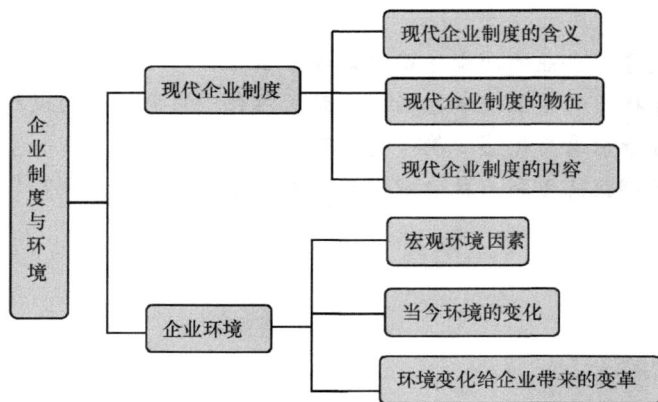

【引入案例】　"互联网+"给企业带来哪些变革

　　2015年3月5日，李克强总理在第十二届全国人民代表大会第三次会议的政府工作报告中提出，制订"互联网+"行动计划，推动移动互联网、云计算、大数据、物联网等与现代制造业结合，促进电子商务、工业互联网和互联网金融健康发展，引导互联网企业拓展国际市场。

　　"互联网+"战略是全国人大代表、腾讯董事会主席兼"CEO"马化腾向人大提出的四个建议之一。马化腾解释说，"互联网+"战略就是利用互联网的平台，利用信息通信技术，把互联网和包括传统行业在内的各行各业结合起来，在新的领域创造一种新的生态。

"互联网+"：对传统产业不是颠覆，而是换代升级

在通信领域，"互联网+"通信有了即时通信，现在几乎人人都在用即时通信 App 进行语音、文字甚至视频交流。然而，传统运营商在面对微信这类即时通信 App 诞生时简直如临大敌，因为语音和短信收入大幅下滑，但现在随着互联网的发展，来自数据流量业务的收入已经大大超过语音收入的下滑。可以看出，互联网的出现并没有彻底颠覆通信行业，反而促进了运营商进行相关业务的变革升级。

在金融领域，余额宝横空出世的时候，银行觉得不可控，也有人怀疑二维码支付存在安全隐患，但随着国家对互联网金融的研究也越来越透彻，银联对二维码支付也出了标准，互联网金融得到了较为有序的发展，并得到了国家相关政策的支持和鼓励。

在零售、电子商务等领域，过去这几年都可以看到和互联网的结合。正如马化腾所言："它是对传统行业的升级换代，不是颠覆掉传统行业。"在其中，又可以看到"特别是移动互联网对原有的传统行业起到了很大的升级换代的作用"。

事实上，"互联网+"不仅正在全面应用到第三产业，形成了诸如互联网金融、互联网交通、互联网医疗、互联网教育等新生态，而且正在向第一和第二产业渗透。马化腾表示，工业互联网正在从消费品工业向装备制造和能源、新材料等工业领域渗透，全面推动传统工业生产方式的转变；农业互联网也在从电子商务等网络销售环节向生产领域渗透，为农业带来新的机遇，提供广阔发展空间。

（资料来源：财经网，《解读：李克强政府报告中的"互联网+"是什么》，http：//caijing.com.cn）

正如案例材料中指出的，当前企业经营的环境发生了巨大的变革，"互联网+"已经深入到社会层面、产业层面、企业层面，给人们的生活方式、消费习惯、沟通方式以及企业的商业模式、经营方式带来了巨大的冲击。企业必须充分考虑环境因素的影响，把握未来环境变化的趋势，调整适应，才能在竞争中获胜。在本章中，首先介绍现代企业制度的概念和特点，探讨如何构建完善的现代企业制度；之后重点介绍影响企业经营的外部宏观因素，以及未来企业管理面临的环境变革的趋势，这是企业经营中必须认真分析的问题。

第一节　现代企业制度

一、现代企业制度的概念

1993 年 11 月，党的十四届三中全会明确了国有企业的改革方向，即建立"产权清晰、权责明确、政企分开、管理科学"的现代企业制度。党的十七大报告提出："深化国有企业公司制股份制改革，健全现代企业制度。"在完善基本经济制度、建立健全现代市场体系的过程中，党中央始终坚持把建立现代企业制度作为国有企业改革的方向。

现代企业制度（Modern Corporate System）是现代市场经济体制下适应社会化大生产需要的产权清晰、权责明确、政企分开、管理科学的新型企业制度，它是一系列规范和制约现代企业行为的准则或法规。

二、现代企业制度的特征

党的十四届三中全会将现代企业制度的特征凝练为十六个字，即"产权清晰、权责明确、政企分开、管理科学"。其含义分别如下：

（一）产权清晰

企业的设立必须有明确的出资者，必须有法定的资本金。企业的法人财产是其进行生产的保障，企业只能在一定权限内占有和使用。财产的所有权及其增值部分都属于出资者。企业破产清算时，其剩余财产也属于出资者所有。产权关系明晰化、所有权和法人财产权的界定，既有利于保证出资者资产的保值增值，又赋予企业独立的法人地位，使其成为享有民事权利、承担民事责任的法人实体。

（二）权责明确

现代企业制度有效地实现了权责关系的辩证统一。出资者一旦投资于企业，其投资额就成为企业法人财产，企业法人财产权也随之而确定。企业以其全部法人财产依法自主经营、自负盈亏、照章纳税，同时对出资者承担资产保值增值的责任。这就解决了传统的企业制度下，企业权小责大，主管部门权大责小、权责脱节的问题，从而形成了法人权责的统一。

（三）政企分开

政企分开包含以下有两层含义：

1. 政企职能分开，即政府的行政管理职能与资产管理职能分开

国有资产管理权职能仅仅是针对国有资产的，而不是针对所有社会资产。行政职能属于政府行政权力，而所有权职能是一种财产权利，两者范围不同、性质不同，遵循的法律也不一样。政府行政职能由行政法来调整，而所有权职能由民法来调整。

2. 政企职责分开，即政府不直接干预企业的生产经营活动

政府通过宏观调控来影响和引导企业的生产经营活动，企业摆脱政府行政机构附属物的地位，不再依赖政府，而是根据市场需求组织生产经营，以提高劳动生产率和经济效益为目的。企业在市场竞争中优胜劣汰，长期亏损、资不抵债的依法破产。实行政企分开后，政府与企业的关系体现为法律关系，政府依法管理企业，企业依法经营，不受政府部门直接干预。

（四）管理科学

现代企业制度确立了一套科学完整的组织管理制度。首先是通过规范的组织制度，使企业的权力机构、监督机构、决策机构和执行机构之间职责分明、相互制约。在公司制企业中，实行董事会领导下的经理负责制，所有者通过股东大会选出董事会、监事会，董事会再聘任经营者（经理或厂长），这样就形成了一套责权明确的组织体制和约束机制。其次是建立科学的企业管理制度，包括企业机构的设置、用工制度、工资制度和财务会计制度等，各部门之间相互协作，为完成企业的目标服务。企业通过建立这些科学的组织体制和组织管理制度，来调节所有者、经营者和员工之间的关系，形成与激励相约束、相结合的经营机制。

总之，现代企业制度这四个特征是一个有机整体，它们具有很强的关联性，既互为因果，又互为条件。

三、现代企业制度的内容

现代企业制度的实质主要是以产权制度为核心，以完善的企业法人制度为基础，以有限责任制度与企业破产制度为保证，以公司制企业为主要形态，以科学管理为手段，使企业真正成为自主经营、自负盈亏、自我发展、自我约束的企业法人和市场竞争主体的一种企业微观经济体制。

现代企业制度包括以下几方面的内容，如图 2-1 所示。

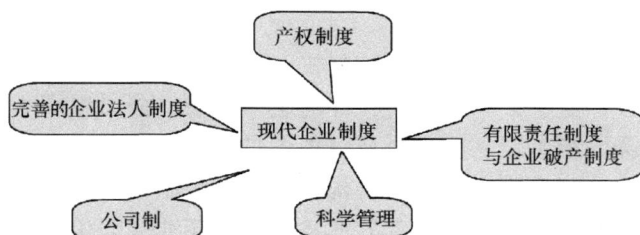

图 2-1　现代企业制度内容图

（一）产权制度是现代企业制度的核心

产权制度（Property Rights System）的核心是通过对所有者和使用者的产权分割和权益界定，使产权明晰化，以实现社会资源的优化配置。法人产权制就是企业作为法人，对企业注册的资产拥有独立支配权和资产负债权。投资者的资本投入企业，一经企业注册就成为法人占有的资产，投资者便对它失去了支配权。所以，现代企业产权制度的实质是所有者终极所有权与企业法人财产权的分离，现代企业使法人享有独立的法人财产权。

（二）有限责任制度与企业破产制度

法律规定有限责任公司和股份有限公司的股东责任有限，即股东对公司的债务负有限责任，一般是以投资金额为限，或以其一定倍数为限，此外不负公司债务的赔偿责任。公司债务是法人债务，是企业资产负债，与业主个人财产无关。这就是有限责任制度的基本内容。

当企业资不抵债时，业主（以董事会为代表）可根据破产法，向法律部门申请破产。被宣布破产的企业资产为"破产财团"，此前的企业债务即转为"破产财团"债务。"破产财团"不足以偿债时，债权人分担未偿债额的损失，原企业法人从此解脱债务。这就是企业破产制度的基本内容。

由此可见，有限责任制度和企业破产制度都是保护投资者利益的，现代企业制度的总体导向就在于激励投资者投资，尽量减少和分散投资者的风险。

（三）企业法人制度是现代企业制度的基础

企业法人制度是企业产权的人格化。企业作为法人，有其独立的民事权利能力和民事行为能力，是独立享受民事权利和承担民事义务的主体。规范和完善的法人企业享有充分的经营自主权，并以其全部财产对其债务承担责任，而终极所有者对企业债务责任的承担仅以其出资额为限。所以，正是在企业法人制度的基础上才产生了有限责任制度。

（四）现代企业制度以公司制为典型形式

在公司制企业中，由于投资主体多元化，任何一个投资者都不可能是企业的完全所有者，只能是企业的所有者之一。在所有权极其分散（如大型股份制公司）的情况下，所有者一般不是企业的经营者，而是由经过专门训练的职业企业家来经营管理企业。这样，在法人企业中就会有三种利益主体：所有者、经营者和一般员工。三者之间在各自利益基础上的相互制约构成了完善的法人治理机构。

完善的法人治理(Corporate Governance)机构必须实现两项基本要求：一是既要保证股东的权益，又要使经营者有自主经营的权利；二是使所有者、经营者和企业的员工既相互制衡，又具有工作积极性。公司制企业通过实行三权分立的法人治理机构，较好地解决了这一问题。

公司组织制度坚持决策权、执行权和监督权三权分立的原则，由此形成了公司股东大会、董事会和监事会并存的组织框架。公司组织机构通常包括股东大会、董事会、监事会及经理人员四大部分。按其职能分别形成决策机构、监督机构和执行机构。这种组织制度既赋予经营者充分的自主权，又切实保障所有者的权益，同时还能调动生产者的积极性，因此，它是现代企业制度中不可缺少的内容之一。具体内容如图 2-2 所示。

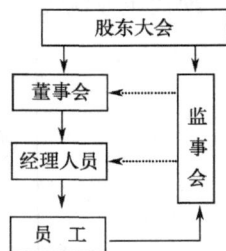

图 2-2　公司治理结构图

1. 股东大会

股东大会由全体股东组成，是公司的最高权力机构。股东大会通过股东大会会议决定公司的经营方针，选举和罢免董事会、监事会成员，修改公司章程，审议和批准公司的财务预算、决算、投资及收益分配等重大事项。

2. 董事会

董事会是股东大会闭会期间的最高权力机构，是公司的经营决策机构，由股东大会选举产生。董事会执行股东大会的决议，决定公司的经营计划和投资方案，制订公司预决算和利润分配方案，决定公司内部管理机构的设置，聘任或解聘经理，根据经理提名聘任或解聘副经理、财务负责人等公司高级职员。董事长由董事会选举产生，一般为公司法人代表。董事会实行集体决策，采取每人一票和简单多数通过的原则。董事会成员对其投票要签字在案并承担责任。

3. 经理人员

经理人员包括总经理、副总经理和公司高级职员等。法人企业对公司总经理实行聘任制，由董事会聘任总经理。总经理负责公司的日常生产经营活动，对公司的生产经营和管理进行全面领导，依照公司章程和董事会的授权行使职权。总经理对董事会负责。

4. 监事会

监事会是股东大会领导下的公司监督机构。监事会成员由股东代表和一定比例的员工代表组成。股东代表由股东大会选举产生，员工代表由公司员工民主选举产生。监事会依法和依照公司章程对董事会成员、总经理和高级职员行使职权的活动进行监督，检查公司的经营和财务状况，可对董事、经理的任免及奖惩提出建议。监事会成员不得兼任公司的董事及其他高级管理职务。

上述机构中，股东大会和董事会是公司的决策机构，经理人员是执行机构，监事会是监督机构。

(五) 现代企业制度以科学管理为手段

科学管理是建立现代企业制度的保证。一方面，要求企业适应现代生产力发展的客观规律，按照市场经济发展的需要，积极应用现代科技成果，在管理人才、管理思想、管理组织、管理方法、管理手段等方面实现现代化，并把这几方面的现代化内容同各项管理职能有机地结合起来，形成有效的现代化企业管理；另一方面，还要求建立和完善与现代化生产要求相适应的各项管理制度，主要包括现代企业生产制度、人事制度、财务制度、破产制度等。

第二节　企业环境

企业环境是指影响企业生存和发展的各种自然和社会因素，如自然因素、政治因素、经济因素、技术因素等。这些因素都可能从正反两方面影响企业：既可能推动企业的发展，也可能阻滞企业的发展，甚至影响它的产生和存在。

根据环境因素对企业的作用程度不同，可分为直接影响因素和间接影响因素。诸如政府、股东、供应者、竞争者、顾客、公众、媒介、社区等对企业经营活动产生直接影响的环境因素为直接影响因素；而政治、经济、科技、社会文化等客观环境因素只能间接地影响企业活动和决策，为间接影响因素。

一、宏观环境因素

一般情况下，宏观环境因素（Macro-environment Factors）大多对企业产生间接影响，而微观环境因素大多对企业的经营产生直接影响。宏观环境因素主要包括自然因素（Natural Factors）、政治因素（Political Factors）、经济因素（Economic Factors）、社会因素（Social Factors）、技术因素（Technological Factors）。微观因素主要是指对企业所处的行业产生影响的因素，即迈克尔·波特（Michael E. Porter）提出的影响行业环境的五种竞争力量，包括潜在进入者、供应商、购买者、替代品和行业内现有竞争者。（在第六章详细论述，这里主要讨论宏观环境因素）。

（一）自然因素

自然因素包括自然资源因素和自然地理环境因素。一个国家的自然资源、地理环境、生态环境，包括生产的布局、人的生存环境、自然资源、生态平衡等方面的变化，均会给企业造成一些环境威胁和机会，因而也是企业经营管理中必须重视的问题。

随着自然资源日益短缺，能源成本趋于提高，环境污染日益严重，政府对自然资源的管理和干预不断加强。所有这些都会直接或间接地给企业带来威胁或机会。因此，企业必须积极从事研究开发，尽量寻求新的资源或代用品。同时，企业在经营中要有高度的环保责任感，善于抓住环保中出现的机会，推出"绿色产品""绿色营销"，以适应世界环保潮流。

（二）政治因素

政治因素主要包括法律环境和政治环境两方面。

1. 法律环境

法律环境是指对企业经营活动产生约束和限制的法律和法规。它给企业指明了企业可以做什么，不能做什么，鼓励做什么，允许做什么，禁止做什么，同时也保护企业的合法权益和合理竞争。

2. 政治环境

政治环境主要包括**国家的制度、执政党方针、政策、法令、政治体制、关税政策、进口控制、外汇与价格控制、国有化政策以及群众利益集团的活动、政府机构、公众（媒介公众和压力集团）、政府首脑、政局的稳定性等**。这些因素常常制约、影响着企业的经营行为，尤其是影响企业较长期的投资行为。

政治法律环境对企业来说是不可控的，带有强制性的约束力。只有适应这些环境的需要，使自己的行为符合国家的政治路线、政策、法令、法规的要求，企业才能生存和发展。

（三）经济因素

经济因素是指构成企业生存和发展的社会经济状况及国家的经济政策，包括国民经济发展的总概况、国际和国内经济形势及经济发展趋势、企业所面临的产业环境和竞争环境等。主要的经济因素如下：**社会经济结构、宏观经济政策、经济体制、社会购买力、经济发展水平、GDP、经济周期、利率、通货膨胀率、失业率、汇率、成本、能源、消费者收入和支出等**。

1. 经济周期

考察目前国家宏观经济处于何种阶段：萧条、停滞、复苏还是增长，以及宏观经济是以怎样一种周期规律变化发展的。在衡量宏观经济的众多指标中，国民生产总值是最常用的指标之一。它是衡量一国或一个地区经济实力的重要指标，它的总量及增长率与工业品市场购买力及其增长率有较高的正相关关系。同时，宏观经济指标也是一国或一个地区市场潜力的反映。

2. 人均收入

人均收入是与消费品购买力正相关的指标。随着人均收入的提高，消费者购买力随之提高，消费结构也随之发生变化。典型的变化就是随着人均收入的提高，恩格尔系数降低，即消费者在食品等必需品方面的支出比重降低，在休闲、娱乐、文化等服务方面的支出提高。消费趋势的变化必定对相关行业带来冲击和机遇。

3. 通货膨胀率

通货膨胀一般是指因纸币发行量超过商品流通中的实际需要的货币量而引起的纸币贬值、物价上涨现象。其实质是社会总需求大于社会总供给。通货膨胀最直接的影响就是生产资料价格的上涨，使企业成本增加，居民实际购买力下降；由于物价上涨，企业资金占用量会不断增加，资金需求迅速膨胀，而与之相反的是企业的资金来源却受到多方限制，资金供给持续性短缺，造成企业资金困境；国家往往同时采取紧缩的货币政策，进一步紧缩信贷，造成利率上涨，引起股票、债券价格下跌，使企业融资环境进一步恶化。

4. 利率水平

利率水平的高低直接影响企业的资金成本。当利率上升时，造成企业资金成本上升，直接影响企业利润水平。利率同时是政府调节货币政策的重要工具。利率水平的变动会影响经济环境，进而给企业带来影响。

5. 人口数量

一国的总人口数量往往决定了一国许多行业的市场潜力，如食品、服装、交通工具等。

尽管我国的计划生育政策有效地控制了人口增长，但庞大的人口基数，伴随着经济的高速增长，显示了巨大的市场潜力和机会，而这也恰是吸引外商投资的根本原因。

6. 经济基础设施

经济基础设施在一定程度上决定着企业运营的成本与效率。基础设施条件主要是指一国或一个地区的运输条件、能源供应、通信设施以及各种商业基础设施（如各种金融机构、广告代理、分销渠道、营销中介组织）的可靠性及其效率。这在策划跨国、跨地区的经营战略时尤为重要。

（四）社会因素

社会因素是指一定时期整个社会发展的一般状况，这与一个社会的态度和价值观有关。态度和价值观是构建社会的基石，它们通常是人口、经济、法律政策和技术条件形成和发展的动力。社会文化环境主要包括**信仰、意识、道德、知识水平、受教育程度、国际文化影响程度以及在此基础上形成的风俗、习惯**等。不同的文化环境使人们有不同的认识事物的方式、行为准则和价值观念。

个人的职业、收入来源、受教育程度、价值观、生活方式、兴趣、行为规范等影响消费者的偏好、购买意向和购买行为。只有深入了解这些差异，才能设计和生产满足消费者需要的产品和服务，以及有针对性地展开经营活动。

不同的国家和地区有着不同的文化传统，因而也有着不同的亚文化群、不同的社会习俗和道德观念，从而会影响人们的消费方式和购买偏好。企业若要通过文化因素分析市场，必须了解行为准则、社会习俗、道德态度这些文化因素，并加以分析。此外，生活方式的演变、消费者保护运动的开展等也是构成社会文化环境因素的重要组成部分。

（五）技术因素

作为第一生产力，科学技术影响着人类历史的进程和社会生活的各个方面。技术进步、新技术产生能够引发社会性技术革命，创造出一批新产业，同时推动现存产业的变迁。**新技术在淘汰一些老行业的同时，形成一些新的行业，带来一些新产品；新技术会在一些领域、某种程度上改变人们的价值观念、消费习惯、交易方式。**因此，科技进步既给企业带来机会，又使企业面临挑战。

技术因素主要体现在技术水平、技术要求、技术进步、技术开发投资重点、技术发明与应用等方面，还包括国家和社会的科技体制、科技政策和科技水平。随着世界科技进步的进一步加快，产品更新、产业演变的速度将越来越快，技术环境要素对企业的影响也将越来越大。

二、当今环境的变化

（一）经济全球化

经济全球化（Economic Globalization）是指世界经济活动超越国界，通过对外贸易、资本流动、技术转移、提供服务、相互依存、相互联系而形成的全球范围的有机经济整体。它体现为生产要素在全球范围内广泛流动，生产过程和服务所涉及的地域不断向全世界扩展，从而使世界各国经济相互依赖性不断增强的过程。

20世纪90年代以来，以信息技术革命为中心的高新技术迅猛发展，不仅冲破了国界，而且缩短了各国和各地的距离，使世界经济越来越融为一个整体，呈现出经济全球化发展的趋势。经济全球化有利于资源和生产要素在全球的合理配置、资本和产品的全球性流动、科技在全球性的扩张，促进不发达地区经济的发展，是人类发展进步的表现。但经济全球化同时是一把"双刃剑"。它推动了全球生产力大发展，加速了世界经济增长，信息技术拉近了企业之间的距离，地理距离对经济活动的约束日益弱化；但在提供给企业更多选择、更多机会的同时，它也进一步加剧了企业之间的国际竞争，增多了国际投机，增加了国际风险，并对发展中国家的民族工业造成了严重冲击。在经济全球化中，由于实力不同，发达国家和跨国公司将产业链中低增值、高污染的加工制造环节转移到发展中国家，自己掌控产业链中的研发、设计、品牌、销售等高增值环节，而一些最不发达国家则将被排除在经济全球化之外，越来越被"边缘化"。

经济全球化对世界各国经济、政治、军事、社会、文化等所有方面，甚至包括商业模式、思维方式、企业文化等，都造成了巨大的冲击。企业要积极适应这一环境变革，在经济全球化分工体系下，探寻自己的商业模式、经营方式等。

（二）知识经济时代

1990年，联合国有关研究机构首次使用"知识经济"（Knowledge Economy）的概念。1996年，联合国经济合作与发展组织在一份题为《以知识为基础的经济》的报告中，对"知识经济"首次给予了明确的定义，认为一个区别于农业经济、工业经济的新的经济形态正在开始兴起，知识经济是建立在知识和信息的生产、分配和使用之上的经济。

知识经济的兴起将对投资模式、产业结构、增长方式和教育的职能与形式产生深刻的影响。在投资模式方面，信息、教育、通信等知识密集型高科技产业的巨大产出和展现出的骤然增长的就业前景，将导致对无形资产的大规模投资。在产业结构方面，一方面，电子贸易、网络经济、在线经济等新型产业将大规模兴起；另一方面，农业等传统产业将越来越知识化；再者，产业结构的变化和调整将以知识的学习积累和创新为前提，在变化的速度和跨度上将显现出跳跃式发展的特征。在增长方式方面，知识可以低成本地不断复制并实现报酬递增，使经济增长方式可能走出依赖资源的模式。

知识经济时代，企业管理的重点开始向知识、技术创新转变，以知识、信息等智力成果为基础构成的无形资产投入比重越来越高，经济效益将越来越依赖于知识和创新。企业发展主要是靠关键技术、品牌和销售渠道，通过许可、转让方式，把生产委托给关联企业或合作企业，充分利用已有的厂房、设备、员工来实现的。知识经济促使企业从业务流程、管理体制、管理重点、管理方式、经营模式、企业文化等各个方面进行变革，以适应未来的发展。

（三）大数据

1. 大数据的定义

大数据（Big Data）就是海量数据的产生、获取、挖掘及整合，使之展现出巨大的商业价值。在维克托·迈尔·舍恩伯格（Viktor Mayer Schonberger）及肯尼斯·库克耶（Kenneth Cukier）编写的《大数据时代》（《Big Data：A Revolution That Will Transform How We Live，Work，and Think》）一书中指出，大数据不用随机分析法（抽样调查）这样的捷径，而采用所有数据进行分析处理。大数据的"4V"特点为：Volume（大量）、Velocity（高速）、Variety（多样）、

Value(价值)。

2. 大数据的功能

（1）大数据具有业务功能属性。数据已经转变为主要的价值来源，这种资源就好像是劳动力和资本一样，能使公司的运转效率更高。从大数据时代来讲，公司将会逐渐转向数据业务，从他们收集的数据当中直接获得收益。

（2）大数据具有强渗透性，作用于企业管理各要素，带来企业经营方式的改变。到目前为止，在数据的收集和分析当中，都可以看到一些主要的业务发生，比如关于收费处理等。UPS公司使用大数据能够管理6万多辆物流车辆，进行车辆车队的管理；同时能够了解车辆在路上的路况，了解到这些车主什么时候左转，什么时候右转。大数据也可以用在传感器中，了解航空发动机在整个生命周期中的表现，同时能够进行预测性的维护。这样在发动机坏掉之前，就可以进行修理和更替；不仅能够帮助销售发动机，而且能够提前预测销售。

3. 大数据带来的变革

（1）大数据使企业真正有能力从以自我为中心转变为以客户为中心。企业是为客户而生的，目的是为股东获得利润，只有服务好客户，才能获得利润。但过去，很多企业是没有能力做到以客户为中心的，原因就是相应客户的信息量不大，挖掘不够，系统也不支持，目前的保险业就是一个典型。大数据的使用能够使对企业的经营对象从客户的粗略归纳还原成一个个活生生的客户，这样经营就有针对性，对客户的服务就更好，投资效率就更高。

（2）大数据在一定程度上将颠覆企业的传统管理方式。现代企业的管理方式来源于层层级级的组织和严格的流程，依赖于信息的层层汇集来制定正确的决策，再通过决策在组织的传递与分解，以及流程的规范，以确保决策得到贯彻。在大数据时代，企业通过大数据的分析与挖掘，大量的业务本身就可以自决策，不必要依靠膨大的组织和复杂的流程。这意味着对组织结构、管理流程、管理方式的颠覆和变革。

（3）通过大数据，可能有全新的视角来发现新的商业机会和重构新的商业模式。我们的产品设计可能不一样了，很多事情不用猜了，客户的习惯和偏好一目了然，这样我们的设计就能轻易命中客户的心；我们的营销也完全不同了，我们知道客户喜欢什么、讨厌什么，更有针对性。跨行业的数据流动拓宽了企业经营的视角和范畴，带来了新的商业机会。○

（四）互联网+

李克强总理在政府工作报告中提出：制订"互联网+"行动计划，推动移动互联网、云计算、大数据、物联网等与现代制造业结合，促进电子商务、工业互联网和互联网金融健康发展，引导互联网企业拓展国际市场。

1. "互联网+"的概念

所谓"互联网+"（Internet Plus），"+"不是加法（加号），而是"化"（Plus），是指以互联网为主的一整套信息技术（包括移动互联网、云计算、大数据、物联网等配套技术）在经济、社会生活各部门的扩散、应用，并不断释放出数据流动性的过程。**"互联网+"的本质是传统产业的在线化和数据化。**

　○　资料来源：华为IT产品解决方案。

2. "互联网+"带来的变革

"互联网+"带来的变革体现在以下几个方面：

（1）一切业务数据化。一切业务数据化，即把所有的业务过程记录下来，形成一个数据的闭环，这个闭环的实时性和效率是关键指标。例如，电商的经营模式跟传统的线下实体商店相比，最本质的区别是电商每卖出一件产品，都会留存一条详尽的数据记录。也正是因为可以用电子化的形式保留每一笔销售的明细，电商可以清楚地掌握每一件商品到底卖给了谁。此外，依托互联网这个平台，电商还可以记录每一个消费者的鼠标点击记录、网上搜索记录。所有这些记录形成一个关于消费者行为的实时数据闭环，通过这个闭环中源源不断产生的新鲜数据，电商可以更好地洞察消费者，更及时地预测其需求的变化，经营者和消费者之间因此产生了很强的黏性。

（2）产生新的分工体系：从"链"到"网"。"以企业为核心的线性供应链"将逐渐转变为"以消费者为核心的网状、协同的在线价值网"。首先，互联网为消费者高度赋能，其角色、行为和力量正在发生根本变化：以企业为中心的产销格局转变为以消费者为中心的全新格局。其次，互联网大大降低了市场分工、协作成本。近年来，淘宝网上越来越多的商家把物流、研发、客服、生产制造、分销等环节外包，进而通过系统打通和数据共享实现在线协同，呈现出一种"网状"的分工体系。

（3）互联网经济构建网上统一大市场。由于互联网天然具有跨地域、无边界特性，因此架构在互联网之上的电子商务也具有跨地域、分布式、在线协同的特点。网上统一大市场实现了海量需求和供给信息的高效、实时、全局匹配，也驱使各类生产要素在市场平台上自由流动。基于互联网的全国统一大市场极大地促进了内需消费的释放，同时也为传统企业转型升级提供了辗转、腾挪的空间。互联网的统一大市场的各种制度安排都是高度市场化的，这反过来也在倒逼政府的市场化改革。

（4）催生新型生产型服务业——电子商务服务业。电子商务企业投资效率高的背后，是电子商务服务业生态的大发展、大繁荣。例如，基于电子商务平台的生产型服务业大发展、大爆炸，平台上的卖家和买家获得由第三方服务提供商提供的如IT、营销、仓储、订单履行、配送和客服等服务，这种在线的、社会化的、分工协作的生态系统所构成的电子商务服务业，使得参与电子商务生态圈的零售业、内外贸企业、加工制造业的效率得到大幅度提升。

（5）驱动产业转型升级。互联网经济正在倒逼一个个产业互联网化、在线化、数据化。在企业价值链层面，表现为企业一个个环节的互联网化：从消费者在线开始，到广告营销、零售，到批发和分销，再到生产制造，一直追溯到上游的原材料和生产装备。从产业层面看，表现为一个个产业的互联网化：从广告传媒业、零售业，到批发市场，再到生产制造和原材料。在这个过程中，作为生产性服务业的物流、金融业也随之出现互联网化的趋势。

三、环境变化给企业管理带来的变革

（一）管理创新

管理创新（Management Innovation）经济学家约瑟夫·熊彼特（Joseph Alois Schumpeter）于1912年首次提出了"创新"的概念。熊彼特提出，创新是建立一种新的生产函数，也就是说，把一种从来没有过的关于生产要素和生产条件的"新组合"引入生产体系。这种新组合包括如表 2-1 所示的五种情况。

表 2-1　创新途径

创新途径	举　例
采用一种新产品或一种产品的新特征	苹果推出的智能手机
采用一种新的生产方法	丰田采用 JIT 生产方式
开辟一个新市场	阿里巴巴涉足互联网金融
控制原材料或半制成品的一种新的供应来源	记忆钛用于眼镜架的生产
实现任何一种工业的新的组织	耐克采用虚拟组织结构

企业的管理创新是企业可持续发展，获得高于行业平均利润的高额利润回报；同时面临着环境的变革，企业如果不能应对这种变革，也会面临生存的危机。像 Uber 公司，基于互联网提供按需要服务的搭乘服务，每一个有需求的用户可以通过 iPhone、SMS、Android 等平台向 Uber 发送请求，找到搭乘服务。目前 Uber 在全球 54 个国家和 200 多个城市开展业务，2015 年年初全球活跃服务的司机超过 16 万人。2015 年年初的最近一轮融资，公司估值高达 400 亿美元。又如，海尔公司基于互联网平台开始了它的第四次转型，对其在中国生产的每一个产品进行定制——不论是在线上还是在店里购买的。顾客选择颜色组合、功能（如冰箱里的架子数量和格局），以及辅助设计元素（如高端电器上的闪亮图案），工厂每天按需定制。这个过程类似于为新车选择配件，但在这里可以选择的东西更多。

管理创新是成功企业的法宝，只有不断致力于产品、组织结构、管理流程、商业模式等方面的创新，企业才会持续发展。

（二）重视企业文化管理

20 世纪 70 年代末，日本经济实力的强大对美国乃至西欧经济形成了挑战，在这种形势下，人们注意到日美企业管理模式的不同。其中发现，理性化管理缺乏灵活性，不利于发挥人们的创造性和与企业长期共存的信念，而塑造一种有利于创新和将价值与心理因素整合的文化，才是真正对企业的长期经营业绩和企业发展起着潜在的却又至关重要的作用。20 世纪 80 年代初，威廉·大内（William Ouchi）的《Z 理论》（《Theory Z》）、特雷斯·迪尔（Terrence E. Deal）和阿伦·肯尼迪（Allan Kennedy）的《企业文化》（《Corporate Culture》）、托马斯和沃特曼（Thomas J. Peters & Robert J. Waterman）的《寻求优势》（《In Search of Excellence：Lessons from America's Best-run Companies》）三部专著的出版，掀起了企业文化研究的热潮。

企业文化（Corporate Culture）是企业伦理的外化，是企业个性的表现，即企业家以自己倡导的伦理、思想、价值观念、创业精神和作风施教于员工，得到员工的认同，并付诸实践，从而形成企业独特的凝聚力、经营作风和人与人之间的和谐气氛。**一言以蔽之，企业文化就是指企业员工经过长期的生产实践，培育起来并且共同遵守的目标、价值观和行为规范的总称。**企业文化一旦融入员工的思想和行为，其价值导向、凝聚、激励、约束作用便发挥出来，能够有效盘活企业有形资产，促进企业的创造性和发展可持续性。

我国较早重视文化管理，并设有"首席文化官"（Chief Culture Officer）的企业是海尔集团。海尔有一种非常著名的被称作"吃休克鱼"的做法，就是以无形资产——企业文化，来盘活有形资产的案例。

阅读材料　海尔激活"休克鱼"案例

1995 年，青岛市政府做出决定，让海尔兼并红星电器厂。海尔的总经理层就对红星电器做了全面的分析，发现红星洗衣机总厂第一不缺资金，第二有现代化的整个生产流程的设备，第三也不缺技术力量。那么它失败在什么地方呢？就在一点——管理模式上、企业文化上。海尔就决定用无形资产——文化来盘活红星电器厂。于是，海尔派出的第一批人是海尔文化中心的人，他们做的第一件事情，就是以文化先行作为整个兼并的战略。当时海尔集团的总裁杨绵绵以及海尔集团的最高首席执行官张瑞敏，曾经几次亲自到红星电器厂，给所有的员工讲企业的价值观、讲文化。海尔对员工提出三点要求：

第一，以市场为中心，告诉全体员工，我们卖的是信誉，要先卖信誉后卖产品。

第二，发动所有的员工找问题，要降低成本、增大盈利。

第三，给员工们定出自己未来的发展目标，就是用 2~3 年时间成为洗衣机行业的老大。

结果，三个月后红星电器厂就扭亏为盈，第 5 个月它就第一次盈利 150 万元，用了两年时间，红星电器厂洗衣机总厂就成为洗衣机行业的第一名。该案例被载入了美国哈佛商学院的案例库。而企业文化作为一种有效的管理手段，得到越来越多企业的认可和重视，企业文化管理的理论也得以践行。

（资料来源：根据网上资料整理）

（三）强调战略管理目标的创新

未来企业发展强调战略管理的目标创新，即努力用企业的创新目标来引导社会消费，不断创造市场、创新需求。现在成功的企业，基本都是早在十几年，甚至几十年前就着手创新的战略布局。

例如，1999 年，阿里巴巴创立时就设立了创建中小企业网络交易平台的目标，这一全新理念使阿里巴巴快速成长为一家世界知名电子商务企业。之后，马云开始部署阿里巴巴的生态系统大战略，包括信用体系、金融体系、社会化大物流体系、小企业工作平台和大数据系统五个方面，基于互联网围绕电子商务平台构建了社会生态化大战略目标。在这一战略目标下，从 2005 年开始，阿里巴巴相继并购或投资了雅虎中国、一拍网、口碑网、中国万网、美团网、虾米网、快的打车、恒生电子、新浪微博、穷游网、海尔日日顺、银泰商业、华数传媒、优酷土豆、苏宁云商等公司或业务，打通线上线下，全面提升效率，为中国及全球消费者提供更加完善商业服务。正是基于面临变化的环境，致力于战略目标的创新，促成了阿里巴巴自创立以来的不断发展。

（四）组织结构趋于网络化、柔性化发展

信息技术和网络的发展给企业内部的沟通提供了便利条件；外部环境的变化对企业的快速反应提出了要求。同时，用户与企业的关系正在发生着改变：第一，企业和用户之间实现了信息零距离，原来企业的大规模制造注定要被大规模定制所代替；第二，去中心化，每个人都是中心，金字塔式的组织架构变得扁平化；第三，分布式管理，全球的资源都可以为任何企业所用，全球就是企业的研发部和人力资源部。

相应地，企业的组织结构经历了传统的上下等级分明的、多层次金字塔结构，事业部制结构，矩阵结构，逐渐呈现出扁平化、网络化、虚拟化、柔性化发展趋势。

1. 虚拟化发展趋势

虚拟组织结构是20世纪90年代初伴随着信息技术革命的到来而产生的一项组织创新。它是一种以契约为结合基础的动态联结体，通常拥有一个核心组织以负责统筹协调与其他组织之间的关系与活动，一反过去组织完全包办所有事务所必须具有的功能。网络组织的核心可能是产品研发和设计、品牌、市场营销等。例如，耐克、美泰、苹果等跨国公司就是掌控研发、设计、品牌等高附加值环节，而将原材料供应、生产、物流等环节外包出去，利用互联网方式形成高度的协作和协同，构建起开放性、无边界的虚拟组织结构。

2. 网络化发展趋势

互联网改变了组织内外沟通的方式，年轻员工的沟通方式较之传统也发生了改变：组织内部的等级压缩，呈现出扁平的网络组织结构，如图2-3所示。公司内部基于网络结构加强了各个节点的沟通和交流，去层级化的扁平结构增强了组织的柔性，任一节点接收到外界环节变化的信息，都会通过网络迅速传递给相关联环节，使组织快速做出反应。

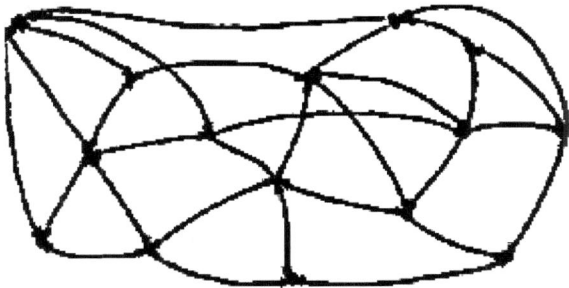

图2-3　网络化组织结构图

3. 解构化、卫星化发展趋势

随着组织规模扩大，很多企业发现传统金字塔或事业部制结构导致组织臃肿、信息沟通及反馈延迟、丧失对环境变化的敏锐性，于是很多大型企业开始进行组织解构、大型组织向卫星化组织结构转型。

苹果公司的组织结构如图2-4所示。《乔布斯传》中的原话是："乔布斯没有把苹果分割成多个自主的分支，他紧密地控制着他所有的团队，并促使他们作为一个团结而灵活的整体一起工作，全公司只有一条'损益底线'。"苹果公司的这种去事业部制组织结构，围绕公司整体利益和目标，形成紧密度和沟通配合度平衡的卫星结构，确保了公司整体利益的一致性，使得内部沟通顺畅、协作紧密。

4. 柔性化发展趋势

柔性组织是指与动态竞争条件相适应的具有不断适应环境和自我调整能力的组织。柔性组织无论是在管理体制上，还是在机构的设置上，都具有较大的灵活性，对企业的经营环境有较强的应变能力。

一成不变的组织结构往往会成为制约组织产品不断创新的短板，而柔性组织可以有效地解决这一问题。如图 2-5 所示，华为建立的是一种可以有所变化的矩阵结构，华为每次的产品创新都肯定伴随组织架构的变化，而在华为，每 3 个月就会发生一次大的技术创新，一旦出现机遇，相应的部门便迅速出击、抓住机遇。在这个部门的牵动下，公司的组织

图 2-4   苹果公司组织结构图

结构发生一定的变形，流程没有变化，只是部门与部门之间联系的次数和内容发生变化。但这种变形是暂时的，当阶段性的任务完成后，整个组织结构又会恢复到常态。

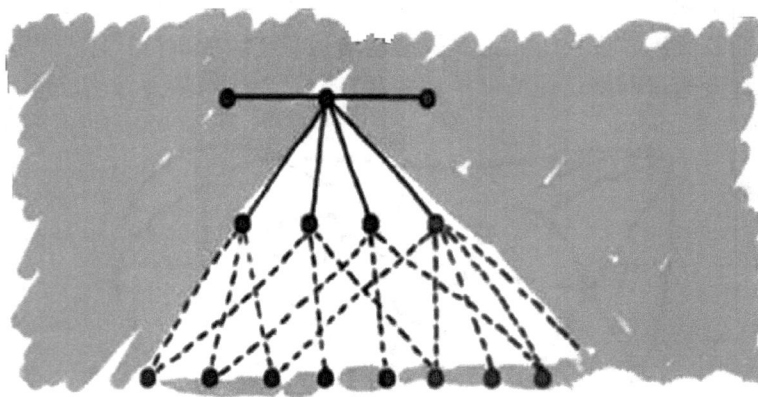

图 2-5   华为组织结构图

5. 生态系统化发展趋势

传统企业的组织是串联式的，从企划研发、制造、营销、服务一直到最后的客户，企划与客户之间有很多传动轮，但这些传动轮并不知道客户在哪里，这是企业里的中间层。还有一些社会上的中间层，如供应商、销售商。总而言之，这些中间层拉远了企业和客户之间的距离。

因此，很多企业开始构建生态型组织结构。如海尔正在进行的组织变革，组织内部建立并联的生态圈，如图 2-6 所示。围绕不同的市场和客户，海尔构建并联平台的生态圈，每个生态圈包括由创客组成小微创业企业和资源。其运行模式如下：现在的海尔没有层级，只有三种人——平台主、小微主、创客，都围着客户转。平台主从管控者变为服务者，员工从听从上级指挥到为用户创造价值，必须变成创业者、创客，这些创客组成小微创业企业，创客和小微主共同创造客户和市场。小微主不是由企业任命的，而是由创客共同选举的。创客和小微主之间可以互选，如果小微主做了一段时间后，被小微成员的创客认为不称职，可以换掉重选。如果企业内部的人都不行，还可以引进外部资源。这些小微加上社会资源，就变成

一个生态圈，共同创造不同的市场。

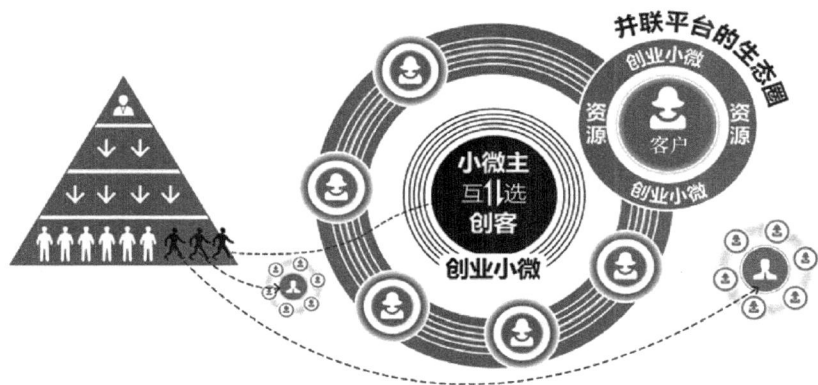

图 2-6　海尔组织结构图

　　截至目前，海尔集团已支持内部创业人员成立 200 余家小微公司，创业项目涉及家电、智能可穿戴设备等产品类别，以及物流、商务、文化等服务领域。另外，在海尔创业平台已经诞生 470 个项目，汇聚 1327 家风投，吸引 4000 多家生态资源，孵化和孕育着 2000 多家创客小微公司。越来越多的社会人员选择海尔平台进行创业，海尔创建的创业生态系统已为全社会提供超过 100 万个就业机会。

　　类似的组织变革发生在阿里巴巴。2013 年，马云根据业务拓展情况，把公司拆成更多小事业部运营，集团公司由原来的 7 个事业部重新分立为 25 个事业部，每个事业部围绕市场和客户，形成团队协作"生态群"，形成松而不散的基于市场化、平台化、数据化和物种多样化的"同一个生态，千万家公司"的良好社会商业生态系统。

　　总之，组织结构的变革加强了组织内外部之间以及组织内部的交互，提高了协作的效率、反应的时间，形成更趋于人性化的沟通和管理模式，不断增强组织的凝聚力。

本章小结

　　1. 现代企业制度是现代市场经济体制下适应社会化大生产需要的产权清晰、权责明确、政企分开、管理科学的新型企业制度，它是一系列规范和制约现代企业行为的准则或法规。

　　2. 现代企业制度具备产权清晰、权责明确、政企分开、管理科学的特征。

　　3. 现代企业制度的实质主要是以产权制度为核心，以完善的企业法人制度为基础，以有限责任制度与企业破产制度为保证，以公司制企业为主要形态，以科学管理为手段，使企业真正成为自主经营、自负盈亏、自我发展、自我约束的企业法人和市场竞争主体的一种企业微观经济体制。

　　4. 企业环境是指影响企业生存和发展的各种自然和社会因素。一般情况下，宏观环境因素大多对企业产生间接影响，而微观环境因素大多对企业的经营产生直接影响。宏观环境因素主要包括自然因素、政治因素、经济因素、社会因素和技术因素。微观因素主要是指对企业所处的行业产生影响的因素，即迈克尔·波特提出的影响行业环境的五种竞争力量，包括潜在进入者、供应商、购买者、替代品和行业内现有竞争者。

5. 随着环境的变革，企业管理未来呈现出管理创新，重视企业文化管理，强调战略管理目标的创新，组织结构趋于网络化、柔性化发展趋势。

复习思考题

1. 如何理解现代企业制度的含义？
2. 现代企业制度的特征有哪些？
3. 现代企业制度包括哪些内容？
4. 试分析影响企业生存和发展的环境因素。
5. 影响企业生存和发展的宏观环境因素有哪些？它们是如何影响企业经营的？
6. 未来企业经营的环境呈现哪些变化趋势？面对环境的这些变化，企业管理又呈现出哪些变化趋势？

案例思考

国企改革

1. 初步探索阶段——扩大企业经营自主权

改革开放以前，国家对国有企业实行计划统一下达、资金统贷统还、物资统一调配、产品统收统销、就业统包统揽、盈亏都由国家负责的政策，国有企业没有经营自主权。党的十一届三中全会提出，要让企业有更多的经营管理自主权。按照十一届三中全会提出的改革方向，先后在国有企业推进了扩大企业经营自主权、利润递增包干和承包经营责任制的试点，调整了国家与企业的责权利关系，进一步明确了企业的利益主体地位，调动了企业和职工的生产经营积极性，增强了企业活力，为企业进入市场奠定了初步基础。

2. 制度创新阶段——建立现代企业制度

党的十四届三中全会明确了国有企业改革的方向是建立"产权清晰、权责明确、政企分开、管理科学"的现代企业制度。党的十六大报告提出深化国有资产管理体制改革的重大任务，明确要求国家要制定法律法规，建立中央政府和地方政府分别代表国家履行出资人职责，享有所有者权益、权利、义务和责任相统一，管资产和管人、管事相结合的国有资产管理体制。党的十七大报告进一步提出，深化国有企业公司制股份制改革，健全现代企业制度，优化国有经济布局和结构，增强国有经济活力、控制力、影响力；深化垄断行业改革，引入竞争机制，加强政府监管和社会监督；加快建设国有资本经营预算制度；完善各类国有资产管理体制和制度。

随着改革的深入，国有经济布局和结构调整力度加大，大多数国有企业进行了公司制改革，企业改制和产权转让逐步规范，国有资本有序退出加快，国有企业管理体制和经营机制发生深刻变化。

但是仍然存在诸多问题，尤其是国有企业的整体定位和企业的"盈利使命"存在冲突（十五届四中全会《关于国有企业改革和发展若干重大问题的决定》指出，国有经济需要控制的行业和领域主要包括涉及国家安全行业、自然垄断行业、提供重要公共产品和服务的行业以及支柱产业和高新技术产业中的重要骨干企业）。这造成一方面，国有企业要通过追求盈利来保证自己的不断发展壮大，从而实现主导地位；另一方面，国有企业要弥补市场缺陷、服务公共目标，这可能会要求牺牲盈利。这会使得国有企业陷入两难的尴尬境界——不赚钱则无法完成国有资产保值增值、壮大国有经济的目标，赚了钱又被指责损害了市场公平和效率。

因此，必须给国有企业具体明确的使命定位，对国有企业进行具体分类，不同类型的企业应该承担国有经济的不同的功能定位。基于国有经济的功能定位，明确将国有企业分为公共政策性、特定功能性和一般商业性三类企业。

3. 纵深推进阶段——深化股权结构，企业制度改革

党的十八大报告指出："要毫不动摇巩固和发展公有制经济，推行公有制多种实现形式，深化国有企业改革，完善各类国有资产管理体制，推动国有资本更多投向关系国家安全和国民经济命脉的重要行业和关键领域，不断增强国有经济活力、控制力、影响力。"

十八届三中全会《中共中央关于全面深化改革若干重大问题决定》中提出："积极发展混合所有制经济。国有资本、集体资本、非公有资本等交叉持股、相互融合的混合所有制经济……国有资本投资项目允许非国有资本参股。允许混合所有制经济实行企业员工持股，形成资本所有者和劳动者利益共同体。"关于完善国有资产管理体制，提出"以管资本为主加强国有资产监管，改革国有资本授权经营体制，组建若干国有资本运营公司，支持有条件的国有企业改组为国有资本投资公司"。同时提出"划转部分国有资本充实社会保障基金。完善国有资本经营预算制度，提高国有资本收益上缴公共财政比例，2020年提到30%，更多用于保障和改善民生"。

新一轮国资国企改革正在进行，目前上海、北京、广东等多地已明确出台国资国企改革方案。多地在方案中提出，将合理确定并严格规范国企领导薪酬水平，并明确了提高国企红利上缴比例的时间表。

2015年9月24日，国有企业改革的第二个配套文件《国务院关于国有企业发展混合所有制经济的意见》下发，意见从总体要求、分类推进、分层推进、鼓励各类资本参与、混合所有制企业治理机制、操作规则、营造良好环境和组织实施等八个方面规定了国有企业混合所有制改革的细则，未来国企混合所有制改革将按照此意见进行。我们期待国企通过改革，改善其国际市场竞争力，推进国民经济的健康发展。

（资料来源：根据网上资料整理）

问题讨论：

1. 如何理解现代企业制度的内涵？

2. 我国国企改革都是从哪些方面入手开展的？改革的方向是什么？

3. 收集相关资料，详细说明我国国企改革的历程、所取得的成绩、存在的问题及发展的方向。

企业管理学

第二篇

企业基础活动

第三章　生产运作管理

学习目标

1. 掌握生产运作管理的含义及其在企业管理中的重要地位。
2. 了解生产运作系统的构成与基本类型。
3. 了解产品、服务、流程设计。
4. 掌握盈亏平衡分析法及布局方式。
5. 了解综合计划。
6. 掌握质量管理的发展历程；掌握全面质量管理、PDCA 循环的内涵。
7. 了解精益生产方式。

【关键术语】

生产运作管理　　并行工程　　质量功能展开　　流程　　选址　　产品导向布局
工艺导向布局　　综合计划　　主生产计划　　物料需求计划　　全面质量管理
PDCA 循环　　精益生产

【结构框图】

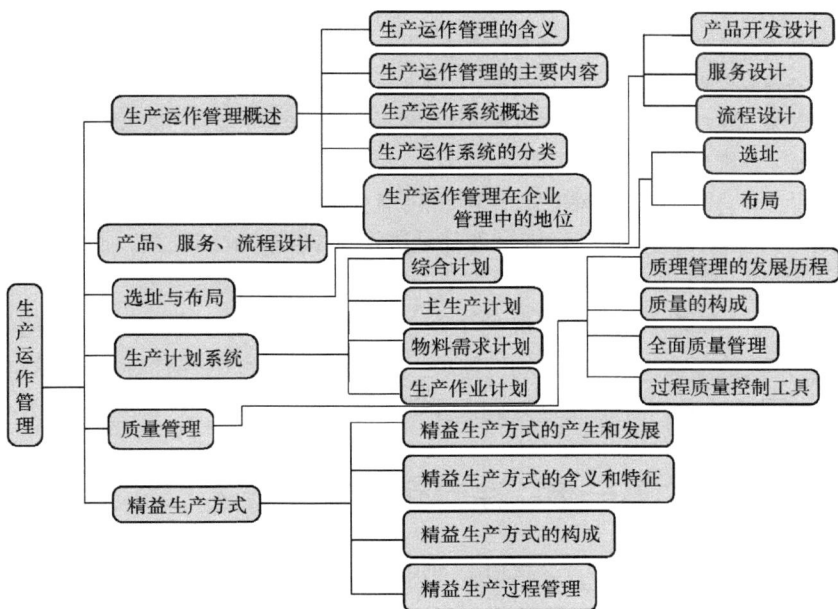

【引入案例】 宜家家居

凭借着遍布全球30多个国家的210多个巨型家居商场，宜家售出"大多数人能买得起，品种繁多、设计精美、功能实用的家庭装修产品"。宜家的这一原则，一方面渗透到宜家家居产品的设计、生产、运输、销售、安装等各个环节；另一方面，也贯穿了宜家家居生产运营管理的各个方面。

在20世纪50年代，宜家的创始人英格尔·坎普拉德(Ingvar Kampard)采用邮购的方式来销售家居，生意非常红火，并在斯德哥尔摩建了一个展示厅。他并没有选择市中心那些价格不菲的地段，而是将其设在了城镇的郊区。他也没有购买昂贵的展台，而是请顾客到仓库挑选自己喜欢的家居。同样，宜家的家居商场也是围绕着"自助服务"的理念来设计的——从寻找商场、停车、场内浏览到订货，挑选货品的整个过程都力争做到"简洁、流畅和顺利"。每家商场的入口处都设有大型的布告栏，不仅宣传宜家的理念，还为那些从未来过宜家的顾客提供建议，顾客可以获得产品目录，上面有宜家产品的细目和图片展示。公司还为孩子们设有一个专人看管的儿童游乐区、一个小型的电影院、一个母婴室和专用卫生间。这样，那些爸爸妈妈就可以将自己的孩子放在游乐区，然后离开一段时间。此外，父母还可以领取一个婴儿车，这样就可以一直和自己的宝宝在一起了。为了方便顾客进行比较，宜家在展示厅中特意划分出一些名为"家居摆设"的展区，而在其他展区中集中展示某一类产品。宜家提倡让顾客自由自在地选购。如果顾客确实需要咨询的话，展示厅内咨询点的工作人员可以提供帮助。每件家居都有一个带着编号的标签，以指示其仓库的位置，顾客可以凭编号在仓库中找到。逛完展示大厅以后，顾客就可以进入"小件家居陈列区"，可以直接取货。接下来顾客要经过的就是自助式仓库，他们可以挑选那些在展示厅里看中的产品。最后，顾客将购买的大小物件放在一个倾斜的传送带上，交给收银台的工作人员办理结账手续。出口处设有咨询台和服务点，通常还有一个专门出售各种瑞典风味食品的小商店。由于宜家独特的营销模式，顾客在店内逗留的时间远远超过了其他家居零售企业。宜家公司还设置了一个大型的装载区，顾客可以将自己的车开到这里，把购买的家居装上去。此外，他们还可以在这里买到或租到车顶行李架。

在宜家的运营管理中，我们可以找到的运营要素有：店内布局合理，有利于消费者在店内有效、顺利地购物；产品体现时尚特点，易于组装；选择最有效的店址，并采取适当的店面规模；采取合理的进货方式，应对市场需求的波动；保证储货区域的清洁和安全，避免缺货现象的发生；监督并提高消费者服务的质量；不断致力于运营活动的研究和改进，等等。虽然这些要素仅能代表宜家运营管理的一小部分，但从中我们已经能够依稀看到运营管理对于企业成功的重要性。

(资料来源:罗伯特·约翰斯顿,等. 运营管理[M]. 熊晓霞. 等译. 北京:中国市场出版社,2009.)

对于任何类型的企业来说，生产运作管理都是决定其成败的关键因素，而宜家的成功就是一个很好的例子。首先，宜家知道对于它的消费者来说，什么才是最重要的。其次，也是重要的一点，即宜家针对正确的市场，采取了正确的生产、销售以及服务的策略。这正是生产运作管理（运营管理）中至关重要的一点：根据市场的需求，采取相应的生产、销售和服务策略。这不仅对于宜家，而且对于所有企业，都是最为关键的运营原则。

第一节 生产运作管理概述

"一个国家的人民要生活得好，就必须生产得好"，生产活动是人类最基本的活动，有生产活动就有生产管理。可以说，人类最早的管理活动就是对生产活动的管理。目前，"生产管理"的范畴远远超出了工厂、车间的范围，现代生产管理既包括物质产品的生产，也包括非物质产品的生产。

在前工业社会，人们主要从事农业和采掘业，以家庭为基本单位进行生产。在工业社会，人们主要从事制造业，以工厂为单位进行生产。这时候对产品形成过程的管理，称为生产管理（Production Management）。在后工业社会，服务业成为比重最大的产业，对服务过程的管理称为运作管理（Operations Management）。现在一般将制造和服务等各类企业相应这方面的管理合称为生产运作管理（Production and Operations Management，POM），也称运营管理。

一、生产运作管理的含义

生产是人类最基本、最重要的一项活动。生产就是一切社会组织将它的输入转化、增值为用户所需要的输出的过程。这个定义有四层含义：①生产是一切社会组织都要从事的基本活动，而不仅仅是企业；②生产是一种转换过程，通过转化，有形的或无形的输入变为有形的或无形的输出；③输出对用户是有价值的，是用户所需要的；④整个过程是一个增值过程。

生产运作管理是指对生产运作系统的设计、运行与维护过程的管理。生产运作系统的设计包括产品或服务的选择和设计、生产运作设施的定点选择、生产运作设施布置、服务交付系统设计和工作设计。生产运作系统的运行，主要是讲现行的运作系统如何适应市场的变化，按用户的需求，生产合格产品和提供满意服务。生产运作系统的运行主要涉及生产计划、组织与控制三个方面。

运作管理的目标是：高效、低耗、灵活、清洁、准时地生产合格产品和（或）提供满意服务。高效是对时间而言的，是指能够迅速地满足用户的需要。在当前激烈的市场竞争条件下，谁的订货提前期短，谁就能争取用户。低耗是指生产同样数量和质量的产品，人力、物力和财力的消耗最少。低耗才能低成本，低成本才有低价格，低价格才能争取用户。灵活是指能很快地适应市场的变化，生产不同的品种和开发新品种或提供不同的服务和开发新的服务。清洁是指对环境没有污染。准时是指在用户需要的时间，按用户需要的数量，提供所需的产品和服务。质量是指合格产品和（或）满意服务。归结起来，对运作管理的要求包括六个方面：时间（Time，T）、质量（Quality，Q）、成本（Cost，C）、服务（Service，S）、柔性（Flexibility，F）和环境（Environment，E）。

二、生产运作管理的主要内容

运作管理作为企业管理系统的基本组成部分，包含许多具体的管理工作。其主要有以下五个方面内容：

（1）运作战略。它是企业总体战略下的职能战略，按照所达到的目标市场和企业既定的竞争战略，对企业的运作系统进行全局性和长远性的谋划，构造一个能不断发展的具有高效益、高效率的先进的运作模式。

（2）运作准备与运作组织。运作准备与运作组织是指运作的物质准备工作、技术准备工作和组织工作。它包括工厂与车间的平面布置、产品开发与设计、工作研究、运作过程组织、物资管理、设备管理、企业文化等。

（3）运作计划。运作计划是指与产品和服务有关的生产计划工作和负荷分配工作。它包括生产计划、过程计划、生产作业计划、材料计划、人员计划和负荷分配等。

（4）运作控制。运作控制是指围绕着完成计划任务所进行的检查、调整等管理工作。它包括生产进度控制、库存控制、质量控制、成本控制及企业的标准化工作。

(5) 先进的运作模式。为适应企业国际化和竞争激烈的新形势,尽快提高企业管理集成度,实现生产经营一体化,已是现代运作管理的热点。从 20 世纪 50 年代的 GT(Group Technology,成组技术)、70 年代的 MRP(Material Requirements Planning,物料需求计划)与 MRP-Ⅱ(Manufacturing Resource Planning,制造资源计划)到 80 年代的 JIT(Just in Time,准时生产)和 90 年代出现的 LP(Lean Production,精益生产)、AM(Agile Manufacturing,敏捷制造)、BPR(Business Process Reengineering,业务流程重组)、AVE(Agile Virtual Enterprise,敏捷虚拟企业),都是先进的生产模式。

三、生产运作系统概述

生产运作系统是企业系统的一个子系统,它是一个投入、转换、产出实物产品、服务和知识的过程。其目的是实现价值增值,满足社会(用户)需要和增加企业利润。例如,英特尔将各种电子元件、材料变成存储器产品并将其送达用户;肯德基的工人订购了食品原料与包装品,将鸡翅、佐料混合制成烤鸡翅,将土豆、佐料混合制成土豆沙拉,将各种产品制造出来,加上包装,送到顾客手中,等等。这些活动都构成了"投入→变换→产出"这一系统,如图 3-1 所示。

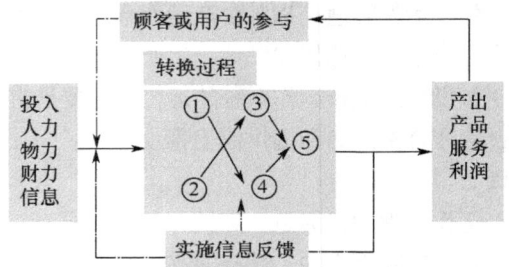

图 3-1　生产运作系统

其中的**投入**(Input)包括人力、物力、财力、信息等多种资源要素。产出(Output)包括两大类:有形产品和无形产品。前者是指汽车、电视、机床、食品等物质产品;后者是指某种形式的服务,如银行提供的金融服务、邮局提供的邮递服务、咨询公司所提供的设计方案等。

中间的**转换过程**(Transformation stage)也就是价值增值(Value-added)过程。这个过程包括一个物质转化过程,使投入的各种物质资源进行转变;也包括一个管理过程,通过计划、组织、实施和控制等一系列活动使上述物质转换过程得以实现,从而保证生产管理能够提供某种有用性。这个转换过程可以是多种多样的。对于实体产品,如摩托车生产,厂家通过组合不同的输入(金属板、橡胶、内燃机、人工工艺)以生产预期的产出,于是,输入品变成新的物理形状。这种转换是制造企业的典型作业。

不同的是航空公司的运作活动,它创造的服务提供时间价值和空间价值——飞机依据协议的起落点运送旅客和货物。其他服务作业,如零售店通过将其他产品与顾客结合在一起,提供商品所有权的转移;医院和医疗机构通过将医疗资源和病人结合在一起,提供生理和心理的健康价值;电子通信业通过信息传递,提供信息价值。上述转换是服务企业典型的作业。如表 3-1 所示的是具体组织的作业转换分析。

图 3-1 中的点线表示两种特殊的投入:一是顾客或用户的参与;二是有关作业活动实施情况的反馈。顾客或用户的参与是指他们不仅接受变换过程的产出结果,而且在变换过程中,他们也是参与活动的一部分。例如,教室中学生的参与、医院中病人的参与、实施信息反馈与"投入"框图中已有的"信息"投入的区别在于:后者是指作业系统外部的信息,

如市场变化的信息、新技术发展信息、政府部门关于经济趋势的分析报告等；而前者是指来自作业系统内部，即变换过程中所获得的信息，如生产进度报告、质量检验报告、库存情况报告等。图中心的圆圈表示变换过程中产品、服务或顾客需要经过的各个环节。

表 3-1 具体组织的作业转换分析

生产系统	投入	转换	产出	反馈
汽车装配厂	人员、能源、部件、机器人	焊接、装配、喷漆	汽车	成本、质量、产量
医院	病人、医护人员、病床、药	手术、诊断、药物管理	健康的人、医学研究成果	药物反应、手术并发症
大学	高中毕业生、教授、教学设备	授课、试验、科研	学士、硕士、博士、科研成果	教学质量、淘汰率
邮局	人员、邮件分发设备、交通工具	运送、邮递	邮件交送	平均送递时间、邮件损坏率

四、生产运作系统的分类

（一）制造业生产系统分类

制造业生产（Manufacturing Production）是通过物理和（或）化学作用将有形输入转化为有形输出的过程。具体又可按生产技术特点、企业组织生产的特点和工艺过程特点进行划分。表 3-2 是几种典型的分类方法。

表 3-2 生产类型

按产品特性	按生产工艺特征	按生产稳定性和重复性	按产品需求特性
通用产品生产 专用产品生产	连续型生产 离散型生产	大量生产 成批生产 单件小批生产	订货型生产 备货型生产

1. 按产品特性分类

（1）通用产品生产。通用产品是按照一定的标准设计生产的产品，需求量大，一般采用大量流水生产。其管理特点表现为：

1）保证原材料、动力的不间断供应。

2）加强生产过程控制，保证产品质量的稳定性。

3）加强设备维修保养，避免发生设备故障。

4）正确的市场需求预测。

（2）专用产品生产。专用产品是根据用户的特殊需求专门设计和生产的产品，产品的适用范围窄，需求量也小，一般采用单件小批生产。其管理特点表现为：

1）正确掌握企业的设计能力、生产能力和成本状况，对随机到达的订单进行正确的决策。

2）分析生产资源的瓶颈环节，努力提高瓶颈环节的能力。

3）加强生产技术准备和生产计划工作，优化生产资源配置，监控生产过程运行，保证生产的成套性和交货期。

2. 按生产工艺特征分类

（1）连续型生产。**连续型生产（或流程式生产）**的工艺过程是连续进行的，不能中断，且工艺过程的顺序是固定不变的。化工、炼油、造纸、水泥等是连续型生产的典型。这种生产方式的管理重点是要保证连续供料和确保每一环节的正常进行。连续型生产由于产品和生产过程相对稳定，有条件采用各种自动装置实现对生产过程的实时监控。

（2）离散型生产。**离散型生产（或加工装配式生产）**的产品是由许多零部件构成的，各零件的加工过程相对独立，整个产品的生产工艺是离散的，制成的零件通过部件装配和总装配最后成为产品。机械制造、电子设备制造的生产过程属于这一类型。这种生产方式的管理重点是控制零部件的生产进度，保证生产的配套性，其管理最为复杂。

3. 按生产稳定性和重复性分类

大量生产（Mass Production）的特点是产品品种少，每一品种的产量大，生产稳定地、不断重复地进行，如家电产品、小轿车等。大量生产的产品通常都是通用产品。**单件小批生产**（Unit Production）的产品通常都是专用产品，其特点与专用产品的生产特点相同。**成批生产**（Batch Production）类型介于大量生产和单件小批生产之间，其特点是生产的品种较多，每种产品虽然都有一定的产量，但都不足以达到维持长年连续生产，所以在生产中形成多种产品轮番生产的局面。

这三种不同生产类型在生产管理上的特点如表 3-3 所示。

表 3-3　三种生产类型的生产管理特点

类型 \ 项目	大量生产	成批生产	单件小批生产
品种	少、稳定	较多、较稳定	大量、单件生产
产量	大	较多	少量
工作地专业化程度	重复生产	定期轮番	基本不重复
生产设备	多数专用设备	部分通用设备	万能通用设备
员工技术水平	专业操作	专业操作	多面手
生产周期	短	中	较长
成本	低	中	较高
更换品种	难	中	易
适应性	差	较差	强
追求目标	连续性	均衡性	柔性

4. 按产品需求特性分类

（1）订货型生产。**订货型生产**（Make to Order, MTO）是指根据用户提出的具体订货要求，分别在设计、制造、装配、服务等层次组织生产，以满足用户需求的特异性。订货型生产在某种程度上与专用产品的生产有类似之处，但也不尽相同。例如，汽车是一种典型的通用产品、大量生产类型的产品，但在今天，往往根据市场需求多样化的特点，允许顾客对某些部件自行选择，进行中小批量，甚至单件的订货生产。

（2）备货型生产。**备货型生产**（Make to Stock, MTS）是指在市场需求调查、市场需求量预测的基础上，有计划地进行生产，以满足市场需求的共同性。备货型生产的产品通常是通用产品。

订货型生产与备货型生产的特点如表3-4所示。

表3-4　订货型生产与备货型生产的特点

类　　型 项　　目	备货型生产	订货型生产
产品	标准产品	大量的变型产品与新产品
对产品的需求	可以预测	难以预测
价格	事先确定	订货时确定
交货期	不重要，由成品库随时供货	很重要，订货时决定
设备	多采用专用高效设备	多采用通用设备
人员	专业化人员	需多种操作技能

（二）服务业运作系统分类

服务业又称非制造性生产，是指提供劳务的生产。这种产出特点决定了服务业的运作过程与制造业的生产过程不同，其划分也有自己的独特之处，如表3-5所示。

表3-5　服务业运作系统的类型

按顾客需求特性分类	按所需资源特性分类
通用型服务 专用型服务	技术密集型服务 人员密集型服务

1. 按顾客需求特性分类

通用型服务是针对一般的、日常的社会需求所提供的服务，如零售批发业、学校、运输公司、银行、饭店等。**专用型服务**是针对顾客的特殊要求或一次性要求所提供的服务，如医院、汽车修理站、咨询公司、会计师事务所、律师事务所等。这两种不同类型服务的区别主要在于顾客参与程度的不同。通用型服务的服务过程比较规范，服务系统有较明确的前后台之分，顾客只在前台服务中介入，后台则与顾客没有直接联系；专用型服务的服务过程有较多的顾客介入，前后台很难区分，服务性更加鲜明，也难以使用统一的服务过程规范。

2. 按所需资源特性分类

技术密集型服务和**人员密集型服务**分类方法的区别主要在于人员与设施装备的比例关系。前者需要更多的设施装备投入；后者人员素质的作用更大。航空公司、运输公司、银行、娱乐业、通信业、医院等都属于前者；百货商店、餐饮业、学校、咨询公司等属于后者。从这样的分类中不难看出运作管理的相应特点：前者要求更注重合理的技术装备投资决策，加强技术管理，控制服务交货进度与准确性；后者要求更注重员工的聘用、培训和激励，工作方式的改进，设施选址和布置等问题。

这两种分类方式及其典型行业举例如图 3-2 所示。

		按顾客的需求特性分类	
按运作系统特性分类		通用型	专用型
	技术密集	航空、运输、金融、旅游 娱乐、邮电通信、广播电视	医院、汽车修理业、技术服务业
	人员密集	零售、批发、学校、机关餐饮	咨询公司、建筑设计、律师事务所 会计师事务所

图 3-2　服务运作系统类型及举例

综上所述，制造业与服务业在很多方面存在较大差异，如表 3-6 所示。

表 3-6　服务业与制造业的比较

比较项目 / 行业	制造业	服务业
产出本身	有形耐用	无形易逝
产出的存储性	高	低
产出的一致性	高	低
顾客参与程度	低	高
产业性质	资本密集	劳动密集
前/后台服务比例	低	高
规模经济的实现	增加批量	多店作业
反应时间	较长	短
市场区域	区域、国家和国际市场	局部市场
质量度量	容易度量	不易度量

五、生产运作管理在企业管理中的地位

企业管理中最基本、最主要的职能是生产运作、市场营销和财务会计。企业离不开这三大职能，缺少了其中任何一项，企业都无法运转。生产运作就是创造社会所需要的产品和服

务，把运作活动组织好，对提高企业的经济效益有很大作用。理财就是为企业筹措资金并合理地运用资金。只要进入的资金多于流出的资金，企业的财富就不断增加。营销就是要发现与发掘顾客的需求，让顾客了解企业的产品和服务，并将这些产品和服务送到他们手中。其中，财务应当处于主导地位，而市场营销是先导，生产运作管理处于基础地位。生产运作职能的重要意义在于它是真正的价值创造过程，是产生企业利润的源泉。

第二节　产品、服务、流程设计

设计是人类改造自然的基本活动之一，设计是复杂的思维过程，设计过程蕴含着创新和发明的机会。设计的目的是将预定的目标，经过一系列规划与分析决策，产生一定的信息（文字、数据、图形），形成设计，并通过制造，使设计成为产品，造福人类。优秀的设计人员应该具有敏锐的预感能力，在市场竞争形势中，分析出社会的需要，并抢在市场需要前完成产品的开发和试制工作。

一、产品开发设计

（一）产品开发设计过程

1. 概念开发与产品规划阶段

将有关市场机会、竞争力、技术可行性、生产需求、对上一代产品优缺点的反馈等信息综合起来，可以确定新产品的框架。这包括新产品的概念设计、目标市场、期望性能的水平、投资需求与财务影响。在决定某一新产品是否开发之前，企业还可以用小规模实验对概念、观点进行验证。实验可包括样品制作和征求潜在顾客意见。

2. 详细设计阶段

一旦方案通过，新产品项目便转入详细设计阶段。该阶段基本活动是产品原型的设计与构造以及商业生产中使用的工具与设备的开发。详细产品工程的核心是"设计—建立—测试"循环。所需的产品与过程都要在概念上定义，而且体现于产品原型中（可在计算机中或以物质实体形式存在），接着应进行对产品的模拟使用测试。如果原型不能体现期望性能特征，则工程师应寻求设计改进以弥补这一差异，重复进行"设计—建立—测试"循环。详细产品工程阶段结束以产品的最终设计达到规定的技术要求并签字认可作为标志。

此过程分为三个阶段：①方案设计阶段，即明确设计思想和技术原理，正确地进行选型，确定新产品的基本结构和基本参数；②技术设计阶段，即确定产品的具体结构和形式，将基本结构和主要参数具体化，进一步确定产品的技术经济指标；③工作图设计阶段，即绘制新产品试制、生产所需的全套图样，提供有关生产工艺所需的全部技术文件。

3. 小规模生产阶段

在该阶段中，在生产设备上加工与测试的单个零件已装配在一起，并作为一个系统在工厂内接受测试。在小规模生产中，应生产一定数量的产品，也应当测试新的或改进的生产过程应对商业生产的能力。正是在产品开发过程中的这一时刻，整个系统（设计、详细设计、工具与设备、零部件、装配顺序、生产监理、操作工、技术员）组合在一起。

4. 增量生产阶段

在增量生产中，开始是在一个相对较低的数量水平上进行生产；当组织对自己（和供应商）的连续生产能力及市场销售产品的能力的信心增强时，开始增加产量。

（二）产品开发设计方法

1. 并行工程

并行工程（Concurrent Engineering）是一种集成地、并行地设计产品及其相关的各种过程（包括制造过程和支持过程）的系统方法。这种方法要求产品开发人员从设计一开始就考虑产品整个生命周期中从概念形成到产品报废处理的所有因素，包括质量、成本、进度计划和用户的要求。

在传统的串行工程中，产品开发设计、工艺设计、制造流程设计等分别在不同部门，由不同人员完成，一个阶段完成以后，下一个阶段才开始，不合理的设计问题有可能到工艺阶段才发现，从而不得不再返回；设计阶段如果对所使用的材料、制造方法考虑不周，到生产阶段可能会发现产品的生产成本很高，从而不得不反复重新设计。这些原因导致产品的开发周期往往很长，产品的开发成本也很高，无法满足激烈的市场竞争的要求。

并行工程是从产品开发的初始阶段，就由开发设计人员、工艺技术人员、质量控制人员、生产制造人员、营销人员，有时甚至加上外协厂家、用户代表共同工作，各项工作同时并进。这样每个部门的人在产品开发初期就可以从各自的角度出发，评价设计是否合理、可行，以便从一开始就能随时发现、寻找能满足新产品性能的技术，能满足目标成本的材料和合理的加工工艺等。这种并行开发设计的思想再加上飞速发展的计算机辅助设计技术、网络集成设计技术等手段，使企业有可能采用一种全新的方法来开发设计产品。

并行工程与传统的串行工程的另一个重要的区别是产品的价格和成本的确定方法。在传统的串行工程中，在进行产品的可行性研究时，通常只是大致估计产品最后推向市场的价格。在产品的最终设计完成以后，计算出产品的累计成本，再加上目标边际利润，形成一个新价格，再检查预先估计的价格与这一价格之间是否有差距，这一方法被称为"成本加法"。如果二者有差距，就需要考虑用新价格销售的可行性；如果不可行，设计人员就需要重新设计，以削减成本。但是这样一来，又会导致设计成本的增加和设计周期的延长。而在并行工程中，运用的是"价格减法"，即在开始具体的产品设计之前，就根据市场研究的结果预先设定市场可接受的价格，在此基础上制定目标成本，并将成本分解到产品设计、制造材料等各个部分，在一开始设计时就考虑如何达到目标成本，并运用价值工程等方法来实现这一目标。

运用并行工程开发设计产品时应注意的一个问题是，并不是所有的设计步骤都可以同时并行，有些设计任务必须有先后顺序。这样一来，必须按照先后次序进行的工作任务和可以并行的工作任务混杂在一起，可能导致工作任务和日程安排变得复杂。在这种情况下，需要运用 PERT 等先进的管理方法。

2. 头脑风暴

所谓**头脑风暴**（Brain Storming），最早是精神病理学上的用语，是指精神病患者的精神错乱状态，如今转而为无限制的自由联想和讨论，其目的在于产生新观念或激发创新设想。

一次成功的头脑风暴除了在程序上的要求之外，更为关键的是探讨方式、心态上的转变，概言之，即充分的、非评价性的、无偏见的交流。具体而言，则可归纳以下几点：

（1）**自由畅谈**。参加者不应该受任何条条框框限制，放松思想，让思维自由驰骋，从不同角度、不同层次、不同方位，大胆地展开想象，尽可能地标新立异、与众不同，提出独创性的想法。

（2）**延迟评判**。头脑风暴必须坚持当场不对任何设想做出评价的原则，既不能肯定某个设想，又不能否定某个设想，也不能对某个设想发表评论性的意见。一切评价和判断都要延迟到会议结束以后才能进行。这样做一方面是为了防止评判约束与会者的积极思维，破坏自由畅谈的有利气氛；另一方面是为了集中精力先开发设想，避免把应该在后阶段做的工作提前进行，影响创造性设想的大量产生。

（3）**禁止批评**。绝对禁止批评是头脑风暴法应该遵循的一个重要原则。参加头脑风暴会议的每个人都不得对别人的设想提出批评意见，因为批评对创造性思维无疑会产生抑制作用。同时，发言人的自我批评也在禁止之列。有些人习惯使用一些自谦之词，但这些自我批评性质的说法同样会破坏会场气氛，影响自由畅想。

（4）**追求数量**。头脑风暴会议的目标是获得尽可能多的设想，追求数量是它的首要任务，因此参加会议的每个人都要抓紧时间多思考，多提设想，至于设想的质量问题，自可留到会后的设想处理阶段去解决。在某种意义上，设想的质量和数量密切相关，产生的设想越多，其中的创造性设想就可能越多。

3. 质量功能展开

质量功能展开（Quality Function Deployment，QFD）是把顾客对产品的需求进行多层次的演绎分析，转化为产品的设计要求、零部件特性、工艺要求、生产要求的质量工程工具，用来指导产品设计和质量保证。这一技术产生于日本，在美国得到进一步发展，并在全球得到广泛应用。其基本结构如图3-3所示。

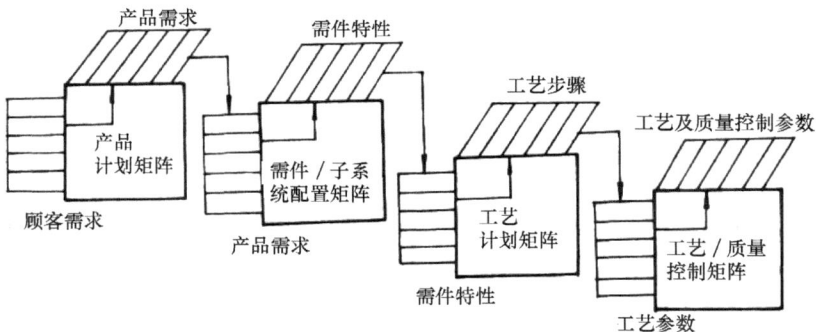

图 3-3　质量功能展开基本结构

QFD 的基本思想是注重产品从开始的可行性分析研究到产品的生产都是以市场顾客的需求为驱动的，强调将市场顾客的需求明确转变为产品开发的管理者、设计者、制造工艺部门以及生产计划部门等有关人员均能理解执行的各种具体信息，从而保证企业最终生产出符合市场顾客需求的产品。

QFD 的基本原理就是用"质量屋"的形式（见图 3-4），量化分析顾客需求与工程措施间的关系，找出对满足顾客需求贡献最大的工程措施，即关键措施，从而指导设计人员抓住主要矛盾，优化设计，开发出满足顾客需求的产品。

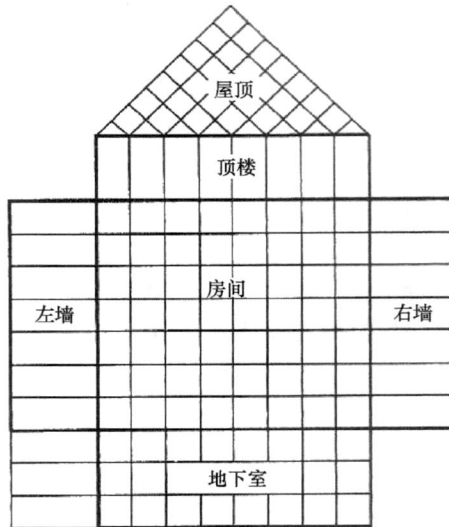

图 3-4　质量屋构架

图 3-4 中：

左墙：顾客需求及其重要度。

顶楼：工程措施（可执行、可度量的技术要求或方法）。

右墙：市场竞争性评估，即对顾客需求进行的评价，用来判断市场竞争能力。

房间：关系矩阵，描述顾客需求与实现这一需求的工程措施之间的关系程度。

屋顶：相关矩阵，表明各项工程措施间的相互关系。

地下室：技术竞争性评估，对工程措施的技术水平的先进程度进行评价。

此外，还有价值工程、卡诺模型等产品开发设计方法。

二、服务设计

服务设计是有效地计划和组织一项服务中所涉及的人、基础设施、通信交流以及物料等相关因素，从而提高用户体验和服务质量的设计活动。服务设计以为客户设计策划一系列易用、满意、信赖、有效的服务为目标，它既可以是有形的，也可以是无形的。客户体验的过程可能在医院、零售商店或是街道上，所有涉及的人和物都为落实一项成功的服务起着关键的作用。服务设计将人与其他诸如沟通、环境、行为、物料等相互融合，并将以人为本的理念贯穿于始终。

简单来说，服务设计是一种设计思维方式，通过人与人一起创造与改善服务体验来实现，这些体验随着时间的推移发生在不同接触点上。服务设计强调合作，以使得共同创造成为可能，其目的是让服务变得更加有用、可用、高效、有效和被需要，这是全新的、整体性强的、多学科交融的综合领域。

（一）服务设计的基本要素

赫斯克特（Heskett）、赛瑟（Sasser）和施莱辛格（Schlesinger）的服务策略理论提出服务设计的四个基本要素：

（1）**目标市场**：谁是我们的顾客？

（2）**服务概念**：从顾客的视角来看，顾客选择我们的理由是什么，即我们提供的服务有什么与众不同？

（3）**服务策略**：从企业视角来看，企业应该如何做才能满足目标顾客的服务需求，即如何配置资源、建立结构、明确运作重点？

（4）**服务传递系统**：通过服务人员、设施、流程、能力等要素的具体决策，实现服务目标。

（二）服务产品的开发过程

服务产品的开发与工业产品的开发有许多相似之处，不同的是，服务产品开发的焦点主要集中在研究如何传递服务的流程上。服务产品开发可以分为四个阶段。

第一阶段：设计阶段，包括对新服务目标以及战略的制定、服务概念的开发和测试。

第二阶段：分析阶段，需要进行财务分析，并考虑与服务传递相关的供应链问题。只有顺利通过这两个阶段，即评审获得批准后，新服务项目才能继续下去。

第三阶段：开发阶段，也是资源最密集的阶段，包括完成服务的详细设计和测试、服务传递过程的详细设计和测试，员工的培训以及服务的试运行。

第四阶段：全面上市，即将新服务推向市场。

三、流程设计

生产运作系统设计中的一个重要问题是，如何把投入变换成产出，也就是如何把图样中设计好的产品真正制造出来。这就是流程设计要解决的问题。问题是显然的，但是答案却可能多种多样。因为一个产品的制造（或一项服务的提供）需要物料、设备、人力等多种资源要素的组合，不同组合方式都可以生产出同一产品或服务，但是，生产运作的结果——产品或服务的质量、成本、交货期却可能不同。一个错误的流程设计方案可能影响企业的长期竞争力，还有可能影响企业的生产率，从而影响企业的盈利水平。

生产运作流程是指能够把一定投入（Input）变换成一定产出（Output）的一系列任务，这些任务由物流和信息流有机地连接在一起。生产运作流程的设计，就是要确定把投入变换成产出所需的资源、资源的组合方式、任务的进行方式、物流和信息流的流动方式等方案。

图 3-5 描述的是一个食品厂的面包制作流程，但是该流程图的描述方法对其他作业流程也是通用的。其中，方框表示流程中所要完成的任务，带箭头的线条表示物流（实线）和信息流（虚线），三角形表示库存。它包括三种形态：原材料、在制品和成品，图中三个不同位置的库存分别表示这三种库存。从图中可以很清楚地看出，该食品厂有两条并行的面包生

产线，每条生产线有三项主要任务，分别在三个工序进行：原料（面粉、糖、水和酵母）混合、成形（揉制）、烘烤。这三项任务之间的带箭头的线条表示这三项任务必须按顺序完成。包装工序前的在制品库存表示烘烤完毕的面包有时需要在此等候包装，因为两条生产线可能分别生产不同的面包，而包装工序只有一个，一次只能包装一种面包，或者因为烘烤完毕的面包需要先放在这里等待变凉。一旦包装完毕，面包就被很快移到完成品放置地（成品库存），准备发运出去。

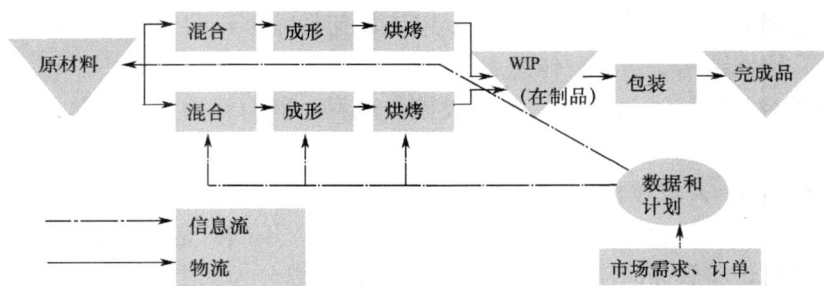

图 3-5 流程示意图（面包制作）

从上述流程图可以看出，生产运作流程包括几个基本要素：投入、产出、任务、物流和信息流以及库存。

无论是何种企业的运作流程，在流程设计中都必须考虑到以下几个方面的问题：

（1）资本集约度，即如何在流程中将人力和设备相结合。

（2）资源柔性，即设备和人员可灵活地配置给多种产品、多种产量水平和执行多种职能的能力。

（3）顾客参与，即顾客以什么方式、在多大程度上成为运作流程的一部分。

（4）资金预算。新建一个流程或改造一个现有流程需要花多少钱？是否合算？能否得到足够的回报？

以上这几个方面的问题是相互关联、相互影响的，其决策既影响企业的生产运作成本，也影响企业的销售收入。例如，提高资本集约度有可能因为质量的改进而促进销售，也有可能因产品成本的提高而阻碍销售。在进行生产运作流程的选择设计时，必须综合考虑这些因素的影响。

正如工业生产存在生产流程一样，服务也存在一个服务流程，服务流程的选择对服务效果有很大影响。最典型的服务流程有三种：①生产线式。生产线式的服务理念在于尽量减少顾客在服务过程中的参与，其服务定位于在一个舒适的服务环境中快速地提供标准化的高质量服务。例如，肯德基就采用了生产线式服务。②自助服务式。与生产线式不同，自助服务式将服务划分成一些较小的部分，并且确保这些较小的部分可以让顾客以自动化方式进行操作，或者减少与顾客的互动。例如，银行通过使用自动柜员机分离现金与支票业务，既能改善顾客服务，又能降低成本。③个体维护式。个体维护式充分满足顾客的个性主张，让顾客参与服务产品的设计和交付。这类服务无固定模式可循，且未被严格界定，因此需要高水平的技巧和分析技能。为了使顾客满意，服务人员应被授予一定的自主决策权。由于这种流程体现了对消费者最体贴入微的关心，因此很多行业，如咨询、个人理财以及内部装修等均采用这种服务流程。

第三节 选址与布局

选址是指运用科学的方法决定设施的位置，使之与企业的整体经营运作系统有机结合，以便有效、经济地达到企业的经营目的。它包括选位与定址两个层面的内容。设施布局是指在一个给定的设施范围内，对多个经济活动单元进行位置安排。所谓经济活动单元，是指需要占据空间的任何实体，如机器、工作台、通道、桌子、储藏室、工具架等，也包括人。所谓给定的设施范围，可以是一个工厂、一个车间、一家超市或一个写字楼等。

一、选址

（一）选址的影响因素

企业在新建或扩建厂房时，不可避免地会面临选址问题。**选址**（Address Selection）包括两个层次的问题：①选位，即选择什么地区（区域），沿海还是内地，南方还是北方，国内还是国外；②定址，即选定地区之后，具体选择在该地区的什么位置设置设施，也就是说，在已选定的地区内选定一片土地作为设施的具体位置。设施选址还包括这样两类问题：一是选择一个单一的设施位置；二是在现有的设施网络中布新点。

怎样才能选择一个合适的经营地，对于企业来说显得十分重要。到了 20 世纪八九十年代，特别是随着经济全球化的发展，全球化范围的选址问题更加受到人们的重视。除了全球化进程，选址决策还要考虑其他很多因素，这些因素可分为四类：经济因素、政治因素、社会因素和自然因素。

1. 经济因素

经济因素包括运输条件与费用、劳动力的可获得性、能源的可获得性和费用、厂址条件和费用等。

企业的一切生产经营活动都离不开交通运输。原材料、工具和燃料进厂，产品和废物出厂，零件的协作加工，都有大量的物料需要运输；员工上下班，也需要交通方便。交通便利能使物料和人员准时到达需要的地点，使生产活动能正常进行，还可以使原材料产地与市场紧密联系。在运输工具中，水运运载量大，运费较低；铁路运输次之；公路运输运载量较小，运费较高，但最具有灵活性；空运运载量最小，运费最高，但速度最快。因此，选择水、陆交通都很方便的地方是最理想的。在考虑运输条件时，还要注意产品的性质。在企业输入和输出过程中，有大量的物料进出，有的企业输入运输量大，有的企业输出运输量大。因此，在选址时，要考虑是接近原材料供应地，还是接近消费者市场。

对于劳动密集型企业，人工费用占产品成本的大部分，必须考虑劳动力的成本。工厂设在劳动力资源丰富、工资低廉的地区，可以降低人工成本。一些发达国家的公司纷纷在经济欠发达的国家设厂，一个重要原因就是降低人工成本。但是，随着现代科学技术的发展，只有受过良好教育的员工才能胜任越来越复杂的工作任务，单凭体力干活的劳动力越来越不被需要。对于需要大量具有专门技术员工的企业，人工成本占制造成本的比例很大，而且员工的技术水平和业务能力又直接影响产品的质量和产量，因而劳动力资源的可获性和成本就成为选址的重要条件。

没有燃料（如煤、油、天然气）和动力（如电），企业就不能运转。对于耗能大的企业，如钢铁、铝业、发电厂等企业，其厂址应该接近燃料、动力供应地。

建厂地方的地势、利用情况和地质条件，都会影响到建设投资。显然，在平地上建厂比在丘陵或山区建厂要容易得多，成本也低得多。在地震多发区建厂，则所有建筑物和设施都要达到抗震的要求；同样，在有滑坡、流沙或下沉的地面上建厂，也都要有防范措施，这些措施都将导致投资的增加。另外，地价也是影响投资的重要因素。一般来说，城市的地价较高，城郊和农村的地价较低。选址还应考虑协作是否方便。和人类一样，企业也需要"群居"，与世隔绝的企业是难以生存和发展的。由于专业化分工，企业必然与周围其他企业发生密切的协作关系。最近几年出现的大量产业集群，也是基于这方面的考虑。

2. 政治因素

政治因素包括政治局面是否稳定、法制是否健全、税赋是否公平等。一个企业在选址时，必须考虑政治因素。政治局面稳定是发展经济的前提条件。在一个动荡不安甚至发生内战的国家投资，是要冒很大风险的。有些国家或地区的自然环境虽然很适合投资，但是其法律变更无常，资本权益得不到保障，也不适宜投资。因此，企业在决定投资之前，一定要充分了解当地有关法律法规，包括环境保护和税收政策等方面的法规。

3. 社会因素

企业选址要考虑的社会因素包括居民的生活习惯、文化教育水平、宗教信仰和生活水平。不同国家和地区、不同民族的生活习惯、文化教育水平、宗教信仰和生活水平是不同的，企业在选址时应充分考虑这些因素。如果企业在选址时忽略其中的任一因素，都会给企业今后的发展带来许多不利的影响。

4. 自然因素

自然因素主要是气候条件和水资源状况。气候条件直接影响员工的健康和工作效率。根据权威部门的资料，气温在 $15 \sim 22℃$ 时，人的工作效率最高。气温过高或过低，都会影响工作效率。因此，气候条件是企业在选址时应考虑的重要因素。另外，水资源状况对企业的生产也有很大的影响。有些企业耗水量巨大，就应该靠近水资源丰富的地区，同时还要考虑当地的环保规定。

选址的部分影响因素如表 3-7 所示。

表 3-7　影响选址的部分因素

选址类别		影响因素
选位	国家	政局的稳定性 政府政策与鼓励措施 经济与文化、宗教信仰等 汇率

（续）

选址类别		影响因素
选位	地区或城市	地区政策 目标市场 原材料供应地 运输条件 与协作厂家的相对位置 劳动力资源 基础设施条件 气候条件
	定址	场所大小和成本 可扩展的条件 地址条件 周边环境

　　选址对服务企业有特别重要的意义，服务企业选址很大程度上与目标市场选择工作相重合。服务企业选址的关键是面向市场，其最重要的标准是顾客获得服务的方便程度。

　　世界上许多事情是很难做到绝对精确的，选址问题也不例外。由于选址决策涉及许多因素，加之一些因素又是相互矛盾的，因此造成了选址决策的困难。在同一个地区，相同类型的企业，其中也有经营得好的和经营得不好的。对一个特定的企业来说，其最优选址应取决于该企业的类型。

　　（二）选址的程序

　　企业的选址包括以下步骤：

　　（1）明确厂址选择的目标。企业可能会出于不同的目的进行选址决策。工业选址决策主要是为了追求成本最小化；而零售业或专业服务性组织机构一般都追求收益最大化；至于仓库选址，可能要综合考虑成本及运输速度的问题。总之，选址决策的目标是使选择的厂址能给工厂带来最大化的收益。

　　（2）收集、整理有关新厂址的数据资料。企业可以通过多种渠道了解新厂址的信息，比如可以查阅各种资料，也可以由设计单位和企业单位组成选址勘查小组，对所选址进行现场勘查和调查等。

　　（3）辨识厂址选择的主要影响因素。确定影响企业厂址选择的因素，并且衡量各自的重要程度，以确定选址时的优先考虑顺序。

　　（4）选位——确定合适的建厂地区或区域。选址是一个较为复杂的过程，一般采用一定的选址方法，综合考虑各方面的影响因素，先选择某一个地区，即选位。

　　（5）开发厂址备选方案。在已选定的区域内，收集各候选目标地点的资料，确定可供选择的具体地点，并将调查结果整理成初步方案，最后将所有勘查的选址方案整理成方案汇总比较表，以便进行评选。

（6）定址——最终选定建厂地点。对候选的企业选址方案，可从企业经济效益和社会效益、现实利益和长远利益出发，组织相关领导和专家，采用科学的定性与定量选址方法，对备选具体地点进行全面综合评价，从中选出一个最佳方案，即定址。

（三）选址的评价方法

企业选址的评价方法主要有盈亏平衡分析法、因素评分法、线性规划运输模型以及重心法等。由于盈亏平衡分析法是最常用到的方法，下面着重介绍这种方法。

1. 盈亏平衡分析法

选址**盈亏平衡分析法**也称量本利分析法，是一种利用企业产品的产量（或销量）、生产成本以及利润之间关系进行厂址选择的方法。

应用这种方法进行选址决策的步骤如下：

（1）确定每一被选地点的固定成本和可变成本。

（2）在同一张图表上绘出各地点的总成本线。

（3）确定在某一预定的产量水平上，哪一地点的总成本最少或者哪一地点的利润最高。

例：表 3-8 列出了四个可能成为某企业工厂所在地点的固定成本和可变成本。

要求：

（1）在一张图上绘出各地点的总成本线。

（2）指出使每个被选地点产出最优（即总成本最低）的区间。

（3）如果要选择的地点预期每年产量为 8000 单位，哪一地点的总成本最低？

表 3-8　某企业选址成本表

地点	每年的固定成本/美元	每单位的可变成本/美元
A	250000	11
B	100000	30
C	150000	20
D	200000	35

解：选择最接近预期产量的产出（如每年 10000 单位），计算在这个水平上每个地点的总成本（见表 3-9）。在一张坐标图上绘出每一地点的固定成本（在产出为 0 时）及产出为 10000 单位时的总成本，用一条直线把两点连接起来，如图 3-6 所示。

表 3-9　各个厂址总成本计算表

地点	每年的固定成本/美元	每单位的可变成本/美元	总成本/美元
A	250000	11 * 10000	360000
B	100000	30 * 10000	400000
C	150000	20 * 10000	350000
D	200000	35 * 10000	550000

图 3-6 中显示出了各个供选择地点的总成本最低时的区间。请注意，在任何产量水平

下，地点 D 从未优于其他各地点。因此，可以从 B 线和 C 线的交点以及 A 线和 C 线交点所得到的产出水平求出确切的区间。为了得到这个点，使它们的总成本公式相等，求 Q，即得到它们最优产出水平的界限。

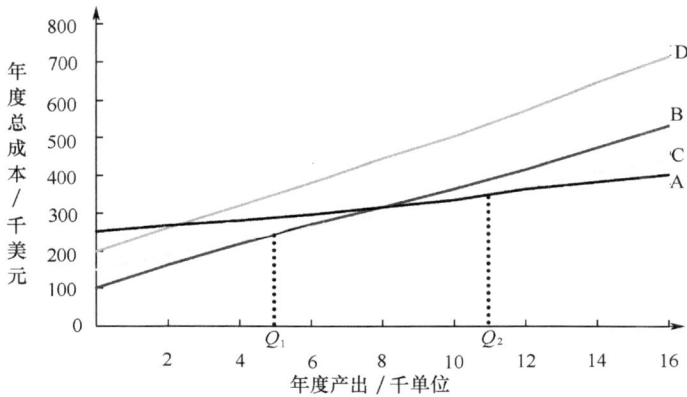

图 3-6 各被选地点的总成本线

对于 B 和 C 来说

（B） （C）

$$100000+30Q_1 = 150000+20Q_1$$

解之，$Q_1 = 5000$ 单位/年

对于 C 和 A 来说

（C） （A）

$$150000+20Q_2 = 250000+11Q_2$$

解之，$Q_2 = 11111$ 单位/年

所以，当产量在 0~5000 单位/年时，地点 B 的总成本最低；产量在 5000~11111 单位/年时，地点 C 的总成本最低；而在产量大于 11111 单位/年时，地点 A 的总成本最低。从图中可看出，每年产出 8000 单位，地点 C 的总成本最低。

2. 因素评分法

因素评分法是一种普遍的地点评估方法，它考虑了质和量的输入。为综合考虑各影响因素及其重要度，可对各因素及其重要度赋值，计算各方案总分，选择分值最高者为最优方案。

因素评分法进行选址决策的步骤如下：选择有关因素（如市场位置、水源供应、停车场、潜在收入等）；赋予每个因素一个比重，以此显示它与所有其他因素相比的相对重要性。各因素比重总和一般是 1.00；给所有因素确定一个统一的数值范围（如 0~100）；给每一待选地点在每一因素上的表现打分；把每一地点在每一因素上的得分与该因素所占的比重值相乘，再把各因素乘积值相加，就得到待选地点的总分；选择其中综合得分最高的地点。

3. 运输表法

每个拥有供需网络的企业在生产销售过程中，必定会遇到这样一个问题，即如何在供需网络中选择一个合适的地址，使货物从几个供应地发送到几个目的地的过程中实现整个生产、运输成本的最小化。**运输表法**也称运输模型（Transportation Model），是解决这个问题的一个最佳的运输模式。运输表法是一种迭代方法，用来在 M 个"供应源"和 N 个"目的地"之间决定一个任务分配方法，使得运输成本最小。这是一种可用来进行设施网络选址的优化方法，实际上是线性规划法的一种特殊形式。

4. 重心法

重心法（The Centre-of-Gravity Method）是一种设置单个厂房或仓库的方法。这种方法主要考虑的因素是现有设施之间的距离和要运输的货物量，经常用于中间仓库或分销仓库的选择。

二、布局

设施布局通过对各个经济活动单元的安排，使它们组合成一定的空间形式，从而有效地为企业的生产运作服务。设施布局要考虑四个问题：一是应包括哪些经济活动单元；二是每个单元需要多大的空间；三是每个单元空间的形状如何；四是每个单元在设施范围内的位置如何。

（一）基本的布局方式

企业基本的布局方式主要有产品导向布局、工艺导向布局以及定位布局等。

1. 产品导向布局

如果企业要顺利、高效地进行重复生产和连续生产，就需要采用某种标准化很高的加工运作方法，产品导向布局的出现使之成为可能。

产品导向布局（Product-oriented Layout）是对生产大批量、相似程度高、少变化的产品进行组织规划的一种方法，它使用了更多的自动设备和专用设备。采用这种方法需满足的条件如下：

（1）产品的数量足够大，使得设备的利用率高。

（2）产品的需求稳定，能够放心地投资昂贵的专用设备。

（3）产品是标准规格的，或达到产品生产周期的大量生产阶段，可放心投资于专用设备。

（4）原材料和零件的供应充足、质量稳定，保证它们可以在专用设备上进行加工。

产品导向布局的两种类型分别是生产线和装配线。**生产线**（Fabrication Line）是在一系列机器上制造零件，如汽车轮胎或冰箱的金属部件。**装配线**（Assembly Line）是在一系列工作台上将制造出的零件组合在一起。两种类型都是重复过程，而且二者都必须平衡，即在生产线上的一台机器所做的工作必须与另一台机器所做的工作相平衡，就像装配线上一个员工在一个工作站上所做的工作必须与另一员工在另一工作站上所做的工作相配合一样。生产线趋于机器步调，并要求通过机械和工程上的改变来达到平衡，装配线则相反，生产的步调由分配给个人或工作站的任务来确定。所以，装配线上可以将一个人的工作转移给另一个人以达到平衡。在这种情况下，每个人或工作站要求的时间是一样的。波音公司巨大的产品（如波音747 飞机）的最后组装线采用的就是产品导向布局。

产品导向布局的优点如下：

（1）大批量、标准化的产品使单位产品的可变成本较低。

（2）操作费用低，专业化减少了培训费用和时间，同时使监督跨度加大。

（3）单位物料运输费用低。

（4）工人和设备的利用率高。

（5）生产过程中的存货较少。

其缺点如下：

（1）由于建立生产线需要大量投资，所以产量必须高才能收回成本、产生利润。

（2）生产过程中的任何一处停下来都会使整个生产陷入瘫痪。

（3）预防性维修、迅速修理的能力和备用件库存必不可少。

（4）在处理不同的产品或改变生产力方面缺乏灵活性。

2. 工艺导向布局

在生产过程中，当企业要制造有不同要求的产品，或对待有不同需求的顾客时，应该采取哪种布局方法呢？实践证明，工艺导向布局是最有效的。

工艺导向布局（Process-Oriented Layout）也称车间或功能布置，是一种将相似的设备或功能放在一起的生产布局方式。例如，将所有的车床放在一处，将冲压机床放在另一处。被加工的零件根据预先设定好的流程顺序，从一个地方转移到另一个地方，每项操作都由适合的机器来完成。工艺导向布局在服务业很常见，如医院、大学、银行、航空公司、公共图书馆、汽车修理铺等多采用工艺导向布局方式。

工艺导向法能同时处理各种不同的产品或服务，它是一种典型的小批量、高度多样性生产中所使用的策略。在这种短周期生产环境下，每种产品或者每组产品都具有不同的作业顺序。按照产品所要求的生产顺序，产品从一个生产部门转移到另一个生产部门，机器设备是根据所要进行的生产工艺类型来进行安排的。

工艺导向布局的优点是适应性好，便于任务平均分配，便于工人技术交流，便于小组管理。

其缺点是物流路线长，搬运工用量大；在制品占用多，生产周期长；车间之间交接联系多，关系复杂。

这种布局形式必须合理安排部门或工作中心的相互位置，减少物料流动的距离。相应的辅助布局形式有计算机辅助布局技术（CRAFT）、计算机辅助空间布局技术（APACECRAFT）、设施设计专家系统（FADES）、系统化布局规划（SLP）等。

3. 定位布局

所谓定位布局，是指产品由于体积或重量庞大停留在一个地方，从而需要将生产设备移到要加工的产品处，而不是将产品移到设备处的布局方式。大型建设项目、飞机、火箭、大坝、造船厂和电影外景制片场往往都采用这种布局方式。在这种布局方式中，加工对象保持不动，工人、材料和设备按需要来回移动。

4. 混合布局

混合布局是一种常用的、将几种布局方式结合起来的设施布置方法。这种布局方式主要是在对象专业化单位内采用工艺专业化方式，或者在工艺专业化基础上采用对象专业化原则。比如，一些工厂总体上是按产品导向布局（包括加工、部装和总装三阶段），但在某些加工阶段采用工艺导向布局，在部装和总装阶段采用产品导向布局。这种布置方法的主要目的是在产品产量不足以大到使用生产线的情况下，也尽量根据产品的一定批量、工艺相似性来使产品生产有一定顺序，物流流向有一定秩序，以达到减少中间在制品库存、缩短生产周期的目的。混合布局主要利用一人多机、制造单元、成组技术、柔性制造系统（FMS）等方式来实现。混合布局方式的主要优点在于加工较快、物料运输和在制品库存量都较少，并使准备时间缩短。

在设施布局中，到底选用哪一种布局类型，除了要考虑生产运作战略以及产品加工特性以外，还应该考虑其他一些因素，如所需投资、物料搬运、生产设施柔性以及工作环境、劳动生产率、设备维修等。也就是说，一个好的设施布局方案，应该能够使设备、人员的效益和效率尽可能最大化。

（二）仓库布局

仓库布局是指在一定区域或库区内，对仓库的数量、规模、地理位置和仓库设施道路等各要素进行科学规划和整体设计。仓库布局应该符合以下基本原则：仓库位置应便于货物的入库、装卸和提取，库内区域划分明确、布局合理；集装箱货物仓库和零担仓库尽可能分开设置，库内货物应按发送、中转、到达货物分区存放，并分线设置货位，以防事故的发生；要尽量减少货物在仓库的搬运距离，避免任何迂回运输，并要最大限度地利用空间；仓库的设计要有利于提高装卸机械的装卸效率，满足先进的装卸工艺和设备的作业要求；仓库应配置必要的安全、消防设施，以保证安全生产；仓库货门的设置，既要考虑集装箱和货车集中到达时的同时装卸作业要求，又要考虑由于增设货门而造成堆存面积的损失，等等。

（三）办公室布局

制造业的布局强调的是物料的流动，而办公室布局强调的是信息的传递。所以，办公室布置主要考虑的因素有两个：一是信息传递与交流的迅速、方便；二是人员的工作效率。其中，信息的传递与交流既包括各种书面文件、电子信息的传递，也包括人与人之间的信息传递和交流。对于需要跨多个部门才能完成的工作，部门之间的相对地理位置也是一个重要的问题。

办公室布置中要考虑的另一个因素是办公室人员的工作效率。当办公室人员是由高智力、高工资的专业技术人员所构成时，劳动生产率的提高就具有更重要的意义，而办公室的布置会在很大程度上影响办公室人员的劳动生产率。必须根据工作性质、工作目标的不同来考虑什么样的布置更有利于生产率的提高。例如，在银行营业部、贸易公司、快餐公司的办公总部等地点，开放式的大办公室的布置使人们感到交流方便，促进工作效率的提高；而在一个出版社中，这种开放式的办公室布局可能会使编辑们受到无端的干扰，无法专心地工作。

尽管办公室布置根据行业、工作任务的不同有多种，但仍然存在几种基本的模式：一种模式是传统的封闭式办公室，即办公楼被分割成多个小房间，伴之以一堵堵墙、一个个门和长长的走廊。显然，这种布置可以保持工作人员足够的独立性，但却不利于人与人之间的信息交流和传递，使人与人之间产生疏远感，也不利于上下级之间的沟通，而且几乎没有调整和改变布局的余地。另一种模式是近20年来发展起来的开放式办公室布置，即在一间很大的办公室内，可同时容纳一个或几个部门的十几人、几十人甚至上百人共同工作。这种布置方式不仅方便了同事之间的交流，也方便了部门领导与一般职员的交流，在某种程度上消除了等级的隔阂。但这种方式的弊病是有时会相互干扰，职员之间容易闲聊等。因此，后来进一步发展起来的一种布置是带有半截屏风的组合办公模块。这种布置既利用了开放式办公室布置的优点，又在某种传递上避免了开放式布置情况下的相互干扰、容易闲聊等弊病。而且，这种模块式布置有很大的柔性，可随时根据情况的变化重新调整和布置。有人曾估计过，采用这种形式的办公室布置，建筑费用比传统的封闭式办公建筑能节省 40%，改变布置的费用也低得多。

实际上，在很多组织中，封闭式布置和开放式布置都是结合使用的。20 世纪 80 年代，在西方发达国家又出现了一种称为"活动中心"的新型办公室布置。在每一个活动中心，有会议室、讨论间、电视电话、接待处、打字复印、资料室等进行一项完整工作所需的各项设备。楼内有若干个这样的活动中心，每一项相对独立的工作集中在这样一个活动中心进行。工作人员根据工作任务的不同，在不同的活动中心之间移动，但每人仍保留有一个小小的传统式个人办公室。显而易见，这是一种比较特殊的布置形式，较适用于项目型的工作。

20 世纪 90 年代以来，随着信息技术的迅猛发展，一种更加新型的办公形式——"远程"办公也正在从根本上冲击着传统的办公布置方式。所谓"远程"办公，是指利用信息网络技术，将处于不同地点的人们联系在一起工作。例如，人们可以坐在家里办公，也可以在出差地的另一个城市或飞机、火车上办公等。可以想象，当信息技术进一步普及，其使用成本进一步降低以后，办公室的工作方式和对办公室的需求，以及办公室的布置等，均会发生很大的变化。

（四）零售业布局

零售业布局要考虑的是如何使单位面积的利润最大。一般情况下，人们在购物时倾向于以一种环形方式进行，将利润高的常购物品沿墙四周摆放可以提高购买的可能性；在过道末端的商品比通道里的商品卖得快；在百货商店，离入口最近和邻近前窗展台的位置最具销售潜力；需要顾客排队等候服务的区域应安排在上层或不影响销售的地方。

因为商品展示率越高，销售和投资回报率越高，所以零售业布局以商品展示率作为评价的主要指标。

第四节　生产计划系统

企业生产运作系统一经恰当设计，必须投入使用。其基本职能是控制转化过程，以确保质量、成本、交货期等目标的实现。在此控制框架内，有一系列专项工作，包括企业的各种生产计划、采购管理、存货管理、质量管理等。

计划是在科学预测的基础上，为实现组织目标，对未来一定时期内的工作做出安排的活动。由于企业的生产特性以及计划期的时间长短不同，企业的生产计划系统具有不同的特性。

离散生产和流程生产的生产计划的重点不同，离散工业由于生产过程工艺路线复杂，因此生产计划的重点在于低层的作业计划的制订与调度。流程工业由于工艺流程简单，物料需求计划变得相对简单，一般是按照一定的产品制成率（收成率）来确定各个工艺阶段的生产计划量，因此，生产大纲的不同产品的产量优化是流程工业生产计划的重点。而备货型生产与订货型生产的生产计划的决策过程不同，前者主要是确定产品的品种和产量，而后者主要是确定品种、价格与交货期。

按照计划时间长短，生产计划可以分为长期计划、中期计划和短期计划。长期计划是管理部门制订的计划，涉及产品开发、生产发展规模、技术的发展水平、生产设施的更新改造等。中期计划是确定在现有的生产条件下的生产经营活动应达到的目标，包括产值、产量、品种、利润等，具体表现为生产计划大纲、主生产计划（产品出产进度计划）等。短期计划是对日常生产活动的具体安排和调度，如物料需求计划、作业计划等。短期计划把生产任务分配到车间、工段、班组。从时间上看，长期计划一般是对一年以上的经营活动的计划，以年为时间单位；中期计划是半年到一年的计划，以月或季度为计划单位；短期计划则是一天到六个月的生产活动的安排，时间单位可以是周或者是天。随着市场变化越来越快，目前许多企业，特别是订货型生产企业，生产计划的周期越来越短，计划的变化越来越大。企业的生产计划系统如图 3-7 所示。

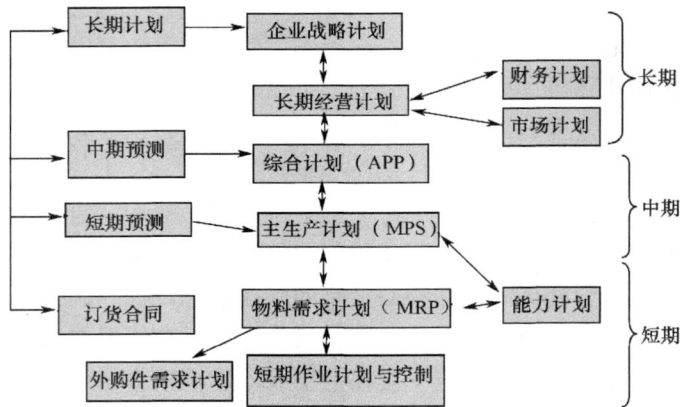

图 3-7　企业生产计划系统

一、综合计划

综合计划又称生产计划大纲（Aggregate Production Planning，APP），是对企业未来一段时间内资源和需求之间的平衡所做的概括性设想，是根据企业所拥有的生产能力和需求预测对企业未来较长一段时间内的产出内容、产出量、劳动力水平、库存投资等问题所做的决策性描述。企业综合计划从广义上规定了生产的总体水平，它包含了各种信息，其中有财务计划、客户需求、技术能力、劳动力供应、库存变化、供应商表现和其他因素等。

例如，通用汽车公司（GM）想在某装配厂将两班制改成三班制，这样可使该厂在不付加班工资和不进行新设施投资的情况下，产出提高 50%。但是工会反对，认为这样有可能导致 GM 将其他工厂的生产任务转移到这里，从而使其他工厂的工人失业。因此，究竟是增加三班，还是采取其他方式扩大产量，是综合计划的内容。

综合计划并不具体制定每一品种的生产数量、生产时间、每一车间、人员的具体工作任务，而是按照以下的方式对产品、时间和人员做安排：

1）**产品**。按照产品的需求特性、加工特性、所需人员和设备上的相似性等，将产品综合为几大系列，以系列为单位制订综合计划。

2）**时间**。综合计划的计划期通常是年，因此综合计划也称为年度生产计划，在计划期内，使用的计划时间是月或季。

3）**人员**。综合计划可用几种不同的方式考虑人员的安排问题。例如，将人员按照产品系列分成相应的组，分别考虑所需人员水平；或将人员根据产品的工艺特点和人员所需的技能水平分组，等等。综合计划中还需考虑需求变化引起的所需人员数量的变动，决定是采取加班还是扩大聘用等基本方针来满足需求。

综合计划的主要目标可概括如下：

- 成本最小或利润最大。
- 顾客服务最大化（最大限度地满足顾客的要求）。
- 最小库存投资。
- 生产速率的稳定性（变动最小）
- 人员水平变动最小。
- 设施、设备的充分利用。

很显然，这些目标之间存在某种相悖的特性。例如，最大限度地提供顾客服务，要求快速、按时交货，但这是可以通过增加库存而不是减少库存来达到的；在业务量随季节变化的部门，以成本最小为目标的人员计划不可能同时做到既使人员变动水平最低，又使顾客服务最好；在一个制造企业，当产品需求随季节波动时，要想保持稳定的产出速率，就需要同时保持较大的库存，等等。这些说明了这些目标之间的相悖性，但是，可以把这些目标归结为：用最小的成本，最大限度地满足需求。因此，在制订综合计划时，需要权衡上述这些目标因素，并考虑一些非定量因素。

图 3-8 表示一个综合计划的制订程序。由该图可以看出，该程序是动态的、连续的，计划需要周期性地重新审视、更新，特别是当新的信息输入和新经营机会出现的时候。

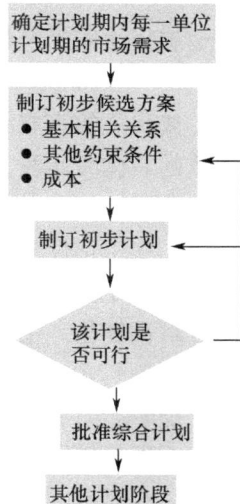

图 3-8 综合计划的制订程序

步骤 1：确定计划期内每一单位计划期的市场需求。对于制造企业来说，需求通常是以产品的数量来表示的。需求信息的来源包括：对产品的未来需求预测；现有订单；未来的库存计划；来自销售环节的信息等。根据这些信息，可大致确定每一计划单位的需求。

步骤 2：制订初步候选方案，考虑相关关系，其他约束条件和成本。在评价、审视初步候选方案时，有两个基本关系需要考虑：第一，在给定时间段内的人员关系式；第二，库存水平和生产量的关系式。还要考虑其他一些约束条件，如组织的设施空间限制、生产能力限制、管理方针的限制等。此外，还要考虑成本因素，只有成本在可接受的范围内，计划才是可接受的。

步骤3：制订可行的综合计划。这是一个反复的过程，如图3-8所示。首先，需要制订一个初步计划，该计划要确定每一计划单位内的生产速率、库存水平和允许订单积压量、外协量以及人员水平（包括新聘、解聘和加班人员）。该计划只是一个期望的计划，尚未考虑其他约束条件，如果加上各种约束条件，发现该计划是不可行的或不可接受的，就必须修改计划或重新制订，反复进行，直至该计划可被接受。

步骤4：批准综合计划。

如前所述，一个综合计划需要最高管理层的认可，通常是组成一个专门的委员会来审查综合计划，该委员会应包括各有关部门的负责人。委员会将对综合计划方案进行综合审视，以处理一些相悖的目标，最后确定计划。

综合计划的制订方法主要有两种：一是稳妥应变型，根据市场需求制订相应的计划，即将预测的市场需求视为给定条件，通过改变人员水平、加班加点、安排休假、改变库存水平、外协等方式来适应市场需求；二是积极进取型，即力图通过调节需求模式，调节对资源的不平衡要求来达到有效地、低成本地满足需求的目的。此种方法主要通过导入互补产品、调整产品价格、刺激淡季需求等方式来实现。

二、主生产计划

企业怎样才能确定每一具体的最终产品在每一具体时间段内的生产数量呢？这就是**主生产计划**（Master Production Schedule，MPS）要解决的问题。在这里，最终产品主要是指企业最终完成、要出厂的完成品。它可以是直接用于消费的产品，也可以作为其他企业的部件或配件。这里的具体时间段，通常以周为单位，在有些情况下，也可能是旬、日或月。

主生产计划具体规划生产什么和何时生产，它必须与企业的综合计划一致。主生产计划的制订程序如图3-9所示。

由图3-9可以看出，主生产计划是从综合计划开始的，是对综合计划的分解和细化。主生产计划方案的制订也是一个反复试行的过程。当一个方案制订出来以后，需要与所拥有的资源做对比（如设备、能力、人员、加班能力、外协能力等），如果超出了资源限度，就须修改原方案，直至得到符合资源约束条件的方案，或得出不可能满足资源条件的结论。在后者的情况下，则需要对综合计划做出修改，或者增加资源。最终，需要将方案拿到决策机构去获得批准，然后作为物料需求计划的输入（或前提条件）。

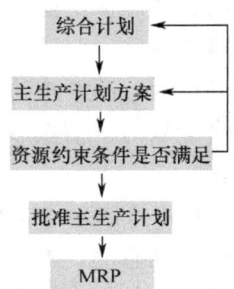

综合计划
↓
主生产计划方案
↓
资源约束条件是否满足
↓
批准主生产计划
↓
MRP

图 3-9 主生产计划
（MPS）制订程序

三、物料需求计划

主生产计划确定以后，作业管理部门下一步要做的，是保证主生产计划所规定的最终产品所需的全部物料以及其他资源能在需要的时候供应上，即企业怎样才能在规定的时间、规定的地点，按照规定的数量得到真正需要的物料。换句话说，就是库存管理怎样才能符合生产计划的要求，这是**物料需求计划**（Material Requirement Planning，MRP）所解决的。MRP 起初出现在美国，并由美国生产与库存管理协会倡导而发展起来。

MRP 是一种以计算机为基础的编制生产与实行控制的系统，它不仅是一种计划管理方法，而且也是一种组织生产方式。MRP 的输入由三部分组成：主生产计划、产品结构文件和库存状态文件。MRP 的输出结果主要包括两项：一是对各种物料的具体需求，包括需求量和需求时间；二是订单发出的时间。这些结果被称为措施提示信息，如图 3-10 所示。

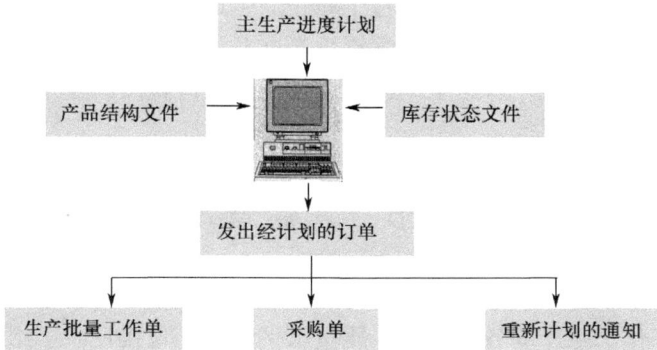

图 3-10　MRP 系统构成

MRP 系统建立在两个假设的基础上：一是生产计划是可行的，即假定有足够的设备、人力和资金来保证计划的实现；二是假设物料采购计划是可行的，即有足够的供货能力和运输能力来保证完成物料供应。但在实际生产中，能力资源和物料资源总是有限的，往往会出现生产计划无法完成的情况。因而，为了保证生产计划符合实际，必须把计划与资源结合起来。后来的研究者在 MRP 基础上增加了能力需求计划，使系统具有生产计划与能力的平衡过程，形成了闭环 MRP，进而又在闭环 MRP 的基础上增加了经营计划、销售、成本核算、技术管理等内容，构成了完整的**制造资源计划**（Manufacturing Resources Planning，MRP Ⅱ）。制造资源计划用计算机网络把生产计划、库存控制、物料需求、车间控制、能力需求、工艺路线、成本核算、采购、销售、财务等功能综合起来，实现企业生产的计算机集成管理，全方位地提高了企业管理效率。

虽然 MRP Ⅱ 系统已经比较完善，应用也已相当普及，但其资源的概念始终局限于企业内部，在决策支持上主要集中在结构化决策问题。随着网络技术的发展以及全球经济一体化的加速，仅能管理企业内部物流和资金流的 MRP Ⅱ 已不能满足需要。因此，20 世纪 90 年代初期，美国高德纳咨询公司（Gartner Group）提出了**企业资源计划**（Enterprise Resource Planning，**ERP**），即 ERP 的思想。

ERP 把原来的制造资源计划拓展为围绕市场需求而建立的企业内外部资源计划系统。它突破了只管理企业内部资源的方式，把客户需求和企业内部的制造活动，以及供应商的资源融合在一起，体现了完全按市场需求制造的思想。ERP 系统的基本目标是将"供应链"（Supply Chain）有效运转并运用计算机硬、软件手段尽力缩短这个"供应链"，提高其运转效率，为企业产品质量、市场需求和客户满意提供保障，最终提高企业的市场竞争能力。

四、生产作业计划

生产作业计划是生产计划的具体执行计划。它是把企业全年的生产任务具体地分配到各车间、工段、班组以至每个工作地和工人，规定他们在月、旬、周、日以至轮班和小时内的具体生产任务，从而保证按品种、质量、数量、期限和成本完成企业的生产任务。

生产作业计划的编制一般是先将企业的生产任务分配到各车间，编制各车间生产作业计划，然后由车间再分配到工段、班组直至每个职工。生产作业计划编制与控制主要包括以下工作：编制企业各层次的生产作业计划；编制生产准备计划；设备和生产面积的负荷率核算和平衡；制定或修改期量标准；日常生产派工以及通过生产调度和生产作业统计，检查和控制生产任务计划进度完成情况等。

第五节　质量管理

著名质量管理专家朱兰（J. M. Juran）博士认为，21世纪是质量世纪。质量的概念已深入人们的日常生活、工作、生产的各个领域。质量水平的高低直接反映了组织、地区乃至国家和民族的素质。质量管理是兴国之道、治国之策。好的质量是低成本、高效率、低损耗、高效益的保证，也是组织长期赢得顾客忠诚度、获得持续发展的基石。

国际标准化组织（ISO）颁布的《质量管理和质量保证——术语》把质量定义为"反映实体满足明确和隐含需要的能力的特性总和"。质量是一组固有特性满足要求的程度。它最初用于产品，后逐步扩展至服务、过程、体系和组织，以及上述几项的组合。

质量管理是指在质量方面指挥和控制组织的协调活动。质量管理是组织活动的重要组成部分，是组织围绕质量而开展的各种计划、组织、指挥、控制和协调等所有管理活动的总和。质量管理必须与组织其他方面的管理，如生产管理、财务管理、人力资源管理等紧密结合，才能在实现组织经营目标的同时实现质量目标。

质量管理通常包括制定质量方针和质量目标，以及质量策划、质量控制、质量保证和质量改进等活动。质量管理涉及组织的各个方面，是否有效实施质量管理关系到组织的兴衰。组织最高领导者需正式发布本组织质量方针，在确立质量目标的基础上，按质量管理的基本原则开展各项相关的质量活动，通过建立和健全质量管理体系来实施质量管理。组织应以围绕产品质量形成的全过程实施质量管理作为各项管理的主线，采取激励措施激发全体员工积极参与，确保质量策划、质量控制、质量保证和质量改进等活动顺利进行。

一、质量管理的发展历程

从一些工业发达国家质量管理发展情况看，质量管理的理论、方法和技术大致经历了三个发展阶段，即质量检验阶段、统计质量控制阶段以及全面质量管理阶段。

（一）质量检验阶段

20世纪初，美国出现了以泰勒（F. W. Taylor）为代表人的"科学管理运动"。泰勒根据大工业生产的管理经验和实践提出了科学管理原理，创立了一套工业管理理论。为保证生产各环节协调发展，检查计划的执行情况，其间必须有专门的检验环节，以便将产品的检验从制造过程中分离出来，成为独立的过程。随着生产规模的不断扩大，对零部件的互换性要求越来越高，大多数组织因此设立了检验部门，配备了专职检验队伍，负责产品质量检验和管理工作。

质量检验是在成品中挑出废品以保证出厂产品质量的活动。这一阶段是以半成品和成品的事后检验把关为主的质量管理阶段，这种事后检验杜绝了不合格品流入下一工序或出厂，对于保护客户利益有着十分重要的意义；但同时应看到，它无法在生产过程中起到预防和控制作用。百分之百检验会增加费用，在大批量生产情况下弊端尤为突出，在一定情况下既不经济，也不可能实现；并且这种方式只注重结果，缺乏系统意识，没有预防能力，一旦出现质量问题，很容易出现互相推诿。

（二）　统计质量控制阶段

1942 年，美国贝尔实验室的统计学家休哈特（W. A. Shewhart）博士将数理统计运用到质量管理中，提出了控制图方法和预防不合格理论。他认为质量管理不仅要有事后检验，并且在出现有废品生产先兆时就要进行分析改进，从而预防质量问题的产生。控制图的出现是质量管理从单纯的事后检验进入检验加预防阶段的标志。

这一阶段的特点是利用数理统计原理预防制造过程不合格品的产生。质量管理职能由专职检验人员转移到专职质量控制工程技术人员，它也标志着质量管理由事后检验转到事前预防。但统计质量管理也存在缺陷，由于其过分强调数理统计方法，忽视了组织管理工作和生产者的能动作用，人们误认为质量管理是数理统计方法，是少数数理统计学家的事。在当时计算机及数理统计软件应用不广泛的情况下，它使人们感到高不可攀、难度太大。这一阶段也只能按标准要求防止制造过程中产生不合格品，而不能防止有缺陷的产品。

（三）　全面质量管理阶段

20 世纪 50 年代以来，科学技术迅猛发展，工业产品更新换代速度加快，出现许多大型复杂产品。人们对质量的要求也大大提高，不仅重视产品的性能，而且重视产品的可靠性和经济性等。单纯依靠统计质量控制方法对制造过程进行质量控制，已无法满足质量保证的要求，因而必须运用系统工程的观点，把质量问题作为有机整体加以综合分析研究，实施全员、全过程的管理，全面控制产品质量形成的各个环节、阶段。20 世纪 60 年代，行为科学在质量管理方面的应用强调重视人的因素，主张调动人的积极性、员工参与管理等。于是，在质量管理中相应地出现了"自我控制""无缺陷运动""QC 小组活动"，随着市场竞争加剧，各国组织都越发重视"产品责任"和"质量保证"问题，因此，各种类型的企业都开始不断加强内部质量管理，以确保生产的产品安全可靠。

基于上述背景，美国通用电气公司质量经理费根堡姆（A. V. Feigenbaum）和质量管理专家朱兰先后提出了全面质量管理的思想。费根堡姆在 1961 年出版的《全面质量管理》一书中提出，所谓全面质量管理，是以质量为中心，以全员参与为基础，旨在通过让顾客和相关方受益而达到长期成功的一种管理途径。质量管理是公司全体员工的责任；质量控制不能仅限于制造过程，在产品质量形成全过程均需要质量管理；解决问题的方法多种多样，不仅限于检验和数理统计方法，主张用全面质量管理代替统计质量控制。

日本全面质量管理起步发展较早，以东京大学教授石川馨（Ishikawa Kaori）为代表的一批专家不是生搬硬套美国的经验，而是在引进后根据本国特点进行研究和实践，形成了有日本特色的质量管理——全公司质量管理（Company-Wide Quality Control，CWQC）。他们认为，提高产品质量首先要提高全公司的工作质量，而且要注意产品质量形成过程的早期并建立起防止可能出现不合格的预防措施，从而形成了一套自己的全面质量管理理论和实践经验。日本还广泛开展教育培训和群众性质量管理小组（QC）活动，并创造了一些通俗易懂的管理方法，包括归纳整理的新七种管理工具，为全面质量管理充实了大量新鲜内容。质量管理的手段也不再限于数理统计，而是全面运用各种管理技术工具和方法。

二、质量的构成

企业产品的质量由设计质量、物料采购质量、加工制造质量以及服务质量等构成。设计质量是产品质量的源头，在引起用户索赔的质量问题中，属于设计问题的约占70%。第二次世界大战期间，美军运往亚洲、非洲的沙漠、高原、热带及亚热带地区作战的军事装备，由于材料、部件及整个产品对环境条件的适应能力差，而产生腐蚀、发霉以及由于沙漠干热、沙尘等的作用，许多军事装备发生故障、机件失灵甚至完全丧失战斗能力。因此，如果设计质量不过关的话，那么企业的产品质量就无从谈起。采购物料质量主要强调企业投入生产过程的各种物料的质量水平，劣质物料给企业带来的成本，尤其是潜在成本十分昂贵。没有合格的物料一定不会有合格的产品。制造过程是产品质量形成的重要基础，制造质量是实现设计目标的保证，严格而有效的生产制造过程控制是产品质量强有力的保证。而在产品越来越同质化的今天，服务质量已经成为重要的竞争要素，产品的知识、技术含量越高，所需的附加服务越多，服务质量对产品质量的保证和提升作用也就越重要。

三、全面质量管理

全面质量管理（Total Quality Management，TQM）是指企业全体员工及有关部门同心协力，综合运用管理技术、专业技术和科学方法，经济地开发、研制、生产和销售用户满意的产品的管理活动。其特点如下：

（1）管理的对象是全面的，不仅要管好产品质量，而且要管好工作质量。

（2）质量管理的范围是全面的，实行全过程的质量管理，即从产品设计试制、制造、辅助生产、使用过程等方面都要保证质量。

（3）全员参加的，企业的全体员工都参与质量管理。

（4）管理质量的方法是全面的，在质量分析和质量控制时，必须以数据为依据，以统计质量控制方法为基础，全面、综合运用各种质量管理方法，实行组织管理、专业技术和数理统计相结合。

根据以上特点，全面质量管理有以下要求：

（1）**一切为顾客服务**。在全面质量管理中，必须树立以顾客为中心、为顾客服务的思想。为顾客服务就是要使产品质量和服务质量尽量满足顾客的要求，产品质量的好坏最终应以顾客的满意程度为标准。需要指出的是，这里所说的"顾客"有其特定的含义，它不只是指产品的直接顾客，而且包括企业内部前后工序、前后工段或车间，以及任何一件工作的执行者与工作结果的受用者之间的关系。下道工序是上道工序的顾客，下一个车间是上一个车间的顾客。

（2）**以预防为主**。在全面质量管理中，要做到以预防为主，即通过分析影响产品质量的各种因素，找出主要因素，加以重点控制，防止质量问题的发生，做到化被动为主动，化消极防御为积极进攻，防患于未然，以确保生产出满足顾客需要的产品。

（3）**一切以数据为依据**。全面质量管理强调一切以数据为依据，对质量问题要有定量分析，做到心中有数，掌握质量变化规律，通过调查分析，得到可靠的结论，以便采取解决质量问题的有效措施。

（4）**按 PDCA 循环办事**。全面质量管理要求采用一套科学的程序来处理问题，即按 PDCA 循环来开展工作，并通过不断循环来达到不断提高质量管理水平和产品质量的目的。

PDCA 循环的概念最早是由美国质量管理专家戴明提出来的，所以又称为"戴明环"。PDCA 即计划（Plan）、执行（Do）、检查（Check）和处理（Action），它是一个标准的管理工作程序，也是进行质量管理的四个步骤。P（计划）：根据用户的要求，制定相应的技术经济指标、质量目标，以及实现这些目标的具体措施和方法。D（执行）：按照所制订的计划和措施付诸实施。C（检查）：对照计划，检查执行的情况和效果，及时发现问题。A（处理）：根据检查结果采取措施，巩固成绩，吸取教训，防止重蹈覆辙，并将未解决的问题转到下一次 PDCA 循环中去。其基本模型如图 3-11 所示。

PDCA 循环有两个特点：其一，大环套小环。PDCA 能应用于企业的各个方面和各个层次，整个企业的质量管理运作是一个大的 PDCA 循环，而其中的某一车间或部门乃至个人的行动也按 PDCA 循环进行，形成大环套小环的综合循环系统，相互推动。

其二，螺旋式上升。每次 PDCA 循环都不是在原地踏步，而是每次循环都能解决一些问题，下次循环就在一个较高的层面上进一步解决新的问题。所以，它在不断循环的同时，还在不断上升，呈螺旋式上升状态，如图 3-12 所示。

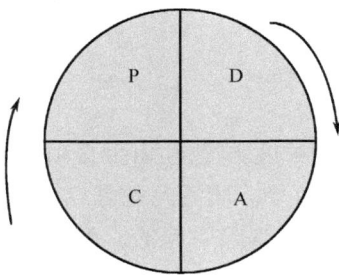

图 3-11　PDCA 循环的基本模型

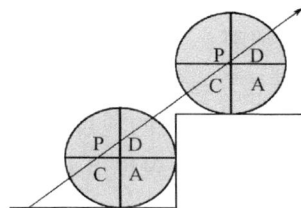

图 3-12　PDCA 循环螺旋式上升

全面质量管理是一种管理哲学，它受到不断改进和响应顾客需求与期望的驱动。这里，顾客的定义被扩展了。之所以要扩展全面质量管理的含义，目的是建立组织对持续改进的承诺。

全面质量管理包含的内容如下：

（1）高度关注顾客。

（2）持续改进。

（3）关注过程。

（4）改进组织各项工作的质量。

（5）精确测量。

（6）向雇员授权。

四、过程质量控制工具

（一）因果图

1953 年，石川馨第一次提出因果图。因其形状很像鱼骨，所以又称鱼骨图，如图 3-13 所示。导致过程或产品问题的原因可能有很多，通过对这些因素进行全面、系统的观察和分析，可以找出其因果关系，通过把握现状、分析原因、寻求措施，促进问题的解决。绘制因果图时，应注意利用逻辑推理法和发散整理法；使用时应通过集思广益，充分发扬民主，以免疏漏；确定原因时尽可能具体；质量特性有多少，就要绘制多少张因果图；质量特性和因素尽可能量化；最后要加以验证。

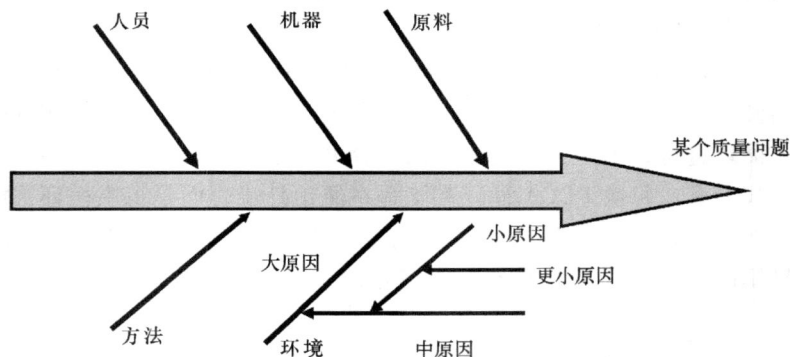

图 3-13　因果图

（二）排列图

排列图是建立在帕累托（Pareto）原理基础上的，即主要的影响往往由少数项目所致，通过区分最重要的和次要的项目，可以用最小代价获得最好效果。质量问题是以质量损失（缺陷项目和成本）的形式表现出来的，大多数损失往往是由几种缺陷引起的，而这几种缺陷往往又是由少数原因引起的。因此，一旦明确了这些"关键的少数"，就可以消除这些特殊原因，避免由此引起的大量损失。排列图可分为分析现象用排列图和分析原因用排列图两种。

例：某公司中继线插头的焊接不合格情况如表 3-10 所示。

表 3-10 某公司中继线插头焊接不合格情况

序号	项目	频数/件	百分比(%)	累计百分比(%)
A	插头槽径大	3367	69.14	69.14
B	插头假焊	521	10.70	79.84
C	插头焊化	382	7.84	87.68
D	插头内有焊锡	201	4.13	91.81
E	绝缘不良	156	3.20	95.01
F	芯线未露	120	2.46	97.47
G	其他	123	2.53	100.00

作排列图：横坐标按项目数等分，并列出项目名或代号；纵坐标左为频数刻度；右为相应的百分数刻度；最后，按数据表中的累计百分比，画出图中的折线，如图 3-14 所示。

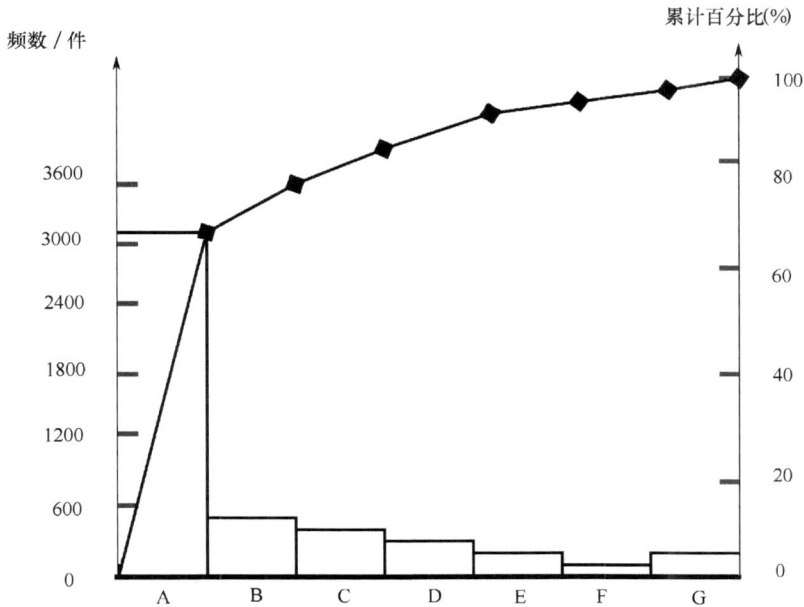

图 3-14　排列图

确定 ABC 类问题：

对应于 0~80% 折线下的问题为 A 类问题，属需考虑解决的主要问题。

对应于 80%~90% 折线下的问题为 B 类问题，属次要问题。

对应于 90%~100% 折线下的问题为 C 类问题，属一般问题。

（三）直方图

直方图法是从总体中随机抽取样本，将获得的数据进行整理，根据这些数据找出质量波动规律，预测工序质量好坏，估算工序不合格率的一种工具。其步骤是：从生产现场收集一定量的（一般取 100 个左右）数据；确定该组数据的分布范围，即极差 R，$R = X_{max} - X_{min}$；将这个数据的分布范围划分为若干组（一般取 $k = 10$ 组），并计算出初步组距 h，$h = R/K = (X_{max} - X_{min})/K$；修正初步组距值（一般可把初步组距值修正成测量单位的整倍数，并取奇数）；然后，统计所收集到的数据落入不同组的频数，据此作直方图，如图 3-15 所示。图中在横坐标上以各组组距为底作矩形，以落入该组的数据的频数或频率为矩形的高。通过直方图可以观测、研究这批数据的取值范围、集中及分散等分布情况。若作出的直方图基本符合正态分布，则说明所测量的质量特性是受控的；否则，一旦直方图出现异常，如出现双峰形、锯齿形、孤岛形、平顶形等，则说明质量出现异常，需要找出原因、纠正偏差。

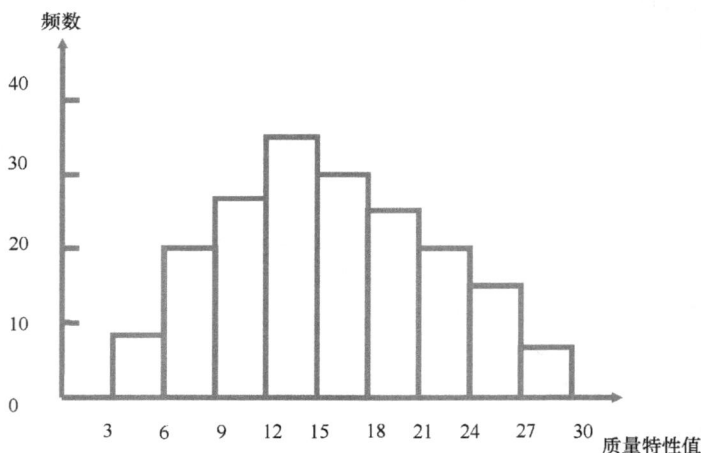

图 3-15　直方图

（四）分层法

分层法通过分层对整体进行剖析以获取有关信息。它是把收集到的原始质量数据，按照一定的目的和要求加以分类整理，以便分析其质量问题及其影响因素的一种方法。但有时由于分层不当，也可以得出错误的信息，所以必须运用有关产品技术知识和经验进行正确分层。通常分层的方法有：按操作者或作业方法分层；按机器设备分层；按原料分层；按时间分层；按作业环境状况分层等。其主要功能在于通过各种分层，依各类收集数据，寻找不良所在或最佳条件以改善品质。

（五）检查表

检查表是用来检查有关项目的表格。检查表收集、处理数据都比较容易，因此是一种非常有用的数据记录工具。检查表可分为工序分布检查表、不合格项目检查表、缺陷位置检查表、缺陷原因检查表等。表 3-11 为常见的不合格项目检查表。

表 3-11　不合格项目检查表

品名：		时间：2013 年 3 月 23 日
工序：最终检验		工厂：
不合格种类：缺陷		班组：
检验总数：2530 个		检验员：
备注：全数检验		批号：

不合格种类	检验	小计/个
表面缺陷	正正正正正正丅	32
砂眼	正正正正下	23
加工不合格	正正正正正正正正下	48
形状不合格	正	5
其他	正下	8
总计		116

（六）散布图

在质量改进活动中，常常要分析研究两个相应变量之间是否存在相关关系。散布图的画法就是把由实验或观测得到的统计资料用点在平面图上表示出来。根据散布图，可以观察二者之间的关系，如图 3-16 所示。

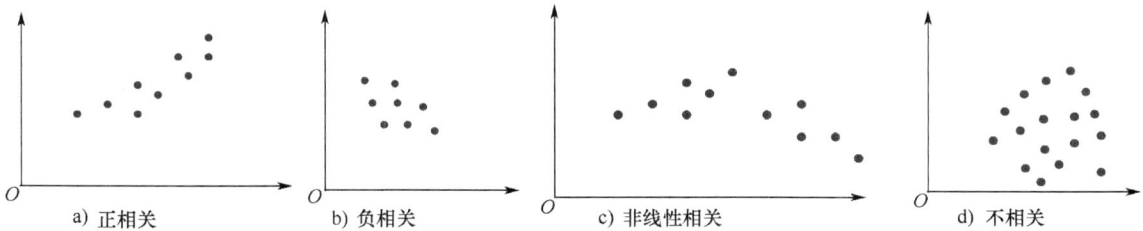

图 3-16　散布图常见类型

（七）控制图

产品在制造过程中出现质量波动是不可避免的，质量波动包括异常波动和正常波动两类。质量管理的目的就是要消除产品质量形成过程中的异常波动，维持正常波动的适度水平。控制图由休哈特于 1924 年提出，它是用以判断是否存在异常波动的有效工具之一。控制图的分类是与数据的分类相联系的，分为计量值控制图和计数值控制图两大类，其中最常用到的是平均值—极差计量值控制图。在过程状态正常时，大量质量特性数据是服从正态分布的，即控制图上的点都是落在控制线之内，且整个排列是随机的，无特定规律，如图 3-17 所示。如果绘制的控制图有点超出了控制线，或点的排列出现了一定的规律性，说明有一定的系统因素影响到了产品质量，这时就需要找出影响质量水平的原因，并及时解决问题。

质量特性值

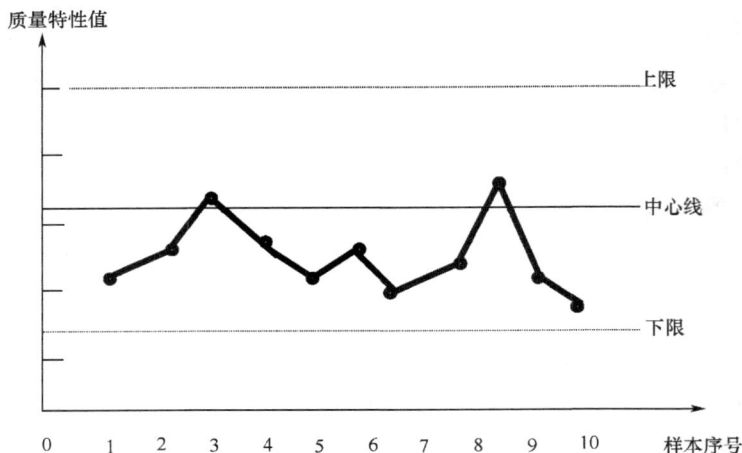

图 3-17 控制图

第六节 精益生产方式

精益生产（Lean Production）通过系统结构、人员组织、运行方式和市场供求等方面的变革，使生产系统能很快适应用户需求的不断变化，并能使生产过程中一切无用、多余的东西被精简，最终达到包括市场供销在内的生产各方面的最好结果。

一、精益生产方式的产生和发展

精益生产方式产生于 20 世纪 50 年代，源于日本的丰田生产方式。在精益生产方式诞生以前，经历了手工生产方式和大批量生产方式。19 世纪末，法国巴黎 Panhard-Levassor 机床公司开始采用手工生产方式制造汽车，当时几乎没有两辆车是相同的。20 世纪初，美国人福特（Ford）开创了大量生产（Mass Production）方式，逐渐取代了以欧洲企业为代表的手工生产方式，揭开了现代化大生产的序幕，引起了制造业的根本变革。大量生产方式取代了过去的单件生产方式，使美国战胜了当年工业最发达的欧洲，成为世界第一大工业强国。第二次世界大战后，丰田公司开始研究开发一种新的生产方式，以适应日本国内的市场要求。丰田公司在研究了美国福特的弊端后，提出了著名的看板管理，即希望通过看板来实现在"正确的时间，生产运作正确数量的正确产品"，以此降低在制品库存和周转时间，降低产品成本和返修率，提高产品的质量。以后，随着实践的发展，这种生产方式不断得到完善和提炼，逐渐形成了一整套包括生产经营理论、管理原则、生产运作计划与组织等内容的完整理论和方法体系，即 JIT 生产方式。20 世纪 80 年代以后，市场需求的个性化和多样化以及资源价格上涨带来的成本压力，使得企业必须加快产品的更新换代速度，快速响应市场。以美国麻省理工学院教授为主的 50 多位来自日本、美国、欧洲的学者组成的国际汽车项目（International Motor Vehicle Program）全面研究了 JIT 生产方式及其应用情况，总结其成功的经验，提出了一个全新的概念：Lean Production（LP），原译为"瘦型"生产方式，后翻译为精益生产方式。

二、精益生产方式的含义和特征

（一）精益生产方式的含义

所谓精益生产方式，就是运用多种现代化管理手段和方法，遵循整体优化的观点，以社会需求为依据，以发挥人的因素为根本，有效配置和合理使用企业资源，从而最大限度地为企业谋求经济效益的一种新型生产方式。精益生产方式的核心思想在于"消除浪费、强调精简组织机构"和"不断改善"，追求至善至美。

精益生产方式首先是一种生产管理技术。它总把现有的生产方式看作改善的对象，不断追求进一步降低成本、质量完美、零缺陷、产品多样化等目标，从而大幅度减少生产闲置时间和作业切换时间、降低库存、提高产品品质、缩短产品开发与设计周期和生产周期、精减人员，使企业能够快速应对市场变化。与大量生产方式相比，精益生产方式只需要一半的人员、一半的生产场地、一半的投资、一半的生产周期时间、一半的产品开发时间和少得多的库存，却能生产品质更高、品种更多的产品。精益生产方式不仅仅是先进的制造技术，更是科学的企业组织管理方法。精益生产方式绝不是企业内部管理的某些环节或者某个局部的调整与完善，而是从管理思想、管理组织、管理制度、管理标准、管理方法、管理手段以至管理行为的全面、系统的变革。

精益生产强调部门之间相互合作的综合集成，特别强调产品开发、生产准备、生产之间的合作和集成，强调从系统的角度，对企业活动及其社会影响进行全面、整体的优化，包括技术、组织、人员的优化。与传统的大量生产管理和组织相比，精益生产方式的不同之处如表3-12所示。

表 3-12　精益生产方式与大量生产方式的对比

	精益生产方式	传统的大量生产方式
生产目标	追求尽善尽美	达到预定目标
分工方式	集成、综合工作组	分工明确、专业化
产品特征	面向用户、生产周期较短的产品	数量很大的标准产品
生产供应	准时化（JIT）生产和供应	设置在制品缓冲保证供应
产品质量	TQC 活动，不断改进	质检手段事后检验
自动化	柔性自动化、精简化	刚性和复杂的自动化
生产组织	同步工程模式	顺序工程模式
工作关系	强调友谊、团结互助	感情疏远、工作单调、缺乏动力

（二）精益生产方式的特征

精益生产方式的特征体现在工厂组织、产品设计、供货环节、顾客和企业管理等五个方面：对外以用户为"上帝"，对内以"人"为中心，在组织机构上以"精简"为手段，在工作方法上推行"工作组"和"并行设计"，在供货上采用"JIT"方式，最终达到"零缺陷"的工作目标。

（1）**对外以用户为"上帝"**。产品面向用户，与用户保持密切联系，将用户纳入产品开发过程，以多变的产品、尽可能短的交货期来满足用户的需求。产品的适销性、适宜的价格、优良的质量、快的交货速度、优质的服务是面向用户的基本内容。

（2）对内以"人"为中心。大力推行独立自主的小组化工作方式。充分发挥一线工人的积极性和创造性，使一线工人真正成为"零缺陷"生产的主力军。精益生产要求下放部分权力，使人人有权、有责任、有义务随时解决碰到的问题。还要满足人们学习新知识和实现自我价值的愿望，形成独特的、具有竞争意识的企业文化。

（3）在组织机构上以"精简"为手段。在组织机构方面实行精简化，去掉一切多余的环节和人员，实现纵向减少层次、横向打破部门壁垒，将层次细分工的管理模式转化为分布式平行网络的管理结构。

（4）在工作方法上推行"工作组"和"并行设计"。精益生产强调以工作组（Team Work）的方式进行产品的并行设计。工作组是由企业各部门专业人员组成的多功能设计组，对产品的开发和生产具有很强的指导和集成能力。

（5）在供货上采用 JIT 方式。JIT 工作方式可以保证最小的库存和最少在制品数量。为了实现这种供货方式，应与供货商建立起良好的合作关系，相互信任，相互支持，利益共享。

（6）最终达到"零缺陷"的工作目标。精益生产所追求的目标不是"尽可能好一些"，而是"零缺陷"，即最低的成本、最好的质量、无废品、零库存与产品的多样性。

三、精益生产方式的构成

精益生产方式之所以在世界范围内引起了强烈反响，其革命性就在于它把近 20 年来出现的先进技术和思想集成化、系统化、理论化。精益生产方式的主要内容包括现场改善、新产品开发、战略的供需关系、人力资源优化、设施布置的精细化、JIT 生产计划与控制、质量管理等。

清洁、安全、有序的工作环境是提高生产效率、减少浪费的重要手段，现场改善往往是通过标准化工作、5S 活动和可视化管理（目视管理）来实现的。

新产品开发方面，精益生产方式也提出了减少浪费的要求，在产品设计方面必须满足市场多变的需求，减少产品开发的成本。丰田公司把新产品开发置于公司经营目标的主轴地位，注意把质量分析纳入产品开发计划中，也就是从源头上减少产品开发不合理导致的浪费和质量问题。此外，采用更先进的产品开发管理方法，如面向可靠性、可生产性设计工程方法，来提高产品设计的可生产性；采用面向顾客的设计方法，提高顾客的响应度；采用并行工程的产品开发方法，缩短产品设计的时间；采用模块化的设计方法，减少零件变化，等等。

采购过程中存在大量的浪费，必须彻底消灭。JIT 方式在进行物资采购时，要求供应商也按照看板控制的方式进行物资供应，做到需要的时候准时准量供应。此时企业与供应商之间的关系就不是简单的竞争关系，而是战略合作伙伴关系。

要减少生产过程中的浪费，除了从各种管理措施方面发掘潜力外，减少生产过程中的人力资源浪费也是一项重要措施。精益生产方式往往通过改变设备的配置方式、作业标准改善与作业优化组合以及员工多能化训练来减少人力成本。

精益生产方式的核心是 JIT 生产计划与控制系统，此系统主要是通过看板管理来实现准时生产的。看板管理是实行精细生产的重要工具，但绝不能把精细生产看作是看板管理。实行看板管理需要对设备重新排列和布置，每种零部件只有一个来源，零件在加工过程中有明确固定的移动路线，并且每个工作地一般设置两个存放处——入口存放处和出口存放处。看板主要分为两种：一种是生产看板，它是一种生产指令，是用于指示工序加工规定数量制品的看板；另一种是取货看板，也称为运输看板，它是后工序按看板上所列的件号、数量等信息，到前工序领取并运输制品的看板。

精益生产方式倡导的质量理念是"零缺陷"，为了实现这一目标，全面质量管理是关键。

四、精益生产过程管理

（一）精益生产计划

精益生产方式的生产计划运作方式和传统生产方式下的生产计划运作方式存在很大不同：前者是一种典型的拉动式计划系统，这种计划系统往往通过"看板"这种工具来进行生产指令的传达，如图 3-18 所示；而后者则是典型的推动式计划系统，生产指令的下达往往是由统一的生产计划部门来执行的，如图 3-19 所示。

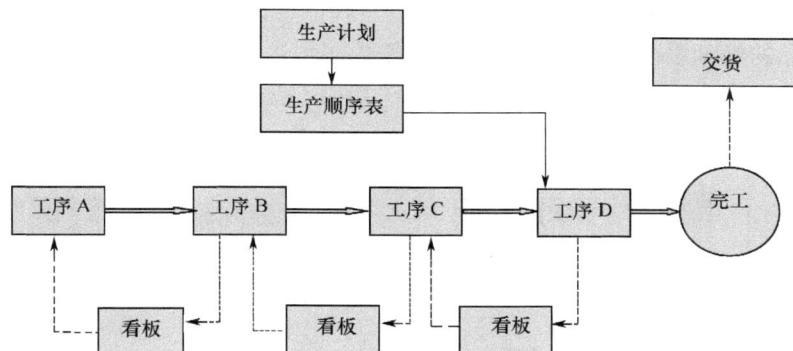

图 3-18 精益生产的生产计划运作方式

精益生产方式的拉动式计划系统是由最后一道工序开始，反工艺顺序地逐级"拉动"前面的工作中心。具体要求是从总装线起，反工艺顺序，逐道工序地向前推进，直到原材料准备部门，都按看板的要求取货、运送和生产。而在传统的推动式生产计划中，每一工序都

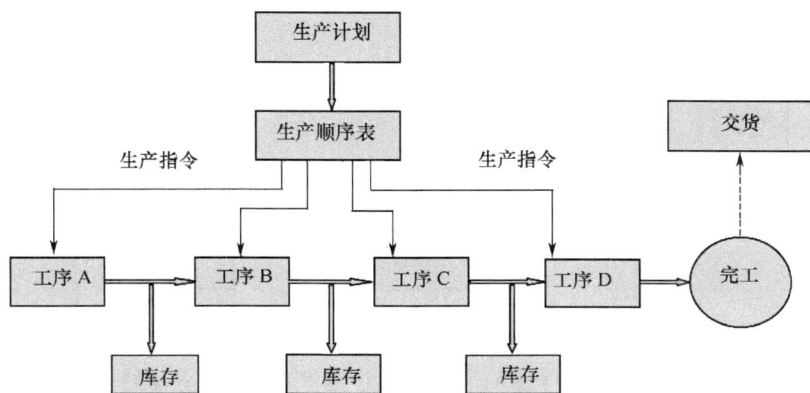

图 3-19 传统生产管理下生产指令下达方式

根据生产计划,尽其所能地生产,尽快完成生产任务,不管下一工序当时是否需要,这样就造成物品的堆积,产生大量浪费。

(二)精益生产组织

精益生产通过彻底消除浪费来提高企业的效益。按价值流的思想,浪费就是一切增加对象成本而不提高对象价值的因素,包括过量生产和积压、人员浪费、不良品浪费等。为消除这些浪费,精益生产强调同步化(平行化)生产、弹性配置作业人数、质量保证等。实现同步化生产的措施有:按对象专业化组织生产单位;缩短作业转换时间;加强外协配套厂的联系和控制;实行轮岗制,培养多面手等。

(三)精益生产控制

精益生产要求生产系统的各个环节全面实现生产同步化、准时化、均衡化。为此,精益生产过程借助看板管理进行控制。看板合理有效的应用,既可以实现对企业内部各生产工序以及物料流动的控制见图 3-20,同时也可以实现对企业供应商的有效控制(见图 3-21)。精益生产中,看板是指传达生产任务的工具,它是一种能够调节和控制在必要时间生产出必要数量的必要产品的管理手段。看板的本质是在需要的时间,按需要的量对所需零部件发出生产指令的一种信息媒介体,而实现这一功能的形式可以是多种多样的。

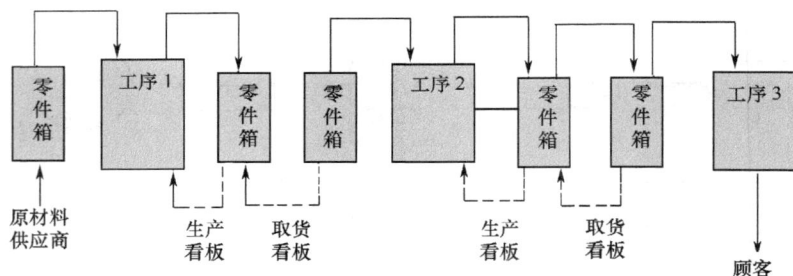

图 3-20 内部看板管理的运行方式

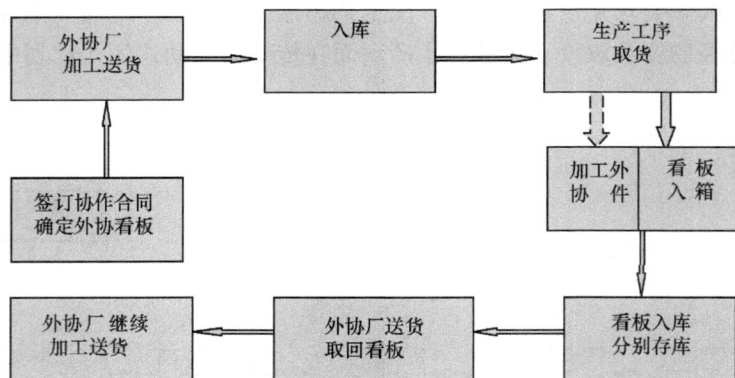

图 3-21 外协看板运行方式

除了生产看板和取货(移动)看板外,实行精益生产的企业还有另一种看板,即外协看板。外协看板是针对外部的协作厂家所使用的看板。外协看板上必须记载进货单位的名称和进货时间、每次进货的数量等信息。外协看板与工序间移动看板类似,只是"前工序"不是内部的工序而是供应商。因此，为了提高精益生产的效率，有时候企业会要求供应商也推行 JIT 生产方式。

本章小结

1. 生产运作管理是指对生产运作系统的设计、运行与维护过程的管理。生产运作系统是企业系统的一个子系统，它是一个投入、转换、产出实物产品、服务和知识的过程。其目的是实现价值增值，满足社会（用户）需要和增加企业利润。

2. 生产运作系统可分为制造业生产系统和服务业生产系统两大类。制造业生产系统按照不同的分类标准可分为不同类型，主要有通用产品生产、专用产品生产、连续型生产、离散型生产、大量生产、成批生产、单件小批生产、订货型生产和备货型生产等。服务业生产系统主要分为通用型服务、专用型服务、人员密集型服务以及技术密集型服务等。

3. 产品设计过程中运用并行工程方法，可大大缩短设计的周期，降低开发成本。并行工程是从产品开发的初始阶段，就由开发设计人员、工艺技术人员、质量控制人员、生产制造人员、营销人员，有时甚至加上外协厂家、用户代表共同工作，各项工作同时并进。

4. 生产运作流程包括投入、产出、任务、物流和信息流以及库存等基本要素。在流程设计中必须考虑资本集约度、资源柔性、顾客参与、资金预算这几个方面的问题。

5. 选址决策主要考虑经济因素、政治因素、社会因素和自然因素，常用的选址方法有盈亏平衡分析法、因素评分法、运输表法以及重心法。

6. 设施布局是指在一个给定的设施范围内，对多个经济活动单元进行位置安排。工艺导向布局是一种将相似的设备或功能放在一起的生产布局方式。它能同时处理各种不同的产品或服务，是一种典型的小批量、高度多样性生产中所使用的策略。产品导向法是对生产大批量、相似程度高、少变化的产品进行组织规划的一种方法，它比工艺导向法使用了更多的自动设备和专用设备。

7. 企业的生产计划系统主要包括综合计划、主生产计划、物料需求计划以及生产作业计划等。综合计划又称为生产计划大纲，是对企业未来一段时间内资源和需求之间的平衡所做的概括性设想，是根据企业所拥有的生产能力和需求预测对企业未来较长一段时间内的产出内容、产出量、劳动力水平、库存投资等问题所做的决策性描述。主生产计划是对综合计划的分解和细化，在制订过程中必须综合考虑资源的约束，以确保计划的可执行性，从而确定每一具体的最终产品在每一具体时间段内的生产数量。物料需求计划是根据总生产进度计划中规定的最终产品的交货日期，规定必须完成各项作业的时间，编制所有较低层次零部件的生产进度计划，对外计划各种零部件的采购时间与数量，对内确定生产部门应进行加工生产的时间和数量。

8. 质量管理经历了质量检验阶段、统计质量控制阶段以及全面质量管理阶段的发展历程。全面质量管理是企业全体员工及有关部门同心协力，综合运用管理技术、专业技术和科学方法，经济地开发、研制、生产和销售用户满意的产品的管理活动。其特点是：管理的对象是全面的；质量管理的范围是全面的；全员参加的；管理质量的方法是全面的。

9. PDCA 即计划（Plan）、执行（Do）、检查（Check）和处理（Action），它是一个标准的管理工作程序，也是进行质量管理的四个步骤。PDCA 循环有两个特点：其一，大环套小环，推动大循环；其二，螺旋式上升，在不断循环的同时，还在不断上升，呈螺旋上升状态。

10. 在对准时化生产方式研究基础上进一步发展提炼出的精益生产方式，以整体优化的观点，科学、合理地组织与配置企业拥有的生产要素，消除生产过程中一切不产生附加价值的劳动和资源，更好地适应了市场的变化。

复习思考题

1. 并行工程的含义是什么？
2. 进行流程设计必须考虑哪些因素？
3. 描述不同的选址方法。
4. 阐述不同布局的特点。
5. 综合计划、主生产计划、物料需求计划的关系是什么？
6. 全面质量管理的特点是什么？
7. PDCA 循环是什么？
8. 常用的过程质量控制的工具有哪些？
9. 精益生产方式的主要内容有哪些？

案例思考

汽车配件销售公司的难题

浙江某汽车配件公司是一家汽车备件销售商。由于没有制造能力，该公司销售的产品都是经采购、装配和再包装而来的。该公司确实拥有大量库存和最终装配设施，产品包括挂自己商标的化油器和点火装置。过去两年间，公司历经坎坷：首先，利润大幅度下降；其次，客户服务水平下降，延期运到的货物超过订购量的 25%；最后，客户退货率以每月 3% 的速度递增。

销售部张经理认为大部分的问题源自装配部门。他说他们生产的产品组合不符合实际需要，质量控制差，生产力下降而且成本太高。

财务部李主管认为问题的产生是由于库存方面投资不当。她认为推向市场的项目和产品太多，还认为采购部门的采购人员签订了过多的采购合同，限制了库存和需求。

装配部王经理说："现在的症结是我们的库存零件过多，但却没有装配它们的生产计划。"他还说："当我们有适当的零件时，质量却不是很好，但不管怎样，为了完成计划，我们还是用了。"

采购部马经理的观点是采购部并没有影响公司。他与老供应商做生意，利用历史数据确定需求，以自己认为良好的价格从供应商那里购买原料，并以降低成本为目的评估新的供货来源。可能的话，他强调低成本和早交货，对不断增加的盈利压力做出反应。

现在，你是该公司的总经理，你必须带领企业重新盈利。

（资料来源：百度文库）

问题讨论：

1. 指出该公司的症结和问题。
2. 你计划进行哪些具体变革？

第四章　市　场　营　销

学习目标

1. 掌握市场和市场营销的概念。
2. 理解市场营销观念的演进。
3. 掌握市场细分、目标市场选择与市场定位的概念和方法。
4. 掌握市场营销组合策略的内容。
5. 掌握产品整体概念的含义。
6. 学会使用不同的定价策略。
7. 掌握企业的渠道选择策略。

【关键术语】

市场　市场营销　生产观念　产品观念　推销观念　营销观念
社会营销观念　绿色营销观念　整合营销传播观念　关系市场营销观念
网络营销　市场细分　目标市场　无差异营销策略　差异化营销策略
集中性营销策略　STP 战略　市场定位　市场营销组合　产品
定价　渠道　促销　公共关系　独特的营销主张

【结构框图】

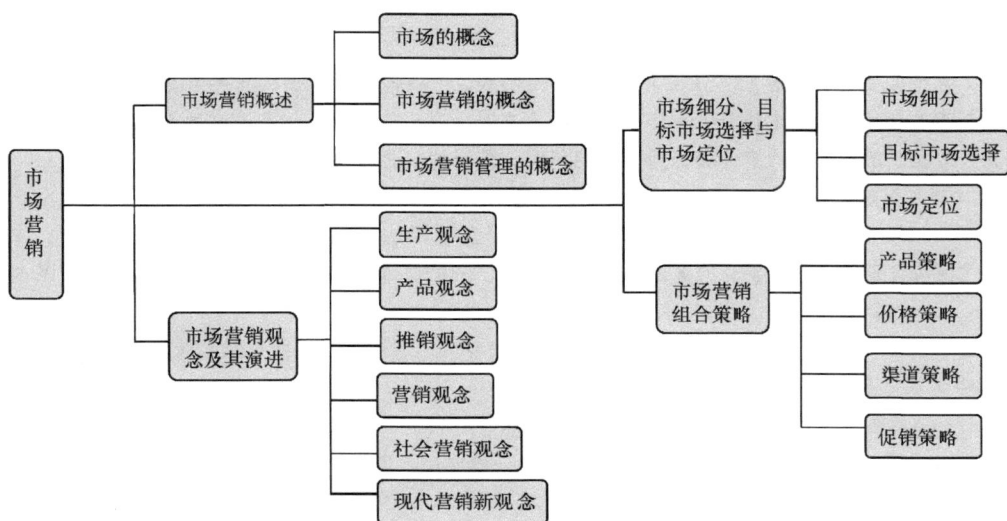

【引入案例】 "小米"的口碑营销

"小米"是全新的品牌，没有钱，没有媒介，没有广告投放。如何做？

"小米"拼命在论坛和微博上想办法，选择熟悉的论坛进行操作。论坛的最大特点是能沉淀老用户，但在用户群扩散速度方面比较慢，于是"小米"又开始好好研究微博的玩法，找到一条以互联网方式做品牌的路径。

1. 互联网思维就是"口碑为王"

传统的商业营销中因为信息不对称，传播就是靠做广告、做公关，总之凡事就是比嗓门大。但是，新的社会化媒体推平了一切，传播速度飞速提高，信息的扩散半径得以百倍、千倍地增长，频繁出现了"一夜成名"的案例。

信息对称让用户"用脚投票"的能力大大增强。一个产品或一个服务好不好，企业自己吹牛不算数了，大家说了才算。

2. 口碑的本质是用户思维，就是让用户有参与感

消费者选择商品的决策心理在这几十年发生了巨大的转变。用户购买一件商品，从最早的功能式消费，到后来的品牌式消费，再到近年流行起来的体验式消费，而"小米"发现并正参与其中的是全新的"参与式消费"。为了让用户有更深入的体验，"小米"开放做产品、做服务的企业运营过程，让用户参与进来。

3. 口碑是信任关系的传递：和用户做朋友

用户和企业之间到底是一种什么关系才是最理想的？千千万万的用户有千千万万的想法，他们为什么要认可你的产品？认可了你的产品之后，为什么要主动帮你传播？

做企业就像做人一样，只有朋友才会真心去为你传播、维护你的口碑，朋友关系是信任度最高的用户关系。"小米"的用户关系指导思想就是——和用户做朋友！

4. 好产品是口碑的本源和发动机

"小米"营销是口碑传播，口碑本源是产品。所以，基于产品的卖点和如何表达卖点的基本素材是传播的生命线。

在"小米社区"可以看到，用户购买前会仔细了解产品特性，搜索对比和评测，甚至对产品拆解都会有所了解。每个用户都是专家。

所以，在提炼核心卖点后，他们会在产品上下足功夫。"小米"对营销人员的要求是对产品和技术的了解要不亚于工程师，这样才能将技术语言翻译给用户听，也才能从这个过程中挖掘到真正对用户有价值的特点。只有在了解最细节的产品特点时，才能将卖点最好地转化为设计语言。

5. 做口碑可以零成本

"小米"启动第一个项目MIUI时，雷军问黎万强：你能不能不花一分钱做到100万名用户？方法就是抓口碑。因为你没钱可花，要让大家主动夸你的产品，主动向身边的人推荐，就必须专心把产品和服务做好。

黎万强认为，"小米"是全新的品牌，没有钱，没有媒介，没有广告投放，只能依靠新媒体。

6. 社会化媒体是主战场

"找什么人来做社会化媒体，我们的做法也算是反传统的。传统企业都会找营销策划人员来做，但是对于'小米'来说，我们是做自媒体，要做内容运营。因此，'小米'的社会化媒体营销人的第一要求，不是做营销策划，而是做产品经理。"

7. 做口碑需要种子用户

2010年8月"小米"第一版MIUI发布时，只有100名用户，他们是口碑传播最早的核心用户。从最初的100人开始积累，并通过口碑传播不断扩散，如今MIUI已有超过6000万名用户。

真正的"发烧友"关注什么? 一言蔽之,新奇特、高精尖。产品在某一方面做到极致,就自然能得到"发烧友"追捧,这就是"小米"手机从诞生起就一直追求高性能的原因: 只要性能突出、个性鲜明,就一定会有人喜爱。

最初喜爱你、赞赏你的,就是核心种子用户。这些"发烧友"是人群中的意见领袖,而在消费电子行业中,意见领袖的评价对普通用户的购买决定有很大的影响力。

所以,围绕"发烧友"做产品、做营销的方式才能取得空前的成功。更何况,"小米"要做的手机、电视等产品,都是标准化大众市场产品。"小米"要做的是国民品牌,在社交化媒体领域话题更普及。

(资料来源:黎万强,《参与感:小米口碑营销内部手册》,2014 年 8 月)

通过以上案例,可以了解到在激烈的智能手机行业竞争中,"小米"作为后来者,如何围绕"发烧友"研发、改进产品,如何通过论坛、微博、微信等网络化社交平台,实现与用户的零距离接触,以零成本实现口碑营销的巨大成功。"小米"的成功,体现了在互联网环境下,企业市场营销观念的变革、传统市场营销组合策略的变革。本章,首先介绍市场、市场营销、市场营销管理的概念,理顺市场营销观念的沿革脉络;之后,系统阐述企业进行市场细分、目标市场选择,以及市场定位的策略和方法;最后介绍企业如何进行市场营销组合策略的选择,具体体现在产品策略、价格策略、渠道策略和促销策略四个方面。

第一节　市场营销概述

一、市场的概念

经济学家认为市场(Market)是一个商品经济的范畴,是供求关系,是商品交换关系的总和,是通过交换反映出来的人与人之间的关系。管理学家则侧重从具体的交换活动及其运行规律去认识市场。在他们看来,市场是供需双方在共同认可的一定条件下所进行的商品或劳务的交换活动。营销学家菲利普·科特勒(Philip Kotler)指出: "市场由一切具有特定欲望和需求并且愿意和能够以交换来满足这些需求的潜在顾客所组成。"

市场包含三个主要因素,即有某种需要的人、为满足这种需要的购买能力和购买欲望,用公式来表示就是市场=人口+购买力+购买欲望。

二、市场营销的概念

西方市场营销学者从不同角度对市场营销(Marketing)下了不同的定义。

有些学者从宏观角度对市场营销下定义。例如,杰罗姆·麦卡锡(E.Jerome McCarthy)把市场营销定义为一种社会经济活动过程,其目的在于满足社会或人类需要,实现社会目标。

有些定义是从微观角度来表述的。例如,美国市场营销协会(AMA)于 1960 年对市场营销下的定义是,市场营销是"引导产品或劳务从生产者流向消费者的企业营销活动"。

麦卡锡于 1960 年也从微观角度定义了市场营销。市场营销"是企业经营活动的职责,它将产品及劳务从生产者直接引向消费者,以便满足顾客需求及实现公司利润"。这一定义比美国市场营销协会的定义前进了一步,指出了满足顾客需求及实现企业盈利成为公司的经营目标。

但这两种定义都认为，市场营销活动是在产品生产活动结束时开始的，中间经过一系列经营销售活动，当商品转移到用户手中就结束了，因而把企业营销活动仅局限于流通领域的狭窄范围，而不是视为企业整个经营销售的全过程。

美国市场营销协会于 1985 年对市场营销下了更完整和全面的定义：**市场营销"是对思想、产品及劳务进行设计、定价、促销及分销的计划和实施的过程，从而产生满足个人和组织目标的交换"**。这一定义比前面的诸多定义更为全面和完善，主要表现如下：

（1）产品概念扩大了，不仅包括产品或劳务，还包括思想。

（2）市场营销概念扩大了，市场营销活动不仅包括营利性的经营活动，还包括非营利组织的活动。

（3）强调了交换过程。

（4）突出了市场营销计划的制订与实施。

三、市场营销管理的概念

（一）市场营销管理的含义

市场营销管理（Marketing Management）是指企业为实现其目标，创造、建立并保持与目标市场之间的互利交换关系，而进行的分析、计划、执行与控制的过程。

（二）市场营销管理的任务

市场营销管理的基本任务，就是为达到企业目标，通过营销调研、计划、执行与控制，来管理目标市场的需求水平、时机和构成。换言之，市场营销管理的实质是需求管理。在营销计划与执行中，管理者必须对目标市场、市场定位、产品开发、定价、分销渠道、信息沟通与促销做出系统决策，以保证营销管理任务的实现。

第二节　市场营销观念及其演进

一、生产观念

生产观念（Production Concept）是最传统的一种营销管理观念。在生产观念指导下，企业认为消费者会喜欢那些价格低的和随处可买得到的产品，因此，企业应致力于提高生产的效率和扩大配销的范围，典型的口号是"我们生产什么，就卖什么"。

生产观念在西方盛行于 19 世纪末 20 世纪初，当时处于典型的卖方市场，存在严重的供给小于需求的现象，企业生产的产品不愁卖，因此企业经营的核心在生产环节。企业致力于提高产品生产效率，降低成本，提高质量，而非对市场需求进行分析和研究。例如，福特汽车公司的 T 型车正式通过流水线的生产，大幅降低成本。到 1921 年，福特 T 型车在美国汽车市场上的占有率达到 56%。福特宣称："不管顾客需要什么颜色的汽车，我只有一种黑色的。"

以生产观念为导向的营销活动具有以下特点：

（1）生产活动是企业经营活动的中心和基本出发点。

（2）降低成本、扩大产量是企业成功的关键。

（3）不重视产品、品种和市场需求。

（4）追求的目标是短期利益。

（5）坚持"我生产什么，商家就卖什么，消费者就买什么"的经营思想。

二、产品观念

产品观念（Product Concept）和生产观念几乎在同一时期流行。持产品观念的企业认为，消费者会喜欢那些质量最好、性能最优、功能最多的产品，因此，企业应致力于提供优质的产品，并且经常加以改进，不断精益求精。

产品观念过分重视产品而忽视顾客需求，导致经理和设计人员过分迷恋自己的产品，最终导致"营销近视症"（Marketing Myopia，又称"产品自恋症"）。忽视消费者需求，往往导致对竞争者，尤其是潜在竞争者、替代产品竞争者的认识不足，导致企业经营陷入困境。例如，计算尺制造商以为工程人员需要计算尺而非计算能力，忽视了袖珍计算器的挑战，只致力于大量生产或精工制造、改进产品而忽视市场需要，其最终结果是产品被市场冷落，经营者陷入困境甚至破产。

杜邦公司在1972年发明了一种具有钢的硬度，而重量只是钢的1/5的新型纤维。杜邦公司的经理们设想了大量的用途和一个10亿美元的大市场，然而这一刻的到来比杜邦公司所预料的要长得多。因此，只致力于大量生产或精工制造而忽视市场需求的最终结果是其产品被市场冷落，经营者陷入困境。

以产品观念为导向的营销活动具有以下特点：

（1）生产质量是企业经营活动的中心，"质量第一"而不是"顾客第一"。

（2）加强生产管理、提高产品质量是企业成功的关键。

（3）忽视消费者的需求和推销活动。

（4）追求的目标仍是短期利润。

（5）坚持认为"拥有质量就拥有购买者"的经营思想。

三、推销观念

推销观念（Selling Concept，又称销售观念）盛行于20世纪三四十年代。在科技进步、大规模生产的普及推广下，产品生产效率大幅提高，产品产量激增。同时，受到1929年爆发的资本主义世界空前严重的经济危机的影响，大量产品积压，市场极度萧条。此时，卖方市场转向了买方市场，企业开始转变观念，认为如果任其自然，消费者一般不会主动购买本企业太多的产品，因此，企业应下大力开展推销和促销工作。

与前两种观念一样，推销观念也是建立在以企业为中心、"以产定销"，而不是满足消费者真正需要的基础上的。

在推销观念的指导下，企业相信产品是"卖出去的"，而不是"被买去的"。他们致力于产品的推广和广告活动，以求说服甚至强制消费者购买。他们网罗了大批推销专家，做了大量广告，对消费者进行无孔不入的促销信息"轰炸"。例如，美国皮尔斯堡面粉公司的口号由原来的"本公司旨在制造面粉"改为"本公司旨在推销面粉"，并第一次在公司内部成立了市场调研部门，派出大量推销人员从事推销活动。

以"推销观念"为营销理念的企业营销活动具有以下特点：

(1) 现有产品是企业经营活动的中心和出发点。

(2) 强力推销是企业成功的关键，坚持"好孬都得靠吆喝"的经营思想。

(3) 忽视消费者的需求，注重生产后的推销工作。

(4) 追求的目标还是短期利润。

(5) 这种观念只适用于未成熟的"买方市场"。

四、营销观念

营销观念(Marketing Concept)形成于 20 世纪 50 年代。第二次世界大战后，随着科技的发展，西方发达国家经济迅速崛起，企业产品研发、生产技术不断创新，大量产品涌现，进一步激化了供给和需求的矛盾，市场竞争加剧；同时，随着社会经济水平提升，消费者的购买力持续提升，消费者需求呈现多样化发展趋势。在此背景下，企业意识到必须要确定目标市场消费者的需求和欲望，并且要比竞争者更好地满足消费者的需求，否则必然导致产品的滞销。因此，企业围绕消费者的需求展开市场营销活动，从本质上实现生产那些能够卖得出去的产品。

当时，美国贝尔公司的高级情报部所做的一个广告，称得上是以满足顾客需求为中心的一个最新、最好的典范："现在，今天，我们的中心目标必须针对顾客。我们将倾听他们的声音，了解他们所关心的事，我们重视他们的需要，并永远先于我们自己的需要，我们将赢得他们的尊重。我们与他们的长期合作关系，将建立在互相尊重、信赖和我们努力行动的基础上。顾客是我们的命根子，是我们存在的全部理由。我们必须永远铭记，谁是我们的服务对象，随时了解顾客需要什么、何时需要、何地需要、如何需要，这将是我们每一个人的责任。现在，让我们继续这样干下去吧，我们将遵守自己的诺言。"

树立并全面贯彻市场营销观念，有四个主要支柱：目标市场、整体营销、顾客满意和盈利率。也就是说，市场营销观念是从选定的目标市场出发，通过整体营销活动，实现顾客满意，从而提高盈利率。

五、社会营销观念

从 20 世纪 70 年代起，随着全球环境破坏、资源短缺、人口爆炸、通货膨胀和忽视社会服务等问题日益严重，要求企业顾及消费者整体利益与长远利益的呼声越来越高。在西方市场营销学界提出了一系列新的理论及观念，如人类观念、理智消费观念、生态准则观念等。其共同点是都认为企业生产经营不仅要考虑消费者需要，而且要考虑消费者和整个社会的长远利益。这类观念统称为社会营销观念。

社会营销观念(Societal Marketing Concept)是以实现消费者满意以及消费者和社会公众的长期福利，作为企业的根本目的与责任。该观念认为，理想的市场营销决策应同时考虑到消费者的需求与愿望、消费者和社会的长远利益、企业的营销效益。因此，在此观念指导下，企业变"以消费者为中心"为"以社会为中心"。企业不仅要满足市场需求，同时要发挥自身优势，实现社会利益，具体体现在确保消费者的身心健康和安全，确保社会资源的合理，有效防止环境污染，保持生态平衡。

六、现代营销新观念

（一）创造需求的营销观念

现代市场营销观念的核心是以消费者为中心，认为市场需求引起供给，每个企业必须依照消费者的需要进行生产与销售。几十年来，这种观念已被公认，在实际的营销活动中也备受企业家的青睐。

然而现在，消费需求出现了多元性、多变性、求异性等特征，需求表现出了模糊不定的"无主流化"趋势，许多企业对市场需求及其变化经常感到捉摸不定、把握不准。另外，一味地强调按消费者需求进行生产，在一定程度上会阻碍产品创新。为此，一些企业提出了创造需求的营销观念，其核心是市场营销活动不仅仅限于适应、刺激和满足消费者需求，还在于能否创造消费者需求。

日本索尼公司董事长盛田昭夫对此进行了表述："我们的目标是以新产品领导消费大众，而不是问他们需要什么，要创造需要。"索尼公司的认识起码有三方面是新颖的：

（1）生产需要比生产产品更重要，创造需求比创造产品更重要。

（2）创造需要比适应需要更重要，现代企业不能只满足于适应需要，更应注重"以新产品领导消费大众"。

（3）创造需求是营销手段，也是企业经营的指导思想，它是对近几十年来一直强调"适应需求"的市场营销观念的突破。

（二）关系市场营销观念

关系市场营销观念（Relationship Marketing Concept）是相对于交易市场营销观念而形成的，是市场竞争激化的结果。传统的交易市场营销观念的实质是卖方提供一种商品或服务向买方换取货币，实现商品的价值，是买卖双方价值的交换，双方是一种纯粹的交易关系，交易结束后不再保持其他关系和往来。在这种交易关系中，企业认为卖出商品赚到钱就是胜利，顾客是否满意并不重要。而事实上，顾客的满意度直接影响到重复购买率，关系到企业的长远利益。

由此，从20世纪80年代起，美国理论界开始重视关系市场营销，即为了保持长期友好的交易关系进行的市场营销活动，要与供货方、购买方建立良好、稳定的伙伴关系。

关系市场营销观念的基础和关键是"承诺"与"信任"。承诺和信任可以鼓励企业与伙伴抵制一些短期利益的诱惑，着手于发展双方长期友好往来关系，以获得长远利益。

（三）绿色营销观念

绿色营销观念（Green Marketing Concept）是在当今社会环境破坏、污染加剧、生态失衡、自然灾害频繁的背景下提出来的新观念。20世纪80年代以来，伴随着各国消费者环保意识的日益增强，世界范围内掀起了一股绿色浪潮，绿色工厂、绿色食品、绿色消费等新概念应运而生，绿色营销观念也就自然而然地相应产生。

绿色营销观念主要强调把企业利益、消费者需求和环保利益三者有机地统一起来。它最突出的特点，就是充分顾及资源利用与环境保护问题，要求企业从产品设计、生产、销售的整个营销过程都考虑到节约资源和环境保护，产品要做到安全、卫生、无公害等，目标是实现人类的共同愿望和需要——资源的永续利用和改善生态环境。

（四）整合营销传播观念

整合营销传播（Integrated Marketing Communications，IMC）即完整的市场信息传递，它由美国西北大学教授唐 E. 舒尔茨（Don E.Schultz）提出，将所有传播营销工具整合向市场传播信息。

整合营销传播的内涵是："以消费者为核心重组企业行为和市场行为，综合、协调地使用各种形式的传播方式，以统一的目标和统一的传播形象，传递一致的产品信息，实现与消费者的双向沟通，迅速树立产品品牌在消费者心目中的地位，建立品牌与消费者长期、密切的关系，更有效地达到广告传播和产品营销的目的。"整合营销传播的内容包括以下几点：

（1）整合营销传播的核心和出发点是消费者。

（2）以一种声音为支点。

（3）建立完整的消费者资料库（用户档案）。

（4）建立和消费者之间的牢固关系，使品牌忠诚成为可能。

（5）运用各种传播手段时，必须传播一致的品牌形象。

（五）网络营销观念

网络营销（On-line Marketing，E-marketing）是指基于互联网平台，利用信息技术与软件工具满足企业与客户之间交换概念、产品、服务的过程，通过在线活动创造、宣传、传递客户价值，并且对客户关系进行管理，以达到一定营销目的的新型营销活动。

近年来，互联网技术发展非常快，为网络营销的快速发展提供了技术方面的支持，奠定了良好的基础。另一方面，随着时代的进步，消费者的消费观念也发生了变化。而且，互联网本身具备的一些优越性，如即时双向互动性、传播速度快、不受时空限制、多媒体性、高效性、精准性等，使利用互联网发展起来的网络营销也具备了传统营销所不具备的一些优势。

常见的网络营销方式有口碑营销、媒体营销、新闻营销、电子杂志营销、即时通信（Instant Messaging，IM）营销、图片营销、软文营销、社会性网络服务（Social Networking Services，SNS）营销、论坛营销、博客营销、网络游戏植入营销、事件营销、搜索引擎营销（Search Engine Marketing，SEM）、电子邮件（E-mail）营销、数据库营销、短信营销、病毒式营销、问答营销、QQ群营销、社会化媒体营销、微信营销等。

网络营销强调利用网络信息沟通的双向互动性，使消费者真正参与到企业的整个营销过程中，应用好网络的"软营销"特点，即基于网络本身的特点和消费者个性化需求的回归，使消费者在某种个性化需求的驱动下自己到网上寻找相关的信息和广告，以及网络直复性，实现企业和消费者之间的信息交流，不仅可以获得产品、服务等订单的交互，还可以获得消费者反馈回来的其他数据，包括对产品或服务提出的意见和建议，变被动的营销为主动的营销。

第三节　市场细分、目标市场选择与市场定位

STP 战略是指市场营销战略分析中三个连续的过程：市场细分（Segmentation）、目标市场（Target Market）选择和市场定位（Position）。通过 STP 过程，企业把市场区分成若干细分市场，选择其中的一个或几个细分市场作为目标市场，为每个细分市场制订产品开发和营销方案，使每一个目标市场把自身的关键特征和可以带来的利益清晰地传达给顾客。

一、市场细分

市场细分的观点是美国学者温德尔·史密斯（Wendell R.Smith）总结了许多企业的市场营销经验以后，于 1956 年提出的一种选择目标市场的策略思想。他主张凡是市场上的产品或劳务的购买者超过两人以上者，这个市场就有被细分为若干小区域的可能。由于此观点顺应了第二次世界大战后美国众多产品的市场转化为买方市场这一新情况，因此它一问世，立即被企业界所认可，并被誉为创造性的新概念。它的理论依据是消费需求的绝对差异性和相对同质性。

（一）市场细分的概念

市场细分（Market Segmentation）就是企业通过市场调研，根据消费者明显的不同特性，把整体市场分割为两个或更多子市场，每个子市场都由需求大致相同的消费者群组成。这种按照一定标准将整个市场划分开来的活动又被称作市场分割、市场区隔化，而这一活动的结果，即一个个被分隔的子市场，即细分市场。

（二）市场细分的原则、标准

1. 市场细分的原则

（1）可识别性。各细分市场可以用一些比较恰当的名称来表示（如中国消费者市场、运动爱好者市场等），以便于识别，更为重要的是便于进行战略或战术决策。

（2）可盈利性。细分必须在具有足够潜在销售额的市场上进行，即市场具有可盈利性，企业新选定的细分市场容量足以使企业获利。虽然某些顾客的重要性可能足以使企业给予足够多的重视，但是一般情况下，企业的关注点应主要集中于整个细分市场上。

（3）可进入性。所选定的细分市场必须与企业自身状况相匹配，即企业有优势占领这一市场。可进入性具体表现在信息进入、产品进入和竞争进入等方面。这主要表现在两个方面：一方面是细分后的市场企业能够对消费者施加影响，能够传递产品的信息，进行产品的销售和产品的竞争；另一方面，只有细分析市场确实与企业的资源实力相适应，才是可以接受的市场，否则，市场吸引力再大，企业也只能放弃。

（4）差异性。市场细分是否科学的一个重要的判定标准是不同子市场的客户反应是否具有差异性。细分市场应在观念上能被区别，并对不同的营销组合因素和方案有不同的反应。例如，以收入高、中、低作为细分变量，可以将顾客分为三群，每群可能是一个细分市场，若每群对营销刺激的反应都是一样的，则这种市场细分是不合理的。

（5）相对稳定性。细分后的市场应具有相对的时间稳定性，否则也是没有意义的。细

分市场在一定时间内保持相对稳定，直接关系到企业生产营销的稳定。如果变化过快，会影响企业生产结构、产品组合的稳定，增加企业的经营风险。特别是大中型企业，以及投资周期长、转产慢的企业，更容易因此造成经营困难，严重影响企业经营效益。

2. 市场细分的标准

消费者需求的差异性是市场细分的基本标准。影响消费者需求差异性的因素是多种多样的。可以说，影响消费者需求的各种因素都可以作为市场细分的标准，由于这些因素不是固定的，是变动的因素，因此，市场细分标准又称市场细分变数（见表 4-1）。一般的市场细分标准如下：

表 4-1 市场细分标准

因　素	划 分 标 准	典 型 细 分
地理环境因素	地理区域	东北、华北、西北、华南等
	气候	温带、亚热带、热带、寒带等
	人口密度	都市、郊区、乡村、边远地区等
	城市规模	特大、大、中、小城市等
人口因素	年　龄	婴儿、学龄前儿童、学龄儿童、少年、青年、中年、老年等
	性　别	男、女
	民　族	汉族、满族、维吾尔族、回族、蒙古族、藏族等
	职　业	职员、教师、科研人员、文艺工作者、企业管理人员、私营企业主、工人、离退休人员、学生、家庭主妇、失业者等
	家庭收入（年）	10000 元以下，10000～29999 元，30000～49999 元，50000～99999 元，100000～149999 元，150000 元及以上等
	家庭人口	1~2 人、3~4 人、5 人及以上等
	家庭生命周期	年轻单身；年轻已婚无小孩；年轻已婚，小孩 6 岁以下；年轻已婚，小孩 6 岁及以上；已婚，儿女 18 岁以下；中年夫妇，老年夫妇，老年单身等
	受教育程度	小学程度以下、小学毕业程度、初中程度、高中程度、大学程度、研究生以上等
	宗　教	佛教、道教、基督教、天主教、伊斯兰教、犹太教等
	种　族	白色人种、黑色人种、黄色人种、棕色人种等
	国　籍	中国人、美国人、英国人、新加坡人等
心理因素	生活方式	平淡型、时髦型、知识型、名士型等
	人格特征	外向型或内向型、理智型或冲动型、积极性或保守型、独立型或依赖型等
	社会阶层	上上层、上中层、上下层；中上层、中层、中下层；上下层、下层、下下层等
行为因素	购买时机和频率	日常购买、特别购买、节日购买、规则购买、不规则购买等
	消费者追求的利益	廉价、时髦、安全、刺激、新奇、豪华、健康等
	使用者情况	从未使用者、曾经使用者、潜在使用者、初次使用者、经常使用者等
	使用率	很少使用者、中度使用者、大量使用者
	消费者对品牌的忠诚度	完全忠诚者、适度忠诚者、无品牌忠诚者
	消费者对产品的态度	狂热、喜欢、无所谓、不喜欢、敌视等

（资料来源：改编自菲利普·科特勒，凯文·莱恩·凯勒. 营销管理[M].13 版. 卢泰宏，译. 北京：中国人民大学出版社，2012.）

（1）地理环境因素。以地理环境为依据来划分市场，是传统的市场细分方式。因为地理环境相对于其他因素，表现比较稳定，且由于地理位置不同，对同一类产品的需求偏好往往不同。例如，我国南方以大米为主食，而北方则以面食为主。美国通用食品公司根据东西部地区消费者对咖啡口味的不同需求，分别推出不同的产品：东部偏爱清淡的咖啡，而西部偏好口味醇厚的咖啡。

（2）人口因素。人口因素一直是消费者市场细分的主要的细分标准，它们与消费者的需求、偏好、欲望、商品使用频率以及许多产品的销售密切相关，而且这些因素较其他因素更易衡量。人口因素包括年龄、性别、家庭规模、家庭生命周期、收入水平、职业、受教育程度、宗教、种族、国籍等。

（3）心理因素。消费者的心理因素会直接影响其购买趋向。心理细分变数包括购买者所处的社会阶层、生活方式、个性特点等。

1）社会阶层。这是指在某一社会中具有相对同质性和持久性的群体。处于同一阶层的成员具有类似的价值观、兴趣爱好和行为方式。识别不同社会阶层消费者所具有的不同特点，对很多产品的市场细分将提供重要依据。例如，社会上层消费者选择产品常以名贵、名牌、稀有、显示个人身份为目的；社会的中、下层消费者则重视经济实惠，对物美价廉的产品情有独钟。许多企业就以特定的社会阶层作为目标市场，设计产品与服务。

2）生活方式。人们追求的生活方式的不同也会影响他们对产品的选择。例如，德国大众汽车公司为适应各种消费者的生活方式，设计出不同类型的汽车：供"循规蹈矩者"使用的汽车突出表现经济、安全和符合生态学的特点；供"玩车者"驾驶的汽车则突出易驾驶、灵敏和运动娱乐性等特点。

3）个性特点。这是指一个人比较稳定的心理倾向与心理特征，它会导致一个人对其所处环境做出相对一致和持续不断的反应。因此，消费者可以按这些个性特点进行分类，从而为企业细分市场提供依据。如对于服饰、化妆品、香烟、啤酒、保险之类的产品，一些企业以个性特点为基础进行市场细分并取得了成功。例如，20世纪50年代末，福特与通用汽车公司就分别强调其个性的差异来促销。购买福特车的顾客有独立性、易冲动，有男子汉气概，勇于变革并有自信心；购买雪佛莱车的顾客保守、节俭、重名望，恪守中庸之道。

（4）行为因素。根据购买者对产品的了解程度、态度、使用情况及反应等，将他们划分成不同的群体。很多人认为，行为变数能更直接地反映消费者的需求差异，因而成为市场细分的最佳起点。其主要包括消费者的购买时机和频率、消费者追求的利益、使用者情况与使用率、消费者对品牌的忠诚度、消费者对产品的态度以及对价格的敏感程度等。

当单一变量无法准确划分时，企业常以两种或两种以上变量来细分市场。例如，某服装公司以性别、年龄和收入三个变量将市场划分为多个细分层面，每个层面都有更细致的描述。如企业在高档女服产品的提供上可以有以下细分选择：为高收入的年轻女性提供的高档职业女装、为高收入的职业中年妇女提供的高档职业女装、为富裕的年轻家庭妇女提供的高档女装以及中老年高档女装等。

二、目标市场选择

(一) 目标市场的定义

目标市场(Target Market)是企业在市场细分的基础上，根据市场潜量、竞争对手状况、企业自身特点所选定和进入的市场，即企业准备以何种产品和服务满足某一个或几个细分市场。选择目标市场，明确企业应为哪一类用户服务，满足他们的哪一种需求，是企业在营销活动中的一项重要策略。

20世纪80年代中期，当杨·卡尔松(Jan Carzon)成为斯堪的那维亚联合航空公司(SAS)的CEO时，他对公司的目标市场进行了重新定义：集中发展欧洲民航运输产业中的一个特定市场——经理阶层，即产品——民航运输，需求——商务旅行，客户——经理，地域——欧洲。这意味着SAS减少了对其他市场领域的注意，包括飞机租赁、经济舱座位的提供、货运、旅游航班、低关税航运等。

这一市场的特定需要是：在陆上和空中的准点、安全、个性化和舒适。为此，SAS开发了许多服务项目来适应。例如，为实现在陆上提供舒适服务的目标，SAS保证在欧洲和美洲城市的SAS宾馆可以直接订座；SAS拥有一支供租用的车队，由豪华轿车、直升机和普通轿车组成，用于接送旅客；在一些城市，SAS还提供一种将旅客的行李从办公室或SAS宾馆运送到机场的特殊服务；在机场备有适当装饰、供旅客使用的特殊房间；更换了服务人员的制服；职员重新培训，以改进服务水平和提高处理突发事件的能力等。简而言之，即向目标顾客提供门对门的服务。

(二) 目标市场选择策略

1. 无差异营销策略(Undifferentiated Targeting Strategy)

这是指企业把整体市场看作一个大的目标市场，不进行细分，用一种产品、统一的市场营销组合对待整体市场。

这种策略的优点是产品、品种单一，容易保证质量，能大批量生产，降低生产和销售成本。对于大多数产品，无差异市场营销策略并不合适。一方面，消费者需求存在多样性，消费者的需求也在不断变化中；另一方面，当竞争者也采用类似策略时，必然加剧市场的竞争。该策略最大的缺点是容易造成顾客的低满意度。该策略适用于市场同质化水平高、顾客需求差异性小、市场广泛的情况。例如，美国可口可乐公司从1886年问世以来，一直采用无差别市场策略，生产一种口味、一种配方、一种包装的产品满足世界156个国家和地区的需要，被称作"世界性的清凉饮料"。

2. 差异化营销策略(Differentiated Targeting Strategy)

企业把整体市场划分为若干个细分市场，然后根据企业的资源及营销实力选择某些细分市场作为目标市场，并为所选择的各目标市场制定不同的市场营销组合策略。

这种策略的优点是能满足差异化的消费者需求，有利于扩大销售、占领市场、提高产品的竞争能力，树立良好的市场形象，吸引更多的购买者。其缺点是由于产品差异化、促销方式差异化，增加了管理难度，提高了生产和销售成本。

例如，世界最大制表集团斯沃琪(Swatch)旗下有18个品牌，将手表市场根据收入水平、消费理念、消费方式等不同的细分标准划分为多个细分市场，针对不同的目标市场，设计不同的品牌和产品进行经营。其中包括高档奢侈类品牌，如欧米茄和雷达；也有中档奢侈类品牌，如浪琴；另外还有流行品牌，如斯沃琪。每一个品牌都有自己独特的个性，虽然在一个定位上有几个品牌，但它们都强调自己的设计风格绝不与其他品牌雷同。

3. 集中性营销策略（Concentrated Targeting Strategy）

企业集中资源和力量在一个或少数几个市场进行专业化生产销售，以求在狭小的市场占有绝对优势和拥有较大份额。

采用集中性市场营销策略，能集中优势力量，提供专业化的产品和服务，有利于产品适销对路，降低成本，提高企业和产品的知名度。但该策略的经营风险也较大，因为它的目标市场范围小，如果目标市场的消费者需求和爱好发生变化，企业就可能因应变不及时而陷入困境。同时，当强有力的竞争者进入目标市场时，企业就要接受重大挑战。

例如，日本尼西奇公司起初是一个生产雨衣、尿布、游泳帽、卫生带等多种橡胶制品的小厂，由于订货不足，面临破产。总经理多川博在一个偶然的机会，从一份人口普查表中发现，日本每年约出生250万个婴儿，如果每个婴儿用两条尿布，一年需要500万条。于是，他们决定放弃尿布以外的产品，实行尿布专业化生产。一炮打响后，该公司又不断研制新材料、开发新品种，不仅垄断了日本尿布市场，还远销世界70多个国家和地区，成为闻名于世的"尿布大王"。

三、市场定位

（一）市场定位的含义

市场定位（Market Positioning）就是企业及产品确定其在目标市场上所处的位置。定位理论起源于1969年，由杰克·特劳特和艾·里斯（Jack Trout& Al Reis）所创。2001年，定位理论被美国市场营销协会评为"有史以来对美国营销影响最大的观念"。

杰克·特劳特指出，定位是勾画本公司形象及所提供的价值的行为，使目标市场顾客能理解和正确认识到本企业有别于其他竞争者的特征，具体地说，就是在目标顾客心目中为本企业及其产品塑造特定的形象、赋予一定的特征。杰克·特劳特指出，今天的游戏规则已经改变了，如果你想触动潜在顾客的心弦，传播活动的核心焦点已不再是以高层管理人的想法为想法，而是**将产品的内在利益点放进潜在顾客的心中。你必须把焦点集中在顾客群的认知上，在他们心中找出一个适当的位置，然后将产品放进去，这就是"定位"**。

"品牌定位的一个简单道理就是聚焦于一个概念上，并把它推入心智。"定位就是企业为适应消费者心目中的某一特定要求而设计自己产品和营销组合的行为，即企业如何为自己的产品创立鲜明的特色或个性，从而塑造出独特的产品市场形象。

雕爷牛腩餐厅的创始人有句口号："宁做榴梿，不做香蕉。"榴梿就是爱的人爱死，恨的人恨死；而香蕉呢，既不讨人喜欢也不讨人厌，但没有任何特点可言。定位，就是针对你的（潜在）目标客户群提供差异化、有特色的产品或服务。

（二）市场定位的方法

1. 成为第一

为产品定位的最快方式是从顾客的心理层面着手。第一个进入消费者心中的产品，通常都是该产品类别的领导者，而且很难将其从消费者心中移除并取代。例如刮胡刀市场的吉列、阿司匹林市场的拜耳、主题乐园的迪士尼等。国际品牌有很著名的一句话："打不过，就把它买下来！"我国品牌南孚电池在 2003 年被吉列公司收购，南孚正式成为美国吉列公司的子公司；而后宝洁公司正式收购吉列公司，作为吉列公司子公司的南孚电池又被正式并入宝洁。

2. 如果不是第一，则从对立面或差异性入手

要在消费者心中，为你的产品找出一个适当的位置。如果做不到第一个进入消费者心中，则从对立面或差异性入手。20 世纪 80 年代，杰克·特劳特（Jack Trout）把"七喜"汽水重新定位为"不含咖啡因的非可乐"。此举痛击了可口可乐与百事可乐，使七喜汽水一跃成为仅次于可口可乐与百事可乐的美国饮料业的第三品牌。

3. 继续缩小焦点

在市场细分的基础上定位，要集中于一点，然后继续缩小焦点。例如，原名"儿童大超市"（Children's Supermart）的公司专卖儿童家具和玩具，后来公司为了进一步成长，将产品组合缩减成只卖玩具，并改名为"玩具反斗城"（Toys "R" Us）。现在，该连锁系统包办了全美国 20% 的玩具总销售量。

4. 自己做一个蛋糕

这是指寻找新的、尚未被占领但有潜在市场需求的位置，填补市场上的空缺，生产市场上没有的、具备某种特色的产品。例如，海尔研发出了一种小容积的专门针对夏季使用的洗衣机——"小小神童"，终于冲破了洗衣机"淡季必淡"的桎梏，创造了一块新的"市场蛋糕"。达美乐比萨（Domino's Pizza）根本谈不上什么市场老大或老二，但其独家定位为"外送第一"，首创"30 分钟内送达府上，否则免费"，使它从一家小店摇身一变，成为有数亿美元营业额的加盟连锁企业。

5. 重新定位

企业在选定了市场定位目标后，如定位不准确，或虽然开始定位得当，但市场情况发生变化，如遇到竞争者定位与本企业接近，侵占了本企业的部分市场，或由于某种原因消费者或用户的偏好发生变化，转移到竞争者方时，就应考虑重新定位。重新定位是以退为进的策略，目的是实施更有效的定位。例如，万宝路香烟刚进入市场时，是以女性为目标市场，推出的口号是"像 5 月的天气一样温和"。后来，广告大师李奥·贝纳（Leo Burnett）为其做广告策划，将万宝路重新定位为男子汉香烟，并将它与最具男子汉气概的西部牛仔形象联系起来，树立了万宝路自由、野性与冒险的形象，使其从众多的香烟品牌中脱颖而出。自 20 世纪 80 年代中期到现在，万宝路一直居世界各品牌香烟销量首位，成为全球香烟市场的领导品牌。

阅读材料　"小米"的市场定位——"为'发烧'而生"

2009 年"小米"最初开始做手机时，意识到最核心的是要去定位用户群体，而定位用户群体时越精准、越小越好。当时的手机定位大多是商务手机、音乐手机、女性手机等，定位的划分标准大多是以性别、年龄、地域、阶层为准，而"小米"跳出了这个圈子，决定做一款"发烧友"的手机，所以定位在"为'发烧'而生"。

为了让"发烧友"参与进来，"小米"选择了论坛作为社交平台。论坛可以更好地沉淀老用户，通过论坛来实现"小米"与"发烧友"的互动，赋予用户话语权，使其能够对产品发表意见，参与产品的整个改动过程。

事实证明，"小米"的"发烧友"定位是成功的。从流量看，小米论坛 10 倍于同行网站：日活跃用户数 100 万人，日发帖量 30 万贴，论坛积淀用户 1000 万人。在没有投入 1 分钱的品牌宣传情况下，"小米"把品牌做了起来。

第四节　市场营销组合策略

1953 年，尼尔·博登(Neil Borden)在美国市场营销学会的就职演说中创造了"市场营销组合"(Marketing Mix)这一术语，是指市场需求在某种程度上受到所谓"营销要素"的影响。为了寻求一定的市场反应，企业要对这些要素进行有效的组合，从而满足市场需求，获得最大利润。营销组合实际上有几十个要素(博登提出的市场营销组合原本就包括 12 个要素，即产品计划、定价、厂牌、供销路线、人员销售、广告、促销、包装、陈列、扶持、实体分配和市场调研)，杰罗姆·麦卡锡于 1960 年在其《基础营销》(《Basic Marketing》) 一书中将这些要素一般性地概括为四类：**产品(Product)、价格(Price)、渠道(Place)、促销(Promotion)，即著名的 4P 营销组合策略**。1967 年，菲利普·科特勒在其畅销书《营销管理：分析、规划与控制》(《Marketing Management：Analysis，Planning，Implementation and Controlling》) 进一步确认了以 4P 为核心的营销组合方法。

1986 年，菲利普·科特勒在《哈佛商业评论》发表了《论大市场营销》。他提出了"大市场营销"概念，即在原来 4P 组合的基础上，增加两个"P"："政治力量"(Political Power)和"公共关系"(Public Relationships)。之后，菲利普·科特勒又增加了"4P"，提出 10P 的大市场营销策略。增加的这"4P"分别是市场探测(Probing，即市场调研)、分割(Partitioning，即市场细分)、优先(Prioritizing，即目标市场选择)、定位(Positioning)。

一、产品策略

(一) 产品整体概念

产品是指提供给市场，用于满足人们某种欲望和需要的任何事物，包括实物、服务、场所、地点、组织、人员、思想、创意和观念等。产品的外延包括核心产品、形式产品、期望产品、附加产品和潜在产品五个层次，如图 4-1 所示。

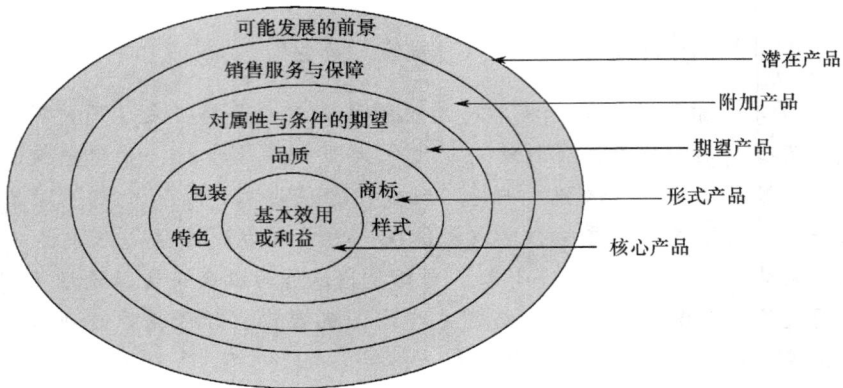

图 4-1　产品整体概念图

1. 核心产品

核心产品是指消费者在购买某种产品时所追求的利益，是顾客真正要买的东西，因而也是产品的整体概念中最基本、最重要的部分。消费者购买某种产品并非是为了拥有该产品本身，而是为了获得能满足自身某种需要的效用和利益。例如，计算机能满足人们信息处理的需要，手机能满足人们随时随地通话的需要。

2. 形式产品

形式产品是核心产品借以实现的基本形式，是核心产品的载体。它主要包括产品的构造、外形、质量水平、包装等。企业应该首先着眼于顾客所追求的产品的核心利益，在此基础上，再对产品进行外观设计、包装和品牌形象的塑造，更加完美地满足顾客的需要。

3. 期望产品

期望产品是消费者购买产品时期望的一整套属性和条件。例如，对于购买洗衣机的人来说，不仅希望洗衣机能省时省力地清洗衣物，同时要求洗衣时噪声小，方便进排水，外形美观，使用安全可靠等。

4. 附加产品

附加产品是消费者在购买有形产品时所获得的全部附加利益和服务。它主要包括免费送货、安装、调试、维修、产品保证、零配件供应等。美国著名市场营销学家西奥多·李维特（Theodore Levitt）曾说过，未来竞争的关键，不在于企业能生产什么样的产品，而在于能为产品提供什么样的附加价值：包装、服务、用户咨询、购买信贷、及时交货和人们以价值来衡量的一切东西。

5. 潜在产品

潜在产品是指随着科学技术的发展和消费者需求的变化，产品最终可能的创新与变化。例如，笔记本电脑越来越人性化、智能化的发展趋势。

随着市场需求的变化，企业开始将产品策略的重点由实际效用开发转向产品的有形价值和附加价值，在满足顾客基本需求的同时，通过美观的包装、新颖的款式、快速的送货、人性化的售后服务等吸引更多的顾客。产品概念的具体内容也随着顾客需求的多样化和产品研发者观念的改变而增加新的内容，有价值的产品概念不仅要求具备迎合市场需求的核心价值，还需将重点延伸至产品的有形价值和附加价值，实现的产品整体概念。

例如，海尔开启了云电视网上定制特别通道，推出个性化定制的服务，消费者可以根据不同的消费需求，包括荧屏尺寸、3D 影像、网络功能、超窄边框、安装方式等多个方面进行个性化功能模块选择，定制云电视个性解决方案。可见，各个层次产品的开发，要始终坚持客户为中心，基于客户需求，提供满足客户期望价值的产品，才能成功开发出"不愁卖"的产品。

阅读材料　赋予产品"情感"

一个产品如果不能够附着人们的想象力和向往，这个产品就无法存活下来。也许我们可以用"情感""精神""梦想"等一系列的概念来诠释它，但是这一切都在描述着一个根本的事实，那就是具有灵魂的产品，而不是一个简单的功能和结构。2010 年年底，两部中国电影风靡各大院线：一部是姜文的《让子弹飞》，另一部是冯小刚的《非诚勿扰2》，两部电影的票房都创造了本土电影的奇迹。这两部电影之所以产生了如此巨大的商业成功，究其原因：很多人都在这两部电影里产生了情感或者心理上的共鸣，每一个进入影院的人，无论年龄、生活背景以及阅历多么不同，都可以在这两部电影里找到自己的思绪和情感的宣泄。《让子弹飞》引发了无数的网络语言，而《非诚勿扰2》中引用的一首小诗也成了时尚的流行语。相比之下，张艺谋的《山楂树之恋》并没有获得预期的成功，因为这部片子只能够让生于 20 世纪五六十年代的人产生内心的共鸣，而除了这两个年代的人之外，年轻人无法与这部影片产生互动和交流。在影院，年长的观众热泪盈眶，而年轻的观众无动于衷，从影片的画面、人物以及故事情节的安排上，观众完全可以对张艺谋放心，但是放映的结果就是这样，因为今天看电影的主流人群无法和这部电影产生共鸣。

（二）产品组合策略

1. 产品组合的相关概念

产品组合的相关概念如表 4-2 所示。

表 4-2　产品组合的相关概念

概　念	含　义
产品组合	某一企业所生产或销售的全部产品线和产品项目的组合
产品线	密切相关的一组产品，因为这些产品以类似的方式发挥功能，销售给同类顾客，通过同一种类的渠道销售出去，售价在一定的幅度内变动
产品种类	产品集合中被认为具有某些相同功能的一组产品
产品类型	同一产品线中分属于若干可能产品形式中的一组产品项目

（续）

概　念	含　义
产品组合的宽度	一个企业有多少产品线
产品组合的长度	一个企业产品组合中产品项目的总数
产品组合的深度	产品线中的每一产品有多少品种
产品组合的关联度	一个企业的各产品线在最终用途、生产条件、分销渠道等方面的密切相关程度

2. 产品组合策略概述

产品线是决定产品组合的长度、宽度和关联性的基本因素，动态的最优产品组合正是通过及时调整产品线来实现的，因此，对产品线的调整是产品组合策略的基础和主要组成内容。

（1）扩大产品组合策略。具体包括拓展产品组合的宽度和增加产品组合的深度。前者是在原产品组合中增加一条或者几条产品线，扩大产品的范围，如海尔在家电类产品的基础上开始增加信息产品；后者是在原有产品大类中增加新的产品项目，如海尔不断推出智能型洗衣机、干洗机等。

（2）缩减产品组合策略。在市场需求缩减、原材料紧张、劳动力成本增加等情况下，企业缩减产品组合反而有利于利润总额的上升，这是因为从产品组合中剔除掉了那些获利很小，甚至不获利的产品线和产品项目，使企业可以集中力量生产获利更多的产品。

宝洁公司前总裁德克·雅格（Durk Jager）在一次公开接受采访时说："很难想象消费者这些年都是怎样忍受宝洁的，我们的所作所为实在是为难他们了。"他说这番话的原因是因为宝洁的产品线过于庞大繁杂，不仅品类众多，而且即使是同一样商品也分出十几种不同包装、类型。致使消费者本来清晰的购买思路反倒变得模糊，产生迷惑、犹豫的心理。于是，宝洁对日化线的所有产品实行配方标准化，清除非重要品牌，对分散的规格进行归纳整理，产品的品类与规格锐减，可市场份额却提高了1/3。

（3）产品线扩展（延伸）策略。任何一个企业都有其特定的市场定位产品延伸战略是指企业在特定的产品线内部，全部或者部分地改变企业原有产品的市场定位，主要有向上扩展（延伸）、向下扩展（延伸）和双向扩展（延伸）三种策略。

1）向下扩展（延伸），是指企业原来生产高档产品，后来决定增加低档产品。在企业原有的高档产品的销售增长缓慢、企业的高档产品受到激烈竞争等情况下，可以采用这种策略。

2）向上扩展（延伸），是指企业原来生产低档产品，后来决定增加高档产品。在高档产品市场需求大、销售增长快、利润率较高，高档产品市场上的竞争者比较弱，同时企业又想自己成为生产种类全面的企业等情况下，企业可以采用这种策略。

3）双向扩展（延伸），是指原来定位为中档产品市场的企业在控制了中档产品市场后，决定向产品大类的上下两个方向延伸，扩大产品的市场阵地。

阅读材料 "小米"的产品组合策略

2008 年前后，雷军确定了移动互联这一大趋势，之后召集黎万强、林斌等人创办小米公司（以下简称"小米"）。"小米"开始并没有一步到位直接做智能手机，而是选择了最容易做的 APP（应用软件）作为开始，随后上线 MIUI 系统，在形成一些积累后，最终在 2011 年 8 月才正式发布小米手机 1。这时候借助国内智能手机市场爆发式的增长大势，再加上营销策略，"小米"大获成功。在这个过程中，"小米"逐步在智能手机软件、硬件、品牌上完成了全产业链的布局。

2013 年 9 月，"小米"推出小米盒子，将手机娱乐、视频等属性搬移到电视机大屏幕上。小米盒子作为小米手机最简单的延伸，已经显示出雷军进入智能家居领域的意图。而随后小米电视的推出，则正式宣告"小米"进入智能家居领域。2014 年 4 月，小米再推出智能路由器，目的更加明显——抢占智能家居网络入口。目前，小米公司已经与国内最大的手机 ODM（设计和代工制造）厂商之一龙旗科技（上海）有限公司共同成立合资公司"上海创米科技有限公司"（简称创米）。该公司将主要从事智能家居相关产品的设计、研发、生产。创米的首款产品是智能插座。

可见，"小米"从手机应用软件做起，之后发展了关联性极强的智能手机，从"小米"开始，之后推出了"红米"系列，这是典型的向下延伸；以"占领客厅"为导向，相继推出小米盒子、电视机、智能路由器、智能插座等产品线，不断拓展产品组合的宽度和深度。所有这些产品都是围绕智能家居、娱乐服务的，通过相同的渠道，卖给相同的顾客群，可见，其产品组合的关联度很强。

二、价格策略

（一）价格影响因素

价格策略是指企业根据市场中不同变化因素对商品价格的影响程度，采用不同的定价方法，制定出适合市场变化的商品价格，进而实现定价目标的企业营销战术。企业的价格策略既要有利于促进销售，获取利润，补偿成本，同时又要考虑消费者对价格的接受能力，从而使定价具有买卖双方双向决策的特点。企业定价时主要考虑的因素如图 4-2 所示。

（1）定价目标。不同的定价目标会产生不同的产品价格。例如以最大利润为目标、以市场占有率为目标等。

（2）市场需求。市场供求关系是决定企业产品价格的基本因素。当供大于求时，价格会下降；反之则上升。

（3）竞争者行为。定价是一种挑战性行为，任何一次价格的制定与变动都会引起竞争者的关注，并导致竞争者采取相应的对策。

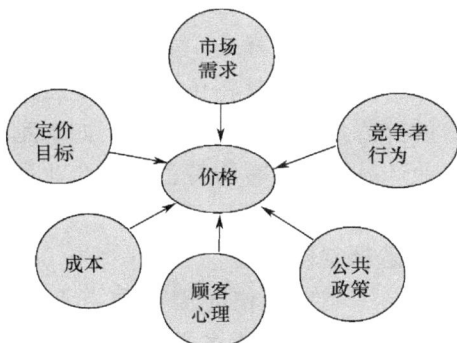

图 4-2 价格影响因素图

（4）成本。产品在生产和流通过程中要耗费一定数量的物化劳动和活劳动，这是企业定价的基本依据。

（5）公共政策。政府的方针政策，如价格控制或管制、对产品的价格补贴等，对商品价格也有制约和影响。

（6）顾客心理。①期望价格。当商品价格超过顾客的期望价格时，消费者就会持观望态度，需要降价。②价值观念的变化。经济水平高、发展迅速的地区，人们收入增长快、购买力强，对价格敏感性差，有利于企业较自由地定价。③逆反购买心理。它会导致价格下降并不引起需求增加的现象。

（二）有效定价的基本程序

有效定价的基本程序如图 4-3 所示。

1. 选择定价目标

企业的定价目标越明确，越容易制定价格。五大主要定价目标包括生存、单位利润最大化、市场份额最大化、市场撇脂最大化和产品质量领导地位。

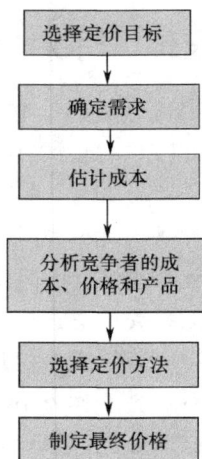

图 4-3　有效定价的基本程序

2. 确定需求

在确定定价目标后，首先要进行消费者需求分析，无论选择什么定价目标，消费者需求都是一个必须考虑的因素。如果产品不能满足消费者需求，无论采取什么定价策略，都不能带来市场回报。需求分析需要考虑的因素包括价格敏感度、估计需求曲线和需求定价的价格弹性。

3. 估计成本

需求为企业产品价格制定了上限，而成本是其下限。一个预期企业的产品价格需要能够弥补生产、分配和销售成本，还可以为企业付出的努力和承担的风险提供适当的回报。定价时要考虑固定成本和变动成本。

4. 分析竞争者的成本、价格和供应物

价格的制定或者变化会引起消费者、竞争者等利益相关者的反应，因此，企业需要重点对待利益相关者，尤其是竞争者的反应。在市场需求和企业成本所确定的价格范围内，企业要对竞争对手的相关情况进行分析，以判断竞争者是否将价格差异作为竞争战略。如果企业产品提供的价值与竞争者相比更具特色，则企业可以评估特色部分的价值并将其加到价格上；如果竞争者具有本企业产品所不具有的特色，则企业可以从价格中减去这一价值。

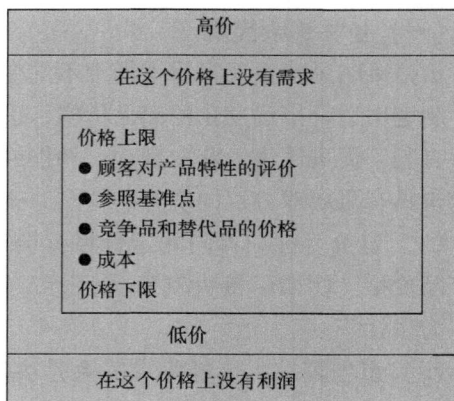

图 4-4　价格制定的 3C 模型

（资料来源：改编自菲利普·科特勒，凯文·莱恩·凯勒. 营销管理［M］. 13 版. 卢泰宏，译. 北京：中国人民大学出版社，2012.）

5. 选择定价方法

总结了制定价格时需要重点考虑的三个方面：给定顾客的消费水平、成本和竞争者的价格，如图 4-4 所示。基本的定价方法有成本导向定价法、竞争导向定价法和需求导向定价法三种。

6. 制定最终价格

依据以上分析和不同的定价目标，基本上可以确定产品的定价或定价范围。当然，实际的产品定价还要考虑国家的产业政策、行业发展趋势和企业市场战略等因素。

（三）基本的定价方法

1. 成本导向定价法

成本导向定价法是一种主要以成本为依据的定价方法，即在总成本的基础上加上一定的利润，由此制定产品价格。这是一种卖方定价导向的定价法。这种方法操作简单，可以有效弥补成本，却容易忽视市场供求和竞争情况。运用这一方法制定的价格均是建立在对销量主观预测的基础上，从而降低了价格制定的科学性。因此，在采用这种方法时，还需要充分考虑需求和竞争状况来确定最终的价格。

2. 竞争导向定价法

该方法以竞争者的价格为导向，企业通过研究竞争对手的生产条件、服务状况、价格水平等因素，依据自身的竞争实力，参考成本和供求状况来确定商品价格。

其特点是：只要竞争者的价格不动，即使成本或需求变动，自己的价格也不动；相反，只要竞争者调整价格，即使成本或需求没有变动，企业也会随之调整价格。这种定价方法主要适用于下述几种情况：企业在某一时期的经营目标就是击败某个或某些竞争对手；企业刚刚进入某一市场，对如何定价尚无主见；企业经营的是大宗性商品，定价时只需随行就市。

3. 需求导向定价法

需求导向定价法是一种以市场需求强度及消费者感受为主要依据的定价方法，包括认知价值定价法、反向定价法和需求差异定价法三种类型。其中，需求差异定价法（又称作差别定价）既是一种定价方法，又涉及许多灵活多变的定价策略。认知价值定价法就是企业根据购买者对产品的认知价值来制定价格的一种方法。反向定价法是指企业依据消费者能够接受的最终销售价格，计算自己从事经营的成本和利润后，逆向推算出产品的批发价和零售价。

阅读材料　优衣库的定价

优衣库的摇粒绒外套售价仅为 1900 日元，该外套成为优衣库的超级爆款，自 2000 年前后推出，风靡日本甚至全球市场。其定价方式如下：

$$30 万 \div 30 \div 1900 \approx 5$$
$$46769 \div 365 \div 5 \approx 26$$

其中，"30 万"是指日本厚生劳动省发布的 2000 年日本普通劳动者的月均工资为 30 万日元；"1900"指摇粒绒外套的日元单价。第一个算式的意思是一个日本普通劳动者一天的收入大约可以购买 5 件优衣库的摇粒绒外套。

　　"46769"是指国家统计局发布的 2012 年我国城镇单位就业人员的平均工资为 46769 元/年。第二个算式的意思是以购买力为标准，中国版优衣库摇粒绒外套的价格应为每件 26 元。

　　这一定价方式的导向是优衣库的"制作所有人都可以穿的基本款衣服"的目标，因此，优衣库每年推出的服装只有 1000 款，通过规模经营来降低成本，即使售价只有 1900 日元的衣服，其毛利仍高达 50%。

（四）定价策略

价格是企业竞争的主要手段之一，企业除了选择不同的定价方法，还要根据复杂的市场情况，采用灵活多变的方式确定产品的价格。

1. 新产品定价策略

新产品的定价策略可采用撇脂定价和渗透定价。

（1）撇脂定价。这种策略就是将价格定得相对于产品对大多数潜在顾客的经济价值来讲比较高，以便从份额虽小但价格敏感性较低的消费者细分中获得利润。

其优点是：新产品上市，顾客对其无理性认识，利用较高价格可以提高身价，适应顾客求新心理，有助于开拓市场；企业主动性大，产品进入成熟期后，价格可分阶段逐步下降，不断吸引新的购买者；价格高，限制需求量过于迅速增加，使需求量与生产能力相适应。其缺点是：价格高，不利于扩大市场；高利润会很快招来竞争者，迫使价格下降，好景不长。

该定价策略适用的情况包括：消费者特别看重产品的差异，对价格不太敏感；当支出费用较少时，顾客即兴购买而未考虑其他替代品；没有其他产品能够消费者带来同样利益的满足。

（2）渗透定价。它又称低价定价，就是在新产品投放市场时，价格定得尽可能低一些，其目的是较快地获得高销售量和高市场占有率。

其优点是：产品能迅速为市场所接受，打开销路；低价薄利，使竞争者望而却步，减缓竞争，获得一定的市场优势。其缺点是：企业只能获取较低的利润，如果碰上强有力的竞争者，这种定价策略极易受到竞争者类似策略的抗争，导致策略失败。

对于企业来说，采取撇脂定价策略还是渗透定价策略，需要综合考虑产品特性、市场供求、竞争、企业发展战略等因素。

如英特尔公司（Intel）的"486 芯片"最初推出时采用的是撇脂定价策略，定价很高，主要原因是竞争对手在该方面的技术十分落后；而其在推出"奔腾芯片"时，反而采用渗透定价策略，原因是当时 IBM、摩托罗拉和苹果正在合作开发类似芯片，此举意在短期内销售更多产品，打击对手进入市场的最初努力。

2. 心理定价策略

韦伯-费勒（Weber-Fechner Law）定律："消费者对价格变化的感受更多地取决于变化的百分比。根据该定律，消费者对价格变化的感受更多地取决于变化的百分比，而不是变化的绝对值。每个产品的价格都有一个上限和下限，将价格调整到价格上、下限之外容易被消费者注意，而在界限之内调价却往往被消费者所忽视。在价格上限以下一点一点地提高价格，比一下子提高很多价格更容易为消费者所接受；相反，如果一次性地将价格降到下限以下，比连续几次小幅度的减价效果更好。心理定价就是根据消费者的消费心理定价，主要有以下几种策略：

（1）尾数定价。它又称零头定价，是指企业针对消费者的求廉心理，在商品定价时有意定一个与整数有一定差额的价格。这是一种具有强烈刺激作用的心理定价策略，多适用于中低档商品。例如，许多商品的价格定为0.98元或0.99元，而不定为1元，使消费者产生一种"价廉"的错觉，比定为1元反应积极，从而促进销售。

（2）声望定价。它是指企业将商品定价定得比较高，因为有时候人们会觉得"好货不便宜，便宜无好货"。这种定价策略有两个目的：一是提高产品的形象，以价格说明其名贵名优；二是满足购买者的地位欲望，以高价彰显身份。

（3）招徕定价。它又称特价商品定价，是一种有意将少数商品降价以招徕吸引顾客的定价策略。商品价格定得低于市价，一般都能引起消费者的注意，这迎合了消费者的"求廉"心理。

3. 折扣定价策略

折扣定价策略是通过减少一部分价格以争取顾客的策略，它在现实生活中应用十分广泛。用折让手法定价，就是采用降低定价或打折扣等方式来争取顾客购买的一种售货方式。大多数企业通常都会适当调整基本价格，以鼓励顾客及早付清货款、大量购买或增加淡季购买。

（1）现金折扣。它是对及时付清账款的购买者的一种价格折扣。例如，"2/10 净30"，表示付款期是30天，如果在成交后10天内付款，给予2%的现金折扣。许多行业习惯采用此法以加速资金周转，减少收账费用和坏账。

（2）数量折扣。它是企业给予大量购买某种产品的顾客的一种折扣，以鼓励顾客购买更多的货物。大量购买能使企业降低生产、销售等环节的成本费用。

（3）季节折扣。它是企业鼓励顾客淡季购买的一种减让策略，可使企业的生产和销售一年四季能保持相对稳定。

（4）推广津贴。这是指生产企业为扩大产品销路，要求中间商或零售商为企业产品刊登广告或设立橱窗，因而在产品价格上给予一定优惠。

4. 歧视定价策略（差别定价策略）

企业往往根据不同顾客、不同时间和场所等来调整产品价格，实行差别定价，即对同一产品或劳务定出两种或多种价格，但这种差别并不反映成本的变化。其主要有以下几种形式：

（1）对不同顾客定不同的价格。即使是同样一种产品，也可以卖出不同的价格。

（2）不同的花色品种、式样定不同的价格。

（3）不同的地区定不同的价格。尤其是运费在产品的可变成本中占比重较大时，需要合理分摊运输成本。

（4）不同时间定不同的价格。

三、渠道策略

(一) 渠道的定义

渠道(Place)是指某种产品或服务在从生产者向消费者转移的过程中,取得这种产品或服务的所有权或帮助所有权转移的所有企业和个人。它是所有将产品由生产者运抵消费者所经过的中间环节。麦卡锡提出,渠道是一种通路,渠道是一种关系,渠道是一种资源。菲利普·科特勒指出,在生产者和最终用户之间,执行不同功能和具有不同名称的营销中介机构,组成了营销渠道。它是促成产品或服务顺利地被使用和消费的一系列相互依存的组织。

(二) 渠道的功能

渠道的功能如表 4-3 所示。

表 4-3　渠道的功能

功　能	解　释
信息(Information)	收集和传播营销环境中有关潜在和现行的顾客、竞争对手和其他参与者及力量的营销调研信息
促销(Promotion)	产生和传播有关供应物的富有说服力的、吸引顾客的沟通材料
交易谈判(Negotiation)	尽力达成有关产品的价格和其他条件的最终协议,以实现所有权或者持有权的转移
订货(Ordering)	营销渠道成员向制造商(供应商)进行有购买意图的沟通行为
融资(Financing)	获得和分配资金以负担渠道各个层次存货所需的费用
承担风险(Risk taking)	在执行渠道任务的过程中承担有关风险(库存风险等)
物流(Physical Possession)	产品实体从原料到最终顾客的连续的储运工作
付款(Payment)	买方通过银行和其他金融机构向销售者提供账款
所有权转移(Transfer of the Goods'Title)	所有权从一个组织或个人转移到其他组织或人的实际转移

(三) 渠道的类型

1. 按照有无中间商分为直接渠道与间接渠道

直接渠道是指生产企业不通过中间商环节,直接将产品销售给消费者。直接渠道是工业品分销的主要类型。例如,大型设备、专用工具及技术复杂需要提供专门服务的产品都采用直接分销,消费品中也有采用直接分销的类型,如鲜活商品等。

间接渠道是指生产企业通过中间商环节把产品传送到消费者手中。间接分销渠道是消费品分销的主要类型。

2. 按照流通环节或层次的多少(或者间接渠道)分为长渠道和短渠道

分销渠道的长短一般是按通过流通环节的多少来划分的,具体包括以下四层:

(1) 零级渠道,即由生产者直接将产品销售给消费者,不利用中间商,也称为直接渠道。其形式为:生产者→消费者。

销售方式有上门推销、邮购、电视直销、网络销售和生产者自设商店等。

（2）一级渠道，即由生产者向零售商供货，再由零售商将商品销售给消费者。

其形式为：生产者→零售商→消费者。

这种营销渠道也较短，一般耐用消费品和选购性商品往往采取这种渠道。

（3）二级渠道，即生产者先将商品供应给批发商，再由批发商将产品供应给零售商并销售给最终顾客。

其形式为：生产者→批发商（代理商）→零售商→消费者。

这种渠道较前两种要长，流通环节也多，一般适用于生活日用品商品的销售。

（4）三级渠道，是跨地区销售，特别是在国际贸易中经常采用的一种渠道形式，即企业先通过代理商将其产品分销给批发商，再由批发商销售给零售商，最后由零售商销售给消费者。

其形式为：生产者→代理商→批发商→零售商→消费者。

经由这一渠道销售的商品通常是技术性较强、企业对市场环境不很熟悉的产品。

可见，零级渠道最短，三级渠道最长。销售渠道越短，企业越容易控制产品的零售价格；销售渠道越长，流通环节越多，必然导致流通速度慢，流通费用高，因而产品价格也高。

3. 按照渠道的每个环节中使用同类型中间商数目的多少分为宽渠道与窄渠道

（1）企业使用的同类中间商多，产品在市场上的分销面广，称为宽渠道，例如，一般的日用消费品等一般由多家批发商经销，又转卖给更多的零售商，能大量接触消费者，大批量地销售产品。

（2）企业使用的同类中间商少，分销渠道窄，称为窄渠道。它一般适用于专业性强的产品或贵重耐用消费品，由一家中间商统包，几家经销。它使生产企业容易控制分销。

（四）渠道的选择

1. 渠道长度的选择

对于所销售的商品，企业要选择是采用长渠道还是短渠道。销售渠道越短，企业越容易控制产品的零售价格，有利于进行宣传和提供各种服务，提高企业的声誉；销售渠道越长，流通环节越多，导致流通速度慢、流通成本高，产品价格就高，会影响企业的声誉和经济效益。

2. 分销密度的选择

（1）独家分销（Exclusive Distribution）。它是指制造商在某一地区仅选择一家中间商经营销售其产品，通常双方协商签订独家经销合同，规定经销商不得经营竞争者的产品。这种分销方式适用于使用频率低、消费周期长且需要为消费者提供服务或信息的产品，或价格昂贵、质量高的产品，如兰博基尼的跑车。该方式便于制造商控制市场，避免了经销商之间的相互竞争；但是也会影响到产品的覆盖面，生产企业会受到分销商制约。

（2）选择性分销（Selective Distribution）。选择性分销利用一家以上，但又不是让所有愿意经销的中间机构都来经营某一种特定产品。一些已建立信誉的公司，或者一些新公司，都利用选择性分销来吸引经销商。选择性分销能使生产者获得足够的市场覆盖面，与密集性分销相比，有较强的控制力和较低的成本。

（3）密集性分销（Extensive Distribution）。密集性分销的特点是尽可能多地使用经销商销售商品或劳务。这一分销类型主要适用于便利型产品，如报纸、口香糖、软饮料等，它们具有较高的替代性，不需要特别服务。企业通过这种方式可以扩大产品销售的覆盖面。

四、促销策略

（一）促销的定义

促销（Promotion）是指企业以各种有效的方式向目标市场传递有关信息，以启发、推动或创造对企业产品和服务的需求，并引起消费者购买欲望和购买行为的综合性策略活动。促销的本质就是沟通，以传播为基本手段，提供商业信息，突出产品特色，实现提高竞争能力、强化企业形象、巩固市场地位的目的。

（二）基本促销策略

1. 推式策略

推式策略利用推销人员与中间商促销，将产品推入渠道的策略。这一策略需利用大量的推销人员推销产品，适用于生产者和中间商对产品前景看法一致的产品。推式策略风险小、推销周期短、资金回收快，但其前提条件是须有中间商的共识和配合。

2. 拉式策略

采用拉式策略的企业针对最终消费者展开广告攻势，把产品信息介绍给目标市场的消费者，使其产生强烈的购买欲望，形成市场需求，然后"拉动"中间商纷纷要求经销这种产品。

3. 推拉结合策略

在通常情况下，企业也可以将上述两种策略配合运用，在向中间商进行大力促销的同时，通过广告刺激市场需求。

（三）促销组合

促销组合就是企业根据产品的特点和营销目标，综合各种影响因素，对各种促销方式进行选择、编配和运用。在实践中，促销方式具体分为四种方式：人员推销、广告、公共关系和营业推广。

1. 人员推销

人员推销就是企业派推销人员直接同目标市场的顾客建立联系、传递信息、促进商品和服务销售的活动。该方式能够建立起与顾客之间双向沟通，能够及时对市场反应进行反馈，具体运作时弹性较大，能够有效促进购买行动并提供服务。但是，该方式接触面有限，涉及强卖之嫌，成本较高，培养高素质销售人员存在困难。

该方式适用于以下几种情况：市场较集中，分销渠道短，销售队伍大；产品的使用、维修、保养方法需要进行示范。如果不公开表演，当场操作使用，展示效果，顾客就很难了解产品的特点及性能，不容易产生购买欲望，在这种情况下，采用人员推销是非常必要的。

2. 广告宣传

广告是一种付费的非人际传播方式，通过大众媒体，如网络、电视、报纸、广播、杂志及大众运输工具（公交、地铁）上的标志，将企业的产品介绍给目标顾客。广告具有很大的弹性，可以传播到大范围目标顾客中，也可以聚焦于小范围市场部分。对于企业而言，是否需要通过广告提升产品的知名度，与产品本身的属性有关。一般人们看到的广告和日常生活息息相关，如食品、服装、手机、汽车等。良好的广告设计、有效的媒体计划能有效提升企业的形象，提高产品市场份额。

3. 营业推广

营业推广就是企业在某一段时期内采用特殊的手段对消费者实行强烈的刺激，以促进企业销售迅速增长的策略活动。其目的在于劝诱同业（中间商）或消费者购买某一特定产品。营业推广有三大类对象：消费者、中间商和推销人员。

4. 公共关系

公共关系是一套用于建立并维护企业与公众之间良好关系的传播方式。企业信息传播的对象是企业顾客、社会团体或公共机构，如供应商、股东、媒体、政府等。企业通过运用公共关系，在社会公众的心目中树立起良好的社会形象，会给企业带来持续的利润和长期生存的社会基础。公共关系的主要手段有主动发布新闻、利用舆论热点、制造新闻事件和开展自我宣传。公共关系的维护有多种方式，如举办活动、参与保护环境及其他方面的公益活动、企业年报的宣传等。公共关系的维护不应仅是企业处于危难之时的工具，为了获得长期回报，企业应制订相应的连续性公共关系维护计划。

阅读材料 "互联网+"环境下的营销

营销的本质就是在适合的场景，以合适的方式，建立商家与消费者之间的连接。越来越多的商家开始基于互联网做电子商务，他们已经不仅仅把互联网定位成一个卖东西的销售渠道，更将其看作是一个营销渠道来全面触达消费者。触达消费者的渠道结构发生了改变，从用店铺触达转变为用微信、微博和各种社交媒体来触达。基于这种改变，整个全域营销的各环节必须针对具体的消费者进行"闭环式"营销，否则就会造成营销资源的极大浪费。商家与消费者之间的连接是达成"闭环式"全域营销的本质所在。

商家建设与消费者连接的几个核心要点是：

（1）发现消费者背后的诉求。消费者不再是信息的被动接收者，而是内容和数据的贡献者。海量的数据中蕴含着丰富的需求和潜在的营销商机，如网络浏览记录、消费记录、调查问卷等。

（2）通过对消费者细分确定营销目标。商家的营销目标变为由消费者主导。营销目标的设定从传统的商家数据分析变为从消费者细分开始，而产品的设计甚至生产的计划，也需要从海量的个人行为数据中挖掘出潜在的需求。

（3）建立与差异化"小众"的连接。每个消费者不再是被抽象、被代表的模糊实体，而转变成复杂、多面、个性的实体。从大数据中找出潜在的、垂直化、个性化的受众，使营销从向模糊大众推广转变为连接差异化的"小众"，在"小众"中发现潜在市场和新的商机。

（4）制订整合营销方案。全域营销的跨屏渠道和多样的垂直场景，需要营销从单一的点计划，变为具有协同效应的跨屏、跨渠道、多场景的"一体化联合作战"。

（5）从整体效果到消费者效果。全域营销连接了商家和在特定场景下的具体消费者，所以，营销效果也需要从整体数据细分到个体的全域效果路径，使得营销从"黑盒"营销效果变为细分到个体、每个环节的"白盒"营销效果，并回流效果数据，驱动营销的优化，形成全域营销闭环。

（资料来源：阿里研究院. 互联网+：从 IT 到 DT[M]. 北京：机械工业出版社，2015.）

（四）独特的营销主张

20 世纪 50 年代，美国广告大师罗瑟·瑞斯夫（Rosser Reeves）提出了一个具有广泛影响的理论——独特营销主张（Unique Selling Proposition，USP），通俗的说法叫"卖点"。罗瑟·瑞斯夫当时是美国 Ted Bates 广告公司董事长，他比较早地意识到广告必须引发消费者的认同。USP 的核心内容是："一个广告中必须包含一个向消费者提出的销售主张"，该理论也成为广告发展历史上具有广泛深远影响的广告创意理论。USP 的核心内容包括三个要点：

（1）每个广告都必须向消费者陈述一个主张："购买此产品你会得到这种具体好处。"

（2）这种主张必须是独特的，是竞争者不会或者不能提出的，既可以是品牌的独特性，也可以是在这一特定的广告领域一般不会有的主张。

（3）这一主张一定要强有力地打动千百万人，也就是吸引新的顾客使用你的产品。

初期的 USP 理论由于受当时历史条件的限制，应用时单一地注重产品本身，以产品及传播者为中心，而很少考虑传播对象。发展到 70 年代，USP 理论从满足顾客基本需求出发，考虑到消费者追求购买的实际利益，逐步转向以满足消费者心理和精神需要为中心。90 年代后，USP 理论的策略思考的重点上升到品牌的高度，强调 USP 的创意来源于品牌精髓的挖掘。发展至今，USP 理论经过不断丰富、发展和完善，具有了更强的针对性，更能适合新环境的要求。USP 理论在与品牌相结合的过程中，不仅能帮助企业销售产品，还肩负起提升品牌价值的新使命。

本章小结

1. 市场由一切具有特定欲望和需求并且愿意和能够以交换来满足这些需求的潜在顾客所组成。因此，市场包含有某种需要的人、为满足这种需要的购买能力和购买欲望这三个主要因素。

2. 市场营销是对思想、产品及劳务进行设计、定价、促销及分销的计划和实施的过程，从而产生满足个人和组织目标的交换。市场营销管理则是指企业为实现其目标，创造、建立并保持与目标市场之间的互利交换关系，而进行的分析、计划、执行与控制的过程。

3. 市场营销观念经历了"我们生产什么，就卖什么"的生产观念，"企业应致力于提供优质的产品，并且经常加以改进，不断精益求精"的产品观念，"产品是'卖出去的'，而不是'被买去的'"的推销观念，"生产那些能够卖得出去的产品"的营销观念，以及"实现消费者满意以及消费者和社会公众的长期福利"的社会营销观念阶段。该过程中体现了企业从自我立场向消费者立场、向社会公众立场的转变过程，体现了从短期利益的实现到长期企业和社会整体利益共赢的转变。

4. STP 战略是指市场营销战略分析中三个连续的过程：市场细分、目标市场选择和市场定位。通过 STP 过程，企业把市场区分成若干细分市场，选择其中的一个或几个细分市场作为目标市场，为每个细分市场制订产品开发和营销方案，使每一个目标市场把自身的关键特征和可以带来的利益清晰地传达给顾客。

5. 市场细分就是企业通过市场调研，根据消费者明显的不同特性，把整体市场分割为两个或更多子市场，每个子市场都由需求大致相同的消费者群组成。

6. 目标市场是企业在市场细分的基础上，根据市场潜量、竞争对手状况、企业自身特点所选定和进入的市场，即企业准备以何种产品和服务满足某一个或几细分子市场。选择目标市场，明确企业应为哪一类用户服务，满足他们的哪一种需求，是企业在营销活动中的一项重要策略。

7. 无差异营销策略是指企业把整体市场看作一个大的目标市场，不进行细分，用一种产品、统一的市场营销组合对待整体市场；差异化营销策略是指企业把整体市场划分为若干个细分市场，然后根据企业的资源及营销实力选择某些细分市场作为目标市场，并为所选择的各目标市场制定不同的市场营销组合策略；集中性营销策略是企业集中资源和力量在一个或少数几个市场进行专业化生产销售，以求在狭小的市场占有绝对优势和拥有较大份额。

8. 市场定位就是企业及产品确定在目标市场上所处的位置。市场定位可以通过：①成为第一；②如果不是第一，则从对立面或差异性入手；③继续缩小焦点；④自己做一个蛋糕；⑤重新定位等方式来实现。

9. 市场营销组合包括产品、价格、渠道和促销。

10. 产品是指提供给市场，用于满足人们某种欲望和需要的任何事物，包括实物、服务、场所、地点、组织、人员、思想、创意和观念等。产品的外延包括核心产品、形式产品、期望产品、附加产品和潜在产品五个层次。

11. 企业的价格策略既要有利于促进销售，获取利润，补偿成本，同时又要考虑消费者对价格的接受能力；定价的基本方法包括成本导向定价法、竞争导向定价法和需求导向定价法三种；定价策略包括新产品定价策略、心理定价策略及折扣定价策略等。

12. 渠道是指某种产品或服务在从生产者向消费者转移的过程中，取得这种产品或服务的所有权或帮助所有权转移的所有企业和个人。渠道的选择包括渠道长度及分销密度的选择。

13. 促销是指企业以各种有效的方式向目标市场传递有关信息，以启发、推动或创造对企业产品和服务的需求，并引起消费者购买欲望和购买行为的综合性策略活动。促销的本质就是沟通。基本促销策略包括推式策略、拉式策略和推拉结合策略三种。

14. 促销组合就是企业根据产品的特点和营销目标，综合各种影响因素，对各种促销方式进行选择、编配和运用。在实践中，促销方式具体分为四种方式：人员推销、广告、公共关系和营业推广。

复习思考题

1. 市场、市场营销、市场营销管理的概念是什么？
2. 市场营销观念的演进经历了哪些阶段？每个阶段呈现哪些特征？
3. 什么是市场细分？市场细分的标准和依据是什么？

4. 目标市场选择的策略有哪些？

5. 什么是市场定位？企业如何进行市场定位？成功定位的关键是什么？

6. 市场营销组合策略主要有哪些？

7. 什么是产品整体概念？包括哪些层次？

8. 企业定价时需考虑哪些因素？定价的方法和策略分别有哪些？

9. 企业如何确定渠道策略？

10. 有哪些促销策略类型和方式？

案例思考

"小米"的市场营销策略

2011年8月16日，在北京798艺术中心北京会所，小米手机揭开了神秘的面纱，也揭开了属于"小米"的时代。2011年9月5日，"小米"首次预售，34小时预订出30万台；12月18日，"小米"第二次预售，3小时又卖出10万台。两次预售总共37小时，售出40万台同款手机，即便与苹果相比，这个成绩也毫不逊色。

下面主要从4P方面分析一下"小米"的营销策略：

一、产品策略

"小米"定位于"发烧友"手机，核心卖点其实是高配置和软硬一体，产品的研发采用了"发烧友"用户参与的模式。"小米"开放的是设计，让用户参与进来，提出自己想要的功能和建议。

雷军说过一句话："每一个'米粉'都是'小米'的产品设计师。"这就是"小米"的GC（用户生成内容，即网站或其他开放性媒介的内容由其用户贡献生成），"小米"的互联网思维正是遵循了这条法则。苹果公司的iOS是一年升级一次，安卓（Android）是半年升级一次，而MIUI却是每周都可以升级。"小米"颠覆了"闭门造车"的传统模式，不把问题留到下一个版本去解决，而是赢在当下，自然就赢得了用户的心。

自从进入手机市场和消费者的视野之后，"小米"的营销就被冠以"饥饿营销"之称。所谓饥饿营销，就是通过调节供求两端的量来影响终端的售价，进而达到加价的目的。饥饿营销的真正目的是让自己的品牌产生相对高额的附加价值，从而打造出一个"高端、大气、上档次"的产品形象。

概况来讲，"小米"就是以品牌来营造产品，以用户来吸引用户，以极致的体验取胜，从而使"小米"成为用户关注的"不易得之物"。

二、价格策略与渠道策略

"小米"的价格策略与渠道策略是紧密结合的。对传统的手机零售而言，中间环节多，成本非常高，产品定价通常高于成本30%左右。

而"小米"改变了这种模式。"小米"的第一款手机推出时，定价为1999元。雷军对1999元的价格表示这是一个非常艰难的决定，还调侃称"谁能将成本控制在1200元，那'小米'找他来做"。一般情况下，手机的销售成本还需将实体店运营维护、市场运营维护等成本考虑进去，不过小米手机并不是通过传统的销售渠道来销售，而是采用和淘宝一样的模式销售，让消费者直接在网上下单，然后借用凡客诚品这个得天独厚的送货渠道来进行产品配送，免去了中间本应付给代理商和零售商的报酬。所以雷军只要让"小米"以稍高于成本的定价出售就可以了。另外，"小米"将非核心业务外包出去，它将手机硬件的研发和制造包给了英达华，利用供应商的成本优势进一步优化其自身的价值链。

随着企业的发展，单纯的线上渠道难以满足市场的需要，2012 年以后，"小米"开始尝试借力线下渠道与运营商渠道，如电信、联通营业厅是小米手机授权的线下销售渠道。

2015 年 5 月"小米"第一次通过"小米之家"在线下销售手机，并借此试水高端手机市场。事实上，在此之前"小米之家"只做售后维修、产品体验、线下自提等业务，而从小米 Note 顶配版开始尝试线下同步售卖。雷军称这是开拓"小米之家"服务模式的一次创新，也是对用户体验方式的升级。

三、促销策略

"小米"的主要促销方式是基于互联网的营销方式，具体包括以下几种：

1. 微博

微博拥有庞大的用户群，而且大部分用户都是活跃在网络前沿的年轻人。"小米"每发布一款新产品前都会在微博上提前放出风声，消费者为了更快地获得消息便纷纷关注，短时间内就聚拢了大批"粉丝"；并且"小米"经常在微博上举行转发送手机的活动，这使原本对其不感兴趣的用户也进行转发，极大地扩展了信息的流动范围，使"小米"的名字迅速传播。

2. 论坛

论坛相对于微博来说可以承载更多的信息量，借用这个平台，"小米"和用户之间可以进行直接的交流，拉近了企业和消费者的距离。小米通过交流获取用户心声，方便了自己新产品的研发和不足之处的改进；通过论坛还可以进行新产品发布、手机故障问题解答、版本推送，并对企业和产品进行推广和宣传，宣扬企业文化，通过大量的信息分享招揽用户。

3. 发布会

关于"小米"召开发布会的目的，外人看起来是做广告，但它的焦点是把线上、线下连接起来做口碑推广的武器。

4. 产品体验

为了提高小米手机的体验，"小米"官方一直在开发新的产品，如小米手环、APP 等。虽然在手机上可能做不到用户体验的极致，但小米手机能够在附加产品上做到极致并且在手机上不亚于其他手机，这就是最好的用户体验创新。例如，其他品牌的智能手环出售价格在 700~1000 元不等，但小米手环推出的价格为 79 元，这就是一个非常大的改善。配合饥饿营销的模式，"小米"完全颠覆了手机行业。

（资料来源：根据《小米制胜之道》整理）

问题讨论：

1. 试用市场营销的 4P 理论分析"小米"的市场营销组合策略。

2. 分析"小米"目前市场营销策略遇到的困境，如何帮助其解决？

3. 结合"小米"的做法，谈谈你对网络营销的理解。

第五章　企业物流管理

学习目标

1. 掌握物流的概念。
2. 了解物流相关的理论学说。
3. 掌握物流管理的概念和目标。
4. 熟悉物流管理的内容。
5. 掌握企业物流的概念。
6. 熟悉企业物流系统的构成。
7. 理解企业物流管理的内容和结构。

【关键术语】

物流　物流管理　企业物流　采购物流　生产物流　销售物流
回收与废弃物物流　运输管理　储存管理　装卸搬运管理　包装管理
流通加工管理　物流信息管理

【结构框图】

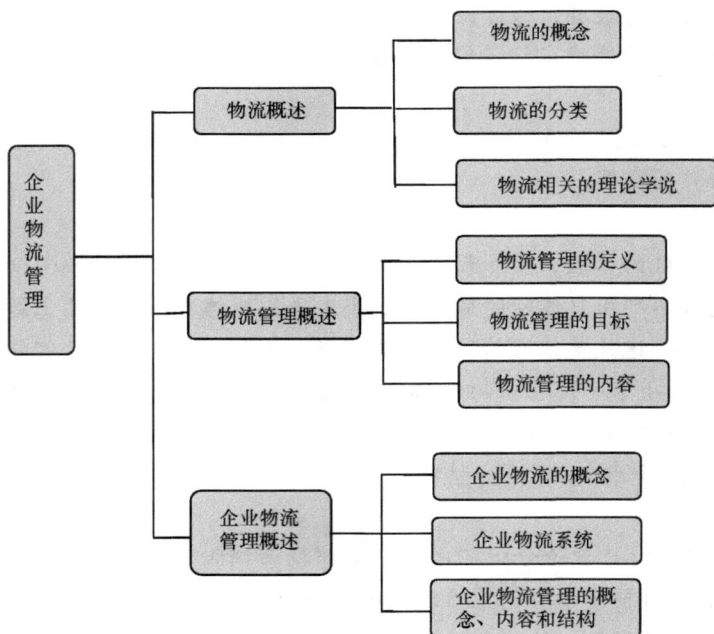

【引入案例】　沃尔玛物流信息技术的应用

沃尔玛于 20 世纪 60 年代创建，在 20 世纪 90 年代一跃成为美国第一大零售商。目前沃尔玛已成为全球最大的零售商，拥有 8500 家门店，分布于全球 15 个国家。沃尔玛主要有沃尔玛购物广场、山姆会员店、沃尔玛商店、沃尔玛社区店四种营业态式。

沃尔玛之所以取得成功，很大程度上是因为它较早就开始将尖端科技和物流系统进行了巧妙搭配。早在 20 世纪 70 年代，沃尔玛就开始使用计算机进行管理；20 世纪 80 年代初，他们又花费 4 亿美元购买了商业卫星，实现了全球联网；20 世纪 90 年代，沃尔玛采用了全球领先的卫星定位系统(GPS)，控制公司的物流，提高配送效率，以速度和质量赢得用户的满意度和忠诚度。

1. 建立全球第一个物流数据的处理中心

20 世纪 70 年代，沃尔玛建立了物流的管理信息系统(MIS)，负责处理系统报表，加快了运作速度。20 世纪 80 年代初，沃尔玛与休斯公司合作发射物流通信卫星，物流通信卫星使得沃尔玛产生了跳跃性的发展；1983 年采用了 POS 机，全称为"Point of Sale"，即销售始点数据系统；1985 年建立了 EDI 系统，即电子数据交换(Electronic Data Interchange)系统，进行无纸化作业，所有信息全部在计算机上运作。1986 年它又建立了 QR(Quick Response)机制，即快速反应机制，对市场快速拉动需求。

沃尔玛在全球第一个实现集团内部 24 小时计算机物流网络化监控，使采购库存、订货、配送和销售一体化。例如，顾客到沃尔玛店里购物，然后通过 POS 机打印发票，与此同时，负责生产计划、采购计划的人员以及供应商的计算机上就会同时显示信息，各个环节就会利用信息及时完成本职工作，从而减少了很多不必要的时间浪费，加快了物流的循环。

2. ECR 运作

沃尔玛公司的 ECR(Efficient Consumer Response,有效客户反应)用于进行订货业务和付款通知业务，通过 EDI 系统发出订货明细清单和受理付款通知，提高了订货速度和准确性，节约了相关事务的作业成本。

它的具体运用过程是：沃尔玛公司设计出 POS 数据传输送格式，通过 EDI 系统向供应方传送 POS 数据；供应方基于沃尔玛公司传送来的 POS 信息，可及时了解沃尔玛公司的商品销售状况，把握商品的需求动向，并及时调整生产计划和材料采购计划；供应方利用 EDI 系统在发货之前向沃尔玛公司传送预先发货清单(Advanced Shipping Notice,ASN)，这样，沃尔玛公司事前可以做好进货准备工作，同时可以省去货物数据的输入作业，提高商品检验作业效率；沃尔玛公司在接收货物时，用扫描读取机读取包装箱上的物流条码，把扫描读取机读取的信息与预先储存在计算机内的 ASN 进行核对，判断到货和发货清单是否一致，从而简化了检验作业；在此基础上，利用电子支付系统 EPT 向供应方支付货款，同时只要把 ASN 数据和 POS 数据做比较，就能迅速知道商品库存的信息。这样做使沃尔玛公司节约了大量事务性作业成本，而且还能压缩库存，提高商品周转率。

沃尔玛公司还把零售店商的进货和库存管理的职能转移给供应方，由生产厂家对沃尔玛公司的流通库存进行管理和控制，即采用供应商管理库存(Vendor Management Inventory,VMI)方式。沃尔玛公司让供应方与之共享库存数据把握商品的销售和库存动向，在此基础上，决定在什么时间，把什么类型商品，以什么方式向什么店铺发货。发货的信息预先传送给沃尔玛公司，以多频度、小数量进行连续补充库存计划(Continuous Replenishment Program,CRP)。由于采用了 VMI 和 CRP。

3. 沃尔玛物流应用的信息技术

(1) 射频(Radio Frequency,RF)技术。在日常的运作过程中，可以将其与条码技术结合起来应用，读取货物信息。

(2) 便携式数据终端(Portable Data Terminal,PDT)设备。传统的方式到货以后要打电话、发电子邮件或者发报表，通过便携式数据终端设备可以直接查询货物情况。

（3）物流条码BC。利用物流条码技术，能及时、有效地对企业物流信息进行采集跟踪。

4. 配送中心

沃尔玛前任总裁大卫·格拉斯（David Glass）这样总结："配送设施是沃尔玛成功的关键之一。如果说我们有什么比别人干得好的话，那就是配送中心。"灵活、高效的物流配送系统是沃尔玛达到最大销售量和低成本存货周转的核心。

配送中心是设立在沃尔玛零售卖场中央位置的物流基地。通常以320km为一个商圈建立一个配送中心，同时可以满足附近周边城市的销售网点的需求。沃尔玛首创交叉配送的独特作业方式，没有入库储存与分拣作业，进货时直接装车出货。竞争对手每五天配送一次商品，而沃尔玛每天送一次货，从而可以减少库存，降低成本。

围绕着高效的配送中心，沃尔玛逐步建立起一个"无缝点对点"的物流系统。企业物流成本占整个销售额的比例一般都达10%左右，有些食品行业甚至达到20%~30%，而沃尔玛的配送成本仅占其销售额的2%，是其竞争对手同比成本的50%。沃尔玛始终如一的思想就是要把最好的东西用最低的价格卖给消费者，这也是它成功的关键所在。

（资料来源：根据网上资料整理）

正如案例材料中指出的，沃尔玛的"天天平价"是建立在强大的物流信息技术的应用和物流管理之上的：通过商业卫星实现全球零售店的联网，开放的系统平台实现包括供应商在内数据的联网，先进的物流信息技术的应用提高了整体运营的效率，最终建立起"无缝点对点"的物流系统。本章首先介绍物流的概念、分类、相关的理论学说；之后介绍物流管理的定义、目标和内容；最后从企业的角度介绍企业物流的概念、企业物流系统的构成，以及企业物流管理的概念、内容和结构。

第一节 物 流 概 述

一、物流的概念

（一）"物流"一词的来源

"物流"一词最早出现于美国。1915年，阿奇·萧（Arch W. Shaw）在《市场流通中的若干问题》一书中就提到"Physical Distribution"的概念，直译为实物分拨或实物分销，缩写PD，实质是把企业的产品怎么样分送到客户手中。第二次世界大战中，围绕战争供应，美国军队建立了"后勤"（Logistics）理论，并将其用于战争活动中，成为物流运用的成功案例。第二次世界大战以后，20世纪50年代末至60年代，"后勤"一词在企业管理中广泛使用，使得物流的含义扩大，包括生产过程和流通过程中的物流。

1986年，美国物流管理协会（CLM）将"Physical Distribution"改为"Logistics"，并对物流下了定义。至此，物流概念从1915年提出（Physical Distribution），经过70多年的时间才有定论（Logistics）。

（二）物流的定义

美国物流管理协会自1986定义以后，随着物流范围的不断扩大，分别在1998年、2001年对物流的定义进行了完善：物流是供应链运作中，以满足客户要求为目的的，对货物、服务和相关信息在产出地和销售地之间实现高效率和低成本的正向和反向的流动和储存所进行的计划、执行和控制的过程。

在 2001 年颁布的中华人民共和国国家标准《物流术语》（GB/T18354—2006）中，物流的定义是：物品从供应地向接收地的实体流动过程。根据实际需要，将运输、储存、装卸、搬运、包装、流通加工、配送、信息处理等基本功能实施有机结合。

从这个定义可以看出，物流是一个物的实体的流动过程，在流通过程中创造价值，满足顾客及社会性需求。也就是说，物流的本质是服务。

在不同的时期，不同的国家对物流概念的理解有所不同，它们反映出以下几个基本点：

（1）物流概念的形成和发展与社会生产、市场营销、企业管理的不断进步密切相关。

（2）物流概念与物流实践最早始于军事后勤，但"物流一词没有限定在商业领域还是军事领域。物流管理对公共企业和私人企业活动都适用"。（Donald J.Bowersox，1986）

（3）物流无论是在"Physical Distribution"还是"Logistics"的内涵中都强调了"实物流动"的核心。

（4）物流的功能主要由运输、储存、装卸、包装以及信息处理等构成。

总之，物流是一个发展的，或者说是动态的概念。它将随着社会经济的不断发展，向更高层次扩展，但无论如何扩展，都将永远围绕全方位服务于用户这一核心功能。

二、物流的分类

现在，物流理论被应用于社会经济的各个不同领域。尽管不同领域中的物流存在着相同的基本要素，然而由于其对象、目的、范围和范畴的差异，形成了不同的物流类型。理论研究者从不同角度对物流进行了多种分类，如表 5-1 所示。

表 5-1　物流的分类

按物流在社会再生产中的作用分类	按物流系统的性质分类	按物流活动的空间范围分类	按物流的作用分类	其他分类
宏观物流 微观物流	社会物流 行业物流 企业物流	区域物流 国内物流 国际物流	供应物流 生产物流 销售物流 回收物流 废弃物流	第三方物流 第四方物流 虚拟物流 精益物流 反向物流

三、物流相关的理论学说

（一）"黑暗大陆"学说

1962 年 4 月，美国管理学家彼得·德鲁克在《财富》杂志上发表了题为《经济领域的黑暗大陆》的文章。文章认为，"我们对物流的认识就像拿破仑当年对非洲大陆的认识。我们知道它确实存在，而且很大，但除此之外，我们便一无所知"。这篇文章被公认为首次明确提出物流领域的潜力，具有划时代的意义。

按"黑暗大陆"学说的观点，如果物流理论研究和实践探索能够照亮这块"黑暗大陆"，那么，摆在人们面前的将不是一片不毛之地，而是一片宝藏，物流可以产生利润的空间极大。

（二）物流成本"冰山"学说

20 世纪 60 年代，日本早稻田大学的西泽修教授提出了物流成本"冰山"学说。其含义是说人们对物流费用的了解实际上是一片空白，甚至有很大的虚假性，物流成本就像冰山一样，以前人们所提到的物流成本仅仅是露出海面的冰山一角，而潜藏在海里的整个冰山却看不见，其实海水中的冰山才是物流成本的主体部分。

西泽修教授用物流成本的具体分析论证了德鲁克的"黑暗大陆"学说，用以说明物流领域的方方面面对人们来说不清楚和未知的东西太多了。在"黑暗大陆"的未知区域和"冰山"学说的水下部分，正是物流需要开发的领域，也是物流的潜力和吸引人之处。

物流"冰山"学说之所以成立，除了会计核算制度没有考虑到物流成本外，还有三个方面的原因：①物流成本的计算范围太大，包括原材料物流、工厂内物流、从工厂到仓库和配送中心的物流、从配送中心到商店的物流等。这么大的范围，涉及的单位非常多，牵涉的面也很广，很容易漏掉其中的某一部分，应该计算哪部分，应该忽略哪部分，将使物流费用的大小相距甚远。②运输、保管、包装、装卸、流通加工以及信息等各物流环节中，以哪几个环节作为物流成本的计算对象存在疑问。如果只计运输和保管费用，不计其他费用，与运输、保管、装卸、包装及信息等费用全部计算相比，两者的费用结果差别相当大。③把哪几种费用列入物流成本中的问题。例如，向外部支付的运输费、保管费、装卸费等费用一般都容易列入物流成本，可是本企业内部发生的物流费用，如与物流相关的人工费、物流设施建设费、设备购置费，以及折旧费、维修费、电费、燃料费等是否也列入物流成本中呢？此类问题都与物流费用的大小直接相关。

（三）"第三利润源"学说

西泽修教授在他的著作《物流——降低成本的关键》中谈到，企业的利润源泉随着时代的发展和企业经营重点的转移而变化。工业化大生产时期，企业的经营重点放在降低制造成本上，这是日本第二次世界大战后企业经营的第一利润源。然而，依靠自动化生产手段制造出来的大量产品引起了市场泛滥，产生了对大量销售的需求。于是，日本 1955 年从美国引进了市场营销技术，迎来了市场营销时代。这一时期，企业把增加销售额作为企业的经营重点，使其成为第二个利润源。1965 年起，日本政府开始重视物流，1970 年开始，产业界大举向物流进军，日本又进入了物流发展时代。这一时期，降低制造成本已经有限，增加销售额也已经走到尽头，企业迫切希望寻求新的利润源。物流成本的降低是"第三利润源"的提法恰恰符合当时企业经营的需要，因而该学说一经提出就备受关注，广为流传。

"第三利润源"学说是对物流价值（或物流职能）的理论评价，从一个侧面反映出当时人们重视物流管理和深化理论研究的实际情况。

（四）"效益悖反"学说

"效益悖反"（Trade-off）学说表明在物流系统中的功能要素之间存在着损益的矛盾，即物流系统中的某一个功能要素的优化和利益发生的同时，必然会存在系统中的另一个或几个功能要素的利益损失。这是一种此涨彼消、此盈彼亏的现象，往往导致整个物流系统效率低下，最终会损害物流系统的功能要素的利益。

阅读材料　物流成本的效益悖反特性

通过对企业物流活动的深入研究，人们很清楚地认识到物流系统内部要素之间存在此消彼长的关系，也就是所谓"二律悖反"规律。霍华德 T. 刘易斯（HowardT. Lewis）等在1956 年《物流中航空货运的作用》一书中，首次剖析了运输和其他物流成本之间的效益悖反特性，解释了企业使用空运方式反而减少了总成本的原因。爱德华 W. 史密斯（EdwardsW. Smith，1961）等论述了物流管理系统思想和总成本概念，详细分析了各功能成本之间的一般性效益悖反关系，指出对物流成本间的效益悖反现象如不加以重视，往往会导致整个企业物流管理的整体效率的损失。

在企业应用效益悖反规律指导物流战略方面，美国管理学家罗纳德·巴罗（Ronald H. Ballou）提供了有益的分析方法。他将企业物流活动细分为关键性活动和支持性活动，解说如何在效益悖反规律下平衡物流成本，指出企业物流成本管理不能只局限于减少成本，建立在客户满意的一定服务水平上的总成本最优才是企业物流战略的最终目标。巴罗认为，总成本最优是制定企业物流战略的指导原则。他提出了一些利润——总成本曲线，用于解决企业中运输服务选择、确定仓库数量、确定安全库存水平等效益悖反问题，认为当两种或几种成本发生效益悖反冲突时，最优解决方案位于总成本曲线的最低点。例如，采用批量运输，整车装运，虽降低了运输成本，却可能造成库存增加，物流末端加工费用提高；节省包装费用，就会降低产品的保护效果，给储存、装卸、运输带来效率的下降，甚至损坏商品，造成更大损失。此外，物流系统与外部系统的目标也可能存在冲突。

物流系统要追求本系统的成本最小化，而外部其他系统也有自己的特定目标，这些目标之间的冲突是客观、普遍存在的。物流系统的成本要受生产部门和销售部门的影响，销售部门或生产部门决定着物流成本。例如，原来订货后第三天配送，后来改为订货后第二天配送，类似这种销售活动的变更，就会相应地增加物流成本。

这本不是物流部门的责任，但却有不少企业把责任归于物流部门。类似的还有诸如保管费中的过量进货、生产部门过量生产等。基于此，生产者对物流成本的认识更加深刻，形成了物流成本的"效益悖反"理论，即物流的若干功能要素之间存在着损益的矛盾，某一功能要素的优化和利益发生的同时，必然会存在另一个或几个功能要素的利益损失，反之也如此。

效益悖反是物流成本的典型特征，企业物流活动的运输、储存、包装、装卸、信息等成本之间存在着此消彼长的关系，减少一项活动成本往往意味着其他一项或几项成本的增加，因此，当若干物流成本相冲突的时候，总成本最佳是物流决策的最优原则。总成本与效益悖反理论揭示了物流成本要素之间的相互影响，以及不同的物流活动成本对总成本的影响程度，应用于企业物流管理有助于从企业总成本角度把握物流系统的成本范围，根据不同企业物流成本管理目标和需要解决的物流成本问题的不同，适当划分物流成本结构和突出需要重点管理的部分。

（五）物流战略学说

鲍尔索克斯（Bowersox）在《物流管理——供应链过程的一体化》一书中指出："物流的战略整合是一个企业成功的基础。""为了实现领先优势，管理重点应从预估为基础转移到以反应为基础的运作理念上来。领先优势的地位通常意味着一个公司能够同时使用各种物流战略去满足特定的主要客户的要求。"马士华教授则从供应链管理的角度，提出物流管理战略全局化的观念。这一说法认为物流具有战略性，而不是一项具体操作性任务。企业应从战略的高度审视物流管理。

（六）物流的供应链理论

供应链是指从采购开始，经过生产、分配、销售，最后到用户而形成的具有一定流量的环环相扣的链条。物流受供应链的制约，物流的供应链理论强调的是物流链节与接口的总体管理。供应链管理实际上就是把物流和企业的全部活动作为一个统一过程来管理。

（七）物流的"森林"说

该学说是由美国学者首先提出的，认为物流整体效应如同森林，其过程包括一系列活动，如运输、储存、包装、配送、流通加工等。在物流过程中，不是单纯地追求各项功能要素优化，而更主要的是追求整体效益的有机联系，即追求总体效果最优。

美国学者提出"物流是一片森林而非一棵棵树木"，用物流森林的结构概念来表述物流的整体观点，提出物流是一种"结构"，对物流的认识不能只见功能要素而不见结构要素，即不能只见树木不见森林，物流的总体效果是森林的效果。即使是和森林一样多的树木，如果孤立存在，没有连成片，也不是真正意义的森林。物流追求的是森林一样的总体效果。例如，单纯搞运输、储存不能叫物流，只有将运输、储存等功能综合经营才能称为物流。

第二节　物流管理概述

现代意义上的物流管理出现于 20 世纪 80 年代。人们发现利用跨职能的流程管理方式去观察、分析和解决企业经营中的问题非常有效。通过分析物料从原材料运到工厂，流经生产线上每个工作站，产出成品，再运送到配送中心，最后交付给客户的整个流通过程，企业可以消除很多看似高效率却实际上降低了整体效率的局部优化行为。每个职能部门都想尽可能地利用其产能，所以没有留下任何富余，一旦需求增加，则处处成为瓶颈，导致整个流程的中断。又如运输部作为一个独立的职能部门，总是想方设法降低其运输成本，但若其因此而将一笔必须加快的订单交付海运而不是空运，则虽然省下了运费，却失去了客户，导致整体的失利。所以，传统的垂直职能管理已不适应现代大规模工业化生产，而横向的物流管理却可以综合管理每一个流程上的不同职能，以取得整体最优化的协同作用。

在这个阶段，物流管理的范围扩展到除运输外的需求预测、采购、生产计划、存货管理、配送与客户服务等，以系统化管理企业的运作，达到整体效益的最大化。高德拉特（Goldratt）所著的《目标》一书风靡全球制造业界，其精髓就是从生产流程的角度来管理生产。

一、物流管理的定义

物流管理（Logistics Management）的概念也有多种提法，以下两种表述大体可以反映其基本内涵。

（1）物流管理是指为了以合适的物流成本达到客户所满意的服务水平，而对物流活动进行的计划、组织、协调与控制，即对原材料、半成品和成品等物料在企业内外流动的全过程所进行的计划、实施、控制等活动。这个全过程就是指物料经过的包装、装卸、搬运、运输、存储、流通加工、物流信息等物流运动的全部过程。

（2）物流管理是指在社会再生产过程中，根据物质资料实体流动的规律，应用管理的基本原理和科学方法，对物流活动进行计划、组织、指挥、协调、控制和监督，使各项物流活动实现最佳的协调与配合，以降低物流成本，提高物流效率和经济效益。

在2006年版的中华人民共和国国家标准《物流术语》（GB/T 18354—2006）中，物流管理是指为了以合适的成本达到用户满意的服务水平，对正向及反向的物流过程及相关信息进行的计划、组织、指挥、协调与控制。

二、物流管理的目标

物流管理最基本的目标就是以合适的成本向用户提供满意的物流服务，即在需要的时间，将所需要的物品以合适的方式按照指定的时间送达到需要的场所。

物流管理的目标具体包括快速反应、最小变异、最低库存、物流质量、整合运输以及生命周期支持等。

（一）快速反应

快速反应关系到企业能否及时满足客户的服务需求的能力。信息技术提高了企业在尽可能短的时间内完成物流作业，并尽快交付所需存货的能力。快速反应的能力把物流作业的重点从根据预测和对存货储备的预期，转移到从装运到装运方式对客户需求做出迅速反应上来。

（二）最小变异

变异是指破坏物流系统表现的任何想象不到的事件。最小变异就是尽可能控制任何会破坏物流系统表现的、意想不到的事件。这些事件包括客户收到订货的时间被延迟、制造中发生意想不到的损坏、货物交付到不正确的地点等，所有这一切都使物流作业遭到破坏。传统解决变异的方法是建立安全储备存货或使用高成本的溢价运输。信息技术的使用使积极的物流控制成为可能。

（三）最低库存

最低库存的目标是减少资产负担和提高相关的周转速度。在企业物流系统中，由于存货所占用的资金是企业物流作业最大的经济负担。在保证供应前提条件下提高周转率，意味着库存占用的资金得到了有效的利用。因此，保持最低库存就是要把存货减少到与客户服务目标相一致的最低水平，以实现合适的物流总成本。"零库存"是企业物流的理想目标，物流设计必须把资金占用和库存周转速度当成重点来控制和管理。

（四）物流质量

由于物流作业必须在任何时间、跨越广阔的地域来进行，对产品质量的要求被强化，因为绝大多数物流作业是在监督者的视野之外进行的。由于不正确的装运或运输产生的损坏导致重做客户订货所花的费用，远比第一次就正确地履行所花的费用要多。因此，物流是发展和维持全面质量管理不断改善的主要组成部分。

（五）整合运输

最重要的物流成本之一是运输。一般来说，运输规模越大、需要运输的距离越长，每单位的运输成本就越低。这就需要有创新的规划，把小批量的装运聚集成集中的、具有较大批量的整合运输。

（六）生命周期支持

产品生命周期由引入、成长、成熟和完全衰退四个阶段组成，在不同的阶段对物流的要求也有所不同。例如，在新产品引入阶段，要有高度的产品可得性和物流的灵活性。在制订物流支持计划时，必须考虑迅速而准确的供货能力，此时如果缺货或配送不稳定，就可能抵消营销战略所取得的成果。因此，此阶段的物流费用是较高的，要在充分提供物流服务与回避过多支持费用之间平衡。

在成长阶段，产品取得了一定的市场认可，此时物流活动的重点从不惜代价提供所需服务转变为平衡的服务和成本绩效。在成熟阶段具有竞争激烈的特点，而竞争对手之间会调整自己的基本服务承诺，以提供独特的服务，取得客户的青睐。许多企业采用建立配送仓库网络的方法，以满足来自不同渠道的各种服务需求。此时任何一个地点的产品流量都比较小，需要为特殊客户提供特殊服务，因此增加了物流活动的复杂性和作业灵活度要求。当产品进入衰退阶段时，企业所面临的是低价出售产品和继续优先配送等可选择方案之间的平衡。

对于某些行业，回收已流向客户的存货将构成物流作业成本的重要部分。需要对逆向物流进行管理。

物流管理理念要体现以人为本的思想，促进人类生活水平和社会福利的提高是物流管理的终极目的。在这个前提下，企业应采用适合的物流管理组织方式和物流管理技术，提高物流合理化水平，降低物流成本，提供优质的物流服务。

三、物流管理的内容

物流活动基于作业功能，可分为基本活动和支援活动。其中，基本活动包括运输、储存、包装、装卸、搬运等；支援活动则有流通加工和物流信息活动，它们共同构成了物流的业务环节。具体内容如下：

（一）物流包装

物流包装是指为了物品的保护、储存、运输、促进销售，提高装卸效率、装载率等，运用一定的技术方法而采用的容器、材料及辅助物的总体名称。物流包装大体可划分为商业包装（内包装、小包装）与运输包装（外包装、大包装）两类。商业包装的主要目的在于美化商品、宣传商品，以扩大销售；运输包装是为了方便商品的运输、装卸、储存而进行的包装。

（二）物流装卸、搬运

物流装卸是指在同一地域范围内（如仓库内部、工厂范围、车站范围等），在物资的运输、保管、包装、流通加工等物流活动中进行衔接的各种机械或人工装卸活动。改变物资的存放、支承状态的活动称为装卸，改变物资的空间位置的活动称为搬运。有时候，虽单称"装卸"或"搬运"，但都包含了"装卸搬运"的完整含义。

（三）物流运输

物流运输是指在不同地域范围内（如两个国家间、两个城市间、两个工厂间或一个大型企业的相距较远的不同工厂间），将物品进行空间位置的移动。运输是物流的核心，它创造物品的空间和时间效益，即通过合理的运输规划，在合理的时间、地点，以合理的价格为客户提供有质量保证的产品。

常见的运输方式包括：公路运输（汽车），铁路运输（火车），沿海、近海、远洋、内河水运（船），航空运输（飞机），管道运输（管道）；干线运输，支线运输，二次运输，厂内运输；集货运输，配送运输；一般运输，联合运输；直达运输，重装运输。几种主要运输方式的特点对比如表5-2所示。

表5-2　不同运输方式的特点对比

运输方式	优点	缺点
铁路	大批量货物能够一次性有效运送 运费负担小，特别是大批货物中长距离运输时由于采用轨道运输，事故相对少，安全 铁路运输网络完善，可运达各地 受天气影响小	近距离运输费用高 不适合紧急运输要求 长距离运输时，由于需要配车，中途停留时间较长 非沿线目的地需要汽车转运
公路	可以进行"门到门"的连续运输 适合近距离运输，较经济 使用灵活，可以满足多种需要 输送时包装简单、经济	运输单位小，不适合大量运输 长距离运输费用较高
船舶	适合运费负担能力较小的大量货物的长距离运输 适合体积宽大、重量大的少量货物的运输	运输速度慢 港口装卸费用高 航行受天气影响较大 运输的正确性和安全性较差
航空	运输速度快 适合运费负担能力较大的大量货物的长距离运输	运费高，不适合低价值货物和大量货物的运输 重量受到限制 只适于机场周围的城市

运输方式的选择是运输合理化的重要内容。运输的安全性、准确性、低成本、短时间是选择的标准，因此在选择运输方式时，要综合考虑运输品的种类、运输量、运输距离、运输速度和运输费用。在运输品种类方面，物品的形状、单件重量体积、危险性、变质性等是制约性因素，如鲜活易腐品适宜公路运输、航空运输；在运输量方面，一次性运量大的运输品应尽可能选用铁路运输和船舶运输；运输距离的长短与货物到达的目的地有关，陆上的长距离运输一般用铁路，中短途运输用公路；运输时间方面则必须满足交货期的要求。

（四）物流储存

物流储存是指以改变物品的时间状态，克服生产和消费在时间上的矛盾为目的的活动。

它主要借助各种仓库完成物资的堆码、保管、保养、维护等工作，并且使其功能延伸到销售、供应、配送等领域。它为物资提供场所价值和时间效益，在物流系统中起着缓冲、调节和平衡的作用，对调节生产、消费之间的矛盾，促进商品生产和物流发展，都有十分重要的意义。

1. 商品储存的过程

商品储存过程包括四个步骤：接收、存放、拣取、配送，如图5-1所示。

接收 → 存放 → 拣取 → 配送

图 5-1　商品储存过程

商品储存规划内容主要包括四个方面：分配储存场所、布置储存场所、设计堆垛和建立储存秩序。

2. 储存合理化的原则

（1）按照价值、数量分类原则。按照物品的价值高低和数量多少进行分类储存，可以解决各类物品的结构关系、储存量等问题。

（2）高层堆码原则。物品应尽可能向高处码放，以有效利用库内容积。

（3）先入先出原则。尤其对易变质、易破损、易腐败的物品，更应实行先入先出原则。

（4）周转最快原则。加快周转速度，增加仓库吞吐能力，减少货损，降低仓储成本。

（5）适度集中储存原则。根据储存点与用户之间的距离，选择集中储存或分散的小规模储存。

（6）采用储存定位系统原则。采用有效的储存定位系统可以迅速查找货物位置，提高上货和取货速度。

（五）流通加工

流通加工是为了弥补生产过程中的加工不足，以便更有效地满足用户或本企业的需要，而在流通过程中完成的一些加工活动。这时流通加工就是物流过程的一个组成部分。流通加工是生产加工在流通领域中的延续，也是流通领域在职能方面的扩充，如图5-2所示。流通加工多发生在保管环节前后，它可以完善运输、保管、装卸等活动对象的使用价值，增加其附加价值，满足用户的多样化需要，同时提升物流活动本身的价值。

图 5-2　流通加工
的范畴

按照加工的目的和作用，流通加工可分为以下几种类型：

（1）以方便运输为主要目的的加工。例如，分体运输的产品在销售地的组装，使得运输方便、经济，并将组装环节移至流通领域。

（2）以保存产品为主要目的的加工。为了避免影响产品的使用价值，延长产品的生产与使用时间而进行的加工，包括生活消费品的流通加工和生产资料的流通加工。例如，水产品的冷冻加工、金属材料的涂防锈油等。

（3）适应多样化需求的加工。其目的在于通过加工使产品的品种、规格、质量适应用户需要，解决产需分离问题。

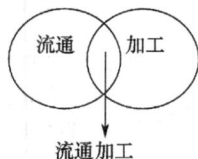

（4）综合利用的加工。在流通中将货物分解、分类处理。

（六）配送

配送是在物流据点从供应者手中接收多种大量的货物，进行倒装、分类、保管、流通加工和情报处理等作业，按照用户的订货要求配齐货物，以令人满意的服务水平将配好的货物送交收货人的物流活动。配送是物流中一种特殊、综合的活动形式，是商流与物流的紧密结合，包含了商流活动和物流活动，也包含了物流中的若干功能要素。一般的配送集装卸、包装、保管、运输于一身，特殊的配送则还要以加工活动为支撑，通过一系列相关活动，达到将货物送达的目的。配送与一般送货的重要区别在于，配送利用有效的分拣、配货等理货工作，使送货达到一定的规模，以利用规模优势获得较低的送货成本。

（七）物流信息处理

物流信息处理是对物流活动中产生的大量信息的处理，包括信息的收集、处理、存储、查询、传输和共享等。在现代物流管理中，大量采用以计算机和网络通信为代表的信息技术，通过构建合理的物流信息系统，进行物流的信息管理，以促进物流系统的合理化和高效化。

第三节　企业物流管理概述

一、企业物流的概念

企业物流是从企业角度研究与之有关的物流活动，是具体的、微观的物流活动的典型领域。1962 年 4 月，美国管理学大师彼得·德鲁克在其发表的《经济领域的黑暗大陆》一文中首次提出企业物流概念的时候，仅仅是指产品从生产出来后到消费者手中的这一段时间的存在与表现形式。而 1992 年美国物流管理协会对物流的定义则认为，物流是为满足消费者需求而进行的对货物、服务及相关信息从起始地到消费地的有效率与效益的流动与存储的计划、实施与控制的过程。这个时候物流已经作为一个复杂的企业运行过程而存在。

企业物流是指生产和流通企业在经营活动中所发生的物品实体流动（GB/T 18354—2006）。企业物流是物品从原材料供应，经过生产加工到产成品及其销售，以及伴随生产消费过程所产生的废弃物的回收和再利用的完整循环活动过程。

二、企业物流系统

从系统论的观点看，企业物流构成了一个系统。企业物流处于企业生产经营活动之中，伴随企业生产经营活动的全过程。企业物流系统由运输、储存、装卸搬运、包装、配送和信息处理等要素构成。当企业物流组织向物流系统输入人力、物力、财力等各种资源后，经过企业物流系统中的运输、储存、装卸搬运等功能要素的作用，就可以为客户提供物流服务。企业物流系统如图 5-3 所示。

企业物流系统的构成是指企业根据物流活动发生的先后次序，划分为不同的组成部分。

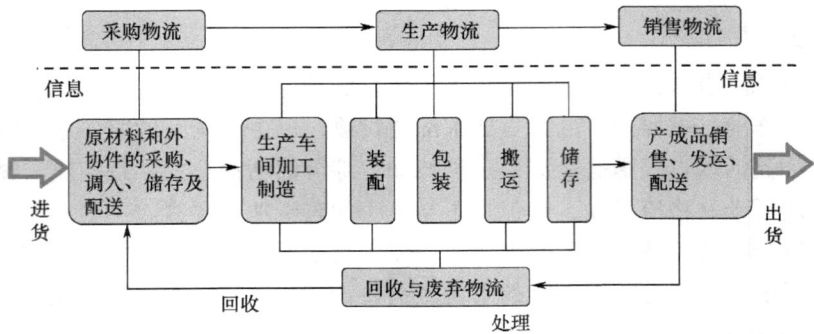

图 5-3 企业物流系统示意图

企业物流包括从采购生产所需的各种生产资料开始，经过加工制造、形成产成品并供给客户为止的全过程，还包括随生产消费过程所产生的废弃物的回收和再利用活动。因此，伴随着企业供应、生产、销售等不同阶段，形成了企业采购物流、生产物流、销售物流、回收物流与废弃物流四部分。

（一）采购物流

采购物流包括原材料等一切生产资料的采购、运输、仓储、库存管理和用料管理，它是企业为组织生产所需要的各种物资供应而进行的物流活动。企业采购物流体系如图 5-4 所示。

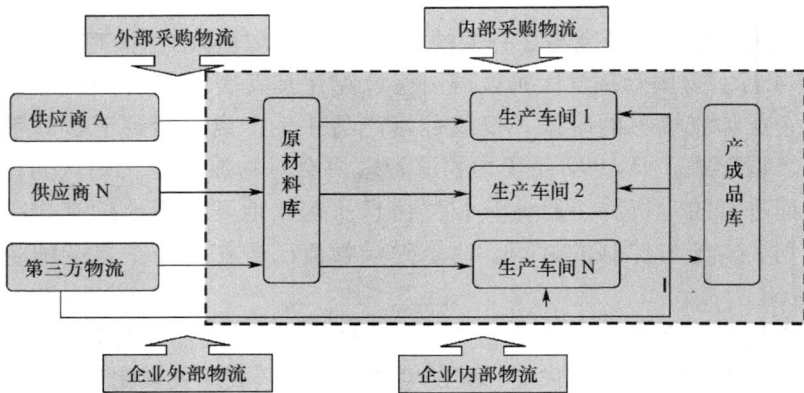

图 5-4 企业采购物流体系示意图

企业需要根据生产经营计划组织采购物流。采购物流不仅可以在企业外部的企业与供应商之间发生，也可以在企业内部各生产经营单元之间发生，因此，采购物流可以分为企业外部采购物流和企业内部采购物流。企业外部采购物流是企业向供应商采购所需物资而发生的物资运输、仓储、装卸搬运等物流活动；企业内部采购物流是企业组织内部物资仓储以及将物资送达生产单元的物流活动。

采购物流不仅要保证企业供应的目标，而且要以最低成本和最少消耗来组织采购物流活动，并满足限定的条件。采购物流在不同的企业重点有所不同。生产制造企业的采购基本上是原材料、零部件、半成品等物料的采购；零售企业的采购一般是用于销售的各种商品以及经营需要其他物料的采购；服务型企业的采购大都是提供服务所需的各种设备、工具等物资的采购。企业竞争的关键则在于如何降低这一物流过程的成本，为此，必须解决有效的采购网络、采购方式和零库存等问题。

（二）生产物流

企业生产物流是指制造企业在生产过程中原材料、在制品、半成品、产成品等的物流活动，即从工厂的原材料购进入库起，直到工厂产品库的产品发送为止，这一全过程的物流活动。生产物流是制造产品的企业所特有的，它需要与生产流程同步。原材料及半成品等按照工艺流程在各个加工点之间不停地移动、流转，形成了生产物流。因此，生产物流合理化对工厂的生产秩序和生产成本有很大的影响。

企业生产物流与企业生产密切联系在一起，其流程如图 5-5 所示。企业生产物流伴随企业生产而发生和存在，它是企业生产的重要组成部分，也是企业生产得以顺利进行的保障。同时，企业生产物流是企业物流系统的重要组成部分，企业生产物流管理需要合理组织生产物流过程，对生产过程中的物料流和信息流进行科学的规划、管理和控制，重点是通过信息收集、传递、储存、加工和使用，控制企业生产物流活动的实施，保证生产的顺利进行，使生产过程始终处于最佳状态，从而实现生产成本最小化和效益最大化。

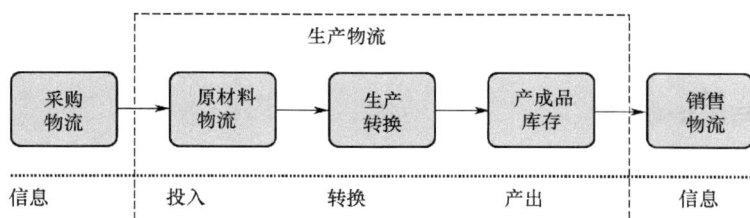

图 5-5　企业生产物流流程示意图

过去人们注重的是生产加工过程，现在人们在研究生产加工过程的同时，更加关注生产流程如何安排，从物流角度看如何做得更合理，生产活动环节如何有效衔接，如何缩短生产的物流时间，如何选配合适的机械装备等，特别注意工厂布置、工艺流程、装卸搬运、生产物流的物流节点等问题。

（三）销售物流

1. 销售物流的概念

销售物流是指生产企业、流通企业在出售商品过程中发生的物流活动，即企业为保证自身的经营利益，伴随销售活动将产品所有权转给用户的物流活动。销售物流是物流包装、仓储、运输、装卸搬运、信息处理等物流活动的系统化运作过程，所以销售物流具有一体化的特征。同时，销售物流是以实现销售为目的，以满足客户需求为出发点，进而实现销售和完成售后服务的，所以具有较强的服务性特征。

2. 销售物流的基本形式

企业销售物流的基本环节包括产品包装、产品储存、订单处理、发送运输、装卸搬运等。企业销售物流的基本形式主要有生产企业自营销售物流和第三方销售物流。

（1）生产企业自营销售物流。生产企业自营销售物流是指生产企业自己组织和经营本企业的销售物流。它实际上是把销售物流作为企业生产的延伸或看成生产的继续，销售物流不仅是生产企业经营的一个环节，而且是生产企业与用户直接联系和直接面向用户提供服务的一个环节。生产企业自营销售物流的优缺点如表5-3所示。

表5-3　生产企业自营销售的物流优缺点

优　点	缺　点
可以将生产经营与用户直接联系起来，信息反馈快，准确程度高	需要企业增加投资
可以对销售物流的成本进行大幅度的调节	专业化程度低
能够从生产企业经营系统的角度，合理安排和分配销售物流的资源和力量	无法进行准确的效益评估

（2）第三方销售物流。第三方销售物流是指企业将本企业的销售物流委托给第三方专业化物流企业，由专门的物流服务企业组织企业的销售物流。

第三方销售物流的主要优点在于专业化和一体化。一方面，第三方物流企业往往是专业从事物流业务的物流企业，面向很多生产企业提供物流服务，其物流服务水平更加专业，能保证销售物流服务质量；另一方面，第三方销售物流可以将企业的销售物流与采购物流一体化，也可以将许多企业的物流需求一体化，采取统一的解决方案，从而有效提高销售物流的服务效率。

（四）回收与废弃物物流

1. 企业回收物流

回收物流是指退货、返修物品和周转使用的包装容器等从需方返回供方所引发的物流活动。回收物流包括销售退货、生产加工中的不合格品返修以及周转使用的包装物从需求方返回企业等形成的物资实体流动。企业在生产、供应及销售活动中总会产生各种边角余料和废料，这些东西的回收是需要伴随物流活动的。在一个企业中，若回收物品处理不当，会影响整个生产环境，甚至影响产品质量，同时还会占用很大的空间，造成浪费。

企业回收物流按其成因和处置方式，可分为投诉退货、终端退回、商业退回、维修退回、生产报废和副品、包装等六大类，具体的成因和处置方式如表5-4所示。

表5-4　回收物流成因和处置方式

类　别	成　因	处　置　方　式	举　例
投诉退货	运输短缺或重复、质量问题	检查、确认、退换货、补货	电子消费品，如手机
终端退回	完全使用后需处理	再加工、再利用、再循环	计算机组件、打印硒鼓、家电
商业退回	未使用即退回	再销售、再加工、再循环	零售商积压库存，如时装
维修退回	缺陷或损坏	维修、修复	有缺陷的家电和电子消费品
生产报废和副品	经济法律法规	再利用、再生产、再循环	钢铁业产品
包装	包装物可多次循环使用	再使用、再循环	啤酒箱、包装袋

2. 废弃物物流

废弃物物流过程实际上就是对废弃物的处理过程。废弃物物流过程是根据实际需要对废弃物进行收集、分类、加工、包装、搬运、储存等物流作业过程，还包括将废弃物分送到专门的处理场所进行最后处理的过程。

三、企业物流管理的概念、内容和结构

企业物流管理通过对企业物流功能的最佳组合，在保证一定服务水平的前提下实现物流成本的最小化，进而提高企业的经济效益。

（一）企业物流管理的概念

企业物流管理是指对企业生产经营中的物流活动进行计划、组织、协调、控制的活动。企业物流管理是企业管理的重要组成部分。

企业物流管理的本质是对物流活动的管理，是处理物流活动关系的活动。企业物流管理是企业物流功能的最佳组合，即企业物流中的运输、储存、装卸搬运、配送、包装、流通加工和信息处理等各种物流功能的最佳组合。企业物流活动关系是企业物流活动中所发生的企业与其他物流主体以及企业内部的物流业务关系。企业物流管理对企业物流活动中的各种物流功能进行优化组合，并处理好在这一过程中的各种物流活动关系。因而，企业物流管理的目标主要包括确保物流服务水平、物流成本最低化、企业经济效益最大化等。

（二）企业物流管理的内容

企业物流管理的内容可从不同的角度进行理解，如物流活动要素管理、物流系统要素管理以及物流职能管理等。

1. 物流活动要素管理

（1）运输管理。运输管理的主要内容包括运输方式及服务方式的选择，运输路线的选择，车辆调度与组织等。

（2）储存管理。储存管理的主要内容包括原料、半产品和成品的储存策略、储存统计、库存控制和养护等。

（3）装卸搬运管理。装卸搬运管理的主要内容包括装卸搬运系统的设计，设备规划与配置，作业组织等。

（4）包装管理。包装管理的主要内容包括包装容器和包装材料的选择与设计，包装技术和方法的改进，包装系列化、标准化、自动化等。

（5）流通加工管理。流通加工管理的主要内容包括加工场所的选定，加工机械的配置，加工技术与方法的研究和改进，加工作业流程的制定与优化。

（6）配送管理。配送管理的主要内容包括配送中心选址及优化布局，配送机械的合理配置与调度，配送作业流程的制订与优化。

（7）物流信息管理。物流信息管理主要是指对反映物流活动内容的信息，如物流要求的信息、物流作用的信息和物流特点的信息，所进行的收集、加工、处理、存储和传输等。如今信息管理在物流管理中的作用越来越重要。

（8）客户服务管理。客户服务管理主要是指对与物流活动相关的服务的组织和监督。

例如，调查和分析顾客对物流活动的反应，决定顾客所需要的服务水平、服务项目等。

2. 物流系统要素管理

从物流系统要素的角度看，企业物流管理的内容包括：

（1）人的管理。人是物流系统和物流活动中最活跃的因素。人的管理包括物流从业人员的选拔和录用，物流专业人才的培训与技能的提高，物流教育和物流人才培养规划的制定等。

（2）物的管理。这里的"物"是指物流活动的客体，即物质资料实体。物的管理贯穿于物流活动的始终，它涉及物流活动中的诸要素，即物的运输、储存、包装、流通加工等。

（3）资金的管理。资金的管理主要是指物流管理中有关降低物流成本、提高经济效益等方面的内容，它是物流管理的出发点，也是物流管理的归宿。其主要内容包括物流成本的计算与控制，物流经济效益指标体系的建立，资金的筹措与运用，提高经济效益的方法等。

（4）设备的管理。设备的管理主要是指与物流设备管理有关的各项内容。其主要内容包括各种物流设备的选型与优化配置，各种设备的合理使用和更新改造，各种设备的研制、开发与引进等。

（5）方法的管理。方法的管理的主要内容包括各种物流技术的研究、推广普及，物流科学研究工作的组织与开展，新技术的推广普及，现代管理方法的应用等。

（6）信息的管理。信息是物流系统的神经中枢，只有做到有效地处理并及时传输物流信息，才能对系统内部的人、财、物、设备和方法五个要素进行有效的管理。

3. 物流职能要素管理

物流活动从职能上划分，主要包括物流计划管理、物流质量管理、物流技术管理和物流经济管理等。

（1）物流计划管理。物流计划管理是指对物质生产、分配、交换、流通的整个过程的计划管理，即在物流系统大计划管理的约束下，对物流过程中的每个环节都进行科学的计划管理，具体体现在物流系统内各种计划的编制、执行、修正及监督的整个过程中。物流计划管理是物流管理工作的首要职能。

（2）物流质量管理。物流质量管理包括物流服务质量、物流工作质量、物流工程质量等各方面的管理。物流质量的提高意味着物流管理水平的提高，意味着企业竞争力的提高。因此，物流质量管理是物流管理工作的中心问题。

（3）物流技术管理。物流技术管理包括物流硬技术的管理和物流软技术的管理。对物流硬技术进行管理就是对物流基础设施和物流设备的管理，如物流设施的规划、维修和运用，物流设备的购置、安装、使用、维修和更新，提高设备的利用效率，日常工具的管理工作等；对物流软技术进行管理，主要包括各种物流专业技术的开发、推广和引进，物流作业流程的制定，技术情报和技术文件的管理，物流技术人员的培训等。物流技术管理是物流管理工作的依托。

（4）物流经济管理。物流经济管理包括物流成本费用的计算和控制，物流劳务价格的确定和管理，物流活动的经济核算和分析等。其中，物流成本费用管理是物流经济管理的核心。

（三）企业物流管理的结构

按照企业物流管理的功能，企业物流管理可以分为规划管理、控制管理和作业管理三个层面，如图 5-6 所示。

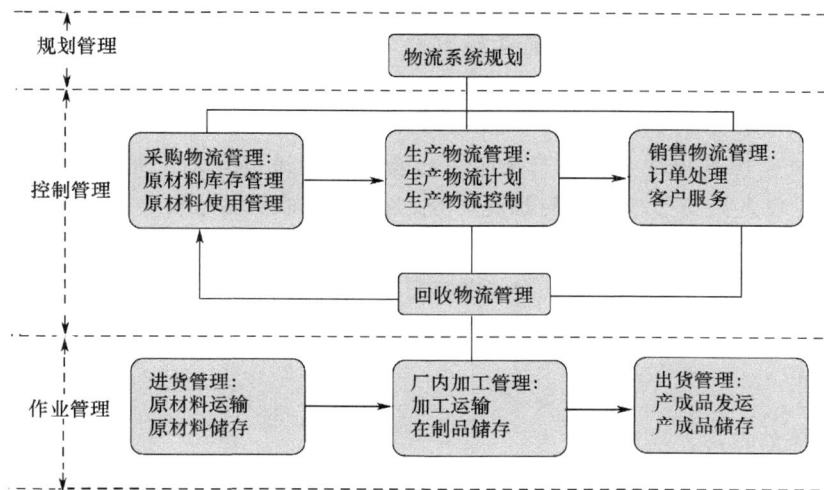

图 5-6　企业物流管理结构示意图

（1）规划管理。规划管理是对整个物流系统进行统一计划、实施和控制。规划管理的目的在于通过实施规划管理而形成有效的反馈约束和激励机制，其主要内容包括物流系统战略规划、系统控制和绩效评定等。

（2）控制管理。控制管理是对物流流动过程的控制。控制管理的主要内容包括订货处理、客户服务、库存计划与控制、生产计划与控制、物料采购与管理等。

（3）作业管理。作业管理是为完成物料在企业生产经营过程中的时间和空间转移而实施的管理活动。作业管理的主要内容包括发货与进货运输、厂内加工运输、包装、保管和流通加工等。

本章小结

1. 物流是物品从供应地向接收地的实体流动过程。根据实际需要，将运输、储存、装卸、搬运、包装、流通加工、配送、信息处理等基本功能实施有机结合。物流的本质是服务。

2. 目前关于物流的相关理论学说有"黑暗大陆"学说、物流成本"冰山"学说、"第三利润源"学说、"效益悖反"学说、物流战略学说、物流的供应链理论、物流的"森林"等。

3. 物流管理是指为了以合适的成本达到客户所满意的服务水平，对物流活动进行的计划、组织、指挥、协调与控制。物流管理的目标具体包括快速反应、最小变异、最低库存、物流质量、整合运输以及生命周期支持等。

4. 物流活动基于作业功能，可分为基本活动和支援活动。其中，基本活动包括运输、储存、包装、装卸、搬运等，支援活动则有流通加工和物流信息活动，它们共同构成了物流的业务环节。

5. 企业物流是从企业角度研究与之有关的物流活动。企业物流是指生产和流通企业在经营活动中所发生的物品实体流动。企业物流是物品从原材料供应，经过生产加工到产成品及其销售，以及伴随生产消费过程所产生的废弃物的回收和再利用的完整循环活动过程。

6. 企业物流包括采购物流、生产物流、销售物流、回收与废弃物物流四部分。

7. 企业物流管理是指对企业生产经营中的物流活动进行计划、组织、协调、控制的活动。企业物流管理是企业管理的重要组成部分。企业物流管理的本质是对物流活动的管理，是处理物流活动关系的活动。企业物流管理的内容可从不同的角度进行理解，如物流活动要素管理、物流系统要素管理以及物流职能管理等。按照企业物流管理的功能，企业物流管理管理可以分为规划管理、控制管理和作业管理三个层面。

复习思考题

1. 介绍物流的概念。
2. 请阐述不同物流理论学说的核心思想。
3. 物流管理的概念和目标是什么？
4. 物流管理包括哪些内容？
5. 企业物流管理的概念和企业物流管理系统的含义是什么？
6. 企业物流系统的构成包括哪些方面？
7. 企业物流管理的内容和结构是怎样的？

案例思考

国美电器的物流系统

国美电器有限公司（简称国美电器）成立于1987年1月1日，是一家以经营各类家用电器为主的全国性家电零售连锁企业，隶属于北京鹏润投资集团。目前，国美电器已发展成为全国最大的家电零售连锁企业之一，在全国各地拥有90余家大型连锁商城。国美电器凭借什么实现其宏伟蓝图呢？支持国美电器高速扩张的物流系统是如何运作的？

国美电器的物流系统可分为三部分：采购、配送、销售，其中的核心环节是销售。国美电器在薄利多销、优质低价、引导消费、服务争先等经营理念的指引下，依托连锁经营搭建起庞大的销售网络。国美电器的大单采购已经成为其基本供销模式。国美电器在采购上采取了统一采购和招标采购等先进的采购模式。统一采购可以凭借巨额的采购量来压低进货价格。国美电器的每家连锁店每天都要将存货、销售、补货等情况上报各分部，各分部再汇总上报总部，总部负责确定总的补货计划。采购的高度集中增加了国美电器的价格优势，同时也使国美电器增加了和厂家谈判的筹码。厂家不仅提供给国美电器较低的供货价格，而且也能够及时供货。此外，国美电器还依靠自己雄厚的资金实力，通过互联网和组织招标会议，向生产厂家抛出巨额采购订单，不仅可以进一步压低价格，而且还可以增加与新品新厂的接触。

采购与销售只是完成了整个家电产品的商流过程，而作为整个销售过程的重要部分，仓储配送是销售不可或缺的部分，甚至可以说是销售的命脉。国美电器专门成立了物流配送中心。配送中心由各分部下属的市场营销中心直接管理，完成货物储存、保管、配送等工作。国美电器门店业务负责人每天上班的第一件事是填写需货通知单，传到"大库"，如北京地区配送中心，在那里排上队，随后门店所属的大货车开到位于京郊的大库提货。中午时分，所需商品便能运到门店，进入门店所附的"小库"。一般门店每天都要从大库调货，多的时候一天要调七八趟。大库、小库构成了国美电器全国连锁体系的物流系统的枢纽。

目前国美电器在 15 个城市设有分公司，每个地区都建有一个面积 $70000 \sim 10000 m^2$ 的大型配送中心，直营门店共 80 多家。家电产品由厂家各地分公司直接拉进这些配送中心，再由配送中心分送至与其对应的众多门店。现成的商品结构、服务配送体系和作业流程，使得国美电器网上商城的业务进展颇为顺畅。为满足网上业务快速增长的需要，国美已经上马ERP 系统，将建立一套真正适合网上商城管理的内部快速反应体系。

（资料来源：根据网上资料整理）

问题讨论：

1. 国美电器的物流系统包括哪些方面？各个方面是如何运行的？

2. 电子商务环境下，国美电器网上商城的运作对其物流体系提出了哪些要求？国美电器应如何面对？请谈谈你的看法。

企业管理学

第 三 篇

企业支
持活动

第六章　企业战略管理

学习目标

1. 掌握企业战略、愿景、使命和战略目标的概念。
2. 熟悉企业战略的构成要素及企业战略的三个层次。
3. 熟悉企业战略管理的过程，掌握波特的"五力模型"。
4. 掌握企业的资源和核心竞争力的概念。
5. 掌握价值链分析方法和 SWOT 分析。
6. 掌握一般竞争战略以及企业总体战略。
7. 了解波士顿矩阵。

【关键术语】

企业战略　愿景　使命　战略目标　五力模型　核心竞争能力　价值链
SWOT 分析　竞争战略　总体战略　波士顿矩阵

【结构框图】

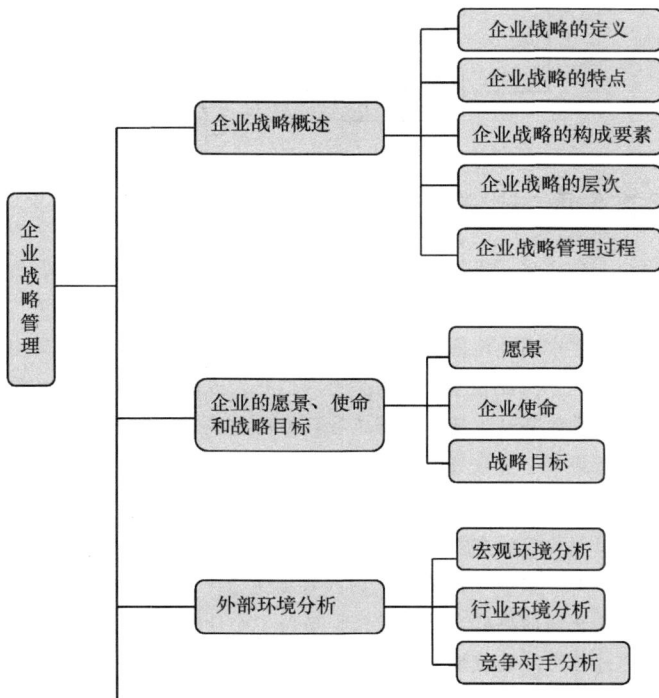

```
                                    ┌─────────────┐
                                ┌───│   资源分析   │
                                │   └─────────────┘
              ┌──────────────┐  │   ┌─────────────────┐
          ┌───│企业资源和能力分析│──┼───│ 核心竞争能力分析 │
          │   └──────────────┘  │   └─────────────────┘
          │                     │   ┌─────────────┐
          │                     ├───│  价值链分析  │
          │                     │   └─────────────┘
          │                     │   ┌─────────────┐
          │                     └───│  SWOT 分析   │
          │                         └─────────────┘
          │                         ┌─────────────┐
          │                     ┌───│ 成本领先战略 │
          │   ┌──────────────┐  │   └─────────────┘
          ├───│企业一般竞争战略│──┼───│  差异化战略  │
          │   └──────────────┘  │   └─────────────┘
 ┌──────┐ │                     │   ┌─────────────┐
 │企业  │ │                     └───│  集中化战略  │
 │战略  │─┤                         └─────────────┘
 │管理  │ │                         ┌─────────────┐
 └──────┘ │                     ┌───│   稳定战略   │
          │                     │   └─────────────┘
          │                     │   ┌─────────────┐
          │   ┌──────────────┐  ├───│   紧缩战略   │
          ├───│  企业总体战略  │──┤   └─────────────┘
          │   └──────────────┘  │   ┌─────────────┐
          │                     ├───│   增长战略   │
          │                     │   └─────────────┘
          │                     │   ┌─────────────┐
          │                     └───│  波士顿矩阵  │
          │                         └─────────────┘
          │                         ┌─────────────┐
          │   ┌──────────────┐  ┌───│   战略实施   │
          └───│ 战略的实施和控制│──┤   └─────────────┘
              └──────────────┘  │   ┌─────────────┐
                                └───│   战略控制   │
                                    └─────────────┘
```

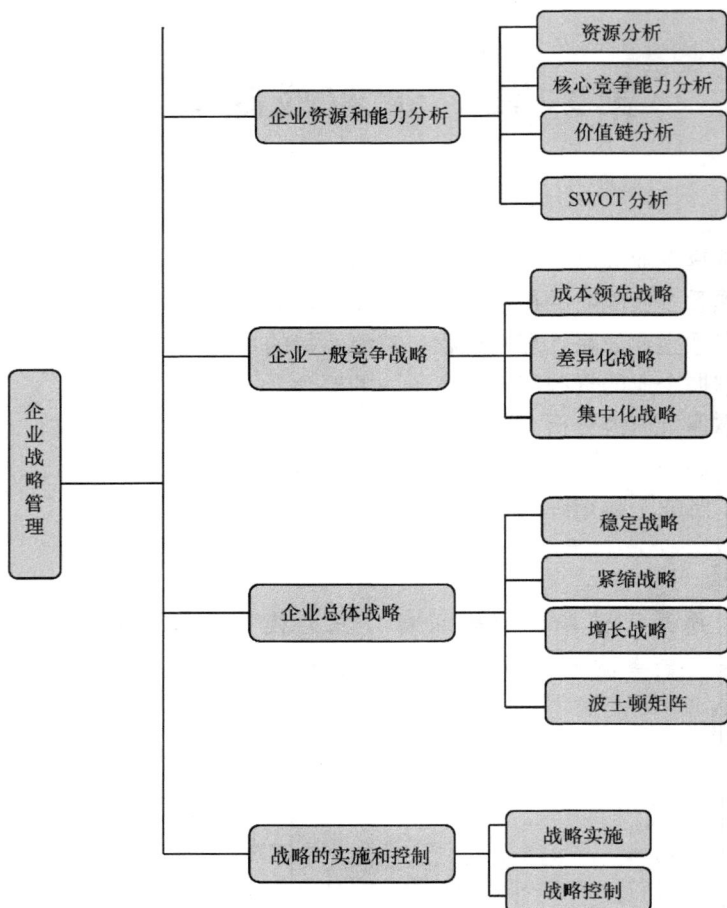

【引入案例】 白象方便面的战略调整

在中国本土的方便面企业中，近几年快速崛起的企业代表主要有河北的华龙，河南的白象、斯美特等企业。它们的成功崛起无疑与它们选择了正确的战略有很大关系。

在中国的方便面市场，来自中国台湾的康师傅与统一一直占据着高端市场。高端市场诱人的利润空间和良好的品牌形象无疑也成了许多企业希望分割的蛋糕。但是，残酷的现实却给了希望分割这块蛋糕的企业沉重的打击：许多企业为了进入高端市场，不惜花费巨资引进先进的生产设备，开发了类似康师傅的产品，企图通过比康师傅产品面饼大、质量好的优势从康师傅与统一的市场中分的一杯羹，然而遗憾的是这些在碰壁后没有进行战略调整的企业到现在已经在市场上见不到身影了。

而以华龙、白象、斯美特为代表的方便面企业，避开与"康统"在城市高端市场的正面交锋，选择它们深入不到的三四级市场，采取"农村包围城市"的战略迅速在这些市场发展壮大并站稳了脚跟。它们在建立区域优势后，进行了面向全国的战略布局和扩张，确保了企业规模和效益的快速增长，也从而奠定了它们在中国方便面行业中的地位，从区域性品牌变成了全国性品牌。

白象在战略上的创新，除了避开与"康统"在一二级高端市场的正面冲突和面向全国的战略布局和扩张外，在其发展历程中，有几次大胆的战略创新不仅对白象的发展意义重大，而且对整个方便面行业的发展也起到了至关重要的意义。

（1）开发 100g 的大面块产品，产品定位"实惠看得见"。在 20 世纪 90 年代前期和中期，中国三四级市场的主导企业是华丰、熊毅武、幸运等，它们所销售的都是 70g 左右（单料）的产品。当时白象力量非常弱小，企图也靠 70g 左右的产品，通过价格和政策优势采取跟随战略去强占市场。然而事实证明，白象的这一战略是错误的。通过对市场和行业的分析，以董事长姚忠良先生为代表的企业领导者，果断地在中国大陆市场首推 100g（单料）产品，并在企业内部建立了相应的资源匹配，从而跳出了与华丰、熊毅武、幸运等企业的正面交锋，进入了蓝海。随着"实惠看得见"的宣传语，白象的这款产品很快随着白象的营销大军攻城略地，势不可挡，改写了中国方便面市场的格局。

（2）开发了以金白象为代表的大面饼双料和三料产品，产品定位"满意更有味"。随着人们消费水平的提高，消费者对于方便面口味的要求就越来越高，单纯靠大面饼单料的实惠作为定位的产品已经无法进一步更好地满足消费者的需求。白象紧抓这一趋势，推出了双料产品（粉料加酱料）产品。这些产品的推出，在白象的整个发展过程中也承担了重大的使命。

（3）白象大骨面的强势推出，产品定位"营养"。对于方便面产品，一个很尴尬的现实就是大家都认为"尽管方便，但是没有营养"。随着消费能力和消费意识的提高，消费者对产品营养的需求也越来越旺盛。白象又一次把握住了机会，强势推出了零售一元三包料（粉料、酱料、蔬菜料）的大骨面。在零售一元产品市场规模的快速增长中，白象大骨面利用自己的营养诉求点，不但一下子与其他竞争者的一元产品和其他产品形成了区别，而且使企业形象在消费者心目中得到了极大的提升。"零售一元的营养面"在消费者心中的占位让其他企业花多少广告费也无法替代。

（资料来源：中国食品商务网）

在企业的经营活动中，企业不仅要研究当前如何生存的问题，还必须研究未来如何发展的问题。今天的企业所面临的环境已不同于过去相对稳定的环境，由于企业的各种环境因素在剧烈变化，企业的整体环境也瞬息万变，所以企业必须根据环境的变化来谋划企业的发展。因此，企业战略管理已经成为企业必不可少的内容。

第一节　企业战略概述

"战略"（战争术语）一词原意是指军事，在我国古代，"战略"一词最早的解释仅是有关战斗的谋划。在西方，"战略"一词源于希腊语"Strategos"，后进而变为"Stragia"，前者意为"统帅""将领""指挥官"，后者意为"战役""谋略"。无论东方还是西方，"战略"总是源于军事，意指"为将之道"，其本意是对战争全局的筹划和指导。

随着人类社会的发展，"战略"一词被引申到政治领域，作为某个政党、某国政策规定在一定时期内的全局性方针，包括政治斗争中预定达到的主要目标和为达到目标所做的力量部署、采用的手段等。随后"战略"这个术语又广泛出现在社会经济领域，特别是 20 世纪 50 年代以来，社会经济活动日益复杂，对全局性的长远发展方向和指导思想的研究显得越来越重要，社会经济发展战略也逐步引起人们的重视。

企业战略是在第二次世界大战以后，特别是 20 世纪 50 年代以后发展起来的。20 世纪 50 年代以后，社会形势发生了变化，社会经济的发展需要战略管理。

企业为了争夺市场和生存发展的需要，在经营管理中将眼光由短期目标转向长期目标，由日常生产经营的专业职能化经营管理转向综合的全局性决策和管理，将战略思想运用于企业经营管理当中，形成了企业战略和战略计划的概念。

一、企业战略的定义

不同学派对企业战略下的定义不一样。

哈佛大学的钱德勒（AlfredD.Chandler，Jr.）在其《战略与结构》（《Strategy and Structure》）（1962 年）一书中将企业战略定义为：企业战略是确定企业基本长期目标、选择行动途径和为实现这些目标进行资源分配。哈佛大学的安德鲁斯（Kenneth R . Andrews）认为，企业战略是关于企业宗旨、目的、目标的一种模式，以及为达到这些目标所制定的主要政策和计划；通过这样的方式，战略用于解决企业目前从事什么业务和将要从事什么业务，企业目前是一种什么类型和将要成为什么类型。在钱德勒与安德鲁斯之间，安索夫（H.IgorAnsoff）于 1965 年出版了《公司战略》（《Corporate Strategy》）一书，提出了一个具有分析性和行动导向的战略定义：战略是一条贯穿于企业活动与产品、市场之间的"连线"。这条"连线"由四部分组成：产品与市场范围、增长向量、竞争优势以及协同作用。战略就是将企业活动与这四个方面连接起来的决策规则。

20 世纪 80 年代，哈佛大学的迈克尔·波特（Michael E. Porter）教授在《竞争战略》（《Competitive Strategy》）（1980 年）一书中，将战略定义为：企业战略是公司为之奋斗的一些目标与公司为达到它们而寻求的方法的结合物。20 世纪 80 年代以来，战略管理日益引起企业和学者的关注，理论有了很大的发展。加拿大麦吉尔大学战略管理专家明茨伯格（Henry Mintzberg）教授在对以往战略理论进行梳理和深入研究的基础上，将人们对战略的定义概括为"5P"观点：

战略是一种计谋（Ploy）。它是威胁和战胜竞争者的计策和谋略。

战略是一种计划（Plan）。它用于解决如何从现在位置走到将来位置的问题，是有意识的、正式的、有预谋的行动程序。

战略是一种行为模式（Pattern）。它是一段时期内一系列行动流的模式。

战略是一种定位（Position）。它使企业在一定的环境中找到一个有利于自身生存与发展的"位置"。

战略是一种观念（Perspective）。它是深藏于企业内部、企业主要领导者头脑中的感知世界的方式。它同企业中人们的世界观、价值观等因素相联系。

综上所述，可看出五种战略定义的区别，归纳如表 6-1 所示。

表 6-1 战略的五种定义

战 略 定 义	核 心 要 点
计划型战略定义	强调企业管理人员要有意识地进行领导，凡事谋划在前
模式型战略定义	强调战略重在行动，否则只是空想。认为战略也可以自发地产生
计谋型战略定义	强调战略是为威胁或击败竞争对手而采取的手段，重在达成目标
定位型战略定义	强调企业应适应外部环境、创造条件，更好地进行经营上的竞争与合作
观念型战略定义	强调战略过程的集体意识，要求企业成员共享战略观念，形成一致行动

这些不同的定义有助于对战略加深理解，避免发生概念上的混乱。每个定义都有其特殊性，而不能说哪个定义更为重要。

本书的定义是：企业战略（Strategy）是企业在竞争环境中为求得长期生存和不断发展而做的行为选择——行为目标（战略目标）的选择，以及达成此目标的手段和方式的选择。

二、企业战略的特点

（1）全局性。企业战略是以企业全局为对象，根据企业总体的发展需要而制定的。

（2）抗争性。企业战略是企业在市场竞争中与对手相抗衡的行动方略，即针对来自市场竞争对手的冲击、压力、威胁和困难，为争取顾客、争夺市场、提高市场占有率而进行的运筹谋划。

（3）长期性。企业战略是对企业未来一定时期生存和发展的统筹谋划，它着眼于企业的长远发展，追求的是企业长期利益。

（4）风险性。企业战略是对企业未来发展的规划，而战略实施的环境总是不确定的、变化莫测的，因此，企业战略必然存在着一定的风险。

（5）纲领性。企业战略规定的是企业总体的长远目标和发展方向，以及实现目标的基本方针、重大措施和步骤。这些内容一般带有原则性规定的特点，具有行动纲领的意义。

三、企业战略的构成要素

不同学者对企业战略的构成要素有着不同的认识。

安索夫认为，企业战略是由产品和市场范围、增长向量、竞争优势和协同作用四个要素组成的（见图 6-1）。

产品和市场范围是指企业所生产的产品和竞争所在的市场；增长向量是指企业计划对其产品和市场范围进行变动的方向；竞争优势是指那些可以使企业处于强有力竞争地位的产品和市场的特性；协同作用是指企业内部联合协作可以达到的效果。

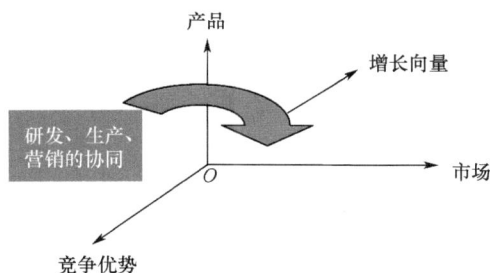

图 6-1　安索夫的战略四要素

根据霍夫和申德尔（Hofer & Schendel）的观点，企业战略是由经营范围、资源配置、竞争优势和协同作用四个部分组成的（见图 6-2）。

霍夫和申德尔的观点比安索夫又进了一步，既考虑了外部环境的作用，也考虑了企业内部的资源，更符合战略管理的思想。

日本学者伊丹敬之认为，企业战略的构成要素有三种：产品与市场群、业务活动领域和经营资源群。

产品与市场群就是要解决本企业的活动目标应确定在哪一个产品领域及市场领域；业务活动领域是指企业应承担哪些业务环节的活动；经营资源群是指企业如何把开展活动所需要的各种资源和能力结合起来，以及在什么方向上积累资源。

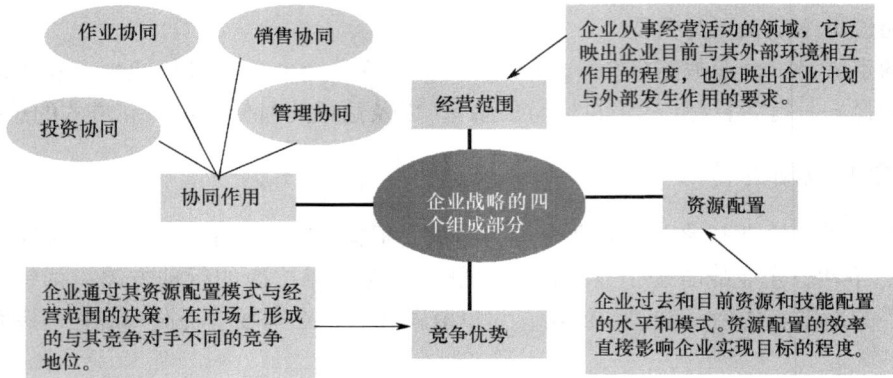

图 6-2　霍夫和申德尔的企业战略要素

四、企业战略的层次

企业战略可分为三个主要的层次：公司层战略（Corporate Strategy）、事业层战略（Business Strategy）和职能层战略（Functional Strategy）（见图 6-3）。

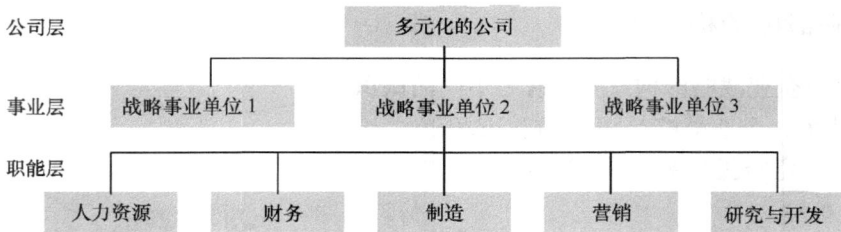

图 6-3　企业战略层次

（1）公司层战略。它又称总体战略，是企业的最高管理层指导和控制企业一切行为的最高行动纲领。它需要根据企业的目标，选择可以与对手进行竞争的经营领域，合理配置企业经营所必需的资源，使各项经营业务相互支持和协调。它主要回答企业应该在哪些经营领域里进行活动的问题，即回答"我们应当拥有什么样的事业组合"。

（2）事业层战略。它是指战略经营单位、事业部或子公司的战略。它是在企业总体战略的指导下，某一个战略经营单位的战略，是企业总体战略下的子战略。它的重点是要改进一个战略经营单位在它所从事的行业或某特定的细分市场中所提供的产品和服务的竞争地位，即回答"在我们的每一项事业里应当如何进行竞争"这一问题。

（3）职能层战略。它是在职能部门，如制造、市场营销、财务、人力资源、研究与开发等部门中，由职能管理人员制定的短期目标和计划。它直接处理一些具体问题，如生产及市场营销系统的效率，顾客服务的质量和程度，提高特定产品或服务的市场占有率等。其目的是实现公司层和事业层的战略计划。

五、企业战略管理过程

企业战略管理是企业高层管理人员为了企业长期的生存和不断发展，在充分分析企业外部环境和内部条件的基础上，确定和选择达到目标的有效战略，并将战略付诸实施和对战略实施的过程进行控制和评价的一个动态管理过程。这一过程可分为八个步骤，如图 6-4 所示。

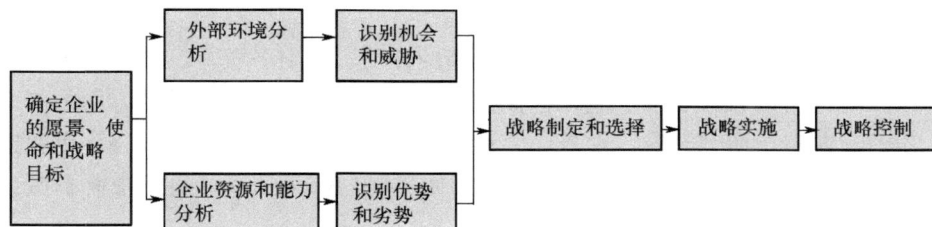

图 6-4　企业战略管理过程

步骤 1：确定企业的愿景、使命和战略目标。

在战略制定的早期阶段，企业的管理者需要解决这样一个问题：我们企业的愿景（Vision）是什么？也就是说，企业将去向何方？对企业的长期发展方向进行谨慎、仔细的思考，并得出周全、缜密的结论，将推动企业的管理者认真地研究和分析企业目前的业务，对企业在今后 5 年或者 10 年之中是否需要变革以及怎样变革有更加清醒的认识。

当前寻求为其顾客所做的一切通常被称作企业的使命（Mission）。"使命"往往有利于清晰地表达企业现在所做的业务以及企业竭尽全力要满足的顾客需求。

愿景和使命只是一个纲，要使企业的进展有一个可以测度的标准，必须建立目标体系（Goal System），将企业的愿景和业务使命转换成明确、具体的业绩目标。目标体系的建立需要所有管理者的参与。详细介绍可见本章第二节。

步骤 2：外部环境分析。

环境在很大程度上定义了管理者的选择范围，企业必须对环境进行客观的分析和科学的预测。成功的战略将是与环境相吻合的战略。每一个管理者都要分析环境，包括一般的宏观环境，如政府的政策、法律法规对公司将会产生什么样的影响，产业的竞争结构以及竞争对手的情况，等等。在分析外部环境时，管理者应当检查具体的、特定的和一般的环境，以及正在发生的变化和趋势。管理者只有确切地抓住了外部环境正在发生的变化，以及意识到它对公司可能产生的重要影响，才算真正完成了战略管理过程的第二步。

步骤 3：识别机会和威胁。

通过对外部环境的分析，管理者需要评估企业面临的机会和威胁。机会（Opportunities）是外部环境因素的积极趋势，威胁（Threats）是负面趋势。

值得引起注意的是，同样的环境可能对处于同一产业中的不同企业意味着不同的机会或者威胁，这是因为每家企业的资源和能力不同。

步骤 4：企业资源和能力分析。

企业内部的资源和能力的分析也是战略管理的重要一步。必须分析企业有哪些资源，企业的雇员具有哪些技能，它的成功是否来源于创新的产品，财务状况如何，顾客怎么看待企业及其产品和服务质量，等等。管理者必须认识到，每一个企业，包括大型企业和成功企业，都在某种程度上受到所拥有的资源和能力的限制。

内部分析提供了关于企业特定资源和能力的重要信息。如果企业的任何能力和资源是与众不同的，那么这种能力和资源就被称为组织的核心能力。核心能力是组织主要的价值创造技能，它决定了组织的竞争优势。

步骤5：识别优势和劣势。

第四步的分析应该导致对企业内部资源清晰的评估，如财务资本、技术知识、有技能的员工队伍以及有经验的管理者等。它还应该指出企业在完成不同功能活动方面的能力，如市场营销、生产、制造、研究开发、财务、会计、信息系统、人力资源管理等。企业擅长的活动或者专有的资源构成企业的优势（Strengths）。而劣势（Weaknesses）是指企业不擅长的活动或非专有资源。

步骤6：战略制定和选择。

战略制定从根本上来说是一项以市场和客户为推动因素的企业家活动。战略需要在公司层面、经营层面和职能层面上分别建立。企业的战略就是企业管理层对如下关键的业务问题的答案：究竟是建立单业务组合，还是建立多元化业务组合？究竟是满足广泛范围的顾客的需求，还是聚焦于特定的小市场？究竟是发展狭窄的产品线，还是发展广阔的产品线？究竟是将企业的竞争优势建立于低成本之上，还是建立于产品特质的优越性之上，抑或是建立于独特的组织能力之上？如何对变幻的顾客偏好做出反应？究竟覆盖多大面积的地理区域？如何对新市场和竞争环境做出反应？如何使企业在很长时间内不断成长？因此，战略实际上反映了企业管理者所做的各种选择，表明这家企业将要致力于某些特定的产品、市场、竞争策略和企业经营之道。

步骤7：战略实施。

从根本上说，战略实施的特点是以行动为导向的，即"让事情发生"。其具体包括：建立战略执行组织，提高企业的战略能力和组织能力，制定预算进行资源分配，形成政策和运作程序，鼓励员工引导行为，塑造企业的文化，建立信息流通体系以便于战略传播，制度化等，这些都是战略实施过程的组成部分。

战略实施就是在战略执行过程中所采用的"运作方式"与"战略成功的必要条件"之间建立强大的协调性。战略实施的方法越能满足战略的必要条件，战略的执行就越顺利，就越有可能完成既定的目标。其中，最重要的协调是战略和组织能力之间的协调、战略和奖惩制度之间的协调、战略和内部支持体系之间的协调、战略和组织文化之间的协调（其中，后者是指组织成员共有的价值观和信仰，公司对人的管理制度，以及公司长久以来养成的行为、工作惯例和思维方式）。将组织的内部运作方式同战略成功的必要条件相协调，有助于将整个组织统一起来，去完成战略的实施。

步骤8：战略控制。

企业愿景、使命、目标体系、战略制定和战略实施从来是没有终点和起点可言的；评价业绩，监测新的发展态势，采取矫正性调整措施，这些都是战略管理过程中不可缺少的要素。

第二节　企业的愿景、使命和战略目标

企业战略管理的第一步就是确定企业的愿景、使命和战略目标，并将它们分解成具体可以执行的标准。

一、愿景

愿景(Vision)是企业为自己制定的长期奋斗目标，也可以形容为用文字描绘的企业未来图景。企业可以从不同的角度来陈述自己的愿景。

德鲁克认为，企业都要思考三个问题：第一个问题，我们的企业是什么？第二个问题，我们的企业将是什么？第三个问题，我们的企业应该是什么？这也是思考企业愿景的三个原点。

企业可以从质和量的角度、从战胜竞争者的角度、从相关角色的角度以及从内部改造的角度等方面来陈述企业的愿景。

波音公司(Boeing)的愿景：在民用飞机领域中成为举足轻重的角色，把世界带入喷气式时代(1950)。

福特汽车(Ford)的愿景：成为世界领先的汽车产品和服务公司。

中国联通(ChinaUnicom)的愿景：创国际一流电信企业，做世界卓越公司。

海尔集团(Haier)的愿景：创中国的世界名牌，为民族争光。

通用电气前 CEO 杰克·韦尔奇(JackWelch)认为，领导者(Leader)应该能够为企业创造一个诱人的愿景，能够通过沟通和宣传使每个人理解和接受这个愿景，并且能够鼓舞和激励大家为实现这个愿景而努力奋斗。愿景如同天上的北斗星，使走夜路的人不会迷路；愿景就像大海中的航标灯，使航船知道前进的方向。一个没有愿景的企业就像一个没有车头的火车，不知道走向何处。

二、企业使命

使命(Mission)是企业存在的目的和理由，表明企业目前和未来将要从事的经营业务范围。界定使命，必须包括以下内容：①顾客的需求；②顾客；③企业所从事的技术和活动。

麦当劳(Mc Donald's)的使命：在全球范围内向一个广泛的快餐食品顾客群"在气氛友好、卫生清洁的饭店里以很好的价值提供有限系列的、美味的快餐食品"。

微软公司(Microsoft)的使命：每个家庭、每张桌子上都有一台计算机，使用着伟大的软件作为一种强大的工具。

美国红十字会：改善人们的生活质量；提高自力更生的能力和对他人的关心程度；帮助人们避免意外事故，为意外事件做好充分的准备，处理好意外事故。

界定公司的业务使命要有适当的表述宽度：范围太宽，可能在语言上太模糊而显得空洞无物，不着边际，从而丧失了企业的特色；范围太窄，会由于语言上的局限而失去指导意义，失去与目标市场相似领域中的重要战略机会而限制企业的发展，如表6-2所示。

表 6-2　企业使命表述的宽度

企业/部门	不适宜的表述	适宜的表述
制笔公司	提供信息传播服务（太宽）	提供信息记录手段
电影公司	制作电影（太窄）	提供文化娱乐服务
CCTV《影视同期声》	影视介绍（太窄）	生产快乐

确定企业的愿景和使命具有重要的意义：一方面，明确、有效的愿景和使命可以使企业的高层管理者对企业的长期发展方向和未来业务结构有一个清晰的认识，可以降低企业的管理部门制定决策时的风险；另一方面，低层管理部门可以依照它来，设置部门使命和目标体系，制定与企业的发展方向和总体战略协同一致的职能部门战略。

三、战略目标

战略目标（Strategi Cobjectives）是企业在一定时期内，根据其外部环境变化和内部条件的可能，为完成使命所预期达到的成果。它指明了企业的发展方向和操作标准。

建立战略目标体系的目的是将企业的愿景和业务使命转换成明确具体的业绩目标，从而使得企业的发展有一个可以测度的标准。成功的管理者建立的企业业绩目标往往需要执行者付出较大的努力。大胆的、积极进取的业绩目标所带来的挑战往往会促使企业变得更加富于创造力，更加迫切地改善和提高企业的财务业绩和市场位置，在采取行动时目标更加明确，精力更加集中。

目标体系的建立需要所有管理者的参与。企业中的每一个单元都必须有一个具体的、可测度的业绩目标，其中，各个单元的这些目标必须对完成企业目标有实际的意义。如果整个企业的目标体系分解成了各个组织单元和低层管理者的明确、具体的分目标，那么，在整个企业中就会形成一种以结果为导向的气氛。如果企业内部对所作所为混沌无知，那么，企业最终将一事无成。最理想的情形是，建立团队工作精神，组织中的每一个单元都奋力完成其职责范围内的任务，从而为企业业绩目标的完成和企业战略使命的实现做出应有的贡献。

从整个企业的角度来看，需要建立两种类型的目标：与财务业绩有关的**财务地位目标**以及与战略业绩有关的**战略地位目标**。获得满意的财务结果至关重要。如果没有足够的盈利，那么企业所追求的战略愿景、企业的长期健康性及至企业的生存，都将受到威胁。无论是股东还是企业的领导者，都不会对一个不能带来满意的财务结果的事业继续投入资本。即便如此，获取满意的财务业绩本身还不够，还必须密切关注企业的战略健康性——企业的竞争力和长远的业务状况。如果企业的经营业绩不能反映企业不断提高的竞争力以及日益强大的市场位置，那么，企业的发展就不能鼓舞人心，企业继续产生良好财务业绩的能力也将受到怀疑。

财务地位目标表明，企业必须致力于达到下列结果：收益增长率、满意的投资回报率（或者经济增加值，EVA）、股利增长率、股票价格评价（或者市场增加值，MVA）、良好的现金流以及公司的信任度。

战略地位目标则不同，它的建立目的在于为企业赢得下列结果：获取足够的市场份额，在产品质量、客户服务或产品革新等方面压倒竞争对手，使整体成本低于竞争对手的成本，提高企业在客户中的声誉，在国际市场上建立更强大的立足点，建立技术上的领导地位，获得持久的竞争优势，抓住诱人的成长机会。战略目标体系的作用是让人密切注意，企业的管理层不但要提高企业的财务业绩，还要提高企业的竞争力量，改善企业的长远业务前景。

财务地位目标和战略地位目标都应该有一个实际的基础，也就是说，都应该有近期和长期的目标。短期目标体系主要是集中精力提高企业的短期经营业绩和经营结果。长期目标体系的作用似乎更有价值，它主要是促使企业的管理者考虑现在应该采取什么行动，才能使企业进入一种可以在相当长的一段时期内经营良好的状态。如果必须在长期目标和短期目标之间做出抉择和平衡，那就应该优先考虑长期目标，这是一条基本原则。

战略目标必须是各方所能接受的，能在股东、管理人员、顾客、员工、社会和政府等各相关利益群体之间求得平衡；应该是具体的、可以准确衡量的；应该是适中的并且具有挑战性。

阅读材料　游泳的故事

1952 年 7 月 4 日清晨，加利福尼亚海岸下起了浓雾。在海岸以西约 34km 的卡塔林纳岛上，一个 43 岁的女人准备从太平洋游向加利福尼亚海岸，她叫费罗伦丝·查德威克。

那天早晨，雾很大，海水冻得她身体发麻，她几乎看不到护送她的船。时间一个小时一个小时地过去，千千万万人在电视上看着。有几次，鲨鱼靠近她了，被人开枪吓跑了。15 小时之后，她又累，又冻得发麻。她知道自己不能再游了，就叫人拉她上船。她的母亲和教练在另一条船上。他们都告诉她海岸很近了，叫她不要放弃。但她朝加利福尼亚海岸望去，除了浓雾，什么也看不到……

然而，人们拉她上船的地点，离加海岸实际已不到 1km！后来她说，令她半途而废的不是疲劳，也不是寒冷，而是因为她在浓雾中看不到目标。查德威克一生中就只有这一次没有坚持到底。

所以，目标要看得见、够得着，才能成为一个有效的目标，才会形成动力，帮助人们获得自己想要的结果。

第三节　外部环境分析

现代管理把企业看作一个开放的系统，把企业外部的对其产生影响的各种因素和力量统称为外部环境。任何企业都是在一定环境中从事活动的，环境的特点及其变化必然会影响组织活动的方向、内容以及方式的选择。

外部环境是企业生存、发展的土壤，它既为企业的生产经营活动提供必要的条件，同时也对其生产经营活动起着制约的作用。企业生产经营所需的各种资源都需要从外部环境去获取。任何企业，无论生产什么产品或提供什么服务，都只能根据外部环境能够提供的资源种类、数量和质量来决定其生产经营活动的具体内容和方向。与此同时，企业利用上述资源经过自身的转换产生出产品和劳务，也要在外部市场上进行销售。那么，在生产之前和生产过程中，企业就必须考虑到这些产品能否被用户所接受，是否受市场欢迎。

对企业经营活动有着直接而且重要影响的因素，可能来源于不同的层面。通常，按照环境因素是对所有相关企业都产生影响还是仅对特定企业具有影响，将企业的外部环境分为宏观环境和行业环境。

一、宏观环境分析

宏观环境也就是企业活动所处的大环境，主要由政治环境、经济环境、社会环境、技术环境等因素构成。宏观环境对处在该环境中的所有相关组织都会产生影响，而且这种影响通常间接地、潜在地影响企业的生产经营活动，但其作用却是根本的、深远的。（详细内容参见本书第二章。）

二、行业环境分析

行业是影响企业生产经营活动的最直接的外部因素，是企业赖以生存和发展的空间。行业是由一些企业构成的群体，它们的产品有着众多相同的属性，以至于它们为了争取同样的一个买方群体而展开激烈的竞争。行业之间在经济特性和竞争环境上有着很大的区别。例如，有的行业已经存在了很多年，而有的行业才刚刚兴起，它们的当前规模、将来的总容量和市场增长率都十分不同；在一个行业中，各种竞争力量可能比较"温柔"，而在另一个行业中，竞争却是"你死我活"的。而且，行业中的差别还体现在对价格、产品质量、性能特色、服务、广告和促销、新产品开发等方面的重视程度不同。

（一）行业主要经济特性分析

行业的主要经济特征如下：

（1）市场规模。

（2）竞争的范围。

（3）市场增长速度以及行业在生命周期中目前所处的阶段。

（4）竞争企业的数目及其规模。

（5）购买者的数量及其相对规模。

（6）前向整合和后向整合的普遍程度。

（7）到达购买者的分销渠道的种类。

（8）技术革新、产品更新的速度。

（9）竞争对手的产品。

（10）生产能力利用率高低。

（11）进入和退出的障碍。

（12）行业的盈利水平。

（二）行业竞争分析

虽然不同行业的竞争压力不可能完全一样，但是竞争全过程的作用方式是相似的。一个行业中的竞争状态是各个竞争力量共同作用的结果。按照波特的观点，一个行业的盈利潜力是由潜在的进入者、供应商、购买者、替代品和行业内现有竞争者五种力量共同决定的。图

6-5清晰地表明了行业的竞争力量，称为"五力模型"（the Five Forces Model of Competition）。

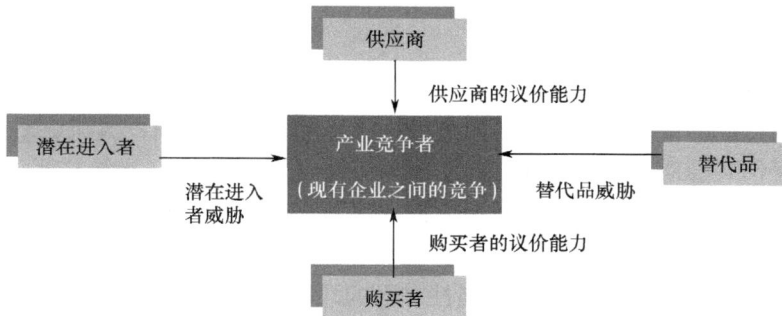

图 6-5　波特的"五力模型"

1. 潜在进入者威胁

潜在进入者威胁的大小取决于进入壁垒的高低和行业内现有企业的反击程度。

进入壁垒的影响因素包括：

（1）规模经济。规模经济是指生产单位产品的成本随生产规模的增加而降低的现象。由于规模经济的存在，潜在进入者如果以大的生产规模进入的话，一方面投资大，需要大量的资本投入；另一方面，也会引起现有行业中的企业的抵制。如果以小的生产规模进入，则不能形成规模经济，成本上的劣势就不可避免。这样就构成了有效的行业壁垒。

（2）产品差异。产品差异是指由于顾客或用户对企业产品质量或品牌信誉的忠诚程度不同而形成的产品之间的差异。产品差别化迫使新进入者为克服消费者对原有产品的忠诚而不得不花费巨资，由此构成一种进入壁垒。

（3）资本需求。资本需求是指企业进入某行业所需的物资和货币的总需求量，包括生产设施需要的资金，如广告、宣传、研发、客户赊账、存货、弥补投产的亏损等。

（4）转换成本。转换成本是指购买者变换供应者所支付的一次性成本。它包括培训雇员的费用，新设备的支出，测试某项新来源或验证合格的费用，技术援助费用等。

（5）进入销售渠道。进入销售渠道是指企业进入新行业时面临的与以往不同的产品分销途径或方式，包括让价、联合广告等。其难易程度对进入壁垒产生较大影响。

（6）与规模经济无关的成本优势。现有企业所具备的成本优势包括：专有的产品工艺；利用专利或保密手段来保持产品的专有的生产技能和设计特点；取得原料的有利途径；有利的地理位置；政府的贴补；知识曲线和经验曲线等。这些因素都可能会对潜在进入者构成进入壁垒。

（7）政府政策。政府通过发放许可证，能够限制甚至阻止某些行业的进入。例如，铁路、酒类、空运等行业设置有进入门槛。

除了进入壁垒以外，潜在进入者进入该行业还容易引起原有企业的强烈反击，也会形成进入威胁。如果具备下列条件，则进入威胁就大：

（1）过去曾强烈报复进入者。

（2）现有企业有足够用于反击的资源。

（3）现有企业承担了行业内的大部分合约并使用大量非流动性资产。

（4）行业发展缓慢，吸收新生产力的能力有限。

2. 替代品威胁

识别替代品就是找出与本行业产品具有相同功能的其他产品。替代品威胁是指其他行业的产品可以与该行业的产品一样满足消费者相同需求的情况。例如，我国铁路运输业虽然近乎独家经营，但仍要面对公路运输业、航空运输业的竞争；电视、报纸、互联网展开竞争。来自替代产品的竞争压力强度取决于三个方面的因素：

（1）是否可以获得价格上有吸引力的替代品。

（2）在质量、性能和其他一些重要属性方面的顾客满意程度如何。

（3）购买者转向替代品的难度，即用户转换费用的高低。

3. 购买者的议价能力

购买者（买方）也在与行业内的企业竞争，他们迫使企业降低价格，提供高质量的产品和更多的服务，并使行业内的企业互相对立，这些都会降低行业的获利能力。一些因素，如用户的集中程度、用户的转移成本、用户的盈利能力、用户掌握的信息、用户后向一体化的可能性、用户从本行业购买产品的标准化程度、用户购买的产品在其成本中所占的比例、本行业产品对用户产品质量的影响程度等，决定了购买者在行业中的影响程度。

4. 供应商的议价能力

供应商可以通过提高供应价格以及降低产品或服务的质量等手段，向某行业内的企业讨价还价。如供应商的集中程度、供应品的可替代程度、供应品的特色和转移成本、该行业是否是供应商的重要买主、供应商的产品质量对用户的重要程度、本行业的集中程度、供应商前向一体化的程度等因素，决定了供应商相对于企业在行业中的影响力。

5. 行业内现有企业的竞争

行业内现有企业之间的竞争常常采用人们熟悉的手段争夺市场地位，如价格竞争、广告大战、产品介绍和增加对顾客的服务等。竞争之所以发生，是因为一个或更多的竞争者感到了来自其他企业的压力，或看到了提高市场占有率的机会。在许多行业，由于其企业是相互依赖的，所以一个企业所挑起的竞争活动必然对其他竞争对手产生显著的影响并引起抵制这种行为的反击或努力。一些因素，如市场增长率、固定费用和存储费用、行业内生产能力的变化、竞争者的多少及力量对比、产品特色与用户的转移成本、战略性赌注、进入障碍和退出壁垒等，决定了产业中现有企业之间相互竞争的强度。

三、竞争对手分析

竞争对手是指与本企业争夺市场和资源的对手。根据波特对竞争对手的分析模型，对竞争对手的分析有四项要素：竞争对手的长期目标、现行战略、关于自己和产业的假设，以及竞争对手的潜在能力（见图6-6）。

竞争对手的长期目标分析的内容包括：竞争对手的风险态度；竞争对手的组织结构；竞争对手的人力资源模型；竞争对手的会计制度和惯例；竞争对手的控制与奖励措施；已声明和未声明的财政目标；管理部门中关于未来目标的一致性意见。

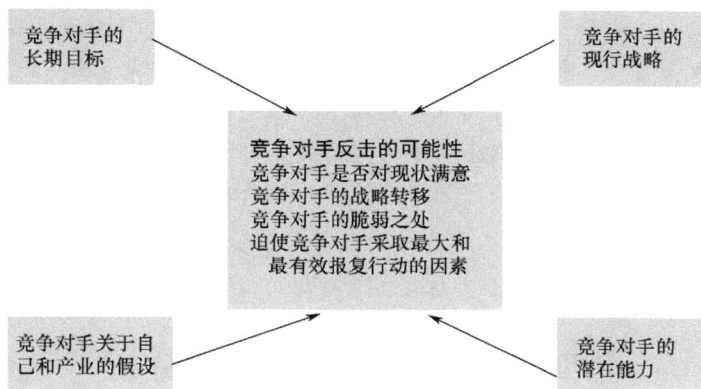

图 6-6　竞争对手分析的内容

竞争对手现行战略的分析包括：对竞争对手现行战略的了解；现行战略的可能前景；竞争对手如何实施其现行战略等。

竞争对手关于自己和产业的假设的分析包括：竞争对手如何看待自己在成本、产品质量、技术等关键方面的地位和优劣势；是否有某些文化上、地区上或民族上的差别因素会对竞争对手对事件的觉察和重视程度产生影响；如何估计同行的潜在竞争能力；如何预测产品的未来需求和行业趋势。

竞争对手的潜在能力的分析包括：竞争对手的核心潜力、增长能力、迅速反应能力、适应变化的能力、持久耐力等。

阅读材料　柯达的衰落

2012 年 1 月 19 日，柯达这个拥有 131 年历史的老牌摄影器材企业，正式向法院递交破产保护申请。虽然破产保护并不意味着柯达从此丧失重生的希望，但是曾经的摄影业龙头老大走到如此没落的境地，绝非偶然。

柯达曾经创造了全球传统胶卷市场的神话。在辉煌时期，柯达曾占据全球 2/3 的胶卷市场，拥有员工 8.6 万人，其特约经营店遍布全球各地。

然而，随着数码成像技术的发展与普及，数码产品以迅雷不及掩耳之势席卷全球，传统胶片市场迅速萎缩。而率先发明出数码影像技术的柯达公司，因担心这一新业务会对传统业务造成不利影响，而将数码影像技术"雪藏"并坚持固守传统胶片市场。随后，数码相机迅速在全球风行，而传统胶片市场则日益衰弱。

其实早在 2003 年，柯达公司的胶卷业务就出现了明显的萎缩，传统影像部门销售利润从 2000 年的 143 亿美元锐减至 41.8 亿美元，跌幅达 71%。在 2005—2010 年，柯达仅有一年盈利，其余年份均亏损。

柯达公司不但在摄影行业发展历史潮流中选错了方向，并且在错误的道路上渐行渐远。导致百年巨头柯达轰然倒下的主要原因，在于未能认清行业的发展趋势并顺势而为，以致其产品逐渐被时代和消费者所抛弃。

率先发明数码相机的柯达，被数码时代遗弃；首度研发出手机触摸屏技术的诺基亚，同样也沦落在触摸屏时代。柯达、诺基亚等这些曾经被誉为全球企业界明星的行业龙头如今风光不再，这背后的原因值得当代所有光环下的那些明星企业深省。成熟技术存在被新技术完全替代的可能，今天的畅销品或许明天就将无人问津，企业只有随时保持敏锐的嗅觉和前瞻的眼光，把握住市场趋势，并具备持续的创新能力，才能在激烈的竞争中立于不败之地。

（资料来源：孙海红，前瞻网）

第四节　企业资源和能力分析

每个企业都拥有或可以拥有一定的资源，并拥有有效地协调这些资源以满足特定市场需求的能力，即每个企业都是资源和能力的结合体，这一结合体形成了战略的另一个基础。企业资源分析包括掌握企业资源的"家底"，明确现有资源满足完成使命要求的程度，明确与竞争对手相比有哪些不同。进而要分析企业有效地协调可以获得的资源以满足特定市场需求的能力，因为企业的竞争优势既可以来自对稀缺资源的拥有，又可以来自对资源的优异的运用能力。企业资源的差异性和企业利用这些资源的独特方式就成为企业竞争优势的最重要的来源。

对组织资源问题的研究并不限于做战略分析，它也是战略选择过程中的关键决定因素，可以帮助确定与组织的战略能力相匹配的战略方向。详细地进行资源规划和开发也是成功地实施战略的重要组成部分。组织的资源并不限于它所"拥有"的资源，组织外的资源也是产品或服务从设计、生产、营销到客户等一系列行为的不可缺少的一部分，会大大地影响组织的战略能力。

一、资源分析

企业资源可分为有形资源、无形资源与人力资源三大类。

（1）有形资源（Tangible Resources）主要是指企业的物质资源和财务资源。物质资源包括企业的土地、工厂、设备、原材料等，决定了企业可能的成本、质量以及生产能力的水准；财务资源是企业的自有资金和融资能力，总体上决定了企业的投资能力和资金使用的弹性。

（2）无形资源（Intangible Resources）主要是指企业的知识产权、技术诀窍、企业形象、品牌、专利权、商标权、专有知识、商誉和企业文化等。无形资源是企业在长期的经营实践中积累起来的，具有不可见性和隐蔽性，竞争对手难以掌握和模仿，所以它们是竞争优势的可靠来源。企业的无形资源有四类，表6-3描述了这四类资源。

表6-3　企业无形资源的类型

资源类型	描述
市场资源	企业创造和拥有与市场有关的、能给企业带来可能的竞争优势和利益的无形资产总和，如企业的品牌、商誉、与顾客和合作伙伴的良好关系、销售渠道、特许经营权等

（续）

资源类型	描述
技术资源	企业创造和拥有的以智力劳动成果为形式的资产总和，如专利技术、专有知识和商业秘密等
组织资源	企业创造和拥有的能够使企业正常运转且稳定、有序、高效的企业无形资产总和，如企业的技术流程、业务流程、管理流程、企业文化、管理模式与方法、信息网络等
信息资源	企业通过信息网络所能收集到的与企业生产经营活动相关的各种信息

（3）人力资源（Human Resources）是指推动企业发展的全体员工的能力。员工的训练程度和专业知识决定他们的基本能力，员工的适应能力表明了企业自身的灵活性，员工的忠诚度和奉献精神决定了企业维护竞争优势的能力。

二、核心竞争能力分析

（一）核心竞争能力的含义和特征

1. 核心竞争能力的含义

核心竞争能力（Core Competences）的英文原意是指核心能力或核心技能，由于这一概念往往是一个企业与其竞争对手相比较而言的，因此用"核心竞争能力"表达更为贴切。根据普拉哈拉德（C.k .Prahalad）和哈默尔（Garg Hamel）的定义，核心竞争能力是"组织中的积累性学识，特别是关于如何协调不同的生产技能和有机结合多种技术流的学识"。所以，核心竞争能力是某一企业内部一系列互补的技能和知识的组合，这种组合可以使企业的业务具有独特的竞争优势。说它是组合，是因为它既包括科学技术，又包括管理、组织和营销方面的技能。这些技术和知识的结合方式决定了企业核心竞争能力的强弱，决定了企业开发新产品、服务市场、挖掘新的市场机会的潜力，体现了竞争优势。

核心竞争能力既可能以某种先进技术的形式表现出来，如英特尔公司的计算机微处理技术、佳能公司的影像技术等；也可能以其他形式表现出来，如麦当劳公司快捷的服务体系、美孚公司遍布全球的销售服务机构等。但无论形式如何，核心竞争能力都是多种先进技术和能力的协调集合。例如，微型化是索尼公司的核心竞争能力，它不仅包括产品市场和生产上的微型化，还包括对未来市场需求微型化选择模式的引导等。为了形成这一核心竞争能力，公司的技术人员、工程师以及营销人员必须对未来顾客需求的微型化发展方向和自身技术能力的微型化延展方向达成共识，以便协调各方面的活动。

2. 核心竞争能力的特征

构成企业的核心竞争能力的要素必须首先具备以下四个特征：

（1）价值优越性。这是指企业在市场上能够创造出独特的、能够为顾客所感知和接受的价值。例如，本田在发动机方面的能力称为核心竞争能力，因为它给用户提供了颇有价值的好处——节省油、易发动、易加速、噪声低以及振动小。

（2）稀缺性。这是指企业拥有的其他竞争对手所不具备的能力。例如，微软公司、英特尔公司所拥有的产品创新能力。

（3）难以模仿性。核心竞争能力必须是其他企业难以模仿的。能轻易被模仿的能力不是核心竞争能力。例如作为互联网浏览器的先驱网景公司的 Netscape，轻易被微软公司的 IE 浏览器所模仿并取代，这说明网景公司在浏览器上就不具备核心竞争能力。

（4）难以替代性。由于核心竞争能力具有难以模仿的特点，因而依靠这种能力生产出来的产品也不会轻易地为其他产品所代替。例如，奔驰公司的精密机械设计能力，麦当劳的经营管理标准化能力，微软公司的新产品开发能力。

另外，在此基础上，作为企业的核心竞争能力，还应具备延展性的特点。核心竞争能力应该为企业打开多个产品市场提供支持。例如，夏普公司的液晶显示技术，使其可以在笔记本电脑、袖珍计算器、大屏幕电视显像技术等领域都比较容易获得一席之地。核心竞争能力犹如一个"技能源"，通过其发散作用，将能量不断地扩展到最终产品上，从而为消费者源源不断地提供创新产品。例如，佳能公司利用其在光学镜片、成像技术和微重量控制技术方面的核心竞争能力，成功地进入了复印机、激光打印机、成像扫描仪、传真机等多个产品市场。

（二）核心竞争能力的管理

要在一个企业中牢固树立核心竞争能力观念，需要全体管理人员充分理解并积极参与以下五项关键的核心竞争能力管理工作：

1. 找出企业现有的核心竞争能力

管理人员如果对本企业核心竞争能力的构成没有达成共识，就无法积极管理这些核心竞争能力。所以，衡量一家企业对核心竞争能力的管理水平，首先应该看这家企业对其核心竞争能力的定义是否明确，以及员工对这个定义的认同程度。因此，实施核心竞争能力管理的第一步就是对核心竞争能力的识别。

2. 制订获取核心竞争能力的计划

只有计划好的事情，才能进行相应的控制，并有条不紊地实现。企业获取核心竞争能力同样离不开有效的计划。

3. 培养新的核心竞争能力

建立领先的核心竞争能力的关键在于持之以恒，而要做到这一点，首先企业内部对建立与支持哪些能力应该意见一致；其次，负责建立能力的管理班子应保持相对稳定。企业可以采用集中法、借用法、融合法、重复法以及联盟等方法培养企业的核心竞争能力。

4. 部署核心竞争能力

将核心竞争能力在企业内部进行扩散和重新部署，可以使一项核心竞争能力在多种业务中或者新市场上发挥作用。善于部署核心竞争能力可以使企业更有效地运用自己的能力。

5. 保持核心竞争能力

由于核心竞争能力可以使企业在竞争中获得超额收益，竞争对手总是会千方百计地对企业的核心竞争能力进行研究和模仿。核心竞争能力是通过长期的发展和强化建立起来的，核心竞争能力的丧失会带来无法估量的损失。所以，企业在加强核心竞争能力培育的同时，一定要重视企业核心竞争能力的保护工作。为此，要针对核心竞争能力丧失的主要原因，努力构筑核心竞争能力的模仿障碍，尽量防止核心竞争能力的丧失，延缓核心竞争能力向企业外部扩散。

三、价值链分析

价值链(Value Chain)分析是从企业内部条件出发，把企业经营活动的价值创造、成本构成同企业自身竞争能力相结合，与竞争对手的经营活动相比较，从而发现企业目前及潜在优势与劣势的分析方法，是指导企业战略制定与实施活动的有力分析工具。

(一)价值链分析的含义

波特认为，企业的每项生产经营活动都是为顾客创造价值的经济活动，那么，企业所有的互不相同但又相互关联的价值创造活动叠加在一起，便构成了创造价值的一个动态过程，即价值链。企业所创造的价值如果超过其成本，就能盈利；如果超过竞争对手所创造的价值，就会拥有更多的竞争优势。企业是通过比竞争对手更廉价或更出色地开展价值创造活动来获得竞争优势的。

(二)企业价值链的构成

企业生产经营活动可以分成主体活动和支持活动两大类，如图6-7所示。

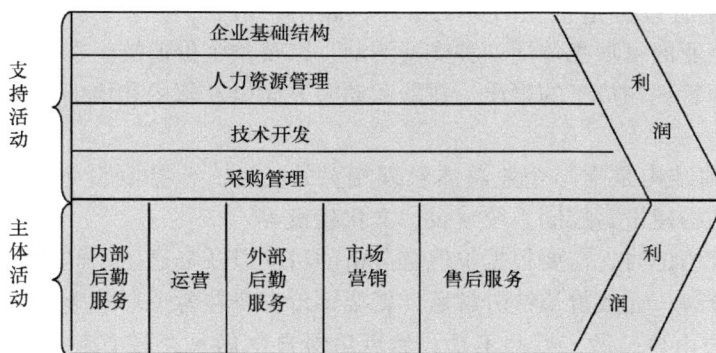

图6-7 企业价值链的构成

1. 主体活动

主体活动是指生产经营的实质性活动，一般分成内部后勤服务(原料供应)、运营(生产加工)、外部后勤服务(成品储运)、市场营销和售后服务五种活动。这些活动与商品实体的加工流转直接相关，是企业基本的价值增值活动，又称基本活动。每一种活动又可以根据具体的行业和企业的战略再进一步细分为若干项活动。

(1)内部后勤服务(原料供应)是指与产品投入有关的进货、仓储和分配等活动，如原材料的装卸、入库、盘存、运输以及退货等。

(2)运营(生产加工)是指将投入转换成最终产品的活动，在生产企业包括机加工、装配、包装、设备维修、检测等活动；在服务性企业则是为客户提供服务的过程。

(3)外部后勤服务(成品储运)是指与产品的集中、存储、转移给客户有关的活动，包括产成品的收集、入库、保管、客户订单处理、送货等活动。在服务性企业，这一过程往往不明显，与生产加工融为一体。

(4)市场营销是指与促进和引导购买者购买企业产品有关的活动，如广告、定价、促销、市场调查、分销商支持和管理等。

（5）售后服务是指与保持或提高产品价值有关的活动，如安装、调试、修理、使用人员培训、零部件供应等。

2. 支持活动

支持活动是指用以支持主体活动而且内部之间又相互支持的活动，包括企业投入的采购管理、技术开发、人力资源管理和企业基础结构建设。企业的支持活动支持整个价值链的运行，而不分别与每项主体活动发生直接的关系。

（1）采购管理是指获取各种资源输入主要活动的过程，而不是输入资源本身。在企业的许多部门都会发生采购管理，改进采购管理对提高采购物的质量和降低费用有着重要意义。

（2）技术开发是指可以改进价值活动的一系列技术活动，既包括生产技术，也包括非生产技术。企业的每项生产经营活动都包含着不同性质、不同开发程度和不同应用范围的技术，因此技术开发活动不仅与最终产品直接相关，而且支持着企业的全部活动，成为反映企业竞争实力的重要标志。

（3）人力资源管理是指企业的员工招聘、雇用、培训、考核、激励等各项管理活动。这些活动支持着企业的每项主体活动和支持活动，以及整个价值链。在任何一个企业中，都可以通过人力资源管理在员工的素质、技能和动力方面以及聘用和培训成本方面的作用来影响竞争优势。

（4）企业基础结构是指与企业总体管理相关的活动，包括制订企业计划、财务管理、质量管理、组织结构建设、控制系统建设、文化建设等。

企业在构造价值链时，需要根据价值链分析的目的以及自己生产经营活动的经济性，将每项活动进一步分解；完成价值链分解后，就要评价自身在各个环节上的优劣势，以考虑哪些"价值活动"应由自己做，哪些不是；然后思考自己做是否较有利益，如果让别人做是否更好，以及自己本来未做的活动有无必要自己投资去做。

（三）企业价值链和产业价值链

企业价值链不是独立价值活动的集合，而是相互依存的活动构成的一个系统。在这个系统中，主体活动之间、主体活动与支持活动之间以及支持活动之间相互关联，共同成为企业竞争优势的潜在源泉。

从更广的角度讲，在大多数产业中，很少有企业单独完成产品设计开发、生产加工、市场销售、售后服务的全过程，除非企业具有非常充分的资金和十分全面的能力。因此，一个企业价值链往往是产业价值链的一部分，同供应商价值链、分销商价值链、客户价值链一起构成价值链体系。

对一个企业而言，向最终顾客提供低价格的产品，可能是由销售商的较低的加价来支持的；而向最终顾客提供高质量的产品，也必然离不开供应商提供的高质量的零部件。所以，任何企业的价值链分析，都应该放在产业价值活动的系统中进行分析。

四、SWOT 分析

SWOT 代表优势（Strengths）、劣势（Weaknesses）、机会（Opportunities）和威胁（Threats），

因此，SWOT 分析实际上是将前面的内容进行综合和概括，进而分析组织的优势和劣势以及面临的机会和威胁，从而为企业制定和选择战略的一种方法。其中，优劣势分析主要着眼于企业自身的实力及其与竞争对手的比较，而机会和威胁分析将注意力放在外部环境的变化及其对企业的可能影响上。但是，外部环境的同一变化给具有不同资源和能力的企业带来的机会与威胁却可能完全不同，因此，两者之间又有紧密的联系。

SWOT 分析的作用不仅仅限于对环境因素和企业资源与能力的简单列举，更重要的意义在于通过对企业自身的优势和弱势的判断以及对所属环境中存在的机会和威胁的识别，为随后的战略选择提供理性的依据。SWOT 矩阵如图 6-8 所示。

如图所示，有以下四种情况：

（1）优势与机会相遇。这是首选上策，企业在外界机遇与自身优势的交叉点上发挥优势，主动出击，迅速反应，可采用增长型战略。

图 6-8　SWOT 矩阵

（2）劣势与机会相遇。企业发现了机遇但自身实力不足，此时的战略选择为利用有利的时机扭转自身的劣势。

（3）优势与威胁相遇。这是一种有利的冲突状态，此时企业集中自身优势克服威胁，并防止其恶化，可采用多元化或一体化战略。

（4）劣势与威胁相遇。这是最不利的冲突状态，在此情况下企业以防御型战略为主。

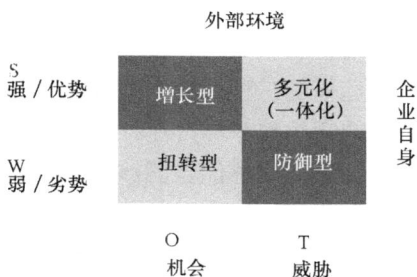

第五节　企业一般竞争战略

当一个组织有多项不同业务，每一项业务又相对独立、有自己的战略时，通常称这样的部门为战略事业单位（Strategic Business Units，SBU）。事业层战略（Business-level Strategy）决定组织应该怎样在每项事业上展开竞争。对于只有一条业务线的小型组织和没有实行多元化的大型组织，事业层战略通常与公司层战略相重叠。但对于多项事业的组织，每一个分部都应该有它自己的战略，这些战略定义了它该服务的顾客以及应该提供的产品和服务。每一个分部都以自己独特的方式进行竞争，即选择自己的竞争战略。

竞争战略的关键就是要寻求某个经营单位在特定经营领域内的竞争优势。开发有效的事业层竞争战略，要求理解竞争优势，它是战略管理的一个关键概念。竞争优势（Competitive Advantage）是使组织别具一格和与众不同的特色，这种与众不同的特色来自组织的核心竞争能力。正如前面所提到的，核心竞争能力可以是一种组织能力，即组织能做到其竞争对手做不到的事情或者能比竞争对手做得更好。例如，戴尔公司通过直销，快速响应顾客需求，从而开发出一种竞争优势。又如，西南航空公司也具有一种竞争优势，因为它具有满足顾客的需求，向顾客提供快速、方便和简洁的服务的技能。核心竞争能力还可以凭借组织的资产和资源为组织带来竞争优势，即组织具有竞争对手所没有的某种资源。例如，沃尔玛先进的信息系统，使它能够比竞争对手更有效地监控库存和供应商的关系，这种优势又进一步转化为价格优势。耐克公司、可口可乐公司都具有全球知名的商标，它们凭借这种优势创造出商品的溢价。

虽然每一个组织都拥有资源和能力，但并不是每一个组织都能够有效地开发它的资源，以及开发能够为其带来优势的核心能力。一个组织仅仅能够创造优势是不够的，还应该能够保持它，也就是说建立可持续的竞争优势。正是可持续的竞争优势，才使得组织能够保持它的特色，无论竞争对手采取什么行动，或者产业发生什么变化。

战略管理领域的许多重要思想来自迈克尔·波特的研究，他的竞争战略框架阐明了管理者可以选择的三种一般竞争战略，而企业的成功取决于选择了正确的战略，即所选择的战略与企业的竞争优势和产业特性相匹配。波特的主要贡献是详尽地解释了管理者怎样建立和保持竞争优势，这种优势能够使企业获得超过平均水平的盈利。有鉴于此，管理者应该选择下面三种一般竞争战略之一：成本领先战略、差异化战略和集中化战略。管理者究竟选择哪一种战略，取决于组织的优势和核心竞争能力及其竞争对手的劣势（见表6-4）。

在选择竞争战略时，企业应评价两种竞争优势：①比竞争对手更低的成本；②差异化，即有能力采取一种较高的价格以弥补为产生差异化所付出的额外成本。比竞争对手更低的成本来自企业能够以更低廉的方式开展活动；差异化则表明一种能开展不同于竞争对手的活动的能力。竞争优势往往存在于一定的领域内，这个领域是多维的，包括所提供的产品和所服务的顾客群，以及企业开展竞争的地理市场的范围。通过执行成本领先或差异化战略，企业的竞争优势可以在与竞争对手在多个顾客群的竞争中获得；与此不同，通过执行集中化战略，企业所寻求的则是在一个相对集中的领域或细分市场上的成本领先或差异化优势。

表6-4 一般竞争战略的要求

一般竞争战略	技能和资源要求	组织要求
成本领先战略	持续的资本投资和融资能力 流程再造技能 严格控制人工成本 产品设计得更容易制造 低成本的分销系统	严格的成本控制 频繁的、详细的控制报告 功能化的组织和职责 基于严格的定量目标的奖励
差异化战略	强大的市场营销能力 产品工程能力 创造性的洞察力 强大的基础研究能力 公司在质量和技术领先方面享有盛名 产业中的长期传统或来自多种业务的技能的组合 与销售渠道的强有力的合作	对研究与开发、产品开发和市场营销功能的强有力的协调 主观的绩效度量和激励而不是定量的考核 吸引高技能和创造性人员的组织文化
集中化战略	取决于企业在特定目标市场上追求的竞争优势	指向特定目标的有远见的政策组合

一、成本领先战略

（一）成本领先战略的含义

成本领先战略是通过设计一整套行动，以最低的成本生产并提供为顾客所接受的产品或服务。实行低成本的领导者积极寻求在生产、营销和其他运营领域中的高效率，将制造费用保持在尽可能低的水平上，想方设法削减成本；但是，他们所销售的产品或服务在质量上必须不低于竞争对手，至少能够为消费者所接受。

许多著名公司采取了成本领先战略，如沃尔玛、福特公司、通用电气公司、西南航空公司、丰田汽车公司等。

（二）成本领先战略的优势和风险

成本领先战略的有效执行能使企业在激烈的市场竞争中赚取超过平均水平的利润。实行成本领先战略的企业可以有效抵挡现有竞争对手的对抗，抵御购买者的讨价还价；更灵活地处理供应商的提价行为；形成进入障碍；建立对替代品的竞争优势。

但是，这种战略也有很大的风险。

首先，成本领先不能长久保持。具体表现在：

（1）技术进步使过去的投资或知识作废，使采用新技术的竞争对手将可能获得更大的成本优势。

（2）行业的新进入者或其他企业通过模仿或通过投资于现代化设备而学会实现低成本。例如，燃气热水器和炉具行业，万和以万家乐为对手以低成本获得成功，但是好景不长，后来的许多企业又以更低的成本与万和集团竞争。

（3）由于把注意力集中在低成本上，忽视了客户需要或市场变化。

（4）成本上涨会使企业保持足够的价格差别以抵消其竞争者的商标知名度，或其他差别化的能力降低。

其次，集中化经营者在分片市场上达到更低的成本水平，就会使在整个行业市场上实行成本领先战略的企业丧失其成本领先地位。

成本领先地位风险的一个典型例子是 20 世纪 20 年代福特汽车公司。当时福特公司通过限制车型和种类，大胆地实行后向一体化，采用自动化程度高的设备以及积极追求学习带来的低成本，在行业内获得了无可争议的成本领导地位。但是随着收入的增长，许多已经拥有一辆汽车的消费者开始考虑购买第二辆车。市场开始重视更加时髦的式样、型号的改变、舒适性、封闭式汽车而不是敞篷汽车，消费者乐意为获得这些特点而支付高价。通用公司利用了这种变化，开发了型号完整的产品线。而福特公司面临着巨大的战略调整费用，因为福特公司为某种过时车型的成本极小化进行了大量投资，这种投资具有刚性，不易转移。

（三）成本领先战略的适用条件

企业可以通过把握价值链上的成本驱动因素或者改造企业的价值链来实现成本领先战略。在下列情况下，成本领先战略的效果更加明显：市场中有很多对价格敏感的客户；实现产品差异化的途径很少，使购买者对价格的差异特别敏感；购买者不太在意品牌间的差异；卖方竞争厂商之间的价格竞争非常激烈；存在大量喜欢讨价还价的购买者。

二、差异化战略

（一）差异化战略的含义

差异化战略是通过设计一整套行动，生产并提供一种顾客认为很重要的与众不同的产品或服务，并不断地使产品或服务升级，以具有顾客认为有价值的差异化特征。其核心是取得某种对顾客有价值的独特性。差异化的来源可以是与众不同的质量、独树一帜的服务、创新的设计、技术的潜在能力或者杰出的品牌形象。对于这种竞争战略来说，关键在于产品和服务的属性必须使企业有别于其竞争对手，并且足以创造价格的溢价，这种溢价超过了差异化所增加的成本。

差异化战略的重点不是成本，而是不断地投资和开发顾客认为重要的产品或服务的差异化特征。实施差异化战略的企业可以在很多方面使自己的产品不同于竞争对手，而且企业的产品或服务与竞争对手之间的相似性越少，企业受竞争对手行动的影响也就越小。

（二）差异化战略的优势和风险

成功地采用差异化战略可以使企业在激烈的市场竞争中获得超过平均水平的利润。差异化战略利用客户对品牌的忠诚度以及由此产生对价格的敏感性下降，使企业得以避免来自竞争对手的挑战。它也可以使利润增加而不必追求低成本，差异化产品或服务的独特性能降低顾客对价格提高的敏感性。例如，欧莱雅就是把独特的材料和品牌形象组合起来，通过多种产品来传递一种不同文化的吸引力。一些消费者愿意为欧莱雅的产品支付额外价格，关键在于其他产品无法在性价比上与它相提并论。产品差异化赚得的高额利润可以在一定意义上使其免受供应商的影响；而且，因为买方对提价相对不敏感，企业可以通过提高其特有产品的价格而把供应商的额外成本转嫁给最终消费者。另外，顾客忠诚度和克服差异化产品独特性的要求成为主要的进入壁垒，也有效地抵御了替代产品的威胁；否则，缺少品牌忠诚度会使顾客转向与其现有产品功能相同但有某些差异化特征或更有吸引力的产品。

差异化也面临一定的风险，主要表现在以下几个方面：

首先是差异化的形象很难保持。具体原因有：

（1）如果实行产品差异化的企业和其低成本的竞争者之间的成本差异过大，那么产品差异也不能保证顾客对该商标的忠实性。这时顾客为了节约大量成本，可能会忍痛放弃实行产品差异化的企业所提供的产品特性、服务以及产品形象。

例如，一些日本摩托车生产厂商在大型摩托车行业通过提供低成本产品，成功地攻击了如哈雷·戴维森公司和凯旋公司这样的实行产品差别化的企业。

（2）当客户变得老练时，常常会降低对产品差异化因素的要求。

（3）模仿缩小了能感觉到的产品差异，当行业进入成熟期时常会发生这种情况。

差异化战略的另一个风险是差异化集中的厂商在部分市场取得了更加差异化的形象。

（三）差异化战略的适用条件

实施差异化战略可以通过各种方式实现：与众不同的产品特征、及时的客户服务、迅速的产品创新、技术上的领先、在顾客心中的声誉和地位、不同的口味、工程设计和性能等都可以成为差异化的途径。事实上，企业可做的能为顾客创造价值的一切都可以作为差异化的基础，挑战在于识别能为顾客创造价值的特征。

在下列情况下，差异化战略的效果更加明显：可以有很多的途径创造企业的产品与竞争对手的产品之间的差异，而且购买者认为这些差异有价值；对产品的需求和使用多种多样；采用类似差异化战略的竞争对手很少；技术创新很快，竞争主要集中在不断推出新的产品。

三、集中化战略

波特提出的前两种竞争战略寻求在广泛市场上的竞争优势，但是集中化战略（Focus Strategy）的目的是在狭窄的市场区隔上寻求成本优势（成本集中）或者差异化优势（差异化集中）。换言之，管理者选择产业中特定的市场区隔或顾客群，而不是服务于广阔的市场。这种战略的目标是开发狭窄的市场区隔，这些市场区隔的划分可以基于产品品种、最终消费者类型、分销渠道或者消费者的地理分布。集中战略是否可行取决于市场区隔的规模，以及组织能否支持集中化战略所支出的成本。

对于那些资源和能力有限的小型企业来说，集中化战略可以使它们集中有限的资源，创造局部领域的竞争优势。因为它们不具有规模经济性或者足够的内部资源以成功地实施其他两种战略。这种战略也存在一定的风险，主要是：

（1）集中一点的战略易被模仿。

（2）广设目标的厂商占领了部分市场。

（3）新的集中一点的厂商进一步将市场细分化。

如果企业不能开发成本或差异化优势，将会是一种什么状况呢？波特用"徘徊其间"（Stuck in the Middle）的术语来描述这类企业，这些企业发现它们要获得长期的成功是很困难的。波特继续指出，成功的企业经常会陷入困境，原因是它们失去了原来的竞争优势，徘徊在两种典型的战略之间。

但是研究也表明，兼有低成本和差异化优势不是不可能的，它也能带来高绩效。为了成功地追求两种竞争优势，企业必须郑重地承诺产品和服务的质量，同时，消费者也必须关注产品和服务质量。通过提供高质量的产品和服务，企业可以有别于其竞争对手。更重视质量的消费者将更多地购买企业的产品，而日益增加的需求会导致经济规模，进而带来较低的单位成本。例如，可口可乐、英特尔、联邦快递公司就做到了既与众不同，又保持了低成本。

第六节 企业总体战略

企业总体战略是通过企业的内外部环境分析，根据企业宗旨和战略目标，依据企业在行业内所处的地位和水平，确定其在战略规划期限内的资源分配方向及业务发展领域的战略。

在面对不同的环境和基于不同的内部条件时，企业所采取的总体战略态势会有所差异。企业的总体战略主要有三种态势：稳定战略、紧缩战略和增长战略。需要指出的是，即使企业总体采用的是增长（扩张）战略，在不同的经营领域仍可采用不同的战略，即企业可以有多种战略方向可供选择。图6-9表示一个产品—市场矩阵，指出了主要的选择方向。

一、稳定战略

稳定战略是指在企业的内外环境约束下，企业在战略规划期内使资源分配和经营状况基本保持在目前状况和水平上的战略。按照这种战略，企业目前的经营方向、业务领域、市场规模、竞争地位及生产规模都大致不变，保持持续地向同类顾客提供同样的产品和服务，维持市场份额。

管理者什么时候应该追求稳定性？当他们对组织的绩效感到满意，同时环境是稳定的和安全的，他们认为可以安于目前的状态，不必进行重大变革的时候，在这种情况下可以采用稳定战略。

稳定战略是一种风险相对较低的战略，对于大多数企业来说，它也许是最有效的战略。采用稳定战略的优点是：

	产品	
	当前	新
当前 市场	紧缩 稳定 市场渗透	产品开发
新	市场开发	一体化 相关多元化 不相关多元化

图 6-9　产品—市场矩阵

（1）可以使企业基本维持原有的产品和市场领域，从而可以利用原有的生产经营领域、渠道，避免开发新产品和新市场所必需的巨大投入。

（2）不需改革资源的分配模式，能够减少资源重组的损失。

（3）可以保持人员安排的相对稳定。

（4）稳定发展的战略比较容易保持企业的经营规模和经营资源、能力的平衡协调，有助于防止因过快、过急而导致的重大损失。

但是，这种战略也有以下一些弊端：

（1）降低企业对风险的敏感程度。

（2）在企业集中于少数市场时，如果市场选择错误，将对企业造成重大的影响。

（3）可能丧失外部环境提供的一些能带来快速发展的机会。

（4）可能导致管理者墨守成规、不求变革的懒惰行为。

二、紧缩战略

紧缩战略是指企业从目前的经营战略领域和基础水平收缩和撤退，且偏离起点较大的一种战略。紧缩的原因是企业现有的经营状况、资源条件以及发展前景不能应对外部环境的变化，难以为企业带来满意的收益，以致威胁企业的生存和发展。

紧缩战略用于克服组织的劣势，这种劣势导致绩效的下降。有不少企业曾经实行收缩战略，其中包括许多巨型公司，如宝洁公司、IBM 公司、丰田公司、三菱公司等。当组织面临绩效困境时，紧缩战略有助于稳定经营，激活组织的资源和重新恢复竞争力。

紧缩战略的优缺点如下：

（1）帮助企业在外部环境恶劣的情况下，节约开支和费用，顺利渡过难关。

（2）能在企业经营不善的情况下，最大限度地降低损失。在许多情况下，采取紧缩战略会避免由于盲目而且顽固地坚持衰退的事业而给企业带来的打击。

（3）能帮助企业更好地实现资产最优组合。否则，当企业面临一个新的机遇时，会因资源缺乏而错失良机。

（4）实行紧缩战略的尺度难以把握，如果使用不当，会扼杀具有发展前途的业务和市场，影响企业利益和发展。另外，实施紧缩战略会造成不同程度的裁员和减薪，而且意味着企业领导者和管理者的工作不力和失败，因此会引起企业内部人员的不满，从而导致员工情绪低落。

三、增长战略

增长战略是指企业在现有的战略基础水平上向更高一级目标发展的战略。这种战略一般源于最高管理层所持的价值观，即认为增长等同于个人绩效，而且认为增长战略能够产生较好的企业绩效。

很多企业之所以选择增长战略，是因为：

（1）可以实现在市场占有率上的较快增长，且能获得较高的利润率。

（2）能较好地保证企业的竞争实力，实现特定的竞争优势。

（3）企业能通过不断变革和创新来创造更高的经营效率和效益。

但是，这种战略也有一些缺点：

（1）增长快的企业容易掩盖其失误和低效率，有可能降低企业的综合素质。

（2）盲目追求发展或为发展而发展，会破坏企业的资源平衡。

（3）可能使管理者过多地注重经济指标的增长和组织结构问题，而忽略了产品和服务质量的提高。

企业的增长通常可以用一些被广泛采用的定量指标来表示，如销售收入、雇员人数以及市场份额等。

按照企业获得增长的领域不同，增长战略可以分为三大类：密集型增长战略、一体化战略和多元化战略。

（一）密集型增长战略

密集型增长战略是指企业在原有业务范围内，充分利用在产品和市场方面的潜力来求得成长的战略。这种战略包括市场渗透战略、市场开发战略和产品开发战略，有时又被统称为加强型战略，因为它们要求加强努力的程度，以提高企业在现有业务中的竞争地位。

（1）市场渗透战略。它是指企业通过更大的市场营销努力，提高现有产品或服务在现有市场上的销售收入的战略。

（2）市场开发战略。它是指将现有产品或服务打入新的地区市场的战略。企业以市场创新为主导，以原有产品作为竞争武器，向新市场扩张。

（3）产品开发战略。它是指通过改进和改变产品或服务而增加产品销售的战略。从某种意义上讲，这是企业密集型增长战略的核心，因为对于企业来说，只有不断推出新产品，才能应对市场的变化，保持持续成长。另外，对于市场开发来说，有时并不是直接将原有产品打入新的市场，而是对新的市场做了有针对性的改进后才进入的。例如，对于不发达的农村地区来说，由于接收条件和收入上的不同，对电视机功能的要求是与大中城市不同的。所以，如果先开发出适合他们需求的电视机，再打入农村市场，则要比直接将在城市市场上销售的电视机销往农村效果要好得多。所以，以上三种加强型战略常常是结合在一起使用的。

（二）一体化战略

一体化战略是指企业充分利用自己在产品、技术、市场上的优势，向经营领域的深度和广度发展的战略。一体化战略主要有三种类型：①后向一体化；②前向一体化，与前者统称为纵向一体化；③横向一体化，或称水平一体化。一体化战略有利于深化专业化协作，提高资源的利用程度和综合利用效率。

1. 纵向一体化战略

纵向一体化就是将企业的活动范围在行业价值链上向后扩展到供应源（后向一体化）或者向前扩展到最终产品的最终用户（前向一体化）。例如，一个制造公司投资自己生产某些零配件而不是从外部购买，该公司在本行业的价值链体系中就向后跨越了一个阶段，涉足两个业务单元。纵向一体化可以是全线一体化，即参与行业价值链的所有阶段；也可以是部分一体化，即进入行业价值链的某一个阶段。纵向一体化战略的优势是以其成本节约保证额外的投资，或产生以差异化为基础的竞争优势，增强公司的竞争地位。

纵向一体化战略存在的问题如下：

（1）纵向一体化会提高企业在本产业的投资，增大风险，有时甚至会使企业无法将自己的资源进行有效配置。

（2）纵向一体化会迫使企业依赖自己的内部活动而不是外部供应源，而随着时间的推移，这样做有可能变得比外部寻源要昂贵，同时降低企业满足顾客产品种类方面需求的灵活性。

（3）纵向一体化有一个保持价值链各阶段生产能力平衡的问题。价值链上每个环节的最有效的生产规模可能大不一样，一般情况下，每个活动之间不可能完全达到自给自足。对于某个活动来说，如果它的内部能力不足以供应下一个阶段，差值部分就需要从外部购买；如果内部能力过剩，就必须为之寻找顾客，如果产生副产品，就要进行处理。

（4）一体化战略的实施需要拥有完全不同的技能和业务能力。产品的生产、装配、批发分销、零售都是不同的业务，需要不同的关键成功因素。企业进入自己不擅长的领域，会给管理带来许多麻烦，并不总是如它们所想象的那样能够给核心业务增加价值。

2. 横向一体化战略

横向一体化也称水平一体化，是指将生产相似产品的企业置于同一所有权控制之下，兼并或与同行业的竞争者进行联合，以实现扩大规模，降低成本，提高企业实力和竞争优势。

当今战略管理的一个最显著的趋势便是将横向一体化作为促进企业发展的战略。竞争者之间的合并、收购和接管提高了规模经济和资源与能力的流动。横向一体化战略一般是企业面对比较激烈竞争的情况下进行的一种战略选择。一个很好的例子是，中国的冰箱市场竞争非常激烈，但是，当科龙、美菱等几家企业被横向整合在一起后，共同形成了一个成本壁垒，结果中国的低端冰箱市场反而竞争趋缓了。

（三）多元化战略

多元化战略是企业最高层为企业制定多项业务的组合，是为企业涉足不同产业环境中的各业务制定的发展规划，包括进入何种领域、如何进入等。当企业拥有额外的资源、能力及核心竞争能力并能在多处投入时，就应该实施多元化。同时，采用该种战略的企业的管理层应具备独特的管理能力，能同时管理多项业务，并且能增强企业的战略竞争能力。

多元化企业各项事业的关联程度不同，从而造成多元化的类型不同。除了单一事业型和主导事业型企业，充分多元化的企业被划分为相关多元化和不相关多元化两类。

1. 相关多元化战略

相关多元化战略是企业为了追求战略竞争优势，增强或扩展已有的资源、能力及核心竞争能力而有意识采用的一种战略。实行这种战略的企业增加新的但与原有业务相关的产品与服务，这些业务在技术、市场、经验、特长等方面相互关联。例如，我国的海尔、长虹等知名的家电企业都实行相关多元化战略，它们在电视机、冰箱、空调器、洗衣机等多种家电产品中经营。广义地说，前面讲的纵向一体化也是相关多元化的一种形式。

相关多元化战略的战略匹配关系给企业带来优势。战略匹配存在于价值链非常相似，以至能为企业各方面带来机会的不同经营业务之间。它主要从两个方面给相关多元化企业带来优势：一是产生范围经济；二是增加市场力量。

以相关多元化作为公司层战略的企业总是尽力利用不同业务之间的范围经济。当两种或更多的经营业务在集中管理下运作比作为独立的业务运作花费更少时，就存在范围经济性。范围经济性可以存在于价值链的任何环节：投资、生产运作、市场、管理领域等。对于在多个行业或产品市场上经营的企业来说，范围经济性的来源很广，包括分享技术，对共同的供应商形成更强的议价能力，联合生产零件和配件，分享共同的销售力量，使用同样的销售机构和同样的批发商或零售商，联合售后服务，共同使用一个知名商标，将竞争性的有价值的技术秘诀或生产能力从一种业务转移到另一种业务，合并相似的价值链活动以获得更低的成本等。范围经济性越大，基于更低成本基础上创立竞争优势的潜力越大。例如，索尼公司作为领先的消费电器公司，采用了技术相关、营销相关的多元化战略进入了电子游戏行业；强生公司的产品包括婴儿产品、医疗用药物、手术和医院用产品、皮肤护理产品、隐形眼镜等。另外，还有宝洁公司、吉列公司等，都是具有相关性业务组合的例子。

相关多元化经营也可以用以获得"市场力量"。市场力量是指企业对市场的控制力或影响力。当一个企业在多个相互关联的领域内经营时，它通常比在单一领域内经营的企业更有市场力量。例如，一个同时生产电视机、冰箱、洗衣机、空调器、微波炉等多种家电产品的企业，往往比只生产冰箱的企业更有市场力量。纵向一体化同样也可能获得市场力量，因为它可以通过内部交易达到控制市场的作用。

2. 不相关多元化战略

不相关多元化就是企业进入与原有行业不相关的新业务，其经营的各行业之间没有联系。美国通用电气公司就是一个高度不相关多元化的范例，从灯泡到信用卡、医药到有线电视，其经营跨越多种行业。

尽管相关多元化会带来战略匹配利益，很多企业却选择了不相关多元化战略，因为可以进入有着丰厚利润或美好前景的任何行业。

　　增长战略可以通过企业内部发展、并购以及战略联盟等方式来实施。

　　企业内部发展主要是在企业的内部，依靠自身的人力、物力、财力来实现企业增长，这种增长必须依靠企业自身的实力。

　　并购（Merger and Acquisition，M&A）是指一个企业通过购买另一个企业全部或部分的资产或产权，从而控制影响被购并的企业的行为。并购可以达到企业迅速发展的目的，还可以产生协同效应，获取价值被低估的企业以及加强对市场的控制力等。但实行并购时，一定要考虑可能产生的巨大风险。

　　战略联盟是指两个或两个以上的企业为了达到一定目的，通过一定方式组成的网络式联合体。因其具有边界模糊、关系松散、机动灵活、运作高效的特征，正被越来越多的企业所采用。

四、波士顿矩阵

　　当企业的公司层战略包含多种业务时，管理者可以运用业务组合矩阵来对业务组合进行管理。第一个被广泛运用的业务组合矩阵为 BCG 矩阵（BCG Matrix），它是由波士顿咨询集团（Boston Consulting Group）开发的，也称波士顿矩阵。BCG 矩阵是将公司业务标在一个二维的矩阵中（见图 6-10），以便确定哪项业务可以提供较高的潜在收益，哪项业务在消耗公司的资源。矩阵的横轴表示相对市场份额，从高到低；纵轴表示预期的市场增长率，从低到高。根据评估的结果，一项业务可能落在下述四个象限之一：

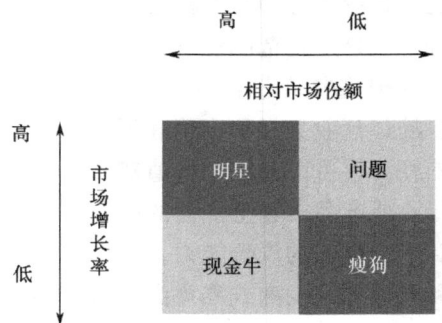

图 6-10　BCG 矩阵

　　（1）现金牛（Cash Cow）（低增长、高相对市场份额）。落在这个象限的业务可以产生大量的现金，但是它未来的增长潜力是有限的。

　　（2）明星（Star）（高增长、高相对市场份额）。这些业务处于快速增长的市场中，并且占有较大的市场份额，它们对现金流的贡献取决于投入的资源。

　　（3）问题（Question）（高增长、低相对市场份额）。这些业务处于有吸引力的市场中，但只占有较小的市场份额。

　　（4）瘦狗（Dog）（低增长、低相对市场份额）。处于这个范畴的业务不产生或不消耗大量的现金，但只有低市场份额和低增长率。

　　BCG 矩阵的含义是什么？它提供了一个框架，有助于理解多元化业务和帮助管理者建立资源分配决策的优先目标。管理者应尽可能多地从现金牛业务中收获现金，而限制在这些业务上的新的投资；利用从现金牛业务中获得的大量现金，投资于明星业务和问题业务，因为这些业务具有增长潜力。对明星业务的大量投资将有助于这些业务的增长和保持较高的市场份额。当然，随着市场的成熟和销售速度的放缓，明星业务也会演变为现金牛。对于管理者来说，最难做出的决策是问题业务。通过仔细地分析，其中一些业务将被出售，还有一些业务将可能转换为明星业务。瘦狗业务将被出售或清算，因为它们的市场份额很低，增长的潜力也不大。

第七节 战略的实施和控制

一、战略实施

通过上面的分析、评价和决策工作，一个企业最终选定了自己的总体战略与经营单位战略。然而，制定一个好的、适宜的战略是一回事，这个战略能不能有效实施又是另一回事。在实际工作中，往往实施、执行一个既定战略要比制定这个战略费时更多、难度更大。一个正确的战略得以贯彻执行，除了战略本身的可行性与适宜性之外，还需要计划、组织、领导和控制等管理活动来配合企业战略的实施。企业战略的实施过程就是企业的日常管理过程。

一个公司的总体战略要贯彻实施，必须把它分解为各种更详细、更具体、更具可操作性的职能战略和计划。企业的规模和所处的行业不同，其职能战略也不尽相同，最基本的职能战略是市场营销战略、研发战略、财务战略与人力资源战略等。

把战略性计划转化为战术性计划，就是要把战略目标在时间和空间两个维度展开，并且具体规定企业的各个部门在目前到未来的各个较短的时期阶段，特别是在最近的时段中，应该从事何种活动。实践中，落实企业战略的行之有效的方法主要有目标管理、滚动式计划、网络计划技术等方法。同时，为了能对变化做出快速的反应，还要制订权变计划。

企业组织结构是实施战略的一项重要工具，一个好的企业战略需要通过与其相适应的组织结构去完成方能起作用。美国学者钱德勒在1962年出版的《战略与结构：美国工业企业历史的篇章》一书中指出，战略与结构关系的基本原则是组织的结构要服从于组织的战略，即结构跟随战略。这一原则指出，企业不能仅从现有的组织结构去考虑战略，而应从另一视角，即根据外在环境的变化去制定战略，然后再调整企业原有的组织结构。

一个新战略的实施对组织而言是一次重大的变革，变革总会有阻力，所以对变革的领导是很重要的。这包括建立与企业战略匹配的领导体制，培育支持战略实施的企业文化和激励系统，克服变革阻力等。

在战略管理过程中，企业文化起着重要的作用，它既可以成为新战略的推动因素，又可能对战略的制定和执行起抵触作用。

二、战略控制

战略控制是战略管理过程中的一个不可忽视的重要环节，它伴随战略实施的整个过程。

战略控制是衡量和纠正组织成员所进行的各项活动，以保证实际进程与战略目标和方案动态相适应的管理活动。具体地说，就是将每一阶段、每一层次、每一方面的战略实施结果与预期目标进行比较，以便及时发现偏差，适时采取措施进行调整，以确保战略方案的顺利实施。如果在战略实施过程中，企业外部环境或内部条件发生了重大变化，则控制系统会要求对原战略目标或方案做出相应的调整。

本章小结

1. 明茨伯格对战略的定义概括为"5P"观点：战略是一种计谋；战略是一种计划；战略是一种行为模式；战略是一种定位；战略是一种观念。安索夫认为，战略是一条贯穿于企业活动与产品/市场之间的"连线"。这条"连线"由四部分组成：产品与市场范围、增长向量、竞争优势以及协同作用。霍夫和申德尔认为企业战略是由经营范围、协同效应、竞争优势和资源配置四个部分组成的。日本学者伊丹敬之认为，企业战略的构成要素有三种：产品与市场群、业务活动领域和经营资源群。

2. 企业战略可分为三个主要的层次：公司层战略（Corporate Strategy）、事业层战略（Business Strategy）和职能层战略（Functional Strategy）。

3. 企业战略管理是一个动态的过程，包括以下八个步骤：①确定企业的愿景、使命和战略目标；②外部环境分析；③识别机会和威胁；④企业资源和能力分析；⑤识别优势和劣势；⑥战略制定和选择；⑦战略实施；⑧战略控制。

4. 行业竞争的"五力模型"主要是通过对潜在进入者威胁、替代品威胁、供应商的议价能力、购买者的议价能力和行业内现有企业的竞争五种力量进行分析，来判断企业所处行业的竞争状态。

5. 核心竞争能力是指组织中的积累性学识，特别是关于如何协调不同的生产技能和有机结合多种技术流的学识。核心竞争能力的特征有：价值优越性、稀缺性、延展性、难模仿性和难替代性。

6. 价值链是指企业从事设计、生产、营销、交货以及对产品起辅助作用的各种价值活动的集合。通过价值链可以系统考察一个企业向用户提供产品的一系列运作活动。

7. SWOT分析建立在对环境因素和企业资源与能力的列举的基础上，通过对企业自身的优势和劣势的判断，以及对所属环境中存在的机会和威胁的识别，为战略的制定和选择提供理性的依据。

8. 一般竞争战略寻求决定组织应该怎样在每项事业上展开竞争，可分为成本领先战略、差异化战略和集中化战略。

9. 公司层战略决定组织的行动方向，以及每一个事业部将在公司战略中扮演的角色。可分为稳定战略、紧缩战略和增长战略三种形式。

复习思考题

1. 讨论明茨伯格的"5P"观点。

2. 描述企业战略的概念及其构成要素。

3. 如何理解企业战略管理的概念与战略管理的过程？

4. 好的愿景和使命应该具有的特征是什么？

5. 如何利用"五力模型"进行行业竞争结构分析？

6. 你认为对竞争对手分析的难点在哪？

7. 企业的资源、能力和核心竞争能力之间的关系是什么？

8. 根据对核心竞争能力的特征分析，你认为企业应如何建立自己的核心竞争能力？

9. 结合某一实例，谈谈如何用价值链对企业进行资源和能力分析。

10. 对某一行业或企业或你所在学校进行 SWOT 分析。

11. 企业要实现增长，一般采用哪些战略？

12. 一般竞争战略是否只适合公司里的事业层？实行这些战略存在哪些风险？

案例思考

A 公司存在的问题

A 公司是一家沿海的民营外贸进出口企业，最初脱胎于一家大型国有企业，拥有进出口权，从事家用及工业用小机电产品的进出口业务，是业务单一的外贸企业。借助 20 世纪 90 年代初外贸行业整体以"奔驰速度"发展的大好环境和带有垄断性质的进出口经营权，依靠公司总经理对市场需求敏锐的判断以及对市场机会的把握，A 公司快速发展并高速增长，形成了以轴承、电机、家用小水泵、工具等为主的出口产品。从 90 年代末起，A 公司开始主动建立产品品牌，多年运作后，形成了家用小水泵的产品品牌。其产品的主要销售市场为中东、拉美、东南亚等地区的发展中国家；部分市场为欧美等发达国家；主要销售产品为手动及电动工具。在内部管理上，A 公司对部门以承包的方式进行管理；在部门内，业务员主导业务，负责外销产品的采购与销售。

伴随着 1999 年我国加入 WTO，在进入 2000 年以后，连续几年内，A 公司的销售收入在整体上出现零增长甚至负增长，利润率越来越低；而且，由于销售队伍的不稳定，业务存在着大幅度的起伏，最严重的时候，销售人员流失直接导致当年主营业务收入比上年降低 40%。身陷如此僵局，公司老总也在不断苦苦寻找造成这些问题的原因，并不断地进行尝试。

最初，根据市场情况，他提出了建立自有的产品品牌，并相应地给予政策扶持，如提高自有品牌产品的销售提成比例等。但在承包制的模式下，各部门业务发展自由度大，五个部门中，只有一个部门花费大量的时间和精力在目标市场建立了自己的产品品牌，其他部门则持续着外贸企业惯有的"什么赚钱卖什么"的方式运作。

之后，针对人员流失情况，他着手进行了绩效体系的设计，提高了业务人员的提成比例。但效果只显示在一时，一年过去之后，人员流失依然发生，甚至每况愈下。

最后，他着手进行了企业文化建设，提出"奉献、协作、成长"的企业价值观。员工对企业价值观的认识统一不是一朝一夕的事情，对于业务的发展难以起到立竿见影的效果。而且，在后来的员工调查中发现，这样的价值观并未得到员工的普遍认同。

几次尝试，效果均不大理想，并未解决企业发展中的难题。

（资料来源：百度文库）

问题讨论：

A 公司为什么会出现这些问题？该如何解决？（用 SWOT 分析法对该公司展开分析，并为其制定相应的战略。）

第七章　人力资源管理

学习目标

1. 掌握人力资源管理的定义及主要内容。
2. 掌握工作分析的概念。
3. 区别工作描述和工作规范。
4. 明确人力资源规划的制定。
5. 掌握员工招聘的程序，对比员工甄选的几种方法。
6. 识别各种培训方法。
7. 解释各种绩效评估的方法。
8. 识别三种薪酬模式。

【关键术语】

人力资源管理　工作分析　人力资源规划　招聘　培训　绩效评估　薪酬管理

【结构框图】

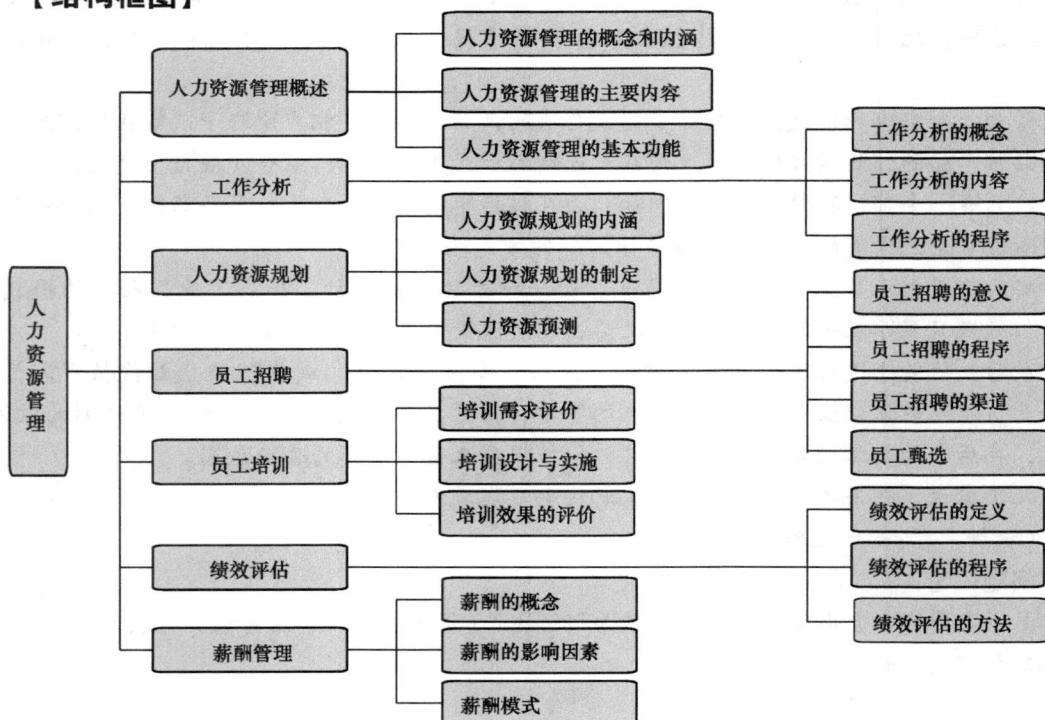

【引入案例】　"金字塔"与"圣诞树"

世界快餐之王——麦当劳公司不仅经营艺术十分高超,在人力资源管理方面也很有独到之处。麦当劳公司有一本人力资源管理手册,将人力资源管理的所有内容都标准化了,如怎样面试、怎样招聘、怎样挖掘一个人的潜力,等等。麦当劳的招聘面试、对员工的考核、员工结构、员工发展系统等均比较独到,但其中尤其值得一提的是它的人才发展系统,堪称一绝。

人才发展系统包括两个方面:一个是个人能力发展系统;另一个是个人职位发展系统。麦当劳的个人能力发展系统与其他公司既有相似之处,又有很大的差别。相似之处在于,麦当劳的个人能力发展系统也同大多数公司一样,主要靠培训。麦当劳北京公司每年都在培训方面有很大的投入。首先,麦当劳是强行对员工进行培训。麦当劳在中国有三个培训中心,培训的老师全部都是公司里有经验的营运人员。其次,麦当劳餐厅部经理层以上人员一般要派往国外学习,在北京的麦当劳公司里,就有100多人到美国的汉堡大学学习过。他们不单去美国学习,还去新加坡等地,因为麦当劳认为新加坡的培训做得很好。而且,不论是出国培训还是平常培训,培训完以后员工都要给他的上级经理写行动计划,然后由经理来评估,以保证培训效果。麦当劳希望通过这些措施让员工觉得在麦当劳有发展前途。

不同之处在于,除了培训中的细节,如前面提到的强制培训、行动计划等外,主要是麦当劳比较注重让员工在实践中学习和提高,即平常的"Learning by doing(干中学)"。员工进入麦当劳之初,就会有年长者专门辅导,告诉他工作经验,并带领他从事实际工作。麦当劳的管理人员95%以上要从员工做起,在实践中得到提高和提升。

尤为特别的是麦当劳的个人职位发展系统。一般企业的职位设置,高高在上的是公司最高管理层,如老板,或者董事长、董事、总裁等;然后是高层经理人员,主要是全球职能部门总经理、产品部门总经理、地区总经理等;下面还有中层管理人员;最下面是广大员工,活脱脱一个"金字塔"。结果是越往上越小、路越窄,许多优秀人才为了争夺一个职位费尽心机,不能成功者多数选择了自起炉灶或另谋高就,很不利于公司和人才的进一步发展。而麦当劳的职位系统更像一棵"圣诞树",公司的核心经营管理层就像树根,为众多树干和树枝提供根基,只要员工有能力,就可以上一层成为一个分枝,更出色者还可以"更上一层楼",又是一个分枝,甚至可能发展成树干,永远有机会。正因为这样,麦当劳的离职率很低,成本无形中大大下降了。

麦当劳北京公司总裁在解释这一点时说:"钱非万能,如果员工只是为了钱的话,他明天又可能为了挣更多的钱而走掉。这15年来,包括我本人在内,都感觉麦当劳是陪我们一起成长的"。

(资料来源:《最宝贵的资源是人才——著名跨国公司在中国人力资源管理案例集萃》)

麦当劳的成功,同样也是人力资源管理的成功。它不仅仅为麦当劳公司带来了巨大的经济效益,带来了公司规模的飞速发展,更重要的是,为全世界的企业创造了一种新的模式,培养了一批批真正的人才。本章将要讨论企业人力资源管理的各项具体内容,首先学习人力资源管理的概念和基本功能;然后具体介绍人力资源管理的主要内容,包括工作分析、人力资源规划、员工招聘与录用、员工培训、绩效评估和薪酬管理。

第一节　人力资源管理概述

一、人力资源管理的概念和内涵

人力资源管理(Human Resource Management,HRM)是指运用现代化的科学方法,对与一定物力相结合的人力进行合理的培训、组织和调配，使人力、物力经常保持最佳比例，同时对人的思想、心理、行为进行恰当的诱导、控制、协调，充分发挥人的主观能动性，从而做到人尽其才、事得其人、人事相宜，最终实现组织目标。

从上可知，人力资源管理的内涵至少包括以下内容：①任何形式的人力资源开发与管理都是为了实现一定的目标，如个人家庭投资的预期收益最大化、企业经营效益最大化及社会人力资源配置最优化。②人力资源管理必须充分有效地运用计划、规划、组织、指挥、监督、协调、激励和控制等现代管理手段，才能实现人力资源管理目标。③人力资源管理主要研究人与人之间的利益调整、个人的利益取舍、人与事的配合、人力资源潜力的开发、工作效率和效益的提高以及实现人力资源管理效益的相关理论、方法、工具和技术。④人力资源管理不是单一的管理行为，必须使相关管理手段相互配合才能取得理想的效果。例如，薪酬必须与绩效考核、晋升、流动等相配套。

二、人力资源管理的主要内容

（1）工作分析：对企业各个工作职位的性质、结构、责任、流程，以及胜任该职位工作人员的素质、知识、技能等，在调查分析所获取的相关信息的基础上，编写工作说明书等人事管理文件。

（2）人力资源规划：把企业人力资源战略转化为中长期目标、计划和政策措施，包括对人力资源的现状分析、未来人员供需预测与平衡，以确保企业在需要时能获得所需要的人力资源。

（3）员工招聘与选拔：根据人力资源规划和工作分析的要求，为企业招聘、选拔所需要的人力资源，并录用、安排到一定岗位上。

（4）绩效评估：对员工在一定时间内对企业的贡献和工作中取得的绩效进行考核和评价，及时做出反馈，以便提高和改善员工的工作绩效，并为员工培训、晋升、计酬等人事决策提供依据。

（5）薪酬管理：对基本薪酬、绩效薪酬、奖金、津贴以及福利等薪酬结构的设计与管理，以激励员工更加努力地为企业工作。

（6）员工激励：采用激励理论和方法，对员工的各种需要予以不同程度的满足或限制，引起员工心理状况的变化，以激发员工向企业所期望的目标而努力。

（7）培训与开发：通过培训提高员工个人、群体和整个企业的知识、能力、工作态度和工作绩效，进一步开发员工的智力潜能，以增强人力资源的贡献率。

（8）职业生涯规划：鼓励和关心员工的个人发展，帮助员工制定个人发展规划，以进一步激发员工的积极性和创造性。

（9）人力资源会计：与财务部门合作，建立人力资源会计体系，开展人力资源投资成本与产出效益的核算工作，为人力资源管理与决策提供依据。

（10）劳动关系管理：协调和改善企业与员工之间的劳动关系，进行企业文化建设，营造和谐的劳动关系和良好的工作氛围，保障企业经营活动的正常开展。

三、人力资源管理的基本功能

从上述人力资源管理的内容，可以总结出人力资源管理的下述五项基本功能：

（1）获取：根据企业目标确定所需员工条件，通过规划、招聘、考试、测评、选拔，获取企业所需人员。

（2）整合：通过企业文化、信息沟通、人际关系和谐、矛盾冲突的化解等的有效整合，使企业内部的个体、群众的目标、行为、态度趋向企业的要求和理念，使之形成高度的合作与协调，发挥集体优势，提高企业的生产力和效益。

（3）保持：通过薪酬、考核、晋升等一系列管理活动，保持员工的积极性、主动性、创造性；维护劳动者的合法权益，保证员工在工作场所的安全、健康和舒适的工作环境，以增进员工满意感，使之安心、满意地工作。

（4）评价：对员工的工作成果、劳动态度、技能水平以及其他方面做出全面考核、鉴定和评价，为做出相应的奖惩、升降、去留等决策提供依据。

（5）发展：通过员工培训、工作丰富化、职业生涯规划与开发，促进员工知识、技巧和其他方面素质提高，使其劳动能力得到增强和发挥，最大限度地实现其个人价值和对企业的贡献率，达到员工个人和企业共同发展的目的。

第二节　工作分析

工作分析是人力资源管理中一项重要的常规性技术，是整个人力资源管理工作的基础。它定义了组织中的职务以及履行职务所需的行为。例如，企业里的销售人员，其职责是什么，其工作要取得合乎要求的绩效，最少需具备怎样的知识、技术和能力等。

一、工作分析的概念

工作分析（职位分析、岗位分析）是指对某项特定的工作做出明确规定，并确定完成这一工作需要有什么样的行为的过程，即了解与分析构成工作职务的各项工作的内容、性质、特点和责任，并确定任职者在履行职务时所应具备的各项条件的研究过程。

工作分析是一道程序，就其基本性质来说，是一种调查研究工作，收集工作的有关信息。将这些信息概括起来就是提供每一项工作的 7W：用谁（Who），做什么（What），何时（When），在哪（Where），如何（How），为什么（Why），为谁（For Whom）。工作分析获得的信息有多种多样的用处，全面而深入地分析这些信息，可以使组织充分了解由具体人从事的工作及对工作人员的行为要求，为人事决策奠定坚实的基础。组织由各种各样的角色构成，可以通过工作分析，从整体上协调这些角色的关系，详细说明各种角色，从而奠定组织结构和组织设计的基础。通过工作分析，也可以详细说明各级人员的职责，从而避免工作重叠、劳动重复，提高个人和部门的工作效率及和谐性。在人事管理及开发的各个阶段，工作分析是一种有效的手段。

工作分析结果的主要表达形式是工作说明书。它综合了工作描述和工作规范两部分内容，涉及工作性质和人员特性两个方面。

二、工作分析的内容

不同的企业和组织都有各自特点和急需解决的问题。有的是为设计培训方案，提高员工的技术素质；有的是为了制定更切合实际的奖励制度，调动员工的积极性；还有的是为根据工作要求改善工作环境，提高安全性。因此，这些企业和组织所要进行的工作分析的侧重点就不一样。但一般来说，工作分析主要包括以下两方面内容：

（一）工作描述

工作描述就是确定工作的具体特征，主要解决工作内容、任务、责任、权限、标准、工作流程、环境等问题。工作描述没有统一的标准，主要包括以下几个方面的内容：

1. 工作名称

工作名称是指组织对从事一定工作活动所规定的名称，以便于对各种工作进行识别、登记、分类以及确定组织内外的各种工作关系。例如，"财务公司总经理"就是比较好的工作名称，而"统计员"、"部门经理"则不够明确。

2. 工作活动和程序

工作活动和程序包括所要完成的工作任务、工作职责、完成工作所需要的资料、机器设备与材料、工作流程与规范、工作中与其他工作人员的正式联系以及上下级关系、接受监督以及进行监督的性质和内容等。

3. 工作条件和物理环境

工作条件和物理环境包括工作地点的温度、光照度、通风设备、安全措施、建筑条件，甚至工作的地理位置。

4. 社会环境

社会环境的说明是一个新趋势，包括工作团体的情况、社会心理气氛、同事的特征及相互关系、各部门之间的关系等。此外，应该说明企业和组织内以及附近的文化和生活设施。

5. 职业条件

由于人们常常根据职业条件来判断和解释工作描述中的其他内容，因而这部分内容特别重要。职业条件说明了工作的各方面特点：工资报酬、奖金制度、工作时间、工作季节性、晋级机会、进修和提高的机会、该工作在本组织中的地位以及与其他工作的关系等。

以下是一份工厂设备科科长的工作描述。

阅读材料　工作描述

职位名称：设备科科长

直接上级：生产副厂长 岗位代码：ME-012

（1）主要工作内容：与生产部门合作，负责全厂设备的维护和保养；生产中出现各种事故或意外时，建议和批准用于各种抢修项目的预算支出和拨款；与其他管理部门合作，确认施工质量和标准检修费用；根据工厂的有关规定，对本部门员工实施奖惩；根据工作需要，可随时调用3t和1t的铲车各一辆。

（2）工作条件：50%以上的时间在室外工作；经常受气候的影响，现场工作条件比较差，有毒、有害气体以及噪声对身体健康有一定的影响。一年中有5%的工作日出差在外。工作地点：本市。

（3）社会环境：设备科有副科长一名、科员三名。需要经常交往的部门有生产部、财务部和工程部。

（4）聘用条件：每周工作40小时，法定假日放假；基本工资5200元，职务津贴每月500元。本岗位为企业中的中层管理岗位，可晋升为副厂长或厂长。

（二）工作规范

工作规范说明了从事某项工作的人员所必需的知识、技能、能力、兴趣、体格和行为特点等心理及生理要求。制定工作规范的目的是决定重要的个体特征，以此作为人员筛选、任用和调配的基础。其主要包括以下几个方面：

1. 一般要求

它主要包括年龄、性别、学历、工作经验等。

2. 生理要求

它主要包括健康状况、体能要求、运动的灵活性、知觉能力、感觉器官的灵敏度等。

3. 心理要求

它主要包括观察能力、集中能力、记忆能力、理解能力、学习能力、解决问题的能力、创造性、数学计算能力、语言表达能力、决策能力、气质、性格、兴趣爱好、事业心、态度、合作性、领导能力等。

以下是一份企业培训科长的工作规范。

阅读材料　工作规范

职位名称：培训科长

职位代码：HR-024

直接主管：人力资源部经理

直接下属：培训讲师、培训管理人员

职位概述：从事人力资源潜能开发、人员培训、组织发展和绩效评估等工作。

工作职责：拟订并及时修正公司的各项培训制度，推动公司内人力资源潜能开发及培训工作；制订公司年度培训预算及工作计划，提高公司从业人员的专业素质，确保公司竞争力；建立公司员工工作标准，拟订培训计划，辅助员工进行工作绩效改善及开发潜能；拟订、呈报全公司年度、月份培训计划，确保各类员工均受有效培训，以增加其完成本职工作所需的理论知识和技能；组织编制共同性培训教材，以推动公司企业文化和组织发展的整合；实施、检查、考核培训，确保培训过程得到有效的质量控制；代理职责范围以外的工作，当主管或下属出差时，能保证相关工作正常进行。

　　教育：获得工程、企业管理、人力资源管理或其他相关专业本科及以上学历证书；参加过外资企业人力资源管理与开发方面的理论研讨会。

　　工作经历：具有3~5年人力资源管理与开发或职业教育方面的实际经验；具有3~5年企业管理经验；从事过外资企业职教工作者尤佳。

　　技能要求：英语口语、写作能力好，能阅读本领域英文资料；良好的沟通、表达和组织能力；较强的计划能力；带动团队工作的能力，并能适应一定的压力；较高的计算机操作技能；了解现代管理理论，能有效地授权和激励。

三、工作分析的程序

　　工作分析是一个细致、全面的评价过程，它包括一系列组织活动，主要分为准备阶段、调查阶段、分析阶段和完成阶段。这四个阶段既互相联系，又互相影响。

　　（一）准备阶段

　　准备阶段的任务是熟悉情况，建立联系和确定工作分析的样本。主要完成以下工作：了解所要分析的工作的类型；确定调查和分析对象的样本；决定所要调查的人员类型、数量和工作任务的种类等。

　　（二）调查阶段

　　在调查阶段，主要是根据调查方案对整个作业过程、工作环境、工作内容和工作人员等主要方面做一个全面的调查。应灵活地运用各种工作分析信息的收集方法，广泛收集有关工作职务特征和工作人员要求的数据资料。

　　（三）分析阶段

　　这一阶段的主要任务是运用科学的统计技术对有关工作特征和工作人员特征的调查结果进行分析总结。具体工作包括：仔细审核、整理获得的各种信息；分析、发现有关工作和工作人员的关键因素；归纳、总结出工作分析的必需材料和要素。

　　（四）完成阶段

　　完成以上各阶段的任务后，本阶段主要的工作是用书面方式给出工作分析的结果。经过归类整理已经获得的信息，编制工作描述和工作规范，可以用文字形式，也可以选择表格的形式。

第三节　人力资源规划

一、人力资源规划的内涵

　　人力资源规划也称为人力资源计划（Human Resource Planning, HRP）。人力资源规划是人力资源开发与管理过程的初始环节，是组织根据发展战略的要求，对在未来变化中人力资源的供给与需求状况进行预测，对现有人力资源存量进行分析与规划，制定相应的人力资源获取、利用、保持和开发战略，确保组织对人力资源在数量与质量上的需求，使组织和个人均获得长远发展的一种管理活动。

人力资源规划有狭义和广义之分：

（一）狭义的人力资源规划

狭义的人力资源规划是指组织从自身的发展目标出发，根据内外部环境的变化，预测未来发展对人力资源的需求，以及提供相应的人力资源的活动。简单地说，狭义的人力资源规划是人力资源供需预测，并使之平衡的过程。换言之，即对人力资源未来需求和内部供给预测后，再进行外部补充的规划。

（二）广义的人力资源规划

广义的人力资源规划的内容很多，可以分为组织的人力资源目标规划、组织变革与组织发展规划、人力资源管理制度变革与调整规划、人力资源开发规划、人力资源供给与需求平衡计划、劳动生产率发展计划、人事调配晋升计划、员工绩效考评与职业生涯规划、员工薪酬福利保险与激励计划等。广义的人力资源规划包括两个层次：

1. 人力资源总体规划

它是指在计划期内人力资源管理的总目标、总政策、实施步骤和总预算的安排。

2. 人力资源业务计划

它包括人员补充计划、分配计划、提升计划、教育培训计划、工资计划、保险福利计划、劳动关系计划、退休计划等。

这些业务计划是总体规划的展开和具体化，每一项业务计划都由目标、任务、政策、步骤及预算等部分构成，如表7-1所示。这些业务计划的结果应能保证人力资源总体规划目标的实现。

表 7-1 人力资源总规划及其各项业务规划

计 划 类 别	目 标	政 策	步 骤	预 算
总规划	总目标：绩效、人力资源总量、素质、员工满意度	基本政策：如扩大、收缩、稳定	总体步骤：（按年安排）如完善人力资源信息系统等	总预算：×××万元
人员补充计划	类型、数量对人力资源结构及绩效的改善等	人员标准、人员来源、起点待遇等	拟定标准、广告宣传、考试、录用	招聘、选拔费用：××万元
人员使用计划	部门编制、优化人力资源结构、改善绩效、职务轮换	任职条件、职务轮换、范围及时间	略	按使用规模、类别及人员状况决定工资、福利
人员接替与提升计划	保持后备人员数量、改善人员结构、提高绩效目标	选拔标准，资格，试用期，提升比例，未提升人员安置	略	职务变化引起的工资变化
教育培训计划	改善素质与绩效、培训类型与数量、提供新人员、转变员工劳动态度	培训时间的保证、培训效果的保证	略	教育培训总投入、脱产损失

（续）

计 划 类 别	目　　　标	政　　　策	步　　　骤	预　　　算
评估与激励计划	降低离职率、提高士气、改善绩效	激励重点：工资政策、奖励政策、反馈	略	增加工资、奖金额
劳动关系计划	减少非期望离职率、改善雇佣关系、减少员工投诉与不满	参与管理、加强沟通	略	法律诉讼费
退休解聘计划	减少编制、降低劳务成本、提高生产率	退休政策、解聘程序等	略	安置费、人员重置费

二、人力资源规划的制定

制定人力资源规划通常有六个步骤，如图 7-1 所示。

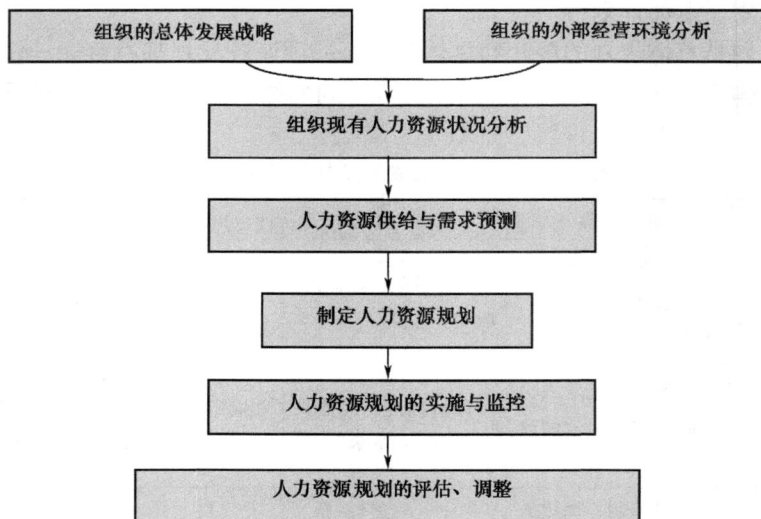

图 7-1　制定人力资源规划的一般步骤

（1）组织的总体发展战略是制定组织人力资源规划的基础。组织发展重点、企业技术设备特点、产销状况、经营规模和扩展方向等，都会对人力资源提出不同要求，人力资源规划则必须满足上述组织要求。

制定组织的人力资源规划，面临着一定的外部条件，即组织的外部经营环境，包括市场环境、劳动力市场供求状况、劳动者文化素质、有关法律政策以及本地区平均工资水平、人们择业偏好等，这些都会对人力资源规划的制定形成制约。因此，要明确分析外部条件，作为制定人力资源规划的必要依据。

（2）分析组织现有人力资源状况。对照组织发展要求，对组织现有人力的数量、质量、配置结构等进行资源盘点。

（3）对组织的人力资源供求状况进行预测。弄清组织对各类人力资源的确切的需求状况，分析内部和外部的人力供给状况，并进行预测。

（4）制定人力资源规划，包括总体规划和各项职能规划，并确定规划的时间跨度。同时，注意计划各个部分、各项不同职能的规划以及相关制度之间的平衡和衔接。

（5）设置人力资源规划执行过程中的监督和控制机制，保证人力资源规划的实施。

（6）设置人力资源规划的评估和调整系统。当人力资源规划执行完毕时，及时评估人力资源规划的执行效果，并及时调整，以保证人力资源规划的有效性。

三、人力资源预测

人力资源预测主要是对人力资源的供给和需求进行预测。人力资源预测供求双方及其关系可以简单地用图 7-2 加以说明。

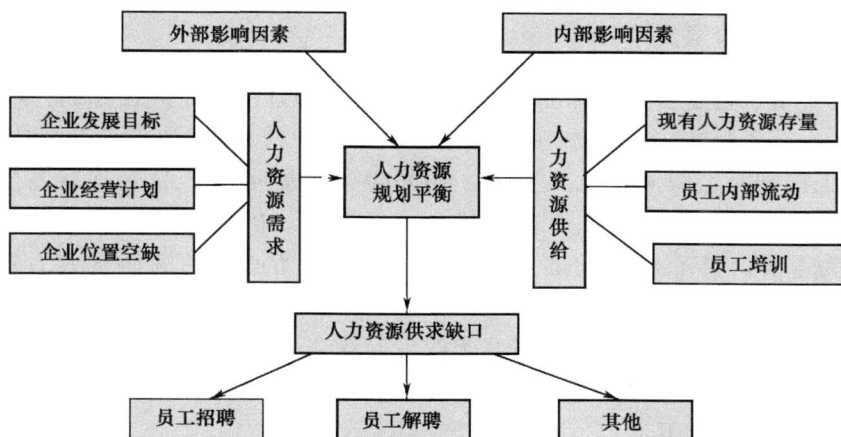

图 7-2　人力资源供求预测

由图 7-2 可见，人力资源需求由三个方面的因素所决定：一是企业发展目标。企业的短期发展目标决定企业对人力资源的即时需求；企业的长期发展目标决定企业对人力资源的潜在需求或者对人力资源的储备需求。二是企业经营计划。企业的经营计划将决定现实的企业人力资源需求，包括需求的数量、结构和类型。三是企业位置空缺。企业现有的员工位置空缺，造成企业人力资源的即时需求。

人力资源供给也由三个方面的因素所决定：一是现有人力资源存量。如果企业现有的人力资源存量较多，且没有结构上的问题，那么这部分人力资源存量马上可以转化为即时的人力资源供给，去满足人力资源的需求。二是员工内部流动。企业内部的人力资源流动，包括岗位轮换、余缺调剂、内部调动等，都能将企业潜在的人力资源供给调动起来，转化为可以满足人力资源需求的供给要素。三是员工培训。企业员工培训主要是在供给方面调整人力资源的供给结构来满足人力资源的需求。有时，企业的人力资源在总量上并不短缺，但在某些岗位上由于技术等原因，形成人力资源短缺的状况，而在另一些岗位上却有多余员工。因此，员工培训乃是将普通的多余劳动力转化为特定的人力资源供给的一条有效途径。

人力资源供求预测就是综合人力资源供给方和需求方的各项因素，对企业的人力资源供求做出判断、分析和估计，然后还要结合考虑企业外部因素的影响和内部其他因素的影响，通过人力资源规划来对人力资源的供给和需求做出平衡。在人力资源规划平衡中，人力资源供给正好等于需求的情况是较少见到的。在大多数情况下，人力资源供求之间会存在缺口。为了弥补这个缺口，必须采取人力资源管理的其他步骤。当员工供不应求且内部无法解决时，企业就需要对外招聘员工；当员工供过于求而企业又无法消化时，企业就要解聘员工。当然，还可以通过其他的方法来平衡企业的人力资源供求，如人才借调、租赁、吸收兼职员工等。

第四节　员　工　招　聘

一、员工招聘的意义

员工招聘是指在企业总体发展战略规划的指导下，制订相应的职位空缺计划，并决定如何寻找合适的人员来填补这些职位空缺的过程。员工招聘对于企业来说具有重要意义。

（1）员工招聘对组织来说意义重大。如同生产高质量的产品必须有高质量的原材料一样，组织的生存与发展必须有高质量的人力资源。因此，获得人力资源对组织而言就显得尤为重要。员工招聘就是为了确保组织发展所必需的高质量人力资源而进行的一项重要工作。

（2）当组织内部的人力资源不能满足组织发展和变化的要求时，组织就需要根据人力资源规划和工作分析的数量与质量要求，从外部招聘人力资源，为组织输入新生力量，弥补组织内部人力资源供给的不足。

（3）对组织高层管理者和技术人员的招聘，可以为组织注入新的管理思想，可能给组织带来管理上、技术上的重大革新，为组织增添新的活力。

（4）一方面，成功的员工招聘，可以使组织更多地了解员工到本组织工作的动机与目标；另一方面，可以使组织外的员工更多地了解组织。他们可以根据自己的能力、兴趣与发展目标来决定自己是否加入组织，与组织共同发展。这对发挥员工的潜能十分重要。

（5）员工招聘使得组织的知名度提高。通过大量的招聘广告，组织不仅吸收了大量的优秀员工，同时也提高了自身的知名度。

（6）员工招聘有利于员工的合理流动。目前组织员工离职现象越来越普遍，因而也使得员工招聘工作更加重要和日常化了。

二、员工招聘的程序

企业进行员工招聘的一般程序，如图 7-3 所示。

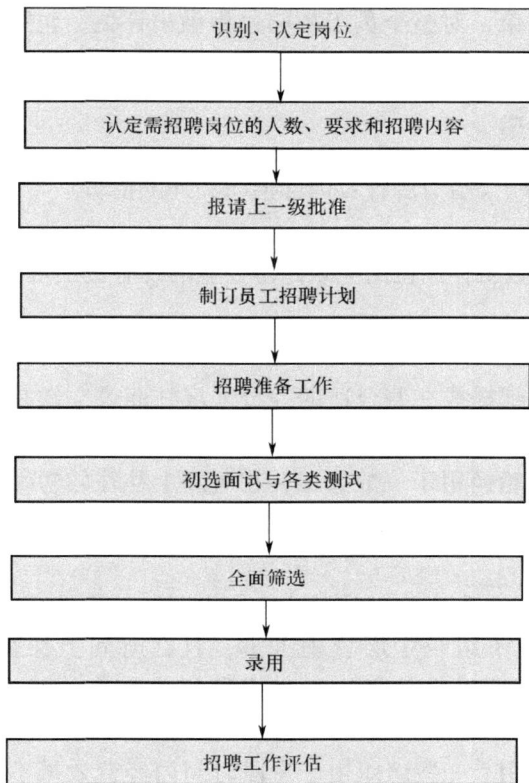

图 7-3　员工招聘的程序

（1）由各部门提出所缺岗位人员的信息，包括人数、层次、岗位要求等，并正式向人力资源部提出招聘员工的申请。人力资源部则会同各有关部门，根据组织的人力资源规划，共同识别并认定这些岗位是否确实需要招聘员工。有些缺员并不一定需要通过对外招聘途径来解决，人力资源部可与各用人部门沟通，通过员工调剂、加班、雇临时工等方式予以解决。对于确实需要招聘的缺员岗位要进行初步认定。

（2）人力资源部根据工作分析的内容，进一步确定需要招聘人员的人数、任职资格和素质要求，确定招聘工作的内容。

（3）人力资源部会同用人部门，将招聘员工的申请与意向申报上一级主管批准。例如，由分管人力资源部的副总经理批准。有些重要职位的招聘，还需要总经理或董事会的批准。

（4）在上级主管批准招聘员工后，人力资源部要拟订具体的员工招聘计划。

（5）进行招聘的准备工作，确定员工招聘的途径、时间、方法和预算等。

（6）根据应聘申请表，进行初步筛选，对选中者进行面试或各类书面或心理等方面的测试。

（7）全面筛选，即根据应聘者的面试或测试情况，全面开展筛选工作，确定入围名单。必要的话，对某些应聘者还要进行复试。

（8）确定招聘录用人员，通知被录用者，并与之签订工作合同。

（9）确定招聘工作结束，对整个员工招聘过程做出评估，包括方法、内容、实际录用人员素质、招聘成本等。

三、员工招聘的渠道

一般来说，企业的招聘渠道有两种：内部招聘和外部招聘。

（一）内部招聘

实际上，组织绝大多数工作岗位的空缺是由企业的现有员工填充的，因此，企业内部是最大的人力资源来源。

1. 内部招聘的主要方式

（1）提升。从组织内部提拔一些合适的人员来填补职位空缺是一种常用的方法。它可以使组织迅速从员工中提拔合适的人选填补到空缺的职位上。

（2）工作轮换。工作轮换用于一般员工，在时间上往往较短，是暂时性的。它既可以使有潜力的员工在各方面积累经验，为晋升做准备，又可以减少员工因长期从事某项工作而带来的枯燥、无聊感。

（3）工作调换。工作调换也称"平调"，是指职务级别不发生变化，而工作岗位发生变化。工作调换一般用于组织中层管理人员，且在时间上往往可能是较长的甚至是永久的。工作调换可为员工提供从事组织内多种相关工作的机会，为员工今后更上一层楼做好准备。

（4）内部人员重新聘用。一些组织由于一段时间内经营效果不好，会暂时让一些员工下岗待聘，当组织情况好转时，再重新聘用这些员工。

2. 内部招聘的主要方法

（1）布告法。在确定了空缺职位的性质、职责及其所要求的条件等情况后，将这些信息以布告的形式，公布在组织中一切可以利用的墙报、布告栏、内部报刊上，尽可能使全体员工都获得信息，号召有才能、有志气的员工毛遂自荐、脱颖而出。

（2）推荐法。推荐法是由本组织的员工根据组织的需要推荐其熟悉的合适人员，供用人部门和人力资源部门进行选择和考核。

（3）档案法。人力资源部门都有员工档案，从中可以了解到员工在教育、培训、经验、技能、绩效等方面的信息，帮助用人部门与人力资源部门寻找合适的人员补充职位。员工档案对于员工晋升、培训、发展有着重要的作用，因此，员工档案应力求准确、完备，对员工在职位、技能、教育、绩效等方面信息的变化应及时做好记录，为人员选择与配备做好准备。

（二）外部招聘

外部招聘的方法主要有以下几种：

1. 广告招聘

广告招聘是利用各种宣传媒介发布组织招募信息的一种方法，主要用于组织外部招聘过程。其中常用的有广播、电视、报纸、杂志、互联网等。使用招聘广告时要注意两点：第一，广告媒体的选择。媒体的选择取决于招聘工作岗位的类型。第二，招聘广告的结构。广告的结构要遵循"AIDA"四个原则，即注意(Attention)、兴趣(Interest)、欲望(Desire)和行动(Action)。换言之，好的招聘广告能够引起读者的注意并产生兴趣，继而产生应聘的欲望并采取实际的行动。

2. 人才中介机构

人才中介机构一方面为企业寻找人才，另一方面也帮助人才找到合适的雇主。它一般包括针对中低端人才的职业介绍机构以及针对高端人才的猎头公司。企业通过这种方式招聘是最为便捷的，因为只需把招聘需求提交给人才中介机构，人才中介机构就会根据自身掌握的资源和信息寻找和考核人才，并将合适的人员推荐给企业。

3. 现场招聘

现场招聘是一种企业和人才通过第三方提供的场地，进行直接面对面对话，现场完成招聘面试的一种方式。现场招聘一般包括招聘会及人才市场两种方式。

招聘会一般由各种政府及人才介绍机构发起和组织，较为正规，同时，大部分招聘会具有特定的主题，如"应届毕业生专场""研究生学历人才专场"或"IT类人才专场"等。通过这种毕业时间、学历层次、知识结构等的区分，企业可以很方便地选择适合的专场设置招聘摊位进行招聘。对于这种招聘会，组织机构一般会先对入会应聘者进行资格的审核，这种初步筛选节省了企业的大量时间，便于企业对应聘者进行更加深入的考核。但是，目标人群的细分在方便了企业的同时，也带来了一定的局限性：如果企业需要同时招聘几种人才，那么就要参加几场不同的招聘会，这也提高了企业的招聘成本。

人才市场与招聘会相似，但是招聘会一般为短期集中式，且举办地点一般为临时选定的体育馆或者大型广场，而人才市场则是长期分散式的，同时地点也相对固定。因此，对于一些需要进行长期招聘的职位，企业可以选择人才市场这种招聘渠道。

现场招聘的方式不仅可以节省企业初次筛选简历的时间成本，同时简历的有效性也较高，而且相比其他方式，它所需的费用较少。但是，现场招聘也存在一定的局限性：首先是地域性，现场招聘一般只能吸引到所在城市及周边地区的应聘者；其次，这种方式也会受到组织单位的宣传力度以及组织形式的影响。

4. 校园招聘

校园招聘是许多企业采用的一种招聘渠道。企业到学校张贴海报，举办宣讲会，吸引即将毕业的学生前来应聘；对于部分优秀的学生，可以由学校推荐；对于一些较为特殊的职位，也可通过学校委托培养后，企业直接录用。

学生的可塑性较强、干劲充足，但没有实际工作经验，需要进行一定的培训才能真正开始工作；并且不少学生由于刚步入社会，对自己的定位还不清楚，不稳定性也可能较大。

5. 网络招聘

企业可以在网上发布招聘信息，甚至进行简历筛选、笔试、面试。企业通常可以通过两种方式进行网络招聘：一是在企业自己的网站上发布招聘信息，搭建招聘系统；二是与专业招聘网站合作，如中华英才网、前程无忧、智联招聘等，通过这些网站发布招聘信息，利用专业网站已有的系统进行招聘活动。

网络招聘没有地域限制，受众人数大，覆盖面广，而且时效较长，可以在较短时间内获取大量应聘者信息。但是，随之而来的是其中充斥着许多虚假信息和无用信息。因此，网络招聘对简历筛选的要求比较高。

以上招聘渠道及其效果应当说各有特色及利弊。企业应该结合自身特点，包括财务状况、紧迫性、招聘人员素质等，同时考虑招聘职位的类型、层次、能力要求等，来选择适当的招聘渠道。只有最适合当前企业情况以及招聘需求的渠道才是最好的。

四、员工甄选

员工甄选是指企业运用适当的标准和方法，从应聘者中挑选合格的人员。员工甄选直接关系到企业今后的人力资源的质量，因而它是整个招聘过程中最为重要的一环。员工甄选的方法主要包括面试、心理测试、知识技能测试和情景模拟等。

（一）面试

面试是一种经过组织者精心设计，在特定场景下，以考官与考生的面对面交谈与观察为主要手段，由表及里测评考生的知识、能力、经验等有关素质的一种甄选方式。面试给企业和应聘者提供了进行双向交流的机会，能使企业和应聘者之间相互了解，从而双方都可以更准确地做出聘用与否、受聘与否的决定。

面试的类型主要有以下几种：

1. 结构化面试和非结构化面试

所谓结构化面试，是指面试题目、面试实施程序、面试评价、考官构成等方面都有统一、明确的规范进行的面试；非结构化面试，则是对与面试有关的因素不做任何限定的面试。前者根据事先设计好的程序进行，可以较好地避免面试者的主观偏见和面试过程中的偏差；但是不够灵活，不能充分调整提问。后者的长处在于其灵活性，可以掌握更多的信息；但是它没有统一的标准，对不同的应聘者不够公平，而且容易融入面试者的主观因素。因此，对于工作程序较强的岗位，宜采用结构化面试；对较重要的职位或灵活的职位，则宜采用非结构化面试。

2. 单独面试与集体面试

单独面试是指与应聘者一对一的面试方法。集体面试则是由一个面试班子对应聘者进行"会审"。显然，集体面试的时间和人员投入都多于单独面试，但对应聘者的观察角度更全面，提问更充分，判断也较公正。

3. 答辩会

在答辩会上，由应聘者个人回答众多面试者事先设计好的问题。一般由应聘者主讲一些与申请职位相关的专业问题或其他指定的问题，然后由面试者发问，应聘者当众回答。这种方法可以观察到应聘者的专业知识与技能、工作能力和心理素质等。其涉及人员较多、招聘成本较高，通常用于某些特别应聘者或高级职位的应聘者。

（二）心理测试

心理测试是用心理学的方法来测量应聘者的智力水平和个性差异的一种方法，通过心理测试可以了解一个人所具有的潜在能力，了解一个人是否符合企业某一岗位的需要。心理测试主要包括智力测试、职业能力测试、价值观测试、个性测试、情商测试、职业兴趣测试等类型。

（三）知识技能测试

知识技能测试可以了解应聘者是否具备其应聘岗位所需要的一定的知识与技能。知识技能测试可以是用试卷进行的纸笔应答卷考试，如外语测试；也可以是人机考试，如计算机运用能力测试等。通常知识技能考试包括三种类型：

1. 综合知识测试

这种测试主要用来了解应聘者的知识面，测试内容包括各种常识和基础知识。

2. 专业知识测试

这种测试主要用于了解应聘者是否具备其应聘岗位所要求的有关专业知识。专业知识可以是技术专业知识，也可以是管理专业知识，或者两者兼而有之。

3. 辅助技能测试

这种测试主要用来了解应聘者对各种工具的掌握程度，如外语水平测试、计算机水平测试等。

（四）情景模拟

情景模拟就是让应聘者模拟承担所要应聘的职位，在模拟的工作情景中处理与该职位相关的各种问题。情景模拟的主要内容有：

1. 模拟公文处理

让应聘者在规定的时间内处理一定量的相关公文，如公司文件、备忘录、上级指示、下级请示报告、电话记录等，以观察应聘者的知识、能力、经验和风格等。

2. 角色扮演

让应聘者扮演其应聘岗位的角色，处理该岗位的一些日常工作和常见问题。测试者可以故意设置一些"特别事件"让应聘者临场发挥加以解决，以观察应聘者的个性特点、应变能力和心理素质。

3. 谈话

让应聘者模拟所应聘的角色与相关人员进行谈话，如接电话或打电话、接待来访者、拜访有关人士等。在谈话中，观察应聘者的人际交往能力、语言表达能力和处理问题的能力等。这种谈话可以引申为谈判，让应聘者作为谈判的一方，测试者作为谈判的另一方，模拟一个谈判项目的过程。

除了上述三种情景模拟的内容之外，还有无领导小组讨论、即席发言等，其中都是通过讨论一个专门的提问，在发言中观察应聘者的各方面能力。

第五节　员 工 培 训

员工培训是指企业采用各种方式对员工进行有目的、有计划的培养和训练的管理活动。为了保证培训活动能最大限度地改善员工个人和企业的绩效，应遵循并采用完备的培训系统方法。这一系统方法包含三个阶段，如图7-4所示。

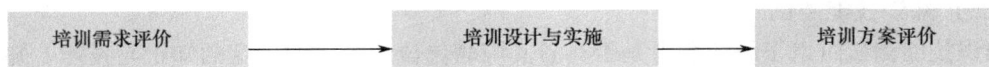

图 7-4　员工培训系统方法

一、培训需求评价

这是整个培训工作的基础，它主要解决为什么培训、培训的内容与目标是什么的问题。它通常包括组织需求分析、作业（工作任务）需求分析和人员需求分析（见图 7-5）。

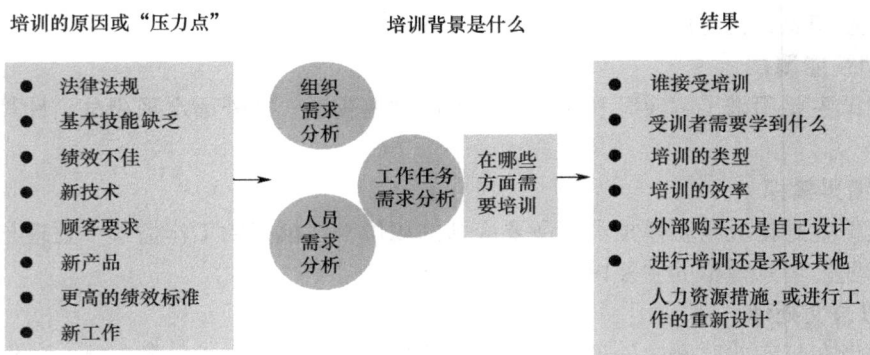

图 7-5　培训需求评价

（一）组织需求分析

它是指确定整个企业的培训需求，以保证培训符合企业的整体目标与战略要求，为培训提供可利用的资源及管理者和同事对培训活动的支持。在分析过程中，需要对企业的外部和内部环境进行分析，找出企业目标和培训需求之间的联系。

（二）工作任务需求分析

它是指需要确定培训的内容，也就是员工达到理想的工作绩效必须掌握的知识、技能和能力。

（三）人员需求分析

它是将员工目前的实际工作绩效与企业员工绩效标准进行比较，或者将员工现有的技能水平与预期未来对员工的技能要求进行对比，之间的差距就是员工个人的培训需求。

需求评价过程可使管理者知道"谁需要接受培训"以及"受训者需要学些什么"；企业到底应当从培训服务公司或咨询公司购买培训，还是利用资源自行开发培训。

二、培训设计与实施

培训效果在很大程度上取决于培训方法的选择。采用合适的培训方法，可以提高受训人员的兴趣与注意力，并取得最佳培训效果。

大多数的培训是以在职的方式进行的，因为该培训方法简单易行且成本通常比较低。但是在职培训可能会扰乱工作的正常秩序，并导致工作失误的增加。另外，有些技能的培训相当复杂，难以边工作边学习。在这种情况下，培训需要在工作场地以外进行。表 7-2 和表 7-3 概述了最常见的几种培训方法，包括在职培训和脱产培训。

表 7-2　在职培训方法

典型的在职培训方法	描　　述
职务轮换	通过横向的交换，使员工从事另一职位的工作。目的在于拓宽受训者的知识、技能和经验，使其能胜任多方面的工作，同时增加培训的乐趣
预备实习	跟随富有经验的人员、教练或导师工作一段时间，由其提供支持、指导和鼓励。这在手艺行业中也叫师徒关系
有计划的晋升	使企业员工明确自己的发展道路，了解自己目前的位置及将来可能达到的目标，是一种循序渐进的培训方法
设立"助理"	让有潜力的员工在一段时间内担任某职务的助理，让其对这一职务有更多的了解，同时，也帮助他增加工作经验，并提升胜任这一职务的能力

表 7-3　脱产培训方法

典型的脱产培训方法	描　　述
课堂讲座	讲座可用来传授特定的技术、处理人际关系及解决问题的技能
电视录像	借助媒体可清晰地展示其他培训方法不易传授的那些技术技能
模拟练习	通过做实际的或模拟的工作来学习技能，如案例分析、实验演习、角色扮演和小组互动等
仿真培训	在一个模拟现实的工作环境中，学习操作工作中将实际使用的同类设备
网络培训	用网络进行传递并由浏览器进行演示的培训方式

三、培训效果的评价

培训效果是指在培训过程中，受训者所获得的知识、技能、才干和其他特性应用于工作的程度。通过培训效果评价可以及时地总结经验、发现问题，以达到预期的目的。它通常包括四个层次，如表 7-4 所示。

表 7-4　培训效果评价的层次

层　　次	评 价 标 准	评 价 方 法
反应层	受训者对培训的印象和感觉	观察、面谈、问卷、讨论
学习层	受训者在培训前后，知识、技能及态度的掌握方面有多大程度的提高	书面测试、操作测试
行为层	受训者的行为在培训前后有无差别；他们在工作中是否运用了在培训中学到的知识和技能	绩效评价、观察、问卷、做进度记录、成果分析
结果层	组织是否因为培训而经营得更好	利润、成本、生产率、事故率、流动率、士气

第六节　绩 效 评 估

管理者需要知道其员工是否在有效地完成工作，是否存在改进的必要，绩效管理应运而生。所谓绩效管理，是指各级管理者和员工为了达到组织目标，共同参与绩效计划制订、绩效辅导沟通、绩效考核评价、绩效结果应用、绩效目标提升的持续循环过程。绩效管理的目的是持续提升个人、部门和组织的绩效。绩效评估是绩效管理系统的一部分。

一、绩效评估的定义

绩效评估是指对照工作目标或绩效标准，采用一定的考评方法，评定员工的工作任务完成情况、工作职责履行程度和员工发展情况，并将上述评定结果反馈给员工的过程。绩效评估从现象来看是对员工工作实绩的考核，实际上是组织进行管理、决策和控制的不可缺少的机制。

二、绩效评估的程序

（一）制定绩效考评标准

绩效考评要发挥作用，首先要有合理的绩效标准。这种标准必须得到考评者和被考评者的共同认可，标准的内容必须准确化、具体化和定量化。为此，制定标准时应注意两个方面：一是以工作分析中制定的工作描述与工作规范为依据，因为那是对组织员工应尽职责的正式要求；二是管理者与被考评者沟通，以使标准能够得到共同认可。

（二）考评绩效

将组织员工的实际工作绩效与工作期望进行对比和衡量，然后依照对比的结果来考评员工的工作绩效。绩效考评指标可以分为许多类别，如业绩考评指标和行为考评指标等，考评工作也需从不同方面取得事实材料。

（三）绩效考评反馈

绩效考评反馈是指将考评的意见反馈给被考评者。具体方式包括：绩效考评意见认可和绩效考评面谈。所谓绩效考评意见认可，是考评者将书面的考评意见反馈给被考评者，由被考评者予以同意认可，并签名盖章。绩效考评面谈，则是通过考评者与被考评者之间的谈话，将考评意见反馈给被考评者，征求被考评者的看法，并与其一起回顾和讨论工作绩效考评结果，通过分析，更好地理解并对工作加以改进，共同探讨最佳改进方案。

（四）绩效考核结果的综合运用

绩效考评的一个重要任务是分析绩效形成的原因，把握其内在规律，寻找提高绩效的方法，从而使工作得以改进。

三、绩效评估的方法

（一）排列法

排列法用来考评组织员工某一单一绩效特征或综合绩效特征的简便而又流行的考评方法，包括简单排序法和交错排序法。

（1）简单排序法。简单排序法根据某一考评维度，如工作质量，将全体被考评者的绩效按从最好到最差的顺序依次进行排列。它是一种很简单也很粗糙的方法。这种方法所需要的时间成本很少，简单易行，一般适合员工数量比较少的考评需求。在需要考评的员工数量比较多的情况，就需要选择其他排序方法。

（2）交错排序法。交错排序法是由上级管理者按照整体的工作表现，从员工中先挑出最好的，再挑出最差的；然后挑出次最优的，再挑出次最差的……如此循环，直至排完。这种方法容易操作，而且十分高效，尤其适合作为一个团体履行同一职责的员工。但因为这种方法是在员工之间进行比较，实质上是迫使员工相互竞争，容易对员工造成心理压力。

（二）强制分布法

强制分布法原是美国部队为考评军官的绩效而设计的，现在被应用于企业中。此方法需要考评者将工作小组中的成员分配到一种类似于一个正态分布的有限数量的类型中。可以将所有员工分为杰出的（优）、高于一般的（良）、一般的（中）、低于一般的（较差）和不合格的（差）五种情况，各等级分别占10%、20%、40%、20%和10%；然后按照每人绩效的相对优劣情况，强制将其列入其中的一定等级，如表7-5所示。

表7-5　强制分布法

员工人数	优（10%）	良（20%）	中（40%）	较差（20%）	差（10%）
50人	5人	10人	20人	10人	5人

这种方法的优点是有利于管理控制，特别是在引入员工淘汰机制的组织中，它能明确地筛选出淘汰对象。由于员工担心因多次落入绩效最低区间而遭解雇，因而该方法具有强制激励和鞭策功能。当然，它的缺点也同样明显，如果一个部门的员工的确都十分优秀，如果强制进行正态分布划分等级，可能会带来多方面的弊端。

（三）关键事件法

关键事件法是客观考评体系中最简单的一种形式。在应用这种考评方法时，常常需要为每位员工建立一本"绩效记录"，负责考评的管理者把被考评者在完成工作任务时所表现出来的特别有效的行为记录下来，形成一份书面报告。每隔一段时间（通常为6个月），上级和其下级员工面谈一次，根据所记录的特殊事件来讨论后者的工作绩效。

关键事件法在认定员工特殊的良好表现和劣等表现方面十分有效，而且对于制订改善不良绩效的计划也十分方便。此外，这种工作绩效评价方法通常可作为其他绩效考评方法的一种很好补充，在涉及和开发其他考绩工具时，有助于从这些记录中找出合理的考评维度和行为实例。

（四）量表评估法

量表评价法是根据设计的等级评价量表来对被评价者进行评价的方法。这是目前应用最广泛的一种绩效评估法。无论被评价者的人数是多还是少，这种方法都适用；而且这种方法评价的定性定量考核较全面，故多为各类企事业单位所选用。其具体方法是：先设计等级评价表，列出有关业绩因素；再把每一业绩因素分成若干等级并给出分数；说明每一级分数的具体含义；评价者根据量表对被评价者进行打分或评级，最后加总得出总的评价结果。常用的绩效评估量表有绩效评估表和绩效记分表两种，如表7-6和表7-7所示。

表7-6 绩效评估量表

员工姓名_____ 工作部门_____	职务_____ 工号_____		评估日期_____ 评估人_____	
评估因素　＼　评估因素	最差：1分	差：2分	中：3分　　　良：4分	优：5分
工作质量				
工作数量				
工作纪律				
设备维护和物耗				
创新意识与行为				

评估意见：_____	评估人签名：_____ 人力资源部	最差：不能完成任务
		差：勉强完成任务
员工签名：_____	门审核意见：_____	中：基本完成任务
		良：完成任务较好
员工意见：_____	负责人签名：_____	优：完成任务特别杰出

表 7-7　绩效记分表

姓名_____	部门_____			单位_____		职别_____	
员工评估者_____				评估者与被评估者的关系_____			

绩效因素		评分					得分	备注
工作实绩	工作质量	杰出 10	优 8	良 7	中 6	差 5		
	工作数量	10	8	7	6	5		
	创新	10	8	7	6	5		
工作态度	纪律性	杰出 5	优 4	良 3	中 2	差 1		
	责任性	5	4	3	2	1		
	合作性	5	4	3	2	1		
	积极性	5	4	3	2	1		
能力	知识技能	杰出 9	优 7	良 5	中 3	差 1		
	决断洞察	9	7	5	3	1		
	人际关系	9	7	5	3	1		
	应用开发	9	7	5	3	1		
杰出：成绩非常突出，合计得分 68 分及以上 优：没有过失，合计得分 53~67 分 良：符合要求，合计得分 38~52 分 中：勉强符合要求，合计得分 24~37 分 差：不符合要求，合计得分 23 分及以下							合 计 得 分	评估人 签名

（五）行为锚定评分法

行为锚定评分法结合了关键事件法和量表法的优点，能提供明确而客观的评价标准。具体操作中，为每一职务的各考评维度都设计一个评分量化表，并有一些典型的行为描述性说明词与量表上的刻度（评分标准）相对应和联系（即所谓锚定），供操作中为被考评者实际表现评分时作为参考依据。虽然这些典型说明词的数量有限，不可能涵盖所有的员工表现，但是有了量表上的这些典型行为锚定点，考评者在给分时就有了分寸。这些代表从最劣到最佳的、有具体行为描述的锚定说明词，不仅使被考评者能较深刻而且信服地了解自身的现状，还可以找到具体的改进目标。行为锚定评分法的示例如表 7-8 所示。

表 7-8　行为锚定评分法示例

评估项目：客户服务

项目定义：积极拓展客户网络，密切关注客户需求，尽力维护客户关系

评 估 等 级						
最好 （7分）	好 （6分）	较好 （5分）	一般 （4分）	较差 （3分）	差 （2分）	最差 （1分）
把握长远盈利观点，与客户结成伙伴关系	关注客户潜在需求，起到专业参谋作用	为客户而行动，提供超常服务	与客户保持紧密而清晰地沟通	与客户保持一定的沟通	能够跟进客户回应，回答客户的问题	被动的客户回应，拖延和含糊地回答

（六）目标考评法

目标考评法是一种较为流行的绩效管理方法。管理学大师彼得·德鲁克在《管理的实践》一书中首先提出了管理目标。德鲁克认为，"每一项工作都必须为达到总目标而展开"。衡量一个员工是否合格，关键要看他对企业目标的贡献如何。目标考评法是根据被考评者完成工作目标的情况来进行考核的一种绩效考评方法。具体方式是客观、公开、协商地确定一定时期内企业各类员工的工作目标，再根据企业员工完成工作目标的情况来进行考评。可以结合企业的具体情况加以引申、发展、创新，使其目标性更强。在开始工作之前，考评者和被考评者应该对需要完成的工作内容、时间期限、考评标准达成一致。在时间期限结束时，考评者根据被考评者的工作状况及原先制定的考评标准来进行考评。目标考评法适用于企业中适合进行目标管理的项目。表 7-9 是关于目标管理法的例子。

表 7-9　目标管理法

目　　标	结 果 测 量	绩 效 标 准	目 标 日 期
1			
2			
3			
4			
5			

国外企业大多采用这种方法，实行目标管理方式，每年年初都会根据企业的发展目标制定目标体系，然后主管与下属进行有效的沟通，确定个人的工作任务和目标，签订工作说明书，年终则根据签订的任务书对组织员工进行评价，并对员工进行指导和训练，改善员工的个人绩效。

（七）360 度绩效考评法

360 度绩效考评（360-degree Feedback）也称为全视角考核（Full-circle Appraisal）或多个考评者考评（Multi-rater Assessment），就是由被考评者的上级、同事、下级和（或）客户（包括内部客户和外部客户）以及被考评者本人担任考评者，从多个角度对被考评者进行全方位的考评，再通过反馈程序，达到改变行为、提高绩效等目的，如图 7-6 所示。

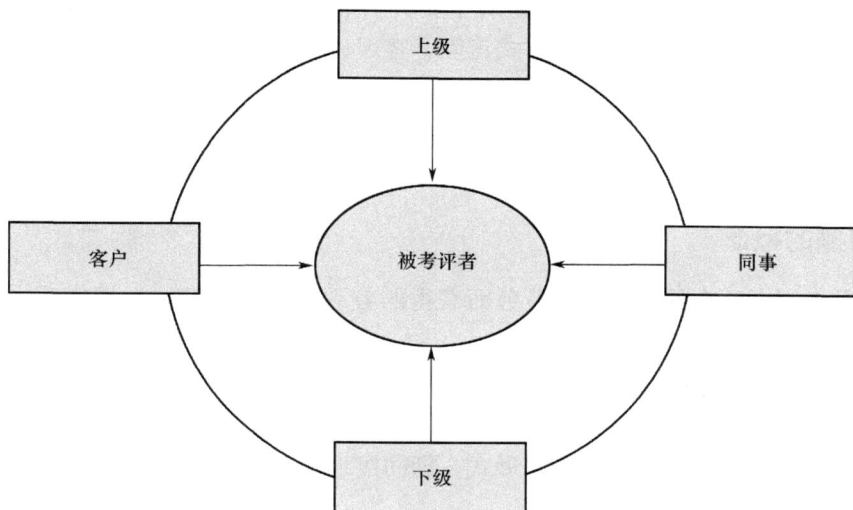

图 7-6 360 度绩效考评示意图

360 度绩效考评法作为一种人力资源开发与管理的方式，主要有下列特点：

（1）全方位、多角度。从任何一个方面去观察人做出的判断都难免片面，而 360 度绩效考评的考评者来自组织内外的不同层次，对被考评者的了解更深入，因此得到的考评信息角度更多，使得考评结果更全面、更客观。同时，员工对管理者的直接评价实际上也促进了员工参与管理。

（2）在绩效考评中，仅仅强调工作产出的评价是不全面的，因为它实际上并没有涵盖绩效的全部内容，而企业又很难做到将行为全部指标量化。要解决这一问题，没有可能也没有必要面面俱到地评价，而应抓住关键性的工作行为要素，即把影响绩效表现的深层次的东西揭示出来。这里的界定标准不是合格，而是能区分表现优异者和表现平平者的胜任特征。360 度绩效考评项目的设计依据就是各职位的胜任特征评价模型。

（3）提供更多客观有效的有关员工工作表现的信息。它不仅重视员工的工作成效和结果，或对组织的贡献，也重视员工平常的工作行为表现。

（4）由于同事平时朝夕相处，因此有较多的机会观察，因此对每个人的表现都十分清楚，他们的评价将提供给主管作为重要参考。另外，授权给员工让其参与考评，不仅能使其有参与感，更可以将他们训练成为未来的优秀主管。

（5）同事与下级的反馈可以拓展主管的视野，平衡传统评估方式中由于主管个人的喜恶所形成的偏差。因此，综合被评价者的上级、同事、下级的评价，即可看出一个人的真实全貌。

（6）通过全体成员参与的方式，达到激励员工的效果。并且，通过运用这些正确、客观、有效的信息，不仅可以指出员工个人本身的优缺点与未来努力的方向，而且可诊断出企业目前和将来可能面临的问题，进而谋求解决之道。

（7）实行匿名考核。为了保证评价结果的可靠性，减少考评者的顾虑，360 度绩效考评法采用匿名方式，使考评者能够客观地进行评价。

总而言之，360 度绩效考评法无论是对企业员工本人、团体士气、主管甚至整个企业的效能，都要比传统的单一主管考核的方式正确、客观、公平、有效。

第七节 薪 酬 管 理

一、薪酬的概念

薪酬是员工因向所在的企业提供劳务而获得的各种形式的酬劳。根据货币支付的形式，薪酬可以分为两大部分：

一部分是以直接货币报酬的形式支付的工资，包括基本工资、奖金、绩效工资、激励工资、津贴、加班费、佣金、利润分红等。

另一部分则体现为间接货币报酬的形式，即间接地通过福利（如养老金、医疗保险）以及服务（带薪休假等）支付的薪酬。

二、薪酬的影响因素

影响薪酬的因素可以分为外在因素和内在因素两大类。

（一）外在因素

（1）国家的政策和法规。企业制定薪酬政策时，必须考虑国家的有关政策法规。

（2）劳动力或人才市场供求情况。供过于求时，员工不得不接受较低的薪酬；供不应求时，员工往往可以获得较高的薪酬待遇。

（3）当地生活水准。当地生活水准较高时，为了保证员工的生活水平，必须适当上浮员工的薪酬。

（4）当地收入水平（市场薪酬水平）。为了稳定人力资源，留住人才，在制定薪酬时，必须使员工的薪酬与当地收入水平保持相当。

（二）内在因素

（1）支付能力。支付能力即企业的经营状况和经济实力，它往往与员工的薪酬水平成正比。

（2）工作性质的差异性。不同工作的复杂程序、技能要求、工作强度或负荷等方面都存在差异，这种差异是确定薪酬差异的重要依据。

（3）员工情况的差异性。员工的工龄、年龄、文化程度、性别、专业技能等差异也是确定薪酬差异的重要依据。

（4）企业对人性的假设。如果企业把员工看成"经济人"，薪酬形式会采用经济性薪酬；如果把员工看成"社会人"或"复杂人"，薪酬形式就会更多地采用非经济性薪酬。

三、薪酬模式

现代人力资源管理是一个复杂的系统工程。由于其涉及面广、敏感度高、头绪繁多、技术复杂，已受到有关专家的重视，其研发潜力也与日俱增。而薪酬作为人力资源管理的中心问题之一，更值得关注。由于薪酬涉及员工的切身利益，如果这方面的模式不尽人意，往往会给企业运行与发展带来直接的影响。况且，如今的薪酬不仅意味着物质奖励，还蕴含着精神肯定。从企业集团的角度看，薪酬是调节集团利益与员工利益的经济杠杆，同时也是企业集团由此控制成本、树立企业声望、推进集团整体利益可持续发展的有效手段。它对于调动员工的工作积极性，保障广大员工的生活消费需要，协调集团管理层人员之间，管理层与普通员工之间，促进管理人员的合理配置和员工的合理流动，严格监督企业劳动量与消费量等，均起着举足轻重的作用。因此，对一些薪酬模式做大致比较，有利于推进人力资源管理工作。

（一）侧重业绩的薪酬模式

以业绩为重心的薪酬模式将薪酬和业绩挂钩，受欢迎程度较高，也比较客观公正。所谓"黑猫白猫，抓住耗子便是好猫"，至今仍为国人所称道。不管一个人是什么学历、资历，只要其工作能做出成绩，就应该得到应有的回报。业绩可以直接反映人的能力和行为态度，同时也能实现职位设置的真正目的，因此，这种薪酬模式可以避免以职位定薪酬的弊端，具有更强的公平性、灵活性、激励性。据美国薪资协会的调查显示，52%的被调查者说他们制订了业绩导向的、具有激励性的薪酬计划。当然，任何分配机制都不可能无懈可击，侧重业绩的薪酬模式也存在着风险和不确定因素：业绩与能力和态度并不完全等同；业绩产生的原因是复杂多面的，有时与个人并不产生直接因果关系，企业品牌、市场环境、工具设备、同事合作等都是影响业绩的重要因素。据此，全面质量管理运动的倡导者爱德华·戴明（W. Edwards Deming）甚至声称："人与人之间所存在的显著绩效差异几乎全是由他们身处其中的那些工作系统本身制造出来的，而不是由人们自己制造出来的。"而且，很多常规工作、基础工作并不直接与业绩相联系，很难用业绩来测算。

（二）侧重能力的薪酬模式

这是一种以能力为重心的薪酬模式，简称能力薪酬模式。一般来说，不同的能力水平决定劳动效果的高下。一个技术娴熟、能力较强的文员，其劳动效果一般会比一个技术生疏的同行要好，这是一个不争的常识。不同的能力水平决定了报酬的高低，应该不会有太多的质疑。能力中心的薪酬模式根据能力大小支付报酬，从理论上说，它是相对公平的，有助于保持员工稳定性并激励员工成长。但是，由于能力往往与受教育程度、工作经验等相联系，导致这一模式往往过分侧重于学历、资历，使能力评价与实际能力相差甚远，容易压抑员工的创造性和积极性。能力本身不可量化的特性，也使这些问题更加严重。所以，日本自20世纪60年代、中国自20世纪80年代以来，一直努力以职位薪酬模式来取代侧重能力的薪酬模式。具体来看，能力薪酬模式的弊病有：论资排辈，使企业缺乏活力；能力与组织的实际需要可能发生偏差。但是，有一个情况值得注意，即20世纪90年代以来，在东方日渐落伍的能力薪酬模式，却得到一些西方企业的青睐，成为组织吸引重要员工的手段。以职定薪正在让位于以人定薪，能力薪酬模式以其策略的灵活性获得新的生命力。美国也是如此，更重视雇员的灵活性和向他们授权。能力工资制或技术工资制越来越受到欢迎。

（三）侧重职位的薪酬模式

这是比较传统的一种薪酬模式，许多企业都沿用这一模式。它是工业化以来的主要分配模式之一。这种薪酬模式的理论前提是，职位的重要性是可以评价并计量的，组织的结构体系基本稳定并且所有职位都是经过合理配置的。职位本身的价值和功能与在该职位上的任职者关系不大，换言之，该职位任职者的能力大小不影响该职位在组织结构中的地位和作用。职位薪酬模式首先要求进行薪酬的市场调查，并根据企业的经营情况决定总体薪资水平；其次要收集职位信息，对职位进行分类，确定一个基本职位。然后对每一职位所包含的评分要素进行打分，以评估不同类型职位系列的重要程度；最后要根据职位所得分值对其排序、分级，并与相应的薪资等级相对应。这种评价方式具有比较全面的信息基础和某种程度的客观性，有助于实现内部薪酬支付的公平性。

在我国，企业采用这种薪酬模式已经成为一种趋势。在日本，有很多有名的国际化企业已经放弃职能工资制，而将职位分析用于薪酬设计。然而，随着市场竞争的日趋激烈和经营环境的巨大变化，侧重职位薪酬模式面临着挑战。这主要是因为组织结构发生了变化，工作的灵活性增强，企业中员工的作用增大。职位薪酬模式的缺点也是明显的：不同的工作作为组织运行的必要条件，其价值和作用不可能完全进行定量评价；"客观"的工作分析过程始终是在主观的、经验判断的基础上进行的；不同的权重设计会导致完全不同的分析结果，等等。

总之，没有一个薪酬模式是尽善尽美的，不同的薪酬模式相互补充、取长补短，单一的薪酬模式被复合的薪酬模式所取代，毋庸置疑将是薪酬模式的改革方向。

本章小结

1. 人力资源管理是指运用现代化的科学方法，对与一定物力相结合的人力进行合理的培训、组织和调配，使人力、物力经常保持最佳比例，同时对人的思想、心理、行为进行恰当的诱导、控制、协调，充分发挥人的主观能动性，从而做到人尽其才、事得其人、人事相宜，最终实现组织目标。

2. 人力资源管理包含的主要内容有工作分析、人力资源规划、员工招聘与选拔、绩效评估、薪酬管理、员工激励、培训与开发、职业生涯规划、人力资源会计以及劳动关系管理。现代企业的人力资源管理具有五项基本功能：获取、整合、保持、评价、发展。

3. 工作分析(职位分析、岗位分析)是指对某项特定的工作做出明确规定，并确定完成这一工作需要有什么样的行为的过程。

4. 人力资源规划是人力资源开发与管理过程的初始环节，是组织根据发展战略的要求，对在未来变化中人力资源的供给与需求状况进行预测，对现有人力资源存量进行分析与规划，制定相应的人力资源获取、利用、保持和开发战略，确保组织对人力资源在数量与质量上的需求，使组织和个人均获得长远发展的一种管理活动。

5. 员工招聘是指在企业总体发展战略规划的指导下，制订相应的职位空缺计划，并决定如何寻找合适的人员来填补这些职位空缺的过程。员工招聘的渠道有内部和外部两种。

6. 员工培训是采用各种方式对员工进行有目的、有计划的培养和训练的管理活动。

7. 绩效评估是指对照工作目标或绩效标准，采用一定的考评方法，评定员工的工作任务完成情况、工作职责履行程度和员工发展情况，并将上述评定结果反馈给员工的过程。管理者主要采用以下几种绩效评估法：排列法、强制分布法、关键事件法、量表评估法、行为锚定评分法、目标考评法和 360 度绩效考评法。

8. 薪酬是员工因向所在的企业提供劳务而获得的各种形式的酬劳。目前主要有以下几种薪酬模式：侧重业绩的薪酬模式、侧重能力的薪酬模式和侧重职位的薪酬模式。

复习思考题

1. 人力资源管理的主要内容是什么？
2. 对你比较熟悉的一个职务进行工作分析。
3. 制定人力资源规划的步骤是什么？
4. 员工招聘的程序是什么？
5. 企业可行的招聘渠道有哪些？
6. 对比各种甄选方法的优缺点。
7. 企业可以采用哪些培训方法？
8. 管理者如何对员工的绩效进行评估？
9. 对三种薪酬模式进行比较，并分析在我国目前现有条件下，企业应选择什么样的薪酬模式。

案例思考

微软研究院的人才管理方式

作为世界上最著名的计算机软件公司，微软研究院在人力资源管理方面有很多独到之处。摘录几点如下：

1. 引导，但不控制

研究院研究的项目、细节、方法、成败，都由研究员自己来决定。对于细节，领导层可以提出自己的意见，但决定权在研究员手中。研究员在研发过程中得到领导层的全力支持，即使领导层并不认同他们的决定。

2. 自由、真诚、平等

微软研究院不允许官僚作风、傲慢作风和明争暗斗的存在，鼓励不同资历、级别的员工互信、互助、互重，每个员工都能够对任何人提出他的想法。就算是批评、争论，也是在互信、互助、建设性的前提下做出的。

3. 员工的满足

微软研究院认为，对于一个研究员来说，比起收入，更重要的是能够有足够的资源来专门从事研究，能够得到学术界的认可，并能有机会将技术转变为成功的产品。

微软是这样做的：

（1）提供丰富的研究资源。利用公司的雄厚资本，让每一个研究员都没有后顾之忧，能够全心全意地做研究。这种资源是多元性的，如不仅包括设备和材料，还包括足够的经费去出国开会、考察或回校学习。微软深知研究员更希望全神贯注地做他热爱的研究工作，而不必做他不热衷也不专长的工作，所以，微软研究院雇用了多名技术支持人员、行政助理、图书管理员、数据搜索员等来支持研究员的工作。

（2）组建研究队伍。一个研究队伍中，除了有数名研究员之外，还有多名副研究（类似博士后)、实习生、开发人员和访问学者。这样一个多元的队伍能够很快地做出成果。

（3）争取学术界的认可。有了开放的环境，员工不必担心因公司把他们的重大发明变为公司机密，而丧失了与国外学者交流或被认可(如获得论文奖)的机会。

4. 发掘人才

人才在信息社会中的价值，远远超过在工业社会中。微软研究院是如何去发掘人才的呢？

（1）找出有杰出成果的领导者。这些领导者，有些是著名的专家，但有时候最有能力的人不一定是最有名的人。计算机界的许多杰出成果，经常是由一批幕后研究英雄创造的。无论是台前的名教授，还是幕后的研究英雄，只要他们申请工作，微软都会花很多的时间去理解他们的工作，并游说他们考虑到微软研究院工作。

（2）找出最有潜力的人。例如，基于中国年轻人(如应届硕士或博士生)的聪明才智、基础和创造力，微软专门成立了中国研究院，在中国寻找专家、发掘潜力。

5. 吸引、留住人才

很多人认为，雇用人才的关键是待遇。微软认为，每一个人都应该得到适当的待遇，但是除了提供有竞争力的(但是合理的)的待遇之外，微软更重视研究的环境：充分的资源支持，让每个人没有后顾之忧；最佳的研究队伍和开放、平等的环境，让每个人都有彼此切磋、彼此学习的机会；造福人类的机会，让每个人都能为自己的研究所开发的产品而自豪；长远的眼光和吸引人的研究题目，让每个人都热爱自己的工作；有理解并支持自己研究的领导，让每个人都能得到支持，在紧随公司的大方向的同时，仍有足够的空间及自由去发展自己的才能，追求自己的梦想。

在微软全部三个研究院中，人才流失率不到3%(美国硅谷的人才流失率在12%左右)。人们在微软的最大感触是，每一个人都特别快乐，特别热爱和珍惜自己的工作。

（资料来源:《告诉你人力资源管理精髓:〈24例人力资源管理经典案例〉》）

问题讨论:

1. 微软研究院在人力资源管理的独到之处的核心是什么？

2. 如果你是微软研究院在中国分部的人力资源主管，你将在哪些方面加强人力资源开发与管理工作？

第八章 技术开发与技术创新

<table>
<tr>
<td rowspan="5">学习目标</td>
<td>1. 掌握技术、技术开发、技术创新等基本概念。</td>
</tr>
<tr><td>2. 明确技术开发的途径和技术开发管理的过程。</td></tr>
<tr><td>3. 了解技术创新的动因。</td></tr>
<tr><td>4. 掌握技术创新管理的内容和核心。</td></tr>
<tr><td>5. 熟悉技术创新的模式及具体形式。</td></tr>
</table>

【关键术语】

技术　技术开发　技术开发管理　技术创新　技术创新管理
核心技术　关键技术　通用技术　一般技术　自主创新　模仿创新
合作创新　产学研合作创新　虚拟企业合作创新　战略联盟合作创新

【结构框图】

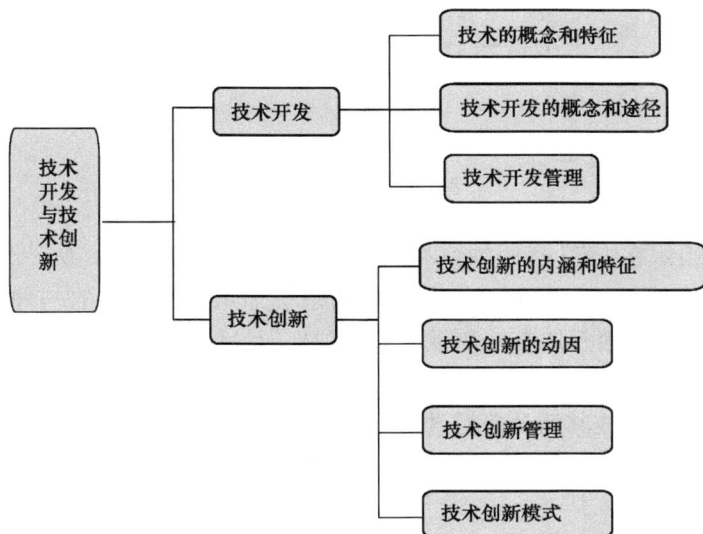

【引入案例】 苹果公司的技术创新

苹果公司（Apple）成立于 1976 年 4 月 1 日，它始终注重技术创新，开发具有技术含量的新产品，不断引领时尚的潮流。但是，技术创新也有失败的时候。苹果公司曾经依靠技术创新推出过 Lisa 计算机、Macintosh Portable Newton 掌上电脑等高科技产品。然而，这些产品没有考虑到客户的需求，没有判断清楚客户的价值主张，技术创新与现行商业模式不相匹配，也没有通过商业模式创新去开发新市场。当时的苹果公司仅注重技术创新，而不注重商业模式变革。

2003 年，苹果公司推出了历史上最具革命性创新的产品——iTunes。如今，iTunes 已经从起初的一个和 iPod 相匹配的音乐管理平台成为苹果终端的综合管理平台，无论是 iPod、iPhone 还是 iPad，都是通过 iTunes 来管理的。外加苹果公司开始专注客户体验，从而大大促进了 iPod 等产品的销售。随着 iPhone 的发布，苹果公司又推出了 App Store，并与 iTunes 无缝对接，iPhone+App Store 的组合与 iTunes+iPod 有异曲同工之妙。和 iPod 颠覆了音乐产业一样，iPhone 成功地颠覆了手机产业，掀起了手机革命。

这就是苹果公司商业模式的变革——将最好的软件和硬件完美结合，将高科技的产品和服务相结合。苹果公司已经从仅仅关注技术创新开发新产品转变为同时关注客户价值主张及用户体验，从简单地卖产品转变为将硬件、软件和服务融为一体。商业模式的巨大变革带来了商业模式创新系统的巨大熵变，由于不断地与外部环境进行物质和能量交换，在为客户提供价值的同时，苹果公司自身会获得更大回报。

（资料来源：李志强，赵卫军. 企业技术创新与商业模式创新的协同研究[J]. 中国软科学. 2012(10)：117-124.）

正如案例材料指出的，当苹果公司的技术创新站在自己立场时，开发出的产品未能考虑到客户的需求，导致创新的失败。只有关注客户价值主张及用户体验，实现技术创新与现行商业模式相匹配的创新模式，才能取得巨大的成功。在本章中，首先介绍技术开发管理的相关内容，包括涉及的技术、技术开发的概念，技术开发的途径；在此基础上介绍技术开发管理的概念、过程等内容；之后，阐述技术创新的相关内容，包括技术创新的内涵、特征、动因、内容、核心以及创新模式等。

第一节　技 术 开 发

一、技术的概念和特征

（一）技术的概念

世界知识产权组织在 1977 年版的《供发展中国家使用的许可证贸易手册》中，给技术下的定义为："技术（Technology）是制造一种产品的系统知识，所采用的一种工艺或提供的一项服务，不论这种知识是否反映在一项发明、一项外形设计、一项实用新型或者一种植物新品种中，或者反映在技术情报或技能中，或者反映在专家为设计、安装、开办或维修一个工厂或为管理一个工商企业或其活动而提供的服务或协助等方面。"这是迄今为止国际上给技术所下的最为全面和完整的定义。实际上，知识产权组织把世界上所有能带来经济效益的科学知识都定义为技术。

概括而言，技术是指人类解决社会和自然世界问题的一种手段，是人类利用、控制与改造自然、社会、思维方式方法的集合。目前，技术是企业核心竞争力的关键所在，尤其对于创新型企业而言，如何依托技术开发，开发出新的产品，创造出新的市场，是企业需要考虑的重要问题。

（二）技术的特征

"技术是第一生产力。"技术对生产力的推进作用显而易见，每次技术的革命都会推进社会、经济巨大变革。从工业革命，到电力革命，到信息技术革命，无一不是最先在技术领域发生的创新，进而引爆全社会的变革。技术具有以下特征：

1. 复杂性

这是指对于当今大多技术，都很难以了解其原理和特性，要掌握一门技术，往往需要专业的培训。现代技术的应用使得其制造出的产品使用越来越简单，但技术本身却越来越复杂。例如，人们使用越来越方便的智能手机，其涉及的生产技术却日趋复杂。

2. 依赖性

这是指技术之间相互依赖，当今技术的应用大多依赖于其他技术的发展和应用，而其他技术又依赖于另外的其他技术的应用，不论是在制造、还是应用方面。例如，西班牙 Gra-phenano 公司（一家以工业规模生产石墨烯的公司）同西班牙科尔瓦多大学合作研究出了首例石墨烯聚合材料电池，四大德国汽车生产公司中的两家将用此电池与电动汽车进行试验，准备研制随时可以充电的汽车，而这种汽车的投放使用，却需要特定功能的公路为其提供充电服务。

3. 普及性

这是指现代技术的普及，已经渗透到现代经济社会的各个领域。互联网、信息技术的普及改变了人们的生活方式、消费习惯以及企业的商业模式；高新技术的发展改变了产业的结构、生产的方式，带来了工业生产的升级换代。

二、技术开发的概念和途径

（一）技术开发的概念

技术开发（Technology Development）是指通过运用基础研究和应用研究的成果来对原有的产品和技术进行改进，从而创造新技术、新产品，并对研究成果进行推广应用的活动。国内外一些大的企业或公司，如微软、IBM、松下、西门子、华为、海尔等公司都成立了专门的技术开发机构，通过不断开发技术、创新产品，来获得持续的竞争力。

（二）技术开发的途径

企业技术开发的途径归纳起来主要有以下四种，如图 8-1 所示。

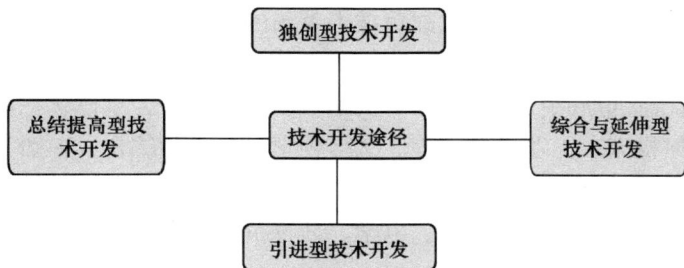

图 8-1　技术开发途径类型图

1. 独创型技术开发

独创型技术开发是指通过独立地进行科学研究而开发出新技术。这种技术产生的途径都是从基础研究开始，经过应用研究，并在应用研究取得重大突破后，再通过发展研究进行广泛的技术开发，使技术得到推广和应用。企业要想在激烈的竞争中始终保持技术领先地位，就要重视这种独创型技术开发途径，因为它的成果常常代表着科学技术发展的趋势，表现为全新的技术、全新的产品、全新的工艺、全新的材料。

独创型技术开发途径由于从基础研究做起，科研难度大，时间长，耗费投资多，对科研人员的素质要求高，不是一般企业所能办到的。具备有利条件的大型企业，为了保持技术上的领先地位，往往在这种开发途径上投入较大；而大多数的中小企业则更多是从企业外部获得应用研究的成果。

2. 引进型技术开发

引进型技术开发是指从企业外部（如外国、外地区、外单位）引进与转移新技术。由于引进的技术已得到应用，技术的先进性和经济性已得到证实，因而技术开发所承担的风险小，容易较快地取得效果。引进的内容既可以是技术知识（包括产品设计、制造工艺、测试技术、材料配方、聘请专家、培训人员、技术成套设备、合作科研、合作生产等），也可以是技术装备（包括单机、成套设备、成套工程等），或者是获得工业产权（如专利、商标）的使用权等。

引进的方式主要有移植、插条、嫁接和交配。其中，移植是指直接从外部引进成套或关键技术、设备，本企业技术人员必须理解和掌握引进的技术，以及能够熟练地操作引进的设备；插条是指对从外部引进的技术做进一步的改进，从而在此基础上开发新技术；嫁接是指在生产过程中，将从企业外部引进的新技术与本企业原有的技术相融合，从而达到改进生产的目的；交配是指企业同外部技术机构共同协作研究开发，以取得共同的科技成果。对于这些方式，企业应根据自身需要和条件灵活选用，注意要把引进技术的吸收、消化工作放在首位，在此基础上，依托引进的技术进一步创新技术、创新产品。

3. 综合与延伸型技术开发

综合与延伸型技术开发是指通过对**现有技术的综合和延伸**，进行技术开发，形成新的技术。

综合型技术开发是指技术的综合，即企业通过组合多项技术，从而开发出新技术。这种方式曾被很多专家认为是第二次世界大战后技术革新的重要特征。

技术的综合分为两种方式：①单项移植，相互组配。一般是以某项技术或产品为主体，从而产生性能更为优越的新兴技术或产品。例如，以机械设备为主体，把电子技术移植到机械设备上，产生数控机床、工业机器人等。②多种学科技术的综合。一般是工艺难度大、技术规模也大的高层次的技术综合。其成果常常是一些大型的复杂技术或产品。例如，海上石油钻井装置的开发，就是集机械、光学、电学、计算机、信息传递、能源介质以及环境保护等多种学科于一身的技术综合成果。

延伸型技术开发是指对现有技术向技术的深度、强度、规模等方向的开发。例如，运算设备向计算速度开发，开发出每秒运算数十亿次的电子计算机；集成电路向集成度开发，开发出集成度达到上百万的超大规模集成电路，等等。

综合与延伸型技术开发途经虽然是在现有技术基础进行的，但也是一种创新，相对于从基础研究做起的独创型技术开发途经而言，具有开发难度小、耗费资金少、时间短、见效快的明显优势。

4. 总结提高型技术开发

总结提高型技术开发是指通过总结技术应用及生产实践经验而不断提高技术各方面的性能，并开发出新技术。它一般是以小革新、小建议、小发明等为主体的活动，这类活动大多建立在生产实践经验总结的基础之上。虽然现代技术的原理是在科学指导下形成的，但是，实践经验依然是不可缺少的重要因素。随着企业员工的文化科学知识水平的提高，企业内全员性的创新活动所涌现的技术成果必将逐步增多，等达到一定程度，必将带来企业整体技术素质的提高。例如，世界上创新能力最强的公司之一——3M 公司，其很多创新的产品都来源于员工的实践创新。这种形式逐渐成为推进企业持续创新的重要模式。

三、技术开发管理

（一）技术开发管理的概念

技术开发管理是指为降低产品开发中的技术风险，缩短开发周期，使产品能快速推向市场，对技术的有效开发进行的计划、组织、指挥、协调、控制的活动。

（二）技术开发管理的过程

技术开发管理包括技术概念形成、技术概念研究、技术成果验收与转化三个阶段。

1. 技术概念形成

技术概念可以来自公司的多个方面，具体包含员工技术建议、产品规划、老产品的维护、行业技术发展等，其中产品规划是最重要的来源。一个公司往往首先确定公司的战略，决定公司的行业领域，然后基于公司战略，确定公司产品开发的平台战略。业界优秀的公司往往是基于平台来开发产品，而非独立完成各个项目的全部内容，基于平台的产品开发可以有效节约产品开发成本，缩短产品开发周期，提升产品质量；平台战略的基础上会派生公司的产品规划，基于产品规划可以派生出公司的产品开发与技术开发的规划。

2. 技术概念研究

一旦公司认可一个技术概念的价值，就可以成立专门的技术开发团队（Technology Development Teamwork，TDT）对技术的可行性进行研究。其中，技术概念的有效性判断是一个极其重要的环节。例如，朗讯虽然拥有贝尔试验室的强大技术支撑，但由于贝尔试验室的技术研究与朗讯的产品开发未能有效结合，没有基于产品开发的需要进行有针对性的技术研究，导致后来朗讯的市场滑坡。由于技术开发的风险和不确定性，需要 TDT 对技术开发过程进行较多的评审和控制，决定项目的发展方向——终止、调整或继续，并根据评审结果重新调拨资源。

3. 技术成果验收与转化

根据技术项目的具体特点，由公司研发负责人决定技术项目的去向，即终止、进一步预研或转入产品开发等；同时，公司需要构建长效机制，确保技术开发的成果能被产品开发项目所采用。目前优秀的公司往往把技术开发的成果包装为公共构建模块（Common Building Block，CBB）。为保证在不牺牲产品特性的前提下，激励工程师和技术开发团队尽可能地使用 CBB，应有明确的衡量准则（考评制度）鼓励重用。事实上，除上市时间、盈利时间外，产品中使用公共构建模块的百分比是衡量产品开发团队绩效的一个重要准则。

第二节　技 术 创 新

一、技术创新的内涵和特性

卡尔·马克思（Karl Heinrich Marx）被认为是最早认识到技术创新是经济发展与竞争的重要推动力的经济学家。他通过对资本主义社会劳动生产力的深入分析，阐明了科学技术是生产力中一个相对独立的因素。直到 20 世纪初期，美籍奥地利经济学家约瑟夫·熊彼特（Joseph A. Schumpeter）出版了《资本主义的非稳定性》（《Instability of Capitalism》）一书，书中首次提出创新是生产函数或供给函数的变化，或者说是把生产要素和生产条件的"新组合"引入生产体系这样一个过程的概念，并在 1939 年出版的《商业周期》（《Business Cycles》）一书中比较全面地提出了创新理论。1951 年，索罗（S. C. Solo）对技术创新理论进行了较全面的研究，他在《在资本化过程中的创新：对熊彼特理论的评论》一书中首次提出技术创新成立的两个条件，即新思想来源和以后阶段的实现发展。这一"两步论"被认为是技术创新概念界定研究上的一个里程碑。

（一）技术创新的内涵

1999 年 8 月 30 日，我国颁布的《中共中央、国务院关于加强技术创新，发展高科技，实现产业化的决定》指出："技术创新，是指企业应用创新的知识和新技术、新工艺，采用新的生产方式和经营管理模式，提高产品质量，开发生产新的产品，提供新的服务，占据市场并实现市场价值。企业是技术创新的主体。技术创新是发展高科技、实现产业化的重要前提。"

技术创新是经济与技术、管理相结合、相统一的过程，既具有经济特征，又具有技术、管理特征；在实现技术与经济结合的过程中，管理起着关键性作用。**技术创新首先是技术本身的过程创新**，包括技术本身的不断完善，以及该项技术同相关的一系列技术相结合实现体系化的过程；**其次是经济的过程创新**，包括一系列经济决策与经济行为的创新；**最后是管理的过程创新**，它使得生产过程中技术的诸要素、生产力的诸要素得以完善地组织、协调、平衡和配置，实现生产经营系统在功能和结构上的整体优化。

（二）技术创新的特性

企业技术创新很难直接观察到，只能通过人的行为体现出来。但技术创新具有很明显的特性，主要体现为复杂性、不确定性、高风险性、高投入性和高收益性等五个方面。

1. 复杂性

技术创新活动是一个复杂的过程，在这个过程中所表现出来的特性，称为复杂性。它具体体现为：①在技术创新过程中，技术变化具有多重性；②在技术创新过程中，有众多创新主体的参与；③在技术创新过程中，存在着多种非线性的互动作用，包括同类主体的相互作用、非同类主体的相互作用、主体内部的相互作用；④在技术创新过程中，存在着多重信息的扩散和回馈过程；⑤根据创新目标和要求不同，技术创新表现为从个体到企业，再由企业到创新群体，进一步到区域和创新系统等，跨越不同的创新层次。

2. 不确定性

不确定性是指人们的认识与技术创新客观存在的状况和结果之间的距离，是信息、理性差距的具体表现。它是不能用概率来估算的，在技术创新过程中，具体可以分解为技术方面的、市场方面的、收益方面的、制度环境方面的不确定性。技术创新的目标要求越高、难度越大，不确定性就越明显。

3. 高风险性

风险性与不确定性密切相关，凡是有不确定性的地方，就会有风险性，但反过来说却不一定成立。技术创新的高风险性，一方面是由于高失败率而来带来的巨大损失；另一方面是因失败使技术创新的高投入无法收回，从而蒙受巨大的损失，尤其是高技术创新更是如此。

4. 高投入性

任何一种生产实践活动都需要投入。但是，与一般的生产性活动不同，技术创新由于为前人所不为，因此不仅投入难以估算，而且还是巨大的。由于技术创新涉及的因素多、范围广、技术难度大，需要投入大量的资金来添置、更新、改造相关的设备和设施，购买生产性的原材料，进行技术开发研究工作和市场销售等，导致较高投入。

5. 高收益性

技术创新能够使生产效率得到极大提高，并降低生产成本。同时，技术创新给企业确立新的核心竞争能力，创造竞争能优势，在一定时期内形成技术垄断，使企业获得超额附加值，即高额垄断的利润，收益极高。如果能进行持续创新，不断地创造这种优势和垄断地位，那么高收益更是源源不断。

二、技术创新的动因

关于对技术创新动因或称创新起源的研究，国内外学者提出了许多不同的观点，概括起来主要有以下几种：

（一）利润动机说

熊彼特认为，经济增长的目的就是"创新者"进行"创新"活动的目的，也就是为了谋取利润。企业家之所以愿意投资于某个新的技术领域，正是因为他们看到其他人所没有看到的，或者虽然看到而不敢投资于其中的盈利机会，所以如果没有盈利机会，也就不可能有"创新"。新的技术发明和应用，不管是来自厂商内部还是外部，获取高额利润都是企业家进行技术创新的基本推动力。

（二）需求拉动说

施穆克勒（J. Shmookler）在 1966 年出版的《发明与经济增长》一书中，通过研究发现，投资和专利的时间序列表现出高度的同步效应，并且投资序列趋向领先于专利序列，他认为，需求是解释投资波动的一个重要因素，发明活动的高涨也响应了需求的高涨。英国伯明翰大学的罗纳德·阿曼（Ronald Aman）和朱利安·库珀（Julian Cooper）也认为需求拉力对技术创新的激励具有普遍性，对某种特殊产品或生产工艺过程的需求，是创新的最基本动因，他们二人考察了英国和其他西方工业化国家近代重大技术创新成果，结论是 2/3～3/4 的创新是需求拉动的结果。

（三）市场结构说

莫尔顿·卡曼（Morton Kamien）和南赛·施瓦茨（Nancy L. Schwartz）从垄断竞争的角度对技术创新动因进行了研究，认为竞争程度、企业规模和垄断力量这三个变量决定着技术创新。但是，他们二人认为竞争程度的高低和垄断力量的大小都与企业创新动机的强弱成正比，即竞争程度越高和垄断力量越大，企业技术创新动机就越强。不难看出，这两个因素在促进技术创新的过程中存在矛盾性。实际上，竞争因素决定着技术创新的广泛性，而垄断因素决定着技术创新的持久性。

总之，技术创新是具体的、复杂的社会实践过程，是受社会科技、经济、政治等多个因素制约的。企业技术创新动因的多元系统如图 8-2 所示。

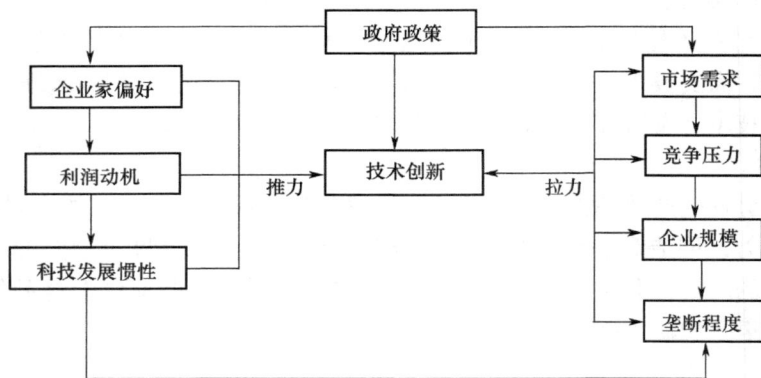

图 8-2　技术创新动因多元系统模型

另外，企业技术创新也直接来自企业家偏好，科技进步的内在的惯性机制推动着技术研究、技术开发和技术应用，政府的科技政策和其他宏观经济政策，如社会、科技、产业、区域发展规划，以及财政、信贷、外贸等杠杆手段，都成为启动企业技术创新的有效动力。可以认为，企业追求自身发展的驱动力是技术创新的基本因素，而企业创新的方向、水平和持久性又决定于企业目标与市场环境和政府耦合的匹配程度。

三、技术创新管理

（一）技术创新管理的概念

技术创新管理概念的提出迄今已有 70 多年，但至今尚未形成一个严格统一的定义。熊彼特认为，技术创新管理是生产要素与生产条件的新组合；国际经济合作与发展组织（OECD）的定义是，技术创新管理包括新产品与新工艺以及产品与工艺的显著变化；国内学者认为，技术创新管理是在经济活动中引入新产品或新工艺，从而实现生产要素的重新组合，并在市场上获得成功的过程。

总之，**技术创新管理是指由技术的新构想，经过研究开发或技术组合，到获得实际应用，并产生经济、社会效益的商业化全过程的活动。**其中，"技术的新构想"是指新产品、新服务、新工艺的新构想；"技术组合"是指将现有技术进行新的组合；"实际应用"是指生产出新产品、提供新服务、采用新工艺或对产品、服务、工艺的改进；"经济、社会效益"是指近期或未来的利润、市场占有或社会福利等；"商业化"是指全部活动出于商业目的；"全过程"则是指从新构想产生到获得实际应用的全部过程。

（二）技术创新管理的类型

技术创新管理可以从不同的角度进行分类。一般而言，对于技术创新管理，大多是从技术创新管理对象、技术创新管理程度、技术创新管理来源等角度来进行分类的。

1. 按技术创新管理对象分类

根据技术创新管理对象的不同，技术创新管理可分为产品创新管理和工艺（过程）创新管理。

产品创新管理是指在产品技术变化的基础上进行的技术创新管理。**工艺创新管理**是指通过引入新的生产工艺条件、工艺流程、工艺设备、工艺方法等方式进行的创新管理。

2. 按技术创新管理程度分类

根据技术创新管理过程中技术变化强度的不同，技术创新管理可分为渐进性创新管理和根本性创新管理两类。

渐进性创新管理是指对现有技术进行局部性改进所引起的渐进性的技术创新管理。**根本性创新管理**是指在技术上有重大突破的技术创新管理。它往往伴随着一系列渐进性创新管理和工艺创新管理，并会在一段时间内引起产业结构的变化。

3. 按技术创新管理来源分类

根据技术创新管理来源的不同，技术创新管理可分为自主型技术创新管理、模仿型技术创新管理和引进型技术创新管理三类。

自主型技术创新管理是指企业依靠自身的技术力量，进行研究、开发新技术并实现其工程化和商业化生产的技术创新管理。它要求企业须拥有高素质创新管理人才和相对雄厚的资金保障。**模仿型技术创新管理**是指通过模仿已有技术成果的核心技术，并根据自我实际情况做进一步改进完善的技术创新管理。**引进型技术创新管理**是指企业通过从外部获得创新技术，通过对引进的技术和产品的消化、吸收、再创新，而获得持续技术创新的管理。

阅读材料　永无止境的微创新

张小龙带领腾讯公司广东研发部创建微信产品时，提出"简单就是美"，故而微信的用户界面非常干净、简单，而"摇一摇"这个功能更是简单到了极致。"摇一摇"上线后，很快就达到每天一亿次以上的"摇一摇"使用次数。"摇一摇"的功能实现对于腾讯优秀的开发团队而言很容易，但是要把这一功能做成一种极简的体验，却具有一定难度。

腾讯 CEO 马化腾给张小龙发了一封邮件，说"摇一摇"的功能真的很好，但是要防止竞争对手抄袭、模仿微信的功能。之前微信做了一个"查看附件的人"功能，然后竞争对手也做了，并且加了一个小创新在里面，叫作表白功能，这样就跟微信不一样了。他问为什么微信没有预先把这些该想到的都想进去，让别人模仿的时候都没有办法再做一个微创新？

张小龙说微创新是永无止境的，别人总可以加一点东西来跟你不一样。360 董事长周鸿祎这样诠释微创新："从用户体验的角度，不断地去做各种微小的改进。可能微小的改进一夜之间没有效果，但是你坚持做，每天都改善 1%，甚至 0.1%，一个季度下来，改善就很大。"

具体到 360 的浏览器的微创新，就是通过持续性的微小改进，让那些不是很懂计算机的人使用浏览器的时候不会碰到很多障碍，比如邮件通、微博提醒、网银插件等。并非只有惊天动地的改变才能让产品焕然一新，一个司空见惯的产品也许只需微小的创新就能使人印象深刻，获得市场的认可。这就是微创新——在别人的创新成果基础上做一些修修补补、敲敲打打的改造，或者在外观等非核心技术方面加上一些创意。

（三）技术创新管理的内容

企业的技术包括核心技术、关键技术、通用技术和一般技术四大要素。这四大要素在企业的技术创新中具体体现为四个层次，呈现"金字塔"式结构，如图 8-3 所示。企业技术创新管理的核心内容就是针对这四个层次的技术展开创新活动。

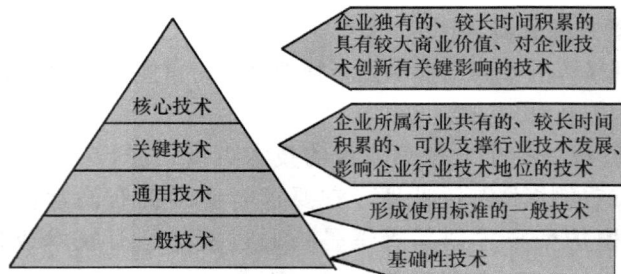

图 8-3　企业技术的"金字塔"式结构

核心技术是企业实现技术创新的关键。核心技术投入较大、影响范围广，一旦形成并成功投入使用，将大大促进企业技术创新能力的提高，并为企业带来巨大的经济效益。其作用远远大于关键技术、一般技术和通用技术。

关键技术介于基础性技术（一般技术和通用技术）与核心技术之间，扮演着"承上启下"的角色，同时也是区分不同行业领域的技术标志。根据一个企业所掌握的关键技术，可以判断出该企业所处的行业领域，并推测出其技术创新的发展方向及发育成熟程度。

通用技术和一般技术是企业在日常经营、技术运作过程中普遍应用、对大部分组织成员具有广泛影响的基础性技术。其中，通用技术是指在某一个或几个专业领域的企业中普遍被采用的，形成了使用标准的一般技术。一般技术是指在各个专业领域中的企业普遍存在的、与企业从事的主营业务关系不紧密的一类基础性技术。一般技术和通用技术的竞争力不强，但都是企业技术发展的基础。

（四）技术创新管理的核心

企业技术创新管理的核心工作是"找到真正有价值的技术"。企业要找到真正有价值的技术，必须进行基于市场的技术需求分析，对行业技术发展进行预测，识别企业核心技术和关键技术，在此基础上梳理出真正有价值的技术，以便企业将有限的技术创新资源集中投入，发挥其最大价值。

1. 基于市场的技术需求分析

企业技术创新和研发的最终目的是服务于客户需求，建立市场竞争优势。如果企业花大力气去研发市场不能接受的技术，必然会影响企业在市场上的表现，影响企业的经营效果。因此，企业需通过市场调研、文献研究、消费者访谈等形式获取客户需求信息、竞争对手的研发信息和企业内部现有产品技术情况。为确保技术的市场导向，企业往往要求技术人员具有销售经验，提高其市场信息敏锐性。例如，佳能、索尼、丰田等日本企业要求研发人员具有销售经验，与客户、市场以及销售人员保持密切交流和联系等。从消费者角度出发，洞悉消费者内心真正的需求，是在创新产品之前需要做的基础工作。只有这样，新技术才能从科研成果的陈列品中走出来，进入消费市场和大众生活，为企业带来新的盈利增长点。

通过打破"技术研发人员与市场需求之间联系相对薄弱"的行规，将市场需求分析的第一手信息融入技术研发中，有效地促进了研发活动与市场需求的联动。

2. 行业技术发展预测

行业技术发展预测是企业对行业技术发展趋势或未来状态的推测和判断。一个完整的技术发展预测，包括定性要素、定量要素、定时要素和定概率要素四个基本条件。定性要素是对一项技术、产品或工艺进行性质方面的概念性描述，它是其他要素的基础和出发点。定量要素是用确定的衡量效率和性能的单位来度量技术活动水平，如硬盘成本降低到原来的1/5。定时要素是对技术预测在时间上进行限定。定概率要素是对机会或可能性的描述，多用数量表示，如智能手机在未来3年内成本降低1/3的概率为70%。当这四个要素都满足时，技术预测就得以具体化。

3. 核心技术和关键技术识别

完成行业技术发展预测后，企业应根据预测的结果，结合自身现实条件，识别出核心技术和关键技术。通过这一步骤，企业可以找到"真正有价值的技术"。

四、技术创新模式

企业确定有价值的技术后，需要确定技术创新模式，即企业按何种模式来实现有价值的技术创新。目前，技术创新模式主要包括自主创新、模仿创新和合作创新三种。

（一）自主创新

自主创新是相对于技术引进、模仿而言的一种创造活动，是指通过拥有自主知识产权的独特的核心技术，以及在此基础上实现新产品的价值的过程。创新所需的核心技术来源于内部的技术突破，摆脱技术引进、技术模仿对外部技术的依赖，依靠自身力量，通过独立的研发活动而获得，其本质就是牢牢把握创新核心环节的主动权，掌握核心技术的所有权。自主创新的成果一般体现为新的科学发现以及拥有自主知识产权的技术、产品、品牌等。

自主创新模式就是创新主体以自身的研究开发为基础，实现科技成果的商品化、产业化和国际化，获取商业利益的创新活动。自主创新具有率先性，通常率先者只能有一家，其他都只能是跟随者。自主创新所需的核心技术来源于企业内部的技术积累和突破，如英特尔公司的计算机微处理器技术。自主创新是企业获得核心竞争力的主要途径。例如，腾讯旗下的搜索引擎 SOSO 于 2006 年开始运行，当时是与谷歌合作，使用的谷歌的搜索技术。2009 年，腾讯 SOSO 结束了与谷歌的合作，自主研究和开发搜索引擎技术。只有企业自主创新的技术才不会受到其他企业的牵制，最终获得长足的发展。

（二）模仿创新

模仿创新是指企业通过学习率先创新者的思路和创新行为，吸收其成功经验与教训，引进或破译领先者的核心技术和技术秘密，并加以吸收改进，在工艺设计、质量控制、成本控制、市场营销等中后期环节投入主要力量，生产出更富于竞争力的产品的企业行为。模仿创新的本质是一种跟随性、继承性和发展性的创新行为，而非简单的照搬照抄。

纵观世界各国，当今市场领袖大多并非原来的率先创新者，而更多的恰恰是模仿创新者。模仿创新是各国企业普遍采用的创新行为，日本企业是模仿创新的成功典范，松下公司、三洋电机等都依靠模仿创新取得了巨大成功。

模仿创新是企业技术积累的有效途径。模仿创新为企业技术积累提供了高起点的技术平台。技术落后企业从简单模仿开始，认真学习领先企业的成功经验，吸取其失败教训，不断增加创新含量，积极开展创新实践，能够极大地提高技术积累的针对性和效率，快速弥补与先进企业在技术积累方面的差距，实现创新与技术积累之间的良性循环。

阅读材料　3M 公司的自主创新

3M 公司成立于 1902 年，迄今已有 113 年历史，堪称百年老店。3M 公司以创新著称，在 100 多年的历史中，先后开发了涉及多个领域的 6 万多种产品：1921 年发明了世界第一块防水研磨砂纸，从而开创了研磨工业的新时代；1939 年发明了世界上第一块交通反光标识，还发明了世界第一盘录音磁带；美国宇航员阿姆斯特朗踏上月球用的合成橡胶鞋底也出自 3M 公司。用 3M 公司自己的说法，每人起床后 3m 内必看到 3M 公司的产品：胶带、报事贴、无痕挂钩、百洁布、拖把、屏幕增亮膜、车身反光系统、牙科修复材料、输电导线……

3M 公司每年都投资 10 亿美元或将总收入的 7% 用于研发。3M 公司平均每 2 天开发 3 个新产品，对现有产品不断更新换代。在中国，3M 公司 50% 的销售额来自过去 4 年开发出的新产品，10% 的销售额来自过去 1 年开发出的新产品。3M 公司连续多年被《商业周刊》评为全球最具创新精神的 20 家公司之一。

3M 公司的研究开发部门有两条不成文规定：15% 法则和"私酿酒"。15% 法则是指研究人员可以将 15% 的工作时间用于个人感兴趣的研究而无须向上司报告。"私酿酒"的含义则是瞒住上司，秘密进行研究。一旦获得一定成果，他们就会带着试验的成果去向上司推销，争取资金和市场机会。结果，各种各样的创新商品便因此而具体化、商品化。3M 公司的这两条不成文规定得以保持至今并构成企业文化的核心部分，不断推进 3M 自主创新。

（资料来源：改编自《3M 的创新智慧》，http：//tech. hexun. com/2013-02-02/150886314. html）

（三）合作创新

合作创新就是企业通过与那些在技术创新能力上有一定实力的企业进行研发合作，以提升技术创新质量与层次所采用的模式。合作创新的经济学基础是"分工提高效率"。合作创新可以充分发挥合作各方的研发优势，共同进行新产品、新技术的开发，弥补企业创新资源和能力的不足，提升技术创新的质量，降低投资风险。

合作创新的主要方式包括以下三种：

1. 产学研合作创新

这是以企业为主体、产学研相结合的技术创新，是企业为克服自身研发能力不足，寻求科研机构或大学院校进行合作，共同推进自主创新的一种方式。目前产学研合作模式包括企业与高校和科研机构合作研发、高校和科研机构或技术人员以技术入股引进投资者成立企业、企业与高校和科研机构联合共建实验室等。

2. 虚拟企业合作创新

虚拟企业合作创新是由具有开发某种新产品所需的不同知识和技术的不同组织（企业）组成一个临时的企业联盟，来共同应对市场挑战，联合参与市场竞争。虚拟企业是围绕该特定产品的参与者的共同利益代表，它随着市场和产品的变化而变化。这种方式突破了有形的界限，虽有研发、生产、设计、营销、财务等功能，但在企业内部却没有相应的组织。

3. 战略联盟合作创新

战略联盟合作创新是指两个或两个以上的企业出于整个市场的预期目标和企业自身总体战略目标的需要，采取的一种长期性联合的合作创新模式。企业往往通过技术战略联盟的形式，来实现技术的合作创新。它要求创新企业各自拥有不同的关键技术和资源，通过战略联盟的形式培养各自的竞争优势，或者形成能在行业中共享的优势，共同成长。

技术战略联盟具有聚散灵活的特点。联盟企业通过网络和信息技术联结成网络结构，在竞争和合作中实现优势互补。例如，微软公司利用自己的操作系统软件优势与具有芯片优势的英特尔公司组成 Wintel 战略联盟，不仅决定了现在个人计算机的基本框架，而且指引着全球 PC 技术的未来走向；另一方面，通过联盟，它们创造了现在的计算机业的主导产品技术标准，促使其他计算机生产厂商只能按它们制定的行业标准生产、制造产品。

阅读材料　丰田的战略联盟体系

　　丰田一直以来，致力于构建一整套具有高价值的技术战略联盟体系，从而不断获得汽车生产技术上的突破，并取得了巨大的成就(见表 8-1)。

表 8-1　丰田的战略联盟体系

合作企业	技术战略联盟合作形式
本田	丰田与本田、马自达、三菱及日产共同开发零部件订货计算机网络
大众	丰田在日本销售大众和奥迪汽车
通用	丰田与通用合资建轿车生产厂(NUMMI)，双方股份比例各占 50%
雷诺	丰田与雷诺在哥伦比亚共同生产雷诺轿车和丰田货车，丰田占股份 17.5%，雷诺占股份 23.7%，其余当地出资
富士重工	2005 年丰田汽车公司(TMC)以 6800 万日元购得富士重工 8.7% 的股份

(资料来源:夏洪胜,张世贤.技术开发与管理[M].北京:经济管理出版社,2014:145.)

本章小结

　　1. 技术是指人类解决社会和自然世界问题的一种手段，是人类利用、控制与改造自然、社会、思维方式方法的集合。目前，技术是企业核心竞争力的关键所在。

　　2. 技术开发是指通过运用基础研究和应用研究的成果来对原有的产品和技术进行改进，从而创造新技术、新产品，并对研究成果进行推广应用的活动。企业技术开发的途径归纳起来主要有独创型技术开发、引进型技术开发、综合延伸型技术开发、总结提高型的技术开发四种。

　　3. 技术开发管理是指为降低产品开发中的技术风险，缩短开发周期，使产品能快速推向市场，对技术的有效开发进行的计划、组织、指挥、协调、控制的活动。技术开发管理包括技术概念形成、技术概念研究、技术成果验收与转化三个阶段。

　　4. 技术创新是指企业应用创新的知识和新技术、新工艺，采用新的生产方式和经营管理模式，提高产品质量，开发生产新的产品，提供新的服务，占据市场并实现市场价值。技术创新具有很明显的特性，主要体现为复杂性、不确定性、高风险性、高投入性和高收益性等五个方面。

　　5. 企业的技术包括核心技术、关键技术、一般技术和通用技术四大要素。这四大要素在企业的技术创新中具体体现为四个层次，呈现"金字塔"式结构。企业技术创新管理的核心内容就是针对这四个层次的技术展开创新活动。

6. 企业技术创新管理的核心工作是"找到真正有价值的技术"。企业要找到真正有价值的技术，必须进行基于市场的技术需求分析，对行业技术发展进行预测，识别企业核心技术和关键技术，在此基础上梳理出真正有价值的技术，以便企业将有限的技术创新资源集中投入，发挥其最大价值。

7. 企业确定有价值的技术后，需要确定技术创新模式，即企业按何种模式来实现有价值的技术创新。目前，技术创新模式主要包括自主创新、模仿创新和合作创新三种。

复习思考题

1. 技术开发都有哪些途径？
2. 技术开发管理的过程是怎样的？
3. 阐述技术创新的动因。
4. 介绍技术创新管理的内容和核心。
5. 技术创新模式有哪些？

案例思考

宝洁公司：从"研发"转向"联发"

企业的上下游客户、消费者，甚至是不相关的外部力量，都可能为企业提供智慧支持，成为企业创新的源泉。唇彩看似一种简单的产品，但如何能让唇彩持久闪亮却是一个困扰了宝洁公司许久的问题，于是，宝洁公司向外界发出了求助信息：

现今的唇彩一般一次只能持续 1~2 个小时的闪亮，若要实现 4 小时以上的闪亮，需要某种新的材料或工艺。而新型材料或技术应能够满足以下标准：长时间持久闪亮（光亮保持力）；不影响感觉（如水分、涂抹能力）；便于涂抹。

在宝洁公司"联系+发展"（Connect & Develop,C+D）的中文网站上，类似的求助信息已有上百条。"现在，宝洁公司 50% 以上的创新都来自外部力量"，宝洁大中华区"联系与发展"部门经理金浩芳博士说。宝洁将这种方式称为"开放式创新"，而 C+D 网站就是其中的一个实现路径，这一网站的中文版已于 2009 年 3 月 26 日正式开通。

2000 年，雷富礼（Alan G·Lafley）被任命为宝洁公司新的 CEO，而此时的宝洁公司正深陷困境。雷富礼上任后，第一件事就是大刀阔斧地整顿宝洁公司的研发部门。摆在雷富礼面前的是一道难题：要么重整研发部门，让宝洁公司拥有旺盛的创造力；要么削减研发成本。雷富礼却认为，可以做到二者兼而有之。于是，他提出了"开放式创新"的概念，将宝洁公司的"心脏"——研发（Research & Development）改名为联发（Connect & Develop），即打开公司围墙，联合外部松散的非宝洁员工形成群体智慧，按照消费者的需求进行有目的的创新，然后再通过技术信息平台，让各项创新提案在全球范围内得到最优配置。

在雷富礼眼中，宝洁公司不只是拥有 9000 多名研发人员，他把散落在世界各地的大约 180 万名研发人员也看作是自己的员工，如此一来，宝洁就拥有了 180.9 万名研发人员。"企业外部也许恰好有人知道如何解决你的企业所面临的特殊问题，或者能够比你更好地把握现在你面临的机遇。你必须找到他们，找到一种与他们合作的机会。"雷富礼说。当时，他制定的目标是到2010年引入50%以上的外部创新，但是在2006年时就已经实现了既定目标；并且，"由于从外部引入了更多的高端产品和技术思想，宝洁公司的研发成功率提高了85%。"金浩芳说。

除了征求创新方案外，宝洁公司也会在C+D网站上出售自己的专利，这同样也是雷富礼的创意。雷富礼在20世纪90年代末宝洁公司的一次内部调查中发现，公司投入了15亿美元研发资金，研制出了约2.7万项专利，但其中只有10%用在了企业的产品上。于是，雷富礼决定把那些宝洁公司用不到的好点子放到C+D网站，让它们在合适的地方实现价值，同时也能为宝洁公司带来可见的获利。"如果你正在寻找获得许可使用宝洁的商标、技术等其他创新资产的机会，登录这个网站，很可能就会找到与宝洁合作的商机，将共同的生意做到世界各地。"金浩芳说。

宝洁公司在实现由研发走向"联发"的过程中，最难能可贵的是与竞争对手展开了各种合作。例如，宝洁公司研发出一种按压式食品密封技术，在测试市场上非常成功，但是面临许多棘手的内部和外部商品化问题。宝洁公司便与其竞争对手——加亮公司成立合资企业，并最终在北美顺利推出了利用该技术的密封产品。"清洁先生"魔力清洁擦是由TES在日本市场上发明的一种柔软的清洁垫，只要用水浸湿，就可以去除很多家具表面的斑点和污渍。宝洁公司认为它可以用来充实"清洁先生"产品系列，于是和巴斯夫(BASF)公司一起在美国推出了该产品，花的时间仅是新产品正常开放和上市时间的一个零头。

目前，宝洁公司新产品的成功率上升到90%，远远高于行业平均水平的50%。今后，宝洁公司将继续拓展C+D的规模和范围，积极从外界寻找新产品、新概念和新技术，以更快更好地满足消费者的需求和期望。

（资料来源：《宝洁：从"研发"转向"联发"》，人大经济论坛，http://bbs.pinggu.org/thread-816274-1-1.html）

问题讨论：

1. 宝洁公司的"联发"模式是如何运行的？
2. 这种模式在宝洁公司得到成功运用，在其他企业也能得到推广吗？

第九章　企业文化

学习目标

1. 了解企业文化理论的形成。
2. 掌握企业文化的内涵。
3. 描述企业文化的构成及相互关系。
4. 明确企业文化的功能。
5. 了解企业文化的形成机制。
6. 熟悉企业文化的建设模型。

【关键术语】

企业文化　物质层　制度与行为层　精神层　企业价值观　企业文化的建设模型　企业文化七大要素

【结构框图】

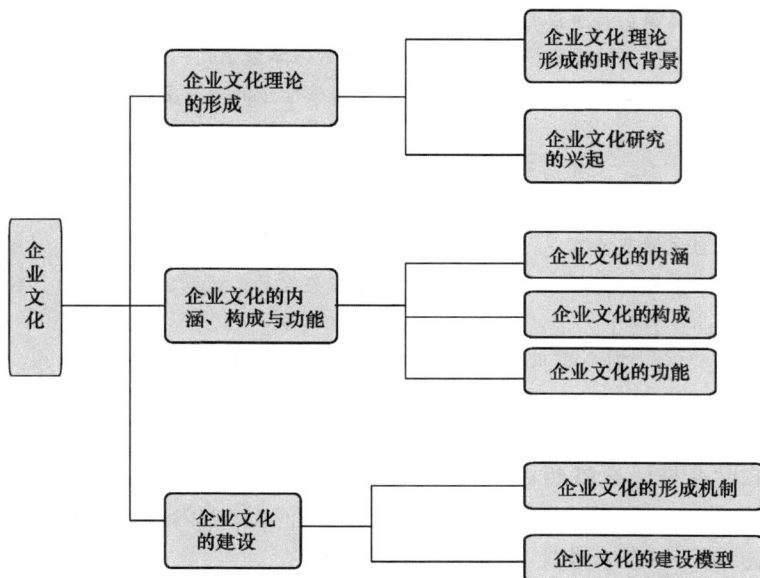

【引入案例】　同仁堂中医药文化

北京同仁堂是闻名遐迩的老字号，始建于 1669 年。同仁堂与清宫太医院、御药房之间的有机融合和相互影响，形成了同仁堂中药的特殊风格和传统知识。

在 300 多年的历史长河中，同仁堂将传统的中医药文化和优秀的中华文化有机结合，形成了有自身特点鲜明的企业文化。例如，"同修仁德，济世养生"的企业精神，"修合无人见，存心有天知"的自律意识，"义为上，义利共生"的经营哲学，"同心同德，仁术仁风"的经营理念，"炮制虽繁必不敢省人工，品味虽贵必不敢减物力"的质量观，以及"讲信义，重人和"的经营理念等。这些都为同仁堂发展乃至成为百年老店起到了至关重要的作用。

1. 诚信以产品、服务的过硬质量为基础

同仁堂经营的中草药和丸、散、膏、丹等各种中成药，以选料真实、炮制讲究、药味齐全著称于世。其产品以"配方独特、选料上乘、工艺精湛、疗效显著"而享誉海内外，以牛黄清心丸、大活络丹、乌鸡白凤丸、安宫牛黄丸等为代表的十大王牌一直在市场上供不应求。这些中成药不仅行销全国各地，而且远销世界各地，同仁堂也因此成为质量和信誉的象征。

2. "炮制虽繁必不敢省人工，品味虽贵必不敢减物力"的质量观

同仁堂的这一古训是在康熙四十五年（1706 年）乐凤鸣所著《同仁堂乐氏世代祖传丸散膏丹下料配方》一书的序言中提出的。它是指在制药过程中绝对不可偷工减料，要严格按照工艺规范，达到配方独特、选料上乘、工艺精湛、疗效显著的目的。例如，在制作紫雪散的过程中，按古方配制加工时需要用黄金百两一起蒸煮，为了尊古炮制，同仁堂确实将百两金块放在锅里煎煮，可见其制药的一丝不苟。

3. 企业价值观

同仁堂的企业价值观蕴涵在其企业名称"同仁"中。同仁堂堂名，有一副对联来解释其含义："同修仁德，亲和敬业；共献仁术，济世养生。"这也成了同仁堂的基本堂训之一。

仁，是中国造字六书中的会意法，指出了一个人，包含了性命的两个关键点：头脑中的"性"及五脏六腑中的"命"两个根本。

"德"在中国文化的实践中，特别是在中医中，讲的是人的自我修复的潜力与状态。

人具有了仁德，即身心性命具有多余的自我调节能量和信息储备，并且处于与整个自然和谐一致、与自然同步协调的很好的自我调节状态中。

修，就是人通过学习做人，在与他人、与天地生活中调整自己，达到自己的身心，自己与自然、与社会的深层和谐平衡。

同仁，就是"同修仁德"。同仁堂的人与事业都以修仁德为基础，以通过学习做人，调整自己，达到自然的和谐平衡。

（资料来源：中国非物质文化遗产网）

同仁堂作为百年企业，有着自己的特色，它的经验值得众多中国企业学习。在本章中，首先介绍企业文化的整个形成发展过程；然后学习企业文化的内涵、结构及功能；最后介绍企业文化的形成机制，以及企业文化建设的系统模型。

第一节　企业文化理论的形成

企业文化（Enterprise Culture）作为一个新的管理学概念，作为世界管理思想史上出现的一种新的学派理论，它的形成具有一定的时代必然性。

一、企业文化理论形成的时代背景

企业文化这个概念的提出，并不意味着以前的企业没有文化。企业的生产、经营、管理本来就是一种文化现象，之所以要把它作为一个崭新的概念提出来，是因为当代的企业管理已经冲破了先前的一切传统管理模式，正在以一种全新的文化模式出现，只有"企业文化"这个词才能比较妥帖地反映这种新的管理模式的本质和特点。

企业文化的产生和发展过程是企业管理由传统走向现代的过程。正如美国学者菲利普·巴格比（Philip Bagby）所说的："文化很可能开始于微弱的没有把握的摸索，而这种摸索到后来取得了很大的明确性和肯定性。"企业文化开始孕育、发生也是一种微弱的没有把握的东西，只是到了以后才开始明确和肯定起来。

对于企业文化理论的兴起，世人有"源于美国，根在日本"之说，即企业文化这一管理的新理论产生于美国，而作为在实践中的管理方式，则明显地体现在日本的企业管理中。相关的研究是从日本经济的崛起和美国管理思想出现反思开始的。

100多年来，美国一直是西方世界管理学的领路人，从泰勒的科学管理，到行为科学与管理科学理论的发展，都给美国带来了巨大的财富。

而日本是一个岛国，资源贫乏，火山爆发、地震不断，既没有像中国那样光辉灿烂的民族文化，也没有像欧洲那样的现代科学技术，而且是第二次世界大战的战败国。

第二次世界大战后的日本政治、经济元气大伤，国内许多城市在战争中夷为一片废墟，国民经济遭到严重破坏。1945年，日本国民年平均收入只有20美元。但经过短短的二三十年，即到了20世纪70年代后，它居然治愈了战争创伤，赶上并超过了一个又一个西方发达国家，成为仅次于美国的世界第二大经济强国。特别是在20世纪70年代初期的国际性石油危机中，其他工业发达国家都受到冲击并发生了严重的通货膨胀，生产率低下，并导致了成千上万家企业的破产和国内市场的萎缩。而资源贫乏的日本，在激烈而错综复杂的国际竞争中不仅安然度过了触动全球的石油危机，并保持了一个很低的通货膨胀率，还创造了连续高速增长的经济奇迹。1980年，日本国民生产总值达到10396亿美元，约为同期美国国民生产总值的40%，国民年平均收入增加到8940美元。这不能不引起人们的高度重视。同时，日本汽车和电子消费品等像潮水般涌入国际市场，甚至素以经济实力强大而闻名世界的美国都尝到了竞争失利的苦头。

面对日本咄咄逼人的气势，震惊之余，美国人不得不开始考虑，是什么力量促使日本经济持续、高速增长，日本人凭借什么来实现经济的崛起？

美国要研究日本成功的奥秘，寻找自己失败的原因。在20世纪70年代末、80年代初，美国派出了由几十位社会学、心理学、文化学、管理学方面的专家组成的考察团，前往日本进行考察研究，其中有著名的《Z理论——美国企业如何迎接日本的挑战》的作者威廉·大内（William Ouchi）以及《日本企业管理艺术》的作者理查德·帕斯卡尔（Richard Tanner Pascale）和安东尼·阿索斯（Anthony G. Athos）。

考察的结果表明，美国经济增长速度低于日本的原因不在于科学技术不发达，也不是物力、财力匮乏，而是因为日本的管理更先进。在进行了比较研究之后，专家们发现，美国倾向于组织结构、战略计划、规章制度等硬件方面的管理，而忽略了对人的重视，因而管理比较僵化，这阻碍了企业活力的发挥。这种管理差异背后存在着很深的文化的差异。正是由于日本企业内部的一种强大的精神因素，也就是日本企业独特的企业文化，推动了日本经济的崛起。美国人在研究了日本经济的发展之后，迅速把目光聚焦在本国企业的文化上，发动了追求卓越、重塑美国的热潮。

二、企业文化研究的兴起

美国企业文化研究的热潮，大体经历了以下三个阶段：

(一) 动员准备阶段

第一阶段的代表作是哈佛大学傅高义 (Ezra Feivel Vogel) 教授的《日本第一》，影响很大。1980 年 7 月，美国国家广播公司播出电视节目"日本能，为什么我们不能？"在全国引起强烈反响。这一阶段的活动起到了动员和准备作用。

(二) 比较研究阶段

第二阶段是两国管理的比较研究，发表论著较多，有代表性的有《日本企业管理艺术》(1981 年 2 月出版,作者是斯坦福大学帕斯卡尔和哈佛大学阿索斯教授)、《Z 理论——美国企业如何迎接日本的挑战》(1981 年 4 月出版,作者是美国加利福尼亚大学教授、美籍日本人威廉·大内)。

威廉·大内在《Z 理论》一书中，首先提出了企业非技术因素——文化因素的巨大意义。其核心就是"Z 型文化"（公司文化）。其主导思想就是把企业中的每一个人，都视为能自我激励，且具有主观积极性、能动性的"全面而自由发展的人"。

(三) 深入改革研究阶段

第三阶段的主要目标是重建与美国文化相匹配的经营哲学和工作组织，恢复美国的经济活力，与日本一比高低。这一阶段出现了大量著作，集中在 1981—1985 年，"卓越"和"文化"成为管理研究的重点。

《Z 理论——美国企业界怎样迎接日本的挑战》《日本企业管理艺术》《企业文化——现代企业精神支柱》和《追求卓越——美国最成功公司的经验》这四部著作，被合称为企业文化研究的"四重奏"，标志着企业文化理论的诞生。

美国学者对日本企业文化的赞赏和对其经验的理论概括，不仅进一步激发了日本人的自尊心，而且使其受到研究企业文化理论的启发。20 世纪 50 年代，在经济技术相对落后的情况下，日本认真向美国学习现代管理思想和技术，但他们没有机械地学，而是巧妙地把西方管理经验加工改造成适合日本国情、具有日本特色的管理模式，并使之获得了日本民族文化的认同和支持。很快，日本学者的企业文化研究成果陆续问世。1984 年，中野郁次郎所著的《企业进步论》一书出版。1985 年，社会和学术界开展了题为"21 世纪革新企业研究"的学术研讨会，其中对"文化革新方向：企业文化的创造与渗透"进行了深入研究。同年，名和太郎的《经济与文化》一书问世，从整体上分析了日本经营管理模式的文化背景，探讨了文化与经济的关系、文化力的作用问题。与众不同的是，日本企业界的一些著名企业家，如松下幸之助、上野一郎等对自己的经营管理经验进行了系统整理，对自己公司的文化实践经验进行了新的提炼和概括，用来支持和丰富学术界的理论研究，在企业文化研究热潮中非常引人注目。

可以说，企业文化的实践开始于日本。日本运用企业文化指导企业经营管理，并取得了成功经验。美国学者对日本的企业文化实践经验进行调查、总结、研究，并进行理论上的概括，上升到一个理论高度，使之成为可以指导美国企业管理改革的管理理论。其后，日本学者又从美国学者的研究出发，致力于企业文化研究，试图从本国的企业文化实践中提取理论。其后，西欧各国也纷纷致力于企业文化研究，全世界范围内的企业文化研究得以兴起和发展。

第二节　企业文化的内涵、构成与功能

一、企业文化的内涵

企业文化（Corporate Culture）是企业伦理的外化，是企业个性的表现，即企业家以自己倡导的伦理、思想、价值观念、创业精神和作风，施教于员工，得到员工的认同，并付诸实践，从而形成企业独特的凝聚力、经营作风和和谐气氛。这一切的总和称为企业文化。

企业文化是在一个企业的核心价值体系的基础上形成的，具有延续性的共同的认知系统和习惯性的行为方式。它使企业员工之间能够达成共识，形成心理契约。企业文化是组织成员思想、行为的依据。文化具有独特性、难交易性、难模仿性的特质，因而成为企业核心竞争能力的源泉，是企业可持续发展的基本驱动力。

（一）企业文化的核心是企业价值观

企业总是要把自己认为最有价值的对象作为本企业追求的最高目标、最高理想或最高宗旨，一旦这种最高目标和基本信念成为统一本企业成员的共同价值观，就会构成企业内部强烈的凝聚力和整合力，成为统领组织成员共同遵守的行动指南。因此，企业价值观制约和支配着企业的宗旨、信念、行为规范和追求目标，是企业文化的核心。

（二）企业文化的中心是以人为主体的人本文化

人是企业中最宝贵的资源和财富，也是企业活动的中心和主旋律。因此，企业只有充分重视人的价值，最大限度地尊重人、关心人、依靠人、理解人、凝聚人、培养人和造就人，充分调动人的积极性，发挥人的主观能动性，努力提高企业全体成员的社会责任感和使命感，使企业和成员成为真正的命运共同体和利益共同体，才能不断增强企业的内在活力和实现企业的既定目标。

（三）企业文化的管理方式是以软性管理为主

企业文化是以一种文化的形式出现的现代管理方式，也就是说，它通过柔性的而非刚性的文化引导，建立起企业内部合作、友爱、奋进的文化心理环境，自动协调企业成员的心态和行为，并通过对这种文化氛围的心理认同，逐渐内化为企业成员的主体文化，使企业的共同目标转化为成员的自觉行动，使群体产生最大的协同合力。这种由柔性管理所产生的协同力比企业的刚性管理制度有更强的控制力和持久性。

（四）企业文化的重要任务是增强群体凝聚力

企业的成员来自五湖四海，不同的风俗习惯、文化传统、工作态度、行为方式、目的愿望等都会导致成员之间的摩擦、排斥、对立、冲突乃至对抗，这不利于企业目标的顺利实现。企业文化通过建立共同的价值观和寻找观念共同点，不断强化企业成员之间的合作、信任和团结，使之产生亲近感、信任感和归属感，实现文化的认同和融合，在达成共识的基础上，使企业产生一种巨大的向心力和凝聚力，从而有利于企业共同行为的齐心协力和整齐划一。

阅读材料　企业文化是企业的竞争力来源吗？

星巴克在过去的40多年中从美国西雅图的仅仅两家零售店起步，已经成长为在全球拥有两万多家分店的公司。它把企业文化看作一个关键的成功因素。公司的价值观是："我们对待员工的方式影响员工对待顾客的方式，而顾客如何对待我们则决定了我们的成败。"这个信仰使得公司设计了大量的人力资源管理原则，以提高员工被重视的感觉，包括使用期权和提供给那些每周工作20小时以上的员工丰富的津贴。看看身边的星巴克咖啡店，你就会发现它那裏在浓香的咖啡里的是浓情的企业文化。利用企业文化管理来获取竞争优势已经越来越成为企业的共识。

二、企业文化的构成

企业文化作为一种独特的文化现象，它由物质层、制度与行为层和精神层三个层面的内容构成，如图9-1所示。

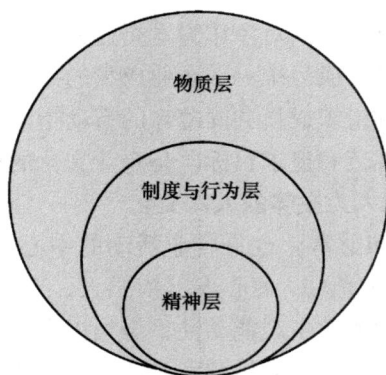

图 9-1　企业文化的构成

（一）物质层

这是企业文化的表层部分，它是企业创造的物质文化，是形成企业文化的精神层和制度与行为层的条件。从物质层中往往能折射出企业的经营思想、管理哲学、工作作风和审美意识。它主要包括下述几个方面：

1. 企业环境

企业环境是企业文化的外在象征，它体现了企业文化的个性特点。人们平常所说的企业环境一般包括工作环境和生活环境两个部分。

（1）工作环境。优化企业工作环境，可以为劳动者提供良好的劳动氛围，这是企业重视人的情绪、人的需求、人的激励的体现。目前，企业越来越重视给员工提供一个舒适的、有利于沟通和提高工作效率、满足人性化需求的工作环境，期望最大限度地提高员工的工作满意度。例如，谷歌办公楼随处都有健身设施、按摩椅、台球桌、帐篷等有趣的东西；整个办公空间采用了不同的色调搭配，明亮鲜活。这些都让人感到轻松自在。除此之外，每名新员工都将得到 100 美元，用于装饰办公室，可以在自己的办公室中"恣意妄为"。这才叫"我的地盘我做主"。好的办公环境就是要激发人的效能，只有让人感到舒适，才会产生更好的创意和想法。

（2）生活环境。企业的生活环境包括企业员工的居住、休息、娱乐等客观条件和服务设施，以及企业员工本身及其子女的学习条件。

2. 企业器物

企业器物包括企业产品、企业生产资料、文化实物等方面的内容。其核心内容是企业产品，产品通常被理解为人们应用生产工具创造出来的具有使用价值的物品。它包含如下两个方面的含义：产品以市场为存在前提；产品的存在价值体现出企业精神。

3. 企业标识

企业标识是企业文化的可视象征之一，是体现企业文化个性化的标志。它主要包括企业名称、标志、标准字、标准色、企业象征物等。

阅读材料　承载"精神"的产品

如今，消费不再是纯物质的消费，人们所需要的是通过消费来满足精神追求。市场上涌现出许多高精神含量的产品和服务足以说明这个现象。一个产品如果不能够附着人们的想象力和向往，就无法存活下来。瑞士手表深谙此道。在瑞士诞生的这些著名的手表品牌，并不只是一个时间的刻度，而是深邃、守约、精准以及典雅的象征。当腕上带着一款瑞士手表的时候，内心中所感受到的已经不只是时间，而是承诺和确信，因为其赋予了这样的文化内涵。传统的手表产业因具有个性化的追求，越加焕发出时代的光芒，并具有了永恒的时间价值。

（二）制度与行为层

制度与行为层文化是企业文化的中间层次，主要是指对企业组织和企业员工的行为产生规范性、约束性影响的部分。它集中体现了企业文化的物质层和精神层对员工和企业组织行为的要求。制度与行为层规定了企业成员在共同的生产经营活动中应当遵守的行为准则，它主要包括以下四个方面：

1. 一般制度

一般制度是指企业中存在的一些带普遍意义的工作制度和管理制度，以及各种责任制度。这些成文的制度与约定及不成文的企业规范和习惯，对企业员工的行为起着约束作用，以保证整个企业的井然有序和高效运转。

2. 特殊制度

特殊制度主要是指企业的非程序化制度。与工作制度、管理制度及责任制度等一般制度相比，特殊制度更能够反映一个企业的管理特点和文化特色。有良好企业文化的企业，必然有多种多样的特殊制度；企业文化贫乏的企业，则往往忽视特殊制度的建设。

3. 企业风俗

企业中的一些活动，如体育比赛、歌咏比赛、周年庆典等，经过长期延续，就成为企业内约定俗成的典礼仪式、行为习惯等，这就是企业风俗。与一般制度和特殊制度不同，企业风俗不表现为准确的文字条目形式，也不需要强制执行，而是完全依靠习惯、偏好来维持。企业风俗由精神层所主导，又反作用于精神层。它既可以自然形成，又可以人为开发。一种活动、习惯，一旦被全体员工共同接受并沿袭下来，就成为企业风俗的其中一种。

4. 行为规范

在一个企业内，往往有些行为是被允许并且受到鼓励的，而有些行为则是企业三令五申禁止的，这就是企业的行为规范。和学校里的日常行为规范一样，企业的行为规范也规定了哪些行为是允许的，哪些行为是禁止的。企业为了使管理、生产、运作等各方面更加有序、有效，必定要制定行为规范，以达到约束员工行为的目的。

（三）精神层

所谓精神层，就好比一个人的世界观，即对事物的认识、看法及评价的标准。对于企业来说，就是指企业的领导者和员工共同信守的基本概念、价值标准、职业道德及精神风貌。精神层是企业的灵魂和核心，是形成制度、行为层和物质层的基础和原因。企业文化中有无精神层是衡量一个企业是否形成了自己的企业文化的标志和标准。企业文化的精神层包括以下七个方面：

1. 企业的最高目标

企业的最高目标是企业全体员工的共同追求。有了明确的最高目标就可以充分发动企业的各级组织干部和员工，增强他们的积极性、主动性和创造性，使得广大员工将自己的岗位工作与实现企业的奋斗目标紧密联系起来，把企业生产经营发展转化为每一位员工的具体责任。因此，企业的最高目标是全体员工凝聚力的焦点，是企业共同价值观的集中表现，也是企业对员工进行考核和实施奖罚的主要依据。企业最高目标还反映了企业领导者和员工的追求层次和理想抱负，是企业文化建设的出发点和归宿。

2. 企业哲学

企业哲学又被称为企业经营哲学，是企业领导者为实现企业目标而在整个生产经营管理活动中坚守的基本信念，是企业领导者对企业发展战略的哲学思考。企业哲学是在企业长期的经营活动中自然形成的，并为全体员工所认可和接受，具有相对稳定性。

3. 企业价值观

企业价值观包括两方面：一是核心价值观；二是附属价值观。其中，核心价值观是长期稳定、不能轻易改变的；而附属价值观，如企业的经营理念、管理理念等，则要不断调整以适应环境的变迁。作为企业最核心的意识形态，核心价值观为企业提供经营、管理的根本准则和价值标准。

4. 企业精神

企业精神是企业有意识培养的员工群体精神风貌，是对企业现有的观念意识、传统习惯、行为方式中的积极因素进行总结、提炼及倡导的结果，是全体员工在实践中体现出来的气质。因此，企业精神是企业文化的重要组成部分，是企业文化发展到一定阶段的产物。

5. 企业风气

企业风气是指企业及其员工在生产经营活动中逐步形成的，一种带有普遍性的、相对稳定的行为心理状态，是影响整个企业生活的重要因素。企业风气包含两层含义：一是指许多企业共有的良好风气；二是指一个企业区别于其他企业的独特风气，即在一个企业的诸多风气中最具特色、最突出和最典型的某些作风。它体现在企业活动的方方面面，形成全体员工特有的活动方式，构成该企业的个性特点。企业风气一旦形成，就会在企业中造成一定的氛围，并形成企业员工群体的心理定式，导致多数员工一致的态度和共同的行为方式，因而成为影响全体员工的无形的巨大力量。

6. 企业道德

道德是指人们共同生活及其行为的准则和规范。企业道德是指企业内部调整人与人、单位与单位、个人与集体、个人与社会、企业与社会之间关系的行为准则。道德与制度虽然都是行为准则和规范，但制度具有强制性，而道德却是非强制性的。一般来讲，制度解决是否合法问题，道德解决是否合理问题。企业道德就其内容结构看，主要包含调节员工与员工、员工与企业、企业与社会三方面关系的行为准则和规范。它是企业文化的重要组成部分。

7. 企业宗旨

企业宗旨是指企业存在的价值及其作为经济单位对社会的承诺。作为从事生产、流通、服务活动经济单位，企业对内、对外都承担着义务。对内，企业要保证自身的生存和发展，使员工得到基本的生活保障并不断改善他们的福利待遇，帮助员工实现其人生价值；对外，企业要生产出合格的产品、提供优质的服务，满足消费者的需要，从而为社会的物质文明和精神文明进步做出贡献。

综上所述，企业文化的三个层面是紧密联系的：物质层是企业文化的外在表现和载体；制度与行为层则约束和规范着物质层及精神层的建设，若没有严格的规章制度，企业文化建设就无从谈起；精神层是形成物质层和制度、行为层的思想基础，也是企业文化的核心。

三、企业文化的功能

对于任何一个企业来说，企业文化都是其"灵魂"，是企业经营活动的"统帅"，在企业的经营发展中具有不可替代的核心作用。其具体功能主要表现在以下几个方面：

（一）导向作用

企业文化作为一种理性文化，集中反映企业员工共同的价值观念、理想信念和共同利益，对企业中的每个人都具有一种无形的巨大感召力。企业文化作为共同价值观念和共同利益的表现，决定了企业行为的方向；企业文化规定着企业的行动目标；在企业文化的引导下，企业建立起反映企业文化精神实质的、合理而有效的规章制度；企业文化引导着企业及其员工朝着既定的发展目标前进。

（二）凝聚作用

企业文化像一根纽带，把员工和企业的追求紧紧联系在一起，使每个员工产生归属感和荣誉感，从而增强企业的内聚力。对于一个企业来说，为实现共同的目标而努力奋斗常常是企业发展的动力源泉。共同目标产生极强的向心力，因为有共同的价值追求，企业员工就有了坚强的精神支柱，为了实现企业的目标，企业中的每个成员会凝聚成一个强有力的团体，迸发出巨大的能量。因此，企业文化是企业成功的黏合剂。

（三）规范作用

每一个企业都有自身的管理制度，据此规范员工的行为。并且，这种管理制度往往反映了企业文化的实质。但是，对于任何一个企业而言，再严格的制度都不能真正赢得员工的心。因为如果没有人们的自觉认同，制度是难以真正发挥作用的。这是现代管理最忌讳的事情。企业文化是管理制度的升华，它通过把外在的制度约束内化为自觉的行为，从而真正达到规范约束的目的。

（四）激励作用

企业文化注重的是人的因素，强调尊重每一个人，相信每一个人，尊重员工在企业中的地位和作用，凡事都以员工的共同价值观念为尺度，最大限度地激发员工的积极性和创造性。

第三节　企业文化的建设

企业文化需融入员工的思想和行为，因此，要使企业所倡导的文化要素真正成员工所普遍认同并自觉遵循的文化，就需要十分重视企业文化的导入和实施工作。否则，企业文化建设只能停留在表面，作为人们的口号或墙上的标语，而起不到真正引导员工行为的作用。

一、企业文化的形成机制

企业文化通常是在一定的生产经营环境中，为适应企业生存发展的需要，首先由少数人倡导和实践，经过较长时间的传播和规范管理而逐步形成的。企业文化的形成机制如图 9-2 所示。

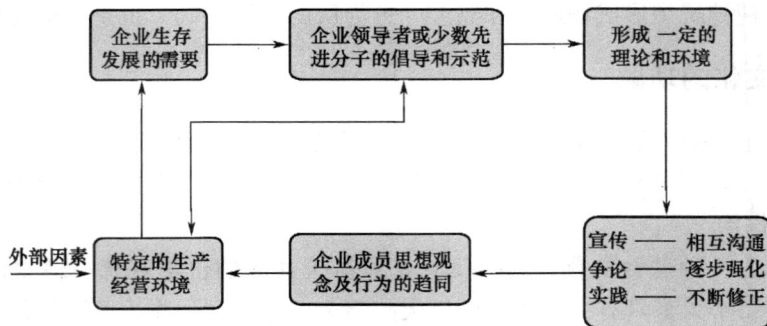

图 9-2　企业文化的形成机制

（一）企业文化是在一定环境中由于企业生存发展的需要而形成的

存在决定意识，企业文化就是在企业图生存、求发展的环境中形成的。例如，用户第一、顾客至上的经营观念，是在商品经济环境下，出现买方市场，企业之间竞争激烈的条件下形成的。

阅读材料　联想的核心价值观

联想公司在成长和发展过程中形成过相应的四条核心价值观。联想是20世纪80年代成立的，那时创业者的理想是希望个人的价值得到释放，当时有一句很有名的话就是"5%的希望变成100%的现实"，这奠定了联想创业创新的一种文化。联想的另一条核心价值观是服务客户。20世纪80年代中期至90年代初期，中国开始向市场经济转轨，联想树立客户意识观念，真正把客户放到最重要的位置，树立起"靠客户吃饭"的理念。20世纪90年代中期，联想有一个变化，很多创业者退居二线，业务基本都是年轻人在做，平均年龄为20多岁，换了一代人，出现了随意性较强的文化。这时面临着新的问题，同时还面临着与世界接轨的挑战，因而需要重新树立目标导向。针对当时的情况，联想公司提出八字方针：严格、认真、主动、高效。这八字方针保证了联想公司在迅速膨胀过程中的队伍稳定，进入了规则导向。精准求实是这一时期的核心价值观。20世纪90年代末，面对互联网的挑战，联想每年进入大批新员工，他们带来了新鲜、活跃的思想，给严格的文化带来挑战，形势要求公司更开放、更沟通、让人更主动。企业越来越大，分工越来越细，要求大家在文化上互相共享，联想又从管理上提出相应口号："不提倡人人做螺丝钉，要做发动机"，并提出了亲情文化。诚信共享成为这一时期的核心价值观。

（二）企业文化发端于少数人的倡导与示范

文化是人们意识的能动产物，而不是客观环境的消极反映。在客观上出现的对某种文化的需要，往往交织在各种相互矛盾的利益之中，羁绊于根深蒂固的传统习俗之内，因而一开始总是只有少数人首先觉悟，他们提出反映客观需要的文化主张，倡导改变旧的观念及行为方式，成为企业文化的先驱者。正是由于少数领袖人物和先进分子的示范，启发和带动了企业的其他人，从而形成了企业新的文化模式。

企业文化的新要素开始往往比较集中地体现在企业少数代表人物身上（如企业的英雄、模范、标兵等）。因为任何一种积极的企业文化的形成，总是以少数人具有的先进思想意识为起点向外发散的，通过领导者的积极倡导和身体力行，使之渗透在企业每个员工的行为方式、每件产品的制造过程及经营管理的每个环节之中，进而逐渐成为多数人的"共识"。尤其是当企业全员的"共识"在某些方面总体处于消极落后状态时，更要善于从中发现 积极的因素——"个识"，通过精心培植，使之成长壮大，形成"共识"，进而带动整体企业文化的进步与创新。

从企业文化的形成过程看，经历了企业家文化——领导团队文化——企业文化三个阶段，所以，企业文化是企业家的个人文化愿景在领导团队中的延伸，是领导团队的文化愿景在企业中的延伸，进而形成为全体员工所共享并共同遵守的价值观念及行为准则。所谓文化愿景，就是人们对未来企业文化的期望。也就是说，人们希望企业未来的文化是"这样的"，而不是"那样的"。

(三) 企业文化是坚持宣传、不断实践和规范管理的结果

企业文化实质上是一个以新的思想观念及行为方式战胜旧的思想观念及行为方式的过程，因此，新的思想观念必须经过广泛宣传、反复灌输，才能逐步被员工所接受。例如，日本经过几十年的宣传灌输，终于形成了企业员工乃至全民族的危机意识和拼命竞争的精神。

企业文化一般都要经历一个逐步完善、定型和深化的过程。一种新的思想观念需要不断实践，在长期实践中，通过吸收集体的智慧，不断补充、修正，逐步趋向明确和完善。

文化的自然演进是相当缓慢的，因此，企业文化一般都是规范管理的结果。企业领导者一旦确认新文化的合理性和必要性，在宣传教育的同时，便应制定相应的行为规范和管理制度，在实践中不断强化，努力转变员工的思想观念及行为模式，建立起新的企业文化。

阅读材料　微软公司的创新文化的形成

微软公司从最早出售程序设计语言，到出售操作系统，再到向零售店出售各种应用软件产品，从国内到国外，不断获得发展。但微软公司始终保持着公司早期结构松散、反官僚主义及微型小组文化等特性的基本部分，从而与顾客更接近，更了解市场需要。

比尔·盖茨(Bill Gates)独特的个性和高超技能造就了微软公司的文化品位。微软公司向来强调以产品为中心来组织管理公司，超越经理职能，实行组织创新，极力在公司内部和应聘者中挖掘同自己一样富有创新和合作精神的人才并委以重任。比尔·盖茨被其员工形容为一个幻想家，是一个不断积蓄力量和疯狂追求成功的人，他的这种个性深深地影响着公司，整个公司的经营管理和产品开发等活动都带有盖茨色彩。

知识型企业的一个重要特征就是拥有一大批具有创造性的人才，但是创造性人才最大的特点是很难在一个僵化的组织中保持创造性。微软文化能把那些不喜欢大量规则、组织、计划，强烈反对官僚主义的程序员团结在一起，遵循"组建职能交叉专家小组"的策略准则；授权专业部门自己定义工作，招聘并培训新员工，使工作种类灵活机动，让人保持独立的思想性；专家小组的成员可以在工作中学习，向有经验的人学习，没有太多的官僚主义规则和干预，没有过时的正式培训项目，没有"职业化"的管理人员，没有要"政治手腕"、搞官僚主义的风气。经理人员非常精干且平易近人，从而使大多数雇员认为微软公司是该行业的最佳工作场所。这种团队文化为员工提供了有趣的、不断变化的工作及大量的学习和决策机会。

盖茨及其他经理人员极力主张人们保持密切联系，加强互动式学习，实现资源共享；通过建立共享制影响公司文化的发展战略，促进公司组织发生变化，保持充分的活力。从比尔·盖茨，到开放的组织与管理模式、创新精神以及学习型组织，使得微软公司拥有大量的创造性人才。微软公司的员工所展示出来的就是创新与创造，在他们的日常工作中除了创新还是创新，创新已经成为员工的行为习惯、价值标准，深入其骨髓。

二、企业文化的建设模型

图 9-3 提供了一整套操作简单的企业文化建设实施方案，共包括以下五个步骤：

第一步：建立企业文化研究会之类的运营团队，通过这一团队调查企业的文化现状，分析企业文化建设的要求，诊断企业现有文化存在的各种问题，为文化的再定位奠定基础。

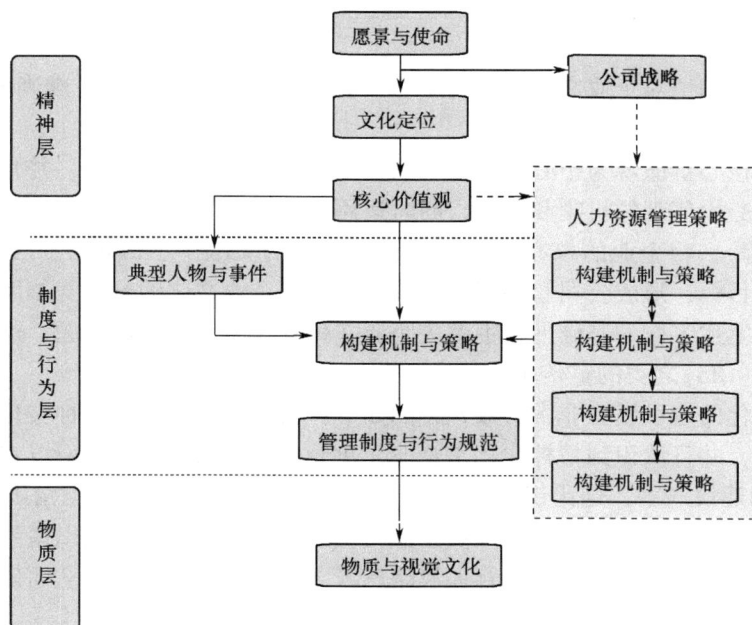

图 9-3　企业文化的建设模型

第二步：分析企业的行业特征、使命、愿景和战略，通过对"企业文化七大要素"（见表 9-1）的界定，对企业文化进行再定位。

表 9-1　企业文化定位的七大要素

企业文化七大要素	要素具体说明
创新与冒险 （Creative and Risky）	企业在多大程度上鼓励员工创新和冒险
注意细节 （Notice the Details）	企业在多大程度上期望员工做事缜密、善于分析、注意小节
结果导向 （Result Leads）	管理人员在多大程度上将注意力放在结果上，而不是强调实现这些结果的手段和过程
团队导向 （Team Leads）	企业在多大程度上是以团队而不是个人的工作来组织活动的
人际导向 （Human Relations Leads）	管理决策在多大程度上会考虑决策对企业成员的影响

（续）

企业文化七大要素	要素具体说明
进取心 （Spirit of Enterprise）	员工的进取心和竞争性如何
稳定性 （Stability）	企业活动重视维持现状或者重视成长的程度

第三步：在成功地对企业文化进行再定位后，提炼出科学、简练、准确的核心价值观，完成企业文化精神层的建设。

第四步：以核心价值观为中心，对相应的典型人物和案例进行宣传，并且构造一种能复制与放大企业核心价值观的机制和策略，同时运用人力资源管理的具体策略（任用、培训、绩效与激励、沟通等），将企业的核心价值观灌输到员工的头脑中、体现在员工的行动上，并结合公司战略与目标，形成公司管理制度体系。这就是企业文化的行为与制度层的建设。

第五步：在上述工作的基础上着手解决企业文化的物质层的建设问题，这需要借助如企业形象识别系统（CIS）之类的宣传手段。

这种企业文化的建设模型非常有效，原因如下：①系统地思考了精神文化、制度文化和物质文化的建设，并且认识到精神文化是企业文化最核心的组成部分，所以首先从精神文化（核心价值观）的建设入手，这比仅仅注重物质文化的建设或从物质文化角度切入组织文化建设的做法要有效得多；②并不仅仅围绕企业文化进行文化建设，而是以系统观为指导，在企业文化建设、战略设计、人力资源管理策略三者之间建立有机联系，从而确保企业文化建设最终取得成功。

本章小结

1. 企业文化这一管理的新理论产生于美国，而作为在实践中的管理方式，则主要体现在日本的企业管理中。企业文化的兴起是从日本经济的崛起和美国管理思想出现反思开始的。

2. 企业文化是企业伦理的外化，是企业个性的表现，即企业家以自己倡导的伦理、思想、价值观念、创业精神和作风，施教于员工，得到员工的认同，并付诸实践，从而形成企业独特的凝聚力、经营作风和人际的和谐气氛。这一切的总和称为企业文化。

3. 企业文化作为一种独特的文化现象，它由物质层、制度与行为层和精神层三个层面的内容构成。这三个层面是紧密联系的：物质层是企业文化的外在表现和载体；制度与行为层则约束和规范着物质层及精神层的建设，没有严格的规章制度，企业文化建设无从谈起；精神层是形成物质层和制度、行为层的思想基础，也是企业文化的核心。

4. 企业文化在企业的经营发展中具有不可替代的核心作用。其具体功能主要表现为：导向作用、凝聚作用、规范作用和激励作用。

5. 企业文化的建设模型提供了一整套操作简单的企业文化建设实施方案，包括：建立企业文化研究会之类的运营团队，对企业现有文化进行诊断；通过对"企业文化七大要素"的界定，对企业文化进行再定位；提炼出科学、简练、准确的核心价值观，完成企业文化精神层的建设；以核心价值观为中心，对相应的典型人物和案例进行宣传，并且构造一种能复制与放大企业核心价值观的机制与策略，完成企业文化的行为与制度层的建设；之后着手解决企业文化的物质层的建设问题五个主要步骤。

复习思考题

1. 企业文化理论是怎样形成的？
2. 企业文化的实质是什么？
3. 企业文化的构成是什么？
4. 企业文化的功能有哪些？
5. 企业文化的形成机制是怎样的？
6. 解释企业文化建设模型的内容。
7. 为什么说企业文化的建设模型提供了一整套操作简单的企业文化建设实施方案？

案例思考

文化就是力量

美国密歇根大学管理学院一位教授对通用电气公司执行总裁杰克·韦尔奇(Jack Welch)评价道："20世纪有两个伟大的企业领导人，一位是通用的斯隆，另一位则是韦尔奇。但两个人比较起来，韦尔奇又略胜一筹，因为韦尔奇为21世纪的经理人树立了一个榜样。"韦尔奇是在1981年坐上通用电气公司第一把交椅的，那时候他只有45岁，是通用电气公司历史上最年轻的总裁。1998年，公司的市场价值从原来的120亿美元增值到2800亿美元。韦尔奇的管理模式可用一个简单的英文单词"力量(FORCE)"来代表。其中，F代表弹性(Flexible)；O代表条理(Organizational)；R代表以"结果"挂帅(Result-Orientated)；C代表沟通(Communication)；而E则代表教育(Education)。韦尔奇的这套管理原则，巧妙地印证了"文化就是力量"的名言，不但为通用公司获得了巨大的成绩，也为管理界留下了新的文化模式。

韦尔奇的"力量(FORCE)"文化模式的具体内容如下：

(1) 弹性。弹性在管理中表现为管理决策和管理行为科学、合理的灵活性。尽管韦尔奇总给人们一种"铁血宰相"的印象，但他并不一意孤行。相反，韦尔奇的经营理念常常会因主客观环境改变而改变，并借此使他的管理策略和管理行为更科学、更合理。韦尔奇管理模式中的"弹性"还表现为他善于见贤思齐、取长补短，"不惜以今日之我，挑战昨日之我"，不断完善和强化自己的人格魅力。

(2) 条理。管理中的条理表现为管理者按照科学的规律和客观依据对管理行为做出合理和切实可行的计划，并严格按计划实施。韦尔奇以公司的经营和发展为出发点，对公司经营计划的酝酿与制订、经营进度的检查、经理人评估、计划的阶段性检查、公司预算、年度考核等都有详细的安排，每月都有固定的工作会议，且已形成了规律。

(3) 结果导向。当年韦尔奇新官上任三把火，公开宣称凡是不能在市场维持前两名的业务，都会面临被卖或被裁撤的命运。以至于他手下的很多员工都感到无论在生产上打破多少纪录，韦尔奇总嫌不够。然而，韦尔奇不只是对员工进行近似苛刻的要求，在运用结果导向进行严格要求的同时，还时时体现出对下级的关怀，这充分体现在他与下级的沟通技巧方面。

（4）沟通。韦尔奇在事业上的成功与他在企业内部建立了一种非正式沟通的企业文化是分不开的。首先，他与下级建立了一种和谐平等的人与人之间的关系，使得下级员工不是因为某种权威而不得不工作，而是心甘情愿地"为朋友两肋插刀"。韦尔奇不像某些企业的管理者那样，希望或要求下属称呼自己"总经理"或"董事长"，而是要求公司上下直呼其名"杰克"。其次，他充分运用了给下级写便条和亲自打电话的特殊功效。有时，他的下属往往会为突然接到韦尔奇亲手写的便条或亲自打来的电话而感动不已。最后，注重与不同层次的员工进行面对面的接触。韦尔奇凭外貌就能叫出公司上层至少 1000 人的名字，知道他们负什么责任。韦尔奇还比大多数人更懂得"突然"一词的价值。他每周都会突然视察工厂和办公室，或匆匆安排与比他低好几级的经理共进午餐。他认为，高层管理者不能从主观上迫使事情发生，也不能简单地只同处于公司最上层的少数人进行交流，然后就指望着发生变化，而要依靠全体员工。韦尔奇对员工的关怀，已从主管和下属的关系，升华为人与人之间平等深厚的友谊。这种非正式的沟通，是最好的沟通。

（5）教育培训。韦尔奇深知人力资源对企业发展的重要性，为此，他特别注重公司全体员工的在职教育培训工作。韦尔奇上任后，首先完善了公司位于哈得逊河畔的培训中心的职能。他本人以去中心授课和与学员闲聊为乐事，而员工也以能赴训练中心镀金为鲤鱼跃龙门的机会。他将一生中的大部分时间花费在与人有关的问题上。他认为，他一生中最大的成就莫过于培育人才。公司会精选培训内容，将训练中心的课程和公司的长短期策略密切配合，并不断加大培训投入。通用电气公司每年花在训练及领导人培养方面的钱超过 8 亿美元，约为它的研究与开发费用的一半。韦尔奇在谈到通用电气公司时不无感慨地说："这是一家由众多杰出人物管理的公司。我最大的功劳莫过于物色这些杰出人物，他们比大多数公司的总裁要来得精明。他们非常杰出，似乎是在这里成长起来的。"美国很多大公司的高层主管都来自韦尔奇的培训中心。

（资料来源:《哈佛商学院经典案例——〈杰克·韦尔奇:通用电气公司的革命〉》）

问题讨论:

请用所学的企业文化理论分析韦尔奇的"力量（FORCE）"文化模式。

第十章　企业经营决策

学习目标

1. 掌握决策的定义、特性及决策过程。
2. 理解决策的理性、有限理性和直觉，区别程序化决策和非程序化决策。
3. 理解不同的决策风格和决策主体的区别。
4. 掌握量本利分析法，对方案进行设计和优选。
5. 掌握决策树法和期望值法。

【关键术语】

决策　程序化决策　非程序化决策　理性　有限理性　直觉　盈亏分析法
决策树法　期望值法

【结构框图】

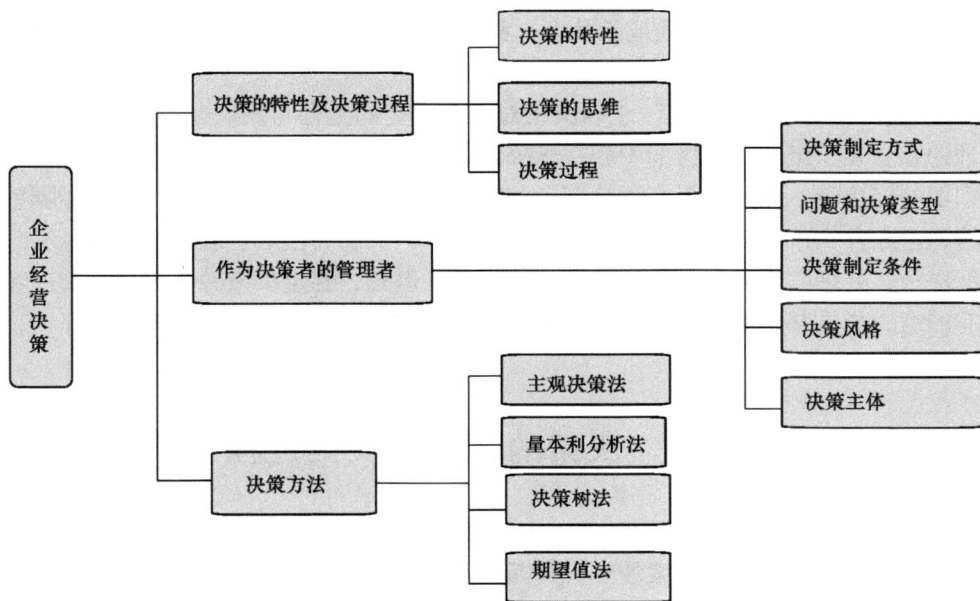

【引入案例】 费尔的决策

费尔在担任美国贝尔电话公司总裁的 20 年里，创造了一个世界上规模最大的民营企业。

贝尔公司之所以能有这样的成就，主要原因在于费尔担任该公司总裁将近 20 年之内，做了四大决策。

贝尔电话公司必须预测社会大众的服务要求，满足社会大众的服务要求。于是，费尔便提出了"本公司以服务为目的"的口号。当初，费尔看清了一个民营的电话公司要想站得住脚，不被政府收归国营，既不能采取进攻政策，自食失败之果，也不应当采取防守政策，麻痹管理人员的创造力，而应该比任何政府企业都更加照顾社会大众的利益，积极为其服务。费尔还认为，应有一项判断管理人员及其作业的尺度，用以衡量服务的好坏，把提供服务视为管理人员的一种责任。

费尔认为，一个全国性的电信事业，绝不能无拘无束地经营，而应进行"公众管制"，一方面能确保公众利益，另一方面也能使贝尔公司经营顺利、兴旺发达。

费尔为公司建立了贝尔研究所，而贝尔研究所最终成为企业界最成功的科研机构之一。他的这项政策是以"一个独占性民营企业，必须自强不息才能保持活力"的观念为出发点的。他认为一个企业如果没有竞争力，便不能成长。电信工业的技术最为重要，一个电信企业有无前景，决定于其技术能否日新月异。贝尔研究所正是起源于这一观念。

费尔在 20 世纪 20 年代开创了一个大众资金市场，他认为许多企业之所以被政府接管，正是由于无法取得所需要的资金。为确保贝尔公司民营形态的生存，必须筹措大量资金，为此，费尔发行了一种普通股份。直到今天，这个普通股份仍然是美国和加拿大中产阶级的投资对象，这一举措也使贝尔公司获得了大量资金。

（资料来源：贺舒.你是一个有效的决策者吗？费尔的四大决策[J]. 新领军，2011(10)：114-116.)

企业的生存和发展，以及不断成长壮大，都离不开合理而有效的决策。决策往往是企业各层管理者最重要的管理活动之一。

西蒙认为："管理就是决策。"正确决策对一个企业的生存与发展起着至关重要的作用。现代管理的重心在于经营，经营的中心在于决策。每个人无论在何种组织内或组织的哪个领域中，都要制定决策。例如，最高层管理者制定关于整个组织目标的决策，包括在哪里安排制造设施，进入什么市场，以及提供什么产品和服务；中层和基层管理者制定每月和每周的生产进度决策，处理发生的问题，挑选和训练员工。但是，制定决策并非仅仅是管理者的事情，所有的组织成员都在制定决策，这些决策影响着他们的工作和所在的组织。那么，决策到底是什么呢？

第一节 决策的特性及决策过程

决策（Decision）是指在明确问题的基础上，为未来的行动确定目标，并在多个可供选择的行动方案中，选择一个合理方案的分析判断过程。

一、决策的特性

科学决策应有以下基本特性：

（1）决策要有明确的目标。决策过程首先要找出关键性问题，认准问题的要害，必须明确为什么要进行决策，决策最终要达到的目标是什么。

（2）决策应有若干个可供选择的可行方案。可行方案是指能够解决决策问题、实现决策目标、具备实施条件的方案。"多方案选择"是决策应该遵循的重要原则。

（3）决策是一个分析判断过程，必须通过技术、经济等各个方面的综合评价。

（4）决策的结果是选择一个满意的方案。人们要懂得，获得满足一切要求的最优方案是不现实的。

（5）决策要强调民主性。企业的决策问题具有信息量大、涉及面广、变化快的特点，这就增加了决策的复杂性和艰巨性，从而使个人决策成功的可能性大为降低。因此，科学决策不能是领导者的个人行为，而应是群体决策的结果。

二、决策的思维

（一）概率思考

用概率思考的思维方式进行决策，不仅要学会在"不确定"情况下进行决策，更重要的是决策本身要适应事物的"不确定性"本质。

概率思考的前提，思考者的头脑中应该有概率的观念。

（二）目标——手段分析

首先为总目标找到一些手段和措施，然后把这些手段和措施看成新的、次一级的目标，再为完成这些次一级的目标找出更详尽具体的手段和措施，如此逐步找下去，直到找到最终解决办法。

三、决策过程

图 10-1 说明了决策活动包括的八个基本步骤：整个过程开始于识别决策问题，确认决策标准，以及为决策标准分配权重；然后进入到开发、分析、选择备择方案，这些方案要能够解决决策问题；接下来是实施备择方案，以及最终评估决策结果。让我们考察一下这个过程，以便理解每一个步骤的含义。

（一）识别决策问题

决策过程开始于一个存在的问题，或者说，开始于现状与希望状态之间的差异。举一个简单的、大多数人都可能与之有关的例子——决定是否购买一台新的笔记本电脑。例子中的决策者名叫王明，是一位销售经理，他的销售代表需要新的笔记本电脑。因为他们的旧笔记本电脑运行速度不够快，存储容量不够大，不能满足处理大量数据的要求。并且假定，简单地在原来笔记本电脑上增加存储容量是不经济的；还有，公司的政策是管理者只能购买而不能租赁笔记本电脑。现在面临一个问题：在销售代表现有的笔记本电脑和他们需要的新的、存储容量更大、速度更快的笔记本电脑之间存在着显著的不均衡，王明需要做一个决策。

但实际上，管理者识别问题并不是这么简单。一方面，因为现实中很少有如例子中这样明显的问题；另一方面，有的时候某个管理者认为是问题，其他管理者则认为不是问题。问题的识别带有主观性，在事情被确认为问题之前，管理者需要意识到问题，感到有采取行动

| 识别决策问题 | "我的销售代表需要一台新笔记本电脑。" |

| 确认决策标准 | ● 价格
● 重量
● 保修
● 屏幕类型
● 可靠性
● 屏幕尺寸 |

| 为决策标准分配权重 | 可靠性　　　　　　　10
屏幕尺寸　　　　　　8
保修　　　　　　　　5
重量　　　　　　　　5
价格　　　　　　　　4
屏幕类型　　　　　　3 |

| 开发备择方案 | 联想　　Acer　　三星　　　　SONY
HP　　　DELL　　清华同方　　ThinkPad |

| 分析备择方案 | 联想　　Acer　　三星　　　　SONY
HP　　　DELL　　清华同方　　ThinkPad |

| 选择方案 | 联想√　Acer　　三星　　　　SONY
HP　　　DELL　　清华同方　　ThinkPad |

| 实施方案 | 联想 |

| 评估决策结果 |

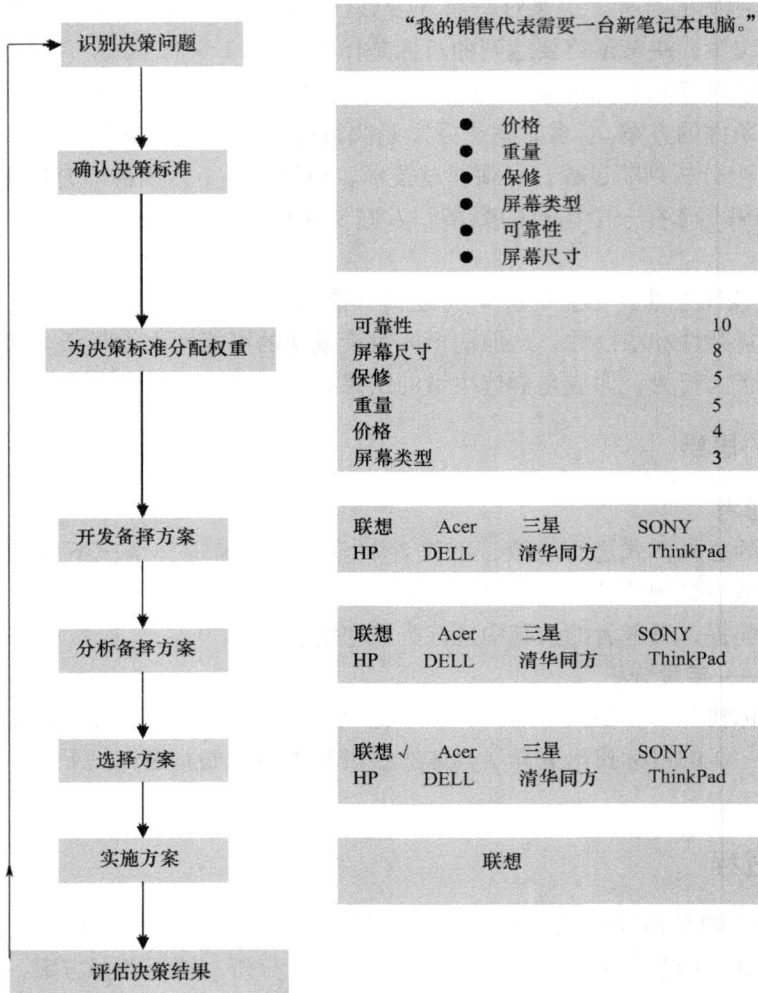

图 10-1　决策过程

的压力，以及拥有采取行动的资源。

　　管理者如何才能意识到问题的存在呢？这需要比较事情的现状与希望状态之间差异。如果事情的进展不像希望的那样，那么显然就存在问题。在购买笔记本电脑的例子中，问题就是现有的笔记本电脑不能有效满足销售代表工作的要求。

　　仅仅有矛盾而没有采取措施的压力，则会使问题被延迟甚至忽视。为了发起一个决策过程，问题必须能够向管理者施加某种压力使之采取行动。这种压力可能来自组织内部，也可能来自组织外部。

　　最后，如果管理者感到不具有职权、预算、信息或者其他采取行动的必要资源，他们也不愿意或不太可能将某些事情作为问题。

　　（二）确认决策指标

　　一旦管理者确定了需要关注的问题，对于解决问题来说，确认决策指标就非常重要了。

也就是说，管理者必须决定什么与制定决策有关。在笔记本电脑采购的例子中，王明需要评估一些与决策有关的因素，如价格、产品型号、制造商、标准配置、可选设备、服务保证、维修记录以及售后服务保证等。经过仔细考虑后，王明决定可靠性、价格、重量、保修、屏幕类型和屏幕尺寸是主要指标。

（三）为决策指标分配权重

决策指标并非都是同等重要的，决策制定者必须为每一项指标分配权重、决定优先次序。如何给决策指标分配权重呢？一个简单方法是给予最重要的指标 10 的权重，然后参照这一权重为其他指标分配权重，比如重要性只相当于权重为 10 的指标的一半的指标其权重为 5，依此类推。

表 10-1 列出了王明为他要购买的笔记本电脑设计的指标和权重。其中，可靠性是最重要的，其次是屏幕尺寸，价格和屏幕类型是权重最低的指标。

表 10-1　笔记本电脑采购决策的指标和权重

指　标	权　重
可靠性	10
屏幕尺寸	8
保修	5
重量	5
价格	4
屏幕类型	3

（四）开发备择方案

第四步要求决策者列出可供选择的决策方案，这些方案要能够解决决策所面对的问题，无须对这一步所列出的方案进行评估，只需列出即可。例如，王明确认了八种笔记本电脑型号作为可能的选择，包括联想 M4400A-IFI、HP ProBook 440 G1、三星 530U4E-X05、Acer TMP245、ThinkPad E440、DELL Vostro 成就 5470、SONY S151200C 和清华同方超锐 Z40。

（五）分析备择方案

决策者接下来必须认真分析每一种方案。对每一种方案的评价是以第二步和第三步中建立的指标体系为基础打分。通过比较，每一种备择方案的优点和缺点就变得明显了。表 10-2 表明了王明给予八种备择方案各自的价值判断，这是他在征求了计算机专家的意见，并且阅读了最新出版的计算机杂志上的信息之后做出的。

表 10-2 只是表明了八个备择方案相对于决策标准的评估结果，它不反映在步骤三中为每个指标分配权重的过程。如果所有指标的权重都一样，在评价每个备择方案时，就只需把它在表 10-2 中对应的数字加起来就行了。但是如果将每个备择方案的评价结果乘以它的权重，就会得到如表 10-3 所示的结果。这里分数代表了每一个备择方案相对于指标的评价结果，以及相应的权重。

表 10-2　方案分析(不考虑指标权重)

机　型	可靠性	屏幕尺寸	保修	重量	价格	屏幕类型
Acer TMP245	6	8	5	6	3	8
三星 530U4E-X05	6	8	5	9	5	8
联想 M4400A-IFI	8	8	10	7	10	8
HP ProBook 440 G1	10	5	5	6	3	8
清华同方超锐 Z40	10	8	5	4	5	8
SONY S151200C	9	10	5	8	4	10
DELL Vostro 成就 5470	6	8	5	10	8	8
ThinkPad E440	9	8	5	6	7	8

值得注意的是，对每一个指标分配权重，会对例子中备择方案的排序结果产生重要的影响。

表 10-3　方案分析(考虑指标权重)

机　型	可靠性	屏幕尺寸	保修	重量	价格	屏幕类型	合计
Acer TMP245	60	64	25	30	12	24	215
三星 530U4E-X05	60	64	25	45	20	24	238
联想 M4400A-IFI	80	64	50	35	40	24	293
HP ProBook 440 G1	100	40	25	30	12	24	231
清华同方超锐 Z40	100	64	25	20	20	24	253
SONY S151200C	90	80	25	40	16	30	281
DELL Vostro 成就 5470	60	64	25	50	32	24	255
ThinkPad E440	90	64	25	30	28	24	261

（六）选择方案

经过前面几个步骤，现在仅仅需要从备择方案中做出选择即可，所选择的方案是在第五步中具有最高得分的方案。在这个例子中，王明将选择联想 M4400A-IFI 型笔记本电脑，因为它的得分最高。

（七）实施方案

实施包含了将决策传送给有关的人员和部门，并要求他们对实施结果做出承诺。

（八）评估决策结果

决策过程的最后一步是评估决策结果，看看问题是不是得到了解决，是否达到了期望的效果。如果评估结果表明问题仍然存在，管理者就要仔细地分析哪里出了错误：问题是否被恰当地定义了，在评估各种备择方案时出现了哪些偏差，是否方案的选择是正确的但实施得不好等。问题的答案也许要求管理者重新回到决策过程的某个步骤，甚至可能需要重新开始整个决策过程。

第二节　作为决策者的管理者

管理者作为决策者，在公司中究竟如何制定决策？他们的决策过程受到哪些因素的影响？每种因素在决定管理者如何决策方面会起到什么样的作用？图 10-2 表明了影响管理决策制定的因素。

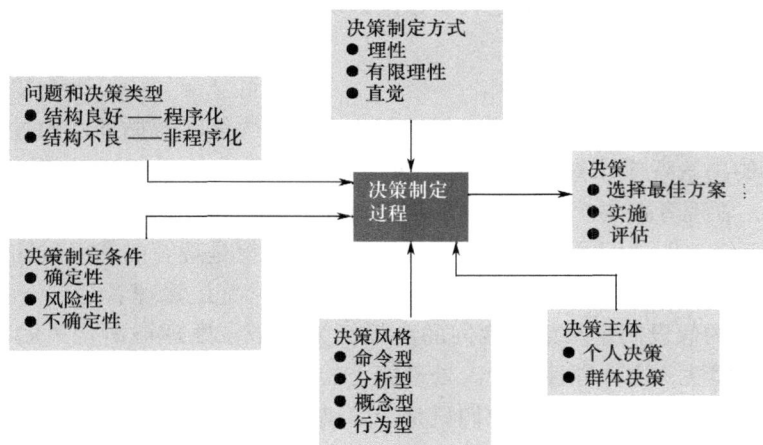

图 10-2　影响管理决策制定的因素

一、决策制定方式

（一）理性

管理决策的制定可以被假设为是**理性**的（Rational）。这个假设的含义是，管理者所制定的决策是前后一致的，追求特定条件下价值最大化。那么，理性决策隐含的假设是什么、这些假设的有效性如何？

一个理性决策制定者是完全客观和符合逻辑性的，他会仔细地定义问题，会清晰、具体地定义目标。不仅如此，理性决策制定者还会一贯选择那些可能实现目标最大化的决策方案。图 10-3 概括了理性决策者的要素。

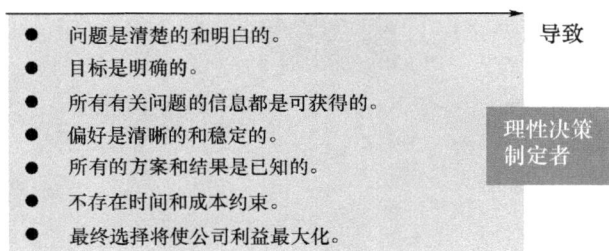

图 10-3　理性假设

理性假设可以用于任何类型的决策，不过，因为人们关注的是管理决策，所以需要再增加一个进一步的假设。理性管理决策假定决策的制定是符合公司的最佳经济利益的，也就是说决策者被假设为追求公司利益的最大化。

理性假设的现实性有多大？管理决策的制定者在下述条件下通常遵循理性假设：管理者面对的是简单的问题，在这些问题中，目标是清楚的，方案的数量是有限的，时间压力不大，并且寻找和评估方案的成本较低；同时，组织文化支持创新和承担风险。在这类决策问题中，结果相对来说是具体的和可度量的。但是，管理者在现实中所面临的大多数决策并不完全符合这些条件。因此，公司中的绝大多数决策实际到底是如何制定的？有限理性的概念可以帮人们回答这个问题。

（二）有限理性

尽管完美理性存在着局限性，管理者仍被期望在制定决策时遵循理性的过程。管理者应知道一个"好"的决策者应该做哪些事情，包括识别问题、考虑备择方案、收集信息以及采取行动。因此，管理者被要求具备正确的决策行为。若能做到这一点，管理者就会对他的上级、同事以及下级表明他们是有能力的，以及他们的决策是理智的和经过周密考虑的。但是，决策制定过程的某些方面并非像上面所描述的那样，而是管理者趋向于按照**有限理性**（Bounded Rational）的假设制定决策，他们的决策行为只是在处理被简化了的决策变量时才表现出某种程度的理性，这种理性是个人处理能力的局限性所造成的。由于管理者不可能分析所有决策方案的所有信息，因此，他们只是制定满意的而不是使目标最大化的决策。换言之，他们所接受的方案只是"足够好"的，他们的合理性受到他们信息处理能力的限制。

（三）直觉

管理者通常还运用**直觉**（Intuition）来帮助他们改进决策的制定。**直觉决策**（Intuitive Decision Making）是什么？它是一种潜意识的决策过程，基于决策者的经验、能力以及积累的判断。研究者对管理者运用直觉决策进行了研究，识别出五种不同的直觉。这个结果描述如图10-4所示。

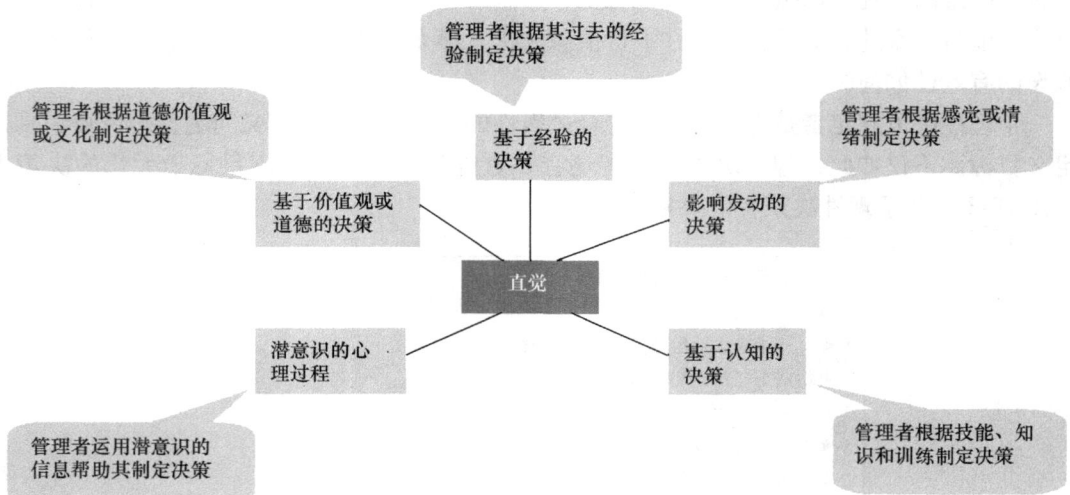

图10-4　直觉是什么

根据直觉制定决策或者根据感觉制定决策，与理性决策并非毫无联系，相反，二者是相互补充的。一个对特定情况或熟悉的事件有经验的管理者，当遇到某种类型的问题或情况时，通常会迅速地做出决策。这样的管理者并不依靠系统性的、详尽的问题分析或识别，以及评估多种备择方案，而是运用他自己的经验和判断来制定决策。

二、问题和决策类型

管理者在履行职责时会遇到各种类型的问题，管理者采用何种类型的决策，取决于他所面临的问题的性质。

（一）结构良好的问题和程序化决策

有些问题是一目了然的，决策者的目标是清楚的，问题是熟悉的，有关问题的信息容易定义和收集。这类问题的例子，包括消费者在商场的退货、供应商未按时履行合同、设备故障问题、学校处理学生退课的程序等。这类问题称为**结构良好的问题**（Well-structured Problems）。例如，餐馆的服务员不小心将饮料洒在顾客的衣服上，管理者会遇到恼怒的顾客，而他必须采取一些措施来处理顾客的抱怨。因为饮料洒在顾客的身上这种事是经常发生的，所以通常处理这类问题有一些标准的程序，比如管理者可以提出由餐馆支付顾客衣服的清洗费用。这种情况下，管理者的决策被称为**程序化决策**（Programmed Decision）。

程序化决策是相对简单的和主要依据以前的解决方法的决策。结构化的问题被确定之后，它的解决方案通常是不证自明的，或者至少被局限在少数几个可供选择的方案上，而且这些方案是熟悉的和被过去的实践证明是成功的。在许多情况下，程序化决策是一种仿照先例的决策，一般不会要求管理者去识别问题、权衡决策的标准以及开发多种可能的方案；相反，管理者通常是依据系统化的程序、规则或政策来制定这类决策。

程序（Procedure）是指相互关联的一系列顺序的步骤，管理者遵循这些步骤对结构化的问题做出响应。现实中唯一的困难是确认问题，一旦问题清楚了，它就进入解决的程序。例如，采购经理收到一份来自销售部门的请求，要求购买 15 台计算机，用于公司销售代表的客户服务。采购经理知道有确定的程序来处理这类决策，于是这类决策的处理只是执行一套简单的程序化的步骤而已。

规则（Rule）是一种明确的陈述，它告诉管理者能做什么和不能做什么。规则通常被管理者用来处理结构良好的问题，因为他只需遵循和确保一致性即可。例如，关于迟到和缺勤的规则，允许基层管理者迅速执行纪律，并且这种决策的结果是相当公平的。

指导程序化决策的第三种方式是**政策**（Policy），它提供了引导管理者沿着特定方向思考的指南。与规则不同，政策试图为管理者确立一些参数，而不是具体地告诉管理者应该做什么或不应该做什么。政策通常包含一些模糊的术语，它给决策留下了解释的余地。例如，下列一些政策陈述就带有这些特征：

（1）顾客永远是第一位的，并且始终应当被满足。

（2）只要可能，我们总是采取从内部晋升的政策。

（3）雇员的工资按照社区的标准将始终具有竞争力。

注意，这里"满足""只要可能"以及"竞争力"这些术语要求进一步的解释。政策指明要支付有竞争力的工资，虽然没有告诉公司的人力资源经理确切的工资数量和水平，但是指明了制定决策的方向。

(二) 结构不良的问题和非程序化决策

可以想见，并不是管理者面对的所有问题都是结构良好的和可以用程序化处理的，管理者经常遇到**结构不良的问题**（Poorly Structured Problems）。这类问题是新颖的、不经常发生的、信息模糊的和不完整的。例如，在青岛开一家新公司，其制造设施的选择问题就是一个结构不良的问题。同样，是否在一项新的、尚未证明的项目上进行投资，或者是关闭一家亏损的分公司，也属于结构不良的问题。当问题的结构不健全时，管理者必须依靠非程序化的决策方法以及开发专门的解决方案。**非程序化决策**（Non-Programmed Decisions）是具有唯一性和不可重复性的决策。当管理者面临结构不良或者独特的问题时，没有现成的解决方案，它要求采用非程序化决策方法现裁现做，根据问题制订解决方案。

(三) 问题类型、决策类型和组织层次的关系

图 10-5 描述了各种问题类型、决策类型以及组织层次之间的关系。通常情况下，较低层次的管理者面对的通常是熟悉的和重复性的问题，也就是结构良好的问题，在大多数情况下进行程序化决策，即依靠程序、规则和政策来进行决策。随着管理者所处的组织层次的上升，他们面对的问题通常具有更多的结构不良的特征。

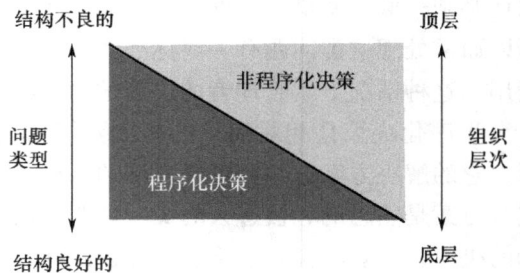

图 10-5 问题类型、决策类型和组织层次

但是需要注意的是，现实中，很少有哪个管理决策是完全程序化或完全非程序化的，这是两种极端情况，绝大多数决策落在这两个极端之间。很少有程序化完全排除个人判断的，在另一个极端上，即使是完全独特的、要求非程序化决策的情况，也可以得到程序化决策的帮助。应将决策问题看作主要是程序化的或主要是非程序化的，而不是将它们看作完全程序化的或完全非程序化的。

三、决策制定条件

管理者在制定决策的时候可能面对三种条件：确定性、风险性和不确定性。这三种决策制定条件的含义和特征是不同的。

(一) 确定性

对于制定决策来说，理想的情况是**确定性**（Certainty）条件。在这种条件下，管理者可以制定出精确的决策，因为每个方案的结果是已知的。也就是说，决策者能以 100% 的把握预测每个备选方案的执行结果。例如，当企业决定在哪个银行存入一笔款项的时候，它们确切地知道每一家银行提供的利息，以及能够计算出将从这项业务中得到多少回报。也就是说，它们可以肯定每个备择方案的结果。但是，这种条件不是大多数管理决策环境的特征，它更多的是一种理想化的特征。

（二）风险性

更一般的情况是**风险性**（Risk）条件。在这种条件下，管理者能够估计出每个备择方案的可能性或者结果。在风险性条件下，管理者所具有的历史数据使他们能够给不同的决策方案分配概率。

正如任何决策都包含风险一样，管理者所掌握的信息越多，就越能够评估风险，从而就能够做出更慎重的决策。管理者虽然不能消除所有与承担风险有关的负面影响，但是却能够知道这些风险是什么。

（三）不确定性

如果管理者要制定一项决策，但是不能肯定它的结果，也不能对概率做出合理的估计，这样的条件称为**不确定性**（Uncertainty）。管理者都会面对在不确定性条件下的决策。在不确定性条件下，决策方案的选择受到管理者能够获得的信息多少的影响。

在不确定性条件下，影响决策结果的另一个因素是管理者的心理定位。乐观的管理者将遵循最大最大选择（最大化最大可能的收益）；悲观的管理者将遵循最大最小选择（最大化最小可能收益）；对期望最小化其最大遗憾的管理者来说，将选择最小最大选择。

四、决策风格

不同决策风格的人对决策制定的方式与步骤有不同偏好，可能导致不同的决策结果。人们决策方法上的差异表现为两个不同的维度。第一个维度是每个人的思维方式。有些人趋向于理性和逻辑性的思维方式或信息处理方式，理性思维方式是用顺序的观点看待信息，在制定决策之前，必须确认信息是符合逻辑的和前后一致的；另外一些人趋向于创造性和直觉性的思维方式，不是以某种特定的次序来处理问题，而是将它们看作一个整体。

第二个维度描述了个人的模糊承受力。有些人对模糊承受力较低，这种类型的决策者试图以具有一致性和某种顺序的方式来组织信息，以使模糊性降至最低；另外一些人具有较高水平的模糊承受力，他们能够同时处理许多不同的想法。

当把这两种维度画在一张图上的时候，就可以区分出四种不同的决策风格：命令型、分析型、概念型、行为型（见图10-6）。

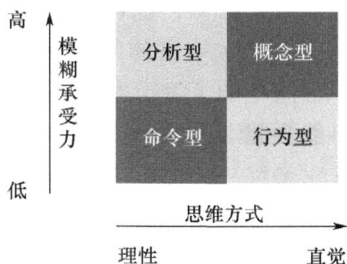

图10-6　决策制定风格

命令型（Directive style）风格的人往往具有较低的模糊承受力，他们在思考问题的方式上是理性的，他们讲究效率和逻辑性。命令型的决策制定者简洁快速，关注短期的结果，他们在制定决策方面的效率和速度通常是由于只考虑了少量的信息和评估少数的方案。

分析型（Analytic Style）风格的人比命令型风格的人具有更大的模糊承受力，他们在制定决策之前试图得到更多的决策信息和考察更多的选择，这是他们与命令型风格者的不同之处。分析型风格的人是以谨慎为特征的，具有适应和符合某些特殊情况的能力。

概念型（Conceptual Style）风格的人趋向于具有广泛的看法和愿意考察更多的选择，他们关注决策的长期结果，并且非常愿意寻求解决问题的创造性方案。

行为型（Behavioral Style）风格的人同其他人相处得很好，他们关注下级的成就并愿意接受来自下级的建议，他们通常通过会议方式进行沟通，并尽量避免冲突。

五、决策主体

有些组织的决策是由个体做出的，这会因主观武断而导致决策失误；大部分组织的决策都是由群体做出的，如委员会、评估小组、学习团队或其他各类团队等。研究表明，管理者70%的时间花在群体会议上，以明确问题所在，找出解决方案，确定具体的实施办法。与个体决策相比，群体决策有哪些优势和劣势？提高群体决策水平的技术有哪些？

（一）群体决策的优势和劣势

与个体决策相比，群体决策具有以下优势：

（1）提供更全面、更完整的信息。俗话说"三个臭皮匠，顶个诸葛亮"，说的就是这个道理。在决策过程中，群体带来了各方面的经验和观点，这是单独个体做不到的。

（2）产生更多的备择方案。由于群体中的信息更多也更全面，因而能够比个体产生更多的备择方案。特别是当群体成员来自不同的专业技术领域时，这种优势就更为明显。

（3）增加解决方案的可接受性。群体成员不愿意攻击或破坏在他们亲自参与下做出的决策，在执行时，群体决策产生的解决方案也更容易被执行。

（4）增强合理性。群体决策的过程与民主化的思想相一致，由群体做出的决策会被认为比个人单方面做出的决策更合乎逻辑。

群体决策也有其劣势，如下所示：

（1）决策速度慢。在群体内做任何决策时，都需要花费时间把人员组织到一起，而且每个人各抒己见，也容易花费更多时间，这会导致速度非常慢。

（2）个人对群体的操纵。群体成员永远不可能绝对平等，他们在组织级别、过去的经验、对问题的了解、对其他成员的影响力、言语表达技能、决断性等方面都有差异。这种差异可能会制造由一个或几个人对群体进行操纵的机会。一群具有影响力且积极活跃的少数人通常对最终决策拥有更大的影响力。

（3）个人屈服于群体的压力。前面讨论过，群体中存在着某种压力，这会引发一种**群体思维**（Group Think）现象，即群体成员为了达到表面上的统一一致而隐藏分歧意见或不受欢迎的观点。群体思维破坏了群体中严谨务实的思维风格，最终会损害决策的质量。

（4）责任不明。群体成员共担责任，但是最终谁会对决策的结果负责呢？在个体决策中，谁来承担责任显而易见；但在群体决策中，所有群体成员的责任都被分散了。

（二）提高群体决策水平的技术

由于群体决策的优势，群体可以成为有效的决策者。但是，当群体成员相互见面和打交道时，会产生群体思维的潜在可能性。群体成员会修改自己的观点，并对其他成员施加压力以促使意见的统一。管理者怎样才能使群体决策更具创造力？图10-7描述了三种可以利用的技术。

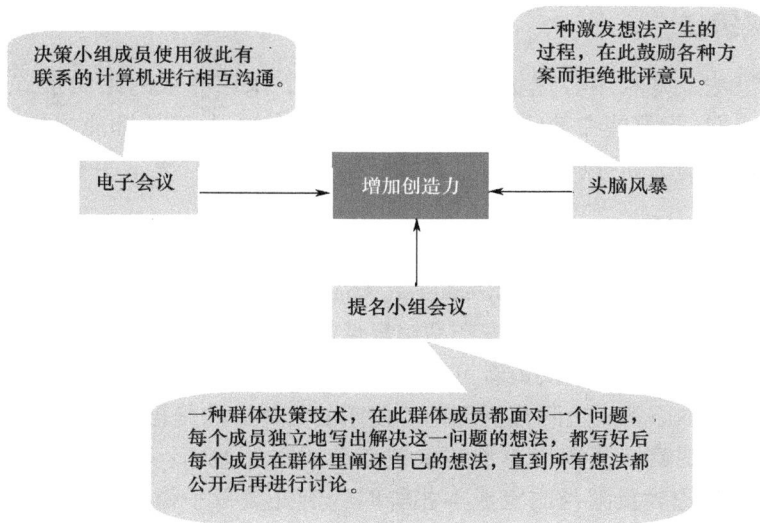

图 10-7　使群体决策更有创造力的技术

阅读材料　布里丹毛驴效应

　　法国哲学家布里丹（Buridan）养了一头小毛驴，每天向附近的农民买一堆草料来喂它。一天，送草的农民出于对哲学家的景仰，额外多送了一堆草料，放在旁边。这下子，毛驴站在两堆数量、质量和与它的距离完全相等的干草之间，可是为难坏了。它虽然享有充分的选择自由，但由于两堆干草价值相等，客观上无法分辨优劣，于是它左看看，右瞅瞅，始终也无法分清究竟选择哪一堆好。于是，这头可怜的毛驴就这样站在原地，一会儿考虑数量，一会儿考虑质量，一会儿分析颜色，一会儿分析新鲜度，犹犹豫豫，来来回回，在无所适从中活活地饿死了。后来，人们把企业经营决策过程中这种犹豫不定、迟疑不决的现象称之为"布里丹毛驴效应"。

　　在我们每个人的生活中也经常面临着种种抉择，如何选择对人生的成败得失有一定影响，因而人们都希望得到最佳的抉择，常常在抉择之前反复权衡利弊，再三仔细斟酌，甚至犹豫不决、举棋不定。但是，在很多情况下，机会稍纵即逝，并没有留下足够的时间让人们去反复思考，反而要求当机立断、迅速决策；如果犹豫不决，就会两手空空、一无所获。

第三节　决 策 方 法

　　一般来说，决策方法有两大类，即主观决策法和计量决策法。其中，计量决策法主要有量本利分析法、决策树法、期望值法。管理人员应该根据决策的性质和决策过程各阶段的特点，灵活地应用各种方法。

一、主观决策法

所谓主观决策法，是利用心理学、社会学的成就，采用有效的组织形式，在决策过程中，直接利用专家们(指那些在某些专业方面积累了丰富知识、经验和能力的人)的知识和经验，根据已经掌握的情况和资料，提出决策目标和实现目标的方法，并做出评价和选择。

二、量本利分析法

量本利分析法也称**盈亏分析法**（Breakeven Analysis），是用于确定型决策的方法，也是企业经营决策常用的有效工具。它根据产品销售量、成本、利润的关系，建立参数模型，分析决策方案对企业盈亏的影响。决策者可借助它对方案进行设计和选优。

量本利分析的基本原理是边际分析理论。使用的具体方法是把企业的生产总成本分为固定成本和变动成本，观察产品销售单价与单位变动成本的差额：若前者大于后者，便存在"边际贡献"；当总的边际贡献与固定成本相等时，恰好盈亏平衡，这时每增加一个单位产品，就会增加一个单位的边际贡献利润。

固定成本与变动成本的划分主要依据与产品产量(或工作量)的关系。固定成本(Fix Cost)是指在一定产量范围内，不随产量变动而变动的成本之和，是即使产量为零也要照常支出的总费用。例如，厂房、机器设备的租金、折旧费、水电费等。但是，从每单位产品的分摊额来看，产量增加，单位固定成本降低；产量减少，单位固定成本增加。这种关系如图10-8所示(纵轴表示成本,横轴表示产量,下同)。

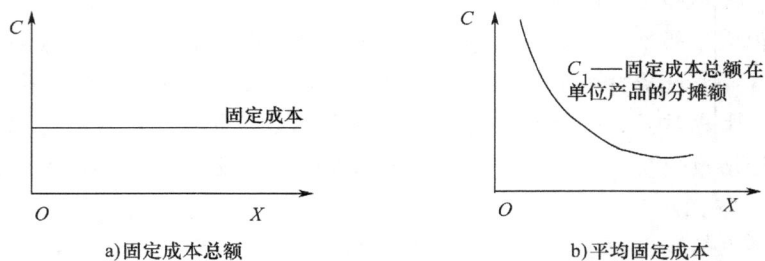

a)固定成本总额　　　　　　　　　b)平均固定成本

图 10-8　固定成本示意图

总变动成本（Variable Cost）是随产量变动而变动的成本之和，如原料、燃料、直接人工费等。但是，从单位产品来看，这类成本却是基本不变的。变动成本与产量的关系如图10-9所示。

进行量本利分析的主要问题是找出盈亏平衡点，如图10-10所示。其计算公式可描述为

$$X_0 = \frac{C}{P - C_2}$$

式中　C——固定成本总额；

　　　C_2——单位变动成本；

　　　P——单价；

　　　X_0——盈亏平衡时的销售量。

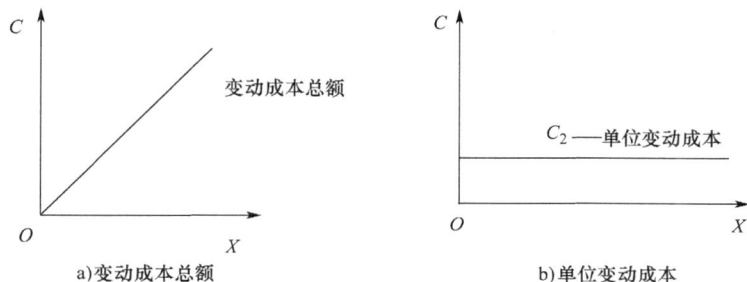

图 10-9　变动成本示意图

由上述公式可以看出，当单位售价超过单位变动成本，并抵补了单位固定成本以后，才能获得利润。产品售价超过变动成本的部分称为边际贡献或边际收益（利润）。边际收益是销售收入与变动成本的差额，计算公式为

$$D = X(P - C_2)$$

式中　X——销售量；

　　　D——边际收益总额。

在决策分析过程中，进行边际收益分析是非常重要的。只要有边际收益，就能抵消固定成本。判别是否盈利可用下式

$$D = C + P_r$$

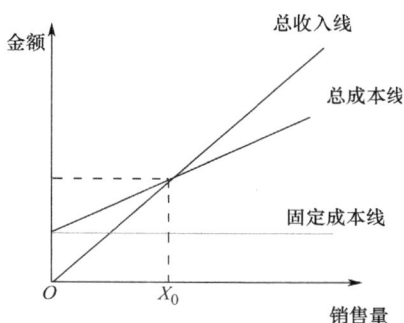

图 10-10　盈亏平衡图

式中　P_r——利润；

　　　C——固定成本总额。

结论为：$D - C = 0$，不盈不亏；$D - C > 0$，盈利；$D - C < 0$，亏损。

边际收益率是边际收益与销售收入的比值。如果已知边际收益率，就可直接用来计算盈亏平衡点的销售额。计算公式为

$$D_i = \frac{D}{XP}$$

式中　D_i——边际收益率。

另外，利用盈亏平衡分析还可分析企业的经营安全状况。企业的经营安全状况可用安全余额和经营安全率表示。

安全余额是实际销售额与盈亏平衡点销售额的差额。计算公式为

$$L = XP - X_0 P$$

式中　XP——实际销售额；

　　　$X_0 P$——盈亏平衡点销售额；

　　　L——安全余额。

安全余额越大，销售额紧缩的余地越大，经营越安全；安全余额太小，如果实际销售额稍微降低，企业就可能亏损。

经营安全率是安全余额与实际销售额的比值。计算公式为

$$L_i = \frac{L}{XP}$$

经营安全率取值为 0~1，越接近 0，越不安全；越接近 1，越安全，盈利的可能性越大。判断经营安全性的标准如表 10-4 所示。

表 10-4　经营安全性标准

经营安全率	经营状况
30%以上	安全
25%~30%	比较安全
15%~25%	不太好
10%~15%	要警惕
10%以下	很不安全

当经营安全率低于 20%时，企业就要做出提高经营安全率的决策。提高经营安全率可以通过增加销售额和将盈亏平衡点下移两条途径来解决。

三、决策树法

决策树法（Decision Tree）是风险型决策常用的一种决策方法。它利用概率论的原理，并且利用一种树形图作为分析工具。其基本原理是用决策点代表决策问题，用方案枝代表可供选择的方案，用概率分枝代表方案可能出现的各种结果，经过对各种方案在各种结果条件下损益值的计算比较，为决策者提供依据。

决策树的优点是：可以明确地比较各种可行方案的优劣；对与某一方案有关的事件一目了然；可以表明每一方案实现的概率；每一方案的执行结果均能算出预期的收益；特别适合多级决策的分析。

决策树的构成有四个要素：决策点、方案枝、状态节点和概率枝。决策树以决策节点为出发点，引出若干方案枝，每条方案枝代表一个方案。方案枝的末端有一个状态节点，从状态节点引出若干概率枝，每条概率枝代表一种自然状态，概率枝上的数字表明每一种自然状态下的概率收益值。这样层层展开，形如树状。其基本图形及其所包含的符号的含义如图 10-11 所示。

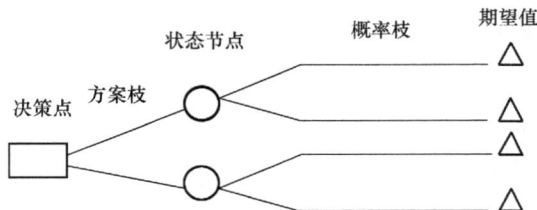

图 10-11　决策树的基本模型

运用决策树法进行决策的基本步骤可归纳如下：

（1）**绘制决策树图形**。在绘图前，应了解和确定有关决策问题的可行方案的数量、每一方案的自然状态及其发生的概率、每一方案在相应自然状态下的收益值。如遇多级决策，则要预先确定二级或三级决策点，然后按决策问题提出先后顺序，由左向右逐级展开方案枝、状态节点和概率分枝。

（2）**计算各方案的期望值**。期望值的计算顺序，要由右向左依次进行。利用收益值及其相应的概率，计算出每一方案的期望收益值，并标在相应的状态节点上。

（3）**剪枝**。这也就是方案的选优过程。决策者按照决策标准的要求，从右向左依次评价，剪去劣势方案枝，保存优势方案枝，最后在决策树上就只留下一条贯穿始终的方案枝，它所体现的方案就是决策者要选用的最合理的方案。

例：某公司拟对产品进行更新换代，经分析研究，有三个方案可供选择。

第一方案：引进一条生产线，上新产品 A，需追加投资 700 万元。未来 5 年如果销路好，每年可获利 460 万元；如果销路不好，每年将亏损 80 万元。根据市场预测，销路好的概率为 0.7，销路不好的概率为 0.3。

第二方案：改造原来的生产线，上新产品 B，需追加投资 250 万元。未来 5 年如果销路好，每年可获利 200 万元；如果销路不好，每年可获利 30 万元。根据市场预测，销路好的概率为 0.8，销路不好的概率为 0.2。

第三方案：维持老产品的生产。如果销路好，仍可生产 5 年，每年可获利 140 万元；如果销路不好，只能维持 3 年，每年可获利 40 万元。根据市场预测，销路好的概率为 0.6，销路不好的概率为 0.4。

根据上述资料绘制决策树，并计算期望值，如图 10-12 所示。

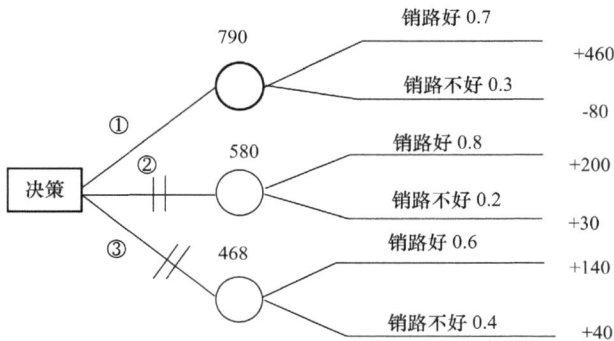

图 10-12　决策树

比较三个方案的净收益（E）：

方案①：$E_1 = 1490$ 万元 -700 万元 $= 790$ 万元

方案②：$E_2 = 830$ 万元 -250 万元 $= 580$ 万元

方案③：$E_3 = 468$ 万元

根据净收益的比较，确定第一方案最优，将其他两个方案剪掉。

四、期望值法

期望值法用于不确定型决策。在不确定型决策中，由于方案实施后的结果无法做出估计，因此决策在很大程度上取决于决策者的主观判断。不同的决策者对同一问题的决策结果也可能完全不一样。

例：某公司准备投产一种新产品，对未来的销售情况判断不准，可能出现高需求、中等需求，也可能出现低需求。有三个方案可供选择：第一，新建一个车间；第二，扩建原有的车间；第三，对原有车间的生产线进行改造。三个方案在五年内的经济效果如表10-5所示。

表10-5　三个方案的经济效果　　　　　　　　　　（单位：万元）

方　　案	高　需　求	中　需　求	低　需　求
新建	600	200	−160
扩建	400	250	0
改造	300	150	80

决策者可根据不同的标准和方法进行方案选择。

（1）悲观原则（Max-min Criterion）。它又称瓦尔德准则（Wald Criterion）、收益小中取大法，即先分别找出每个方案在各种自然状态下的最小收益值，再将各方案的最小收益值相比较，选出最大数值的方案作为决策方案。这种方法是从最坏的情况出发，选择最有利的方案，属于保守型决策。

按此标准，此例中改造方案是最佳方案。因为三个方案的三个最低收益值中，收益最大者为改造方案的80万元。（见表10-5）。

（2）乐观原则（Max-max Criterion）。它又称赫威斯准则、收益大中取大法，即先分别找出每个方案在各种自然状态下的最大收益值，再将各方案的最大收益值相比较，选出数值最大的方案作为决策方案。这种方法是从最好的情况出发，选择最有利的方案，属于冒险型决策。

按此标准，此例中新建方案是最佳方案。因为三个方案的三个最高收益值中，收益最大者为新建方案的600万元（见表10-5）。

（3）乐观系数原则。它又称折中准则（Rlurwicz Criterion）。决策者根据市场情况和个人经验，预先确定一个乐观系数（Optimism Coefficient）α 作为主观概率，然后选出每个方案的最大和最小损益值。用 α 乘以最大损益值，加上（$1-\alpha$）乘以最小损益值，作为该方案的期望收益。比较各方案的期望收益值，最大者即为最佳方案。α 一般取0.667，此例设为0.7，其计算过程和结果（见表10-6）。

表10-6　乐观系数决策计算表　　　　　　　　　　（单位：万元）

方　　案	最高收益	最低收益	期望值（E）
新建	600	−160	$E_1 = 600 \times 0.7 + (-160) \times (1-0.7) = 372$
扩建	400	0	$E_2 = 400 \times 0.7 = 280$
改造	300	80	$E_3 = 300 \times 0.7 + (1-0.7) \times 80 = 234$

根据计算结果，决策应选择新建方案。

若 $\alpha = 0.4$，则情况就不同了。

新建方案 $E_1 = [600×0.4+(-160)×(1-0.4)]$ 万元 $= 144$ 万元

扩建方案 $E_2 = 400$ 万元 $×0.4 = 160$ 万元

改造方案 $E_3 = [300×0.4+(1-0.4)×80]$ 万元 $= 168$ 万元

此时，改造方案就成了最佳方案。可见，乐观系数这个主观概率的大小是至关重要的。

（4）同等概率原则。它又称拉普拉斯准则（Laplace Criterion）、机会均等原则。它认为在没有理由说明哪个事件有更多的发生机会时，只能认为它们发生的机会是均等的。这时各种自然状态的概率就是 $1/n$，以此概率计算各方案的期望值，比较后选择期望值大的方案作为决策方案。

上例有三种自然状态，所以每种自然状态的概率都是 $1/3$，如表 10-7 所示。

表 10-7　同等概率决策计算表

方　案	期望值（E）/万元
新建	$E = 600×1/3+200×1/3+(-160)×1/3 = 213.3$
扩建	$E = 400×1/3+250×1/3 = 216.6$
改造	$E = 300×1/3+150×1/3+80×1/3 = 176.6$

扩建方案的期望值大于其他方案，是最佳方案。

（5）后悔值原则（Regret Criterion）。它又称萨凡奇准则（Savage Criterion）、后悔值大中取小法。后悔值是指某种自然状态中各个方案的收益值同其中最大收益值之间的差额。这种方法是先计算出各个方案在各种自然状态下的后悔值，并从中找到最大值，再将各方案中最大后悔值最小的方案作为决策方案。

上例中如出现高需求，新建方案 5 年可获利 600 万元，是最佳方案。如果决策采用扩建方案，则只能获利 400 万元，即由于未能采用最佳方案，将造成 200 万元的收益差额，这个差额就称为后悔值。如果决策采用改造方案，将造成 300 万元的后悔值。因此，每个方案都会有一个最大后悔值，把它们选出来进行比较，哪个方案的最大后悔值最小，哪个方案就是最佳方案，如表 10-8 所示。

表 10-8　各方案的后悔值　　　　　　　　　　　（单位：万元）

方　案	高　需　求	中　需　求	低　需　求	最大后悔值
新建	0	50	240	240
扩建	200	0	80	200
改造	300	100	0	300

从表 10-8 得知，扩建方案的最大后悔值（200）小于其他方案（新建为 240，改造为 300），所以扩建方案是最佳方案。

本章小结

1. 决策是指在明确问题的基础上，为未来的行动确定目标，并在多个可供选择的行动方案中，选择一个合理方案的分析判断过程。

2. 决策的特性包括：决策要有明确的目标；决策应有若干个可供选择的可行方案；决策是一个分析判断过程；决策的结果是选择一个满意的方案；决策要强调民主性。

3. 决策的制定过程包括八个基本步骤：识别决策问题；确认决策标准；为决策标准分配权重；开发备择方案；分析备择方案；选择备择方案；实施备择方案；评估决策结果。

4. 影响管理决策制定的因素包括以下几方面：决策制定方式、问题和决策类型、决策制定条件、决策主体和决策风格。

5. 程序化决策是相对简单的和主要依据以前的解决方法的决策；当管理者面临新颖的、不经常发生的、信息模糊的和不完整的问题，即结构不良的问题时，必须依靠非程序化的决策方法以及开发专门的解决方案。

6. 管理者在制定决策时可能面对三种条件：确定性、风险性和不确定性。确定性是指每个方案的结果是已知的，管理者可以制定出精确的决策；风险性是指管理者能够估计出每个备择方案的可能性；不确定性是指管理者在制定决策时，不能肯定它的结果，也不能对概率做出合理的估计。

7. 根据每个人的思维方式和个人的模糊承受力，可以把决策风格分为命令型、分析型、概念型和行为型。

8. 决策主体有个人决策和群体决策两种。与个体决策相比，群体决策更能提供更全面、更完整的信息，产生更多的备择方案，增加解决方案的可接受性，增强合理性；但群体决策也有它的劣势，如：决策速度慢，个人对群体的操纵，个人屈服于群体的压力，责任不明等。

9. 决策方法可分为主观决策法和计量决策法两大类。其中，计量决策法主要有量本利分析法、决策树法、期望值法等几种类型。

复习思考题

1. 决策的特性有哪些？
2. 管理者是如何做决策的？
3. 决策的标准有哪些？为什么它们对决策者是重要的？
4. 管理者如何开发、分析、选择和实施备择方案？如何评估决策是否有效？
5. 影响管理决策制定的因素有哪些？
6. 比较理性和有限理性的决策观点。
7. 直觉在决策中的作用是什么？"现代环境变化越来越快，管理者就要依靠直觉进行决策。"这种说法正确吗？请解释。
8. 比较程序化决策和非程序化决策的区别。
9. 对比在确定性、风险性和不确定性条件下决策的特征。
10. 与个体决策相比，群体决策的优势有哪些？

11. 某企业为了向市场推出一种新产品，设计了三个方案：①新建一个大车间，需投资300万元。②新建一个规模小一些的车间，需投资160万元。这两个车间的使用期都是10年。按市场调查的资料预测，前三年销路好的概率为0.7。如果前三年销路好，则后七年销路好的概率为0.9；如果前三年销路差，则后七年销路肯定差。③先建一个小车间，如果销路好，则三年后再扩建，其扩建投资需要140万元，扩建后可使用七年。三个方案的损益值如表10-9所示。

表10-9 三个方案的年损益值 （单位：万元）

方案 自然状态	建大车间	建小车间	先建小车间后扩建
销路好	100	40	100
销路差	−20	10	−20

问题：该企业应如何决策？

案例思考

铱星的悲剧

2000年3月18日，两年前曾耗资50多亿美元建造66颗低轨卫星系统的美国铱星公司（简称铱星），背负着40多亿美元的债务宣告破产。铱星所创造的科技童话及其在移动通信领域的里程碑意义，使人们在惜别铱星的时刻猛然警醒：电信产业的巨额投资往往使某种技术成为赌注，技术的前沿性固然非常重要，但决定赌注胜负的关键却是市场。

铱星的悲剧告诉人们，技术不能代替市场，决策失误导致铱星陨落。

铱星代表了当时通信发展的方向，但仅凭技术的优势并不能保证市场的胜利。"他们在错误的时间、错误的市场，投入了错误的产品。"这是业界权威对铱星陨落的评价。

（1）技术选择失误。铱星系统技术上的先进性使其在当时的卫星通信系统中处于领先地位。但这一系统风险大，成本过高，且维护成本相当高。

（2）市场定位错误。谁也不能否认铱星的高科技含量，但用66颗高技术卫星编织起来的"世纪末科技童话"在商用之初却把自己定位在了"贵族科技"上。铱星手机价格每部高达3000美元，加上高昂的通话费用，使得通信公司运营最基础的前提——用户数目远低于它的预想。在开业的前两个季度，铱星在全球只发展了1万名用户，而根据铱星方面的预计，初期仅在中国市场就要达到10万名用户，这使得铱星公司前两个季度的亏损即达10亿美元。尽管铱星手机后来降低了收费，但仍未能扭转颓势。

（3）决策失误。有专家认为，铱星系统在1998年11月份投入商业服务的决定是"毁灭性的"。受投资方及签订的合约所限，在系统本身不完善的情况下，铱星系统迫于时间表的压力而匆匆投入商用，差劲的服务给用户留下的第一印象对于铱星公司来说是灾难性的。因此，到铱星公司宣布破产保护时为止，铱星公司的客户还只有2万多名，而该公司要实现盈利至少需要 65 万名用户，每年光维护费就要几亿美元。

（4）销售渠道不畅。铱星系统投入商业运营时，未能向零售商们供应铱星电话机；有需求而不能及时得到满足，这也损失了不少用户。

（5）作为一个全球性的个人卫星通信系统，理论上它应该是在全球通信市场开放的情况下，由一个经营者在全球统一负责经营，而事实上这是根本不现实的。

因此，以上这些原因造成了铱星的债务累累、入不敷出。

（资料来源：百度文库）

问题讨论：

结合铱星公司破产的案例，谈谈你对企业决策重要性的认识和体会。

企业管理学

第四篇

管理创新

第十一章　管理创新

学习目标

1. 掌握创新的内涵和特点。
2. 理解管理创新的内涵。
3. 明确管理创新的动因和过程；掌握管理创新的方法和途径。
4. 掌握企业流程再造的概念和原则；熟悉企业流程再造的过程和方法。

【关键术语】

管理创新　文化创新　组织创新　制度创新　流程再造

【结构框图】

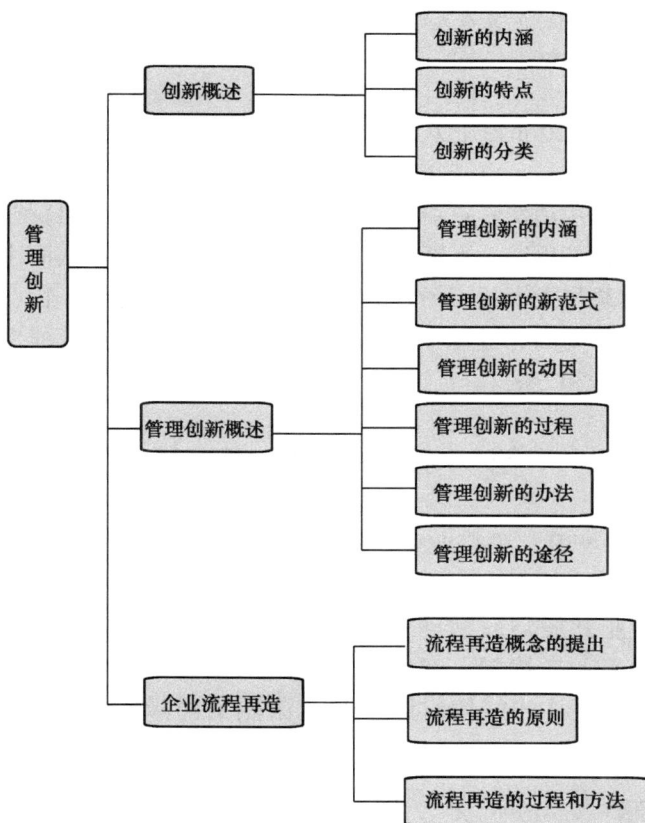

【引入案例】　乔布斯与苹果公司

电子产品企业在制定营销策略时，首先要对消费者的购买心理和行为准确地把握。消费者需要怎样的消费产品？企业采取哪些措施才会使消费者对购买的产品满意？

早在 20 世纪七八十年代，乔布斯（Steve P·Jobs）就已证明了他是世界上最富前瞻性的企业家。1976 年联合创办苹果公司时，他即相信计算机将变成大众消费品。而 1984 年推出的麦金塔计算机，率先将图形操作界面和鼠标介绍给世界。

乔布斯在业界一贯以固执和大胆著称，甚至在多数人持相反态度时，他仍一往无前。自从 1985 年乔布斯被董事会解职后，苹果公司马上变成了一家再平庸不过的公司。10 年内它换过三任首席执行官，年销售额却从 110 亿美元缩水至 70 亿美元，以至于原本有意收购它的 SUN 公司选择了放弃。戴尔公司创始人迈克尔·戴尔（Michael Dell）则揶揄说："如果我在苹果，我会关掉这家公司，把钱还给股东。"

后来，重新拥有乔布斯的苹果公司，再次显得生机勃勃。这家完全依靠出色的工业设计和大胆创意发展的公司，完全不像其他 PC（Personal Computer，个人计算机）厂商那样依赖于庞大制造能力和行销体系。2004 年年初，当乔布斯驱车穿越麦迪逊大道时，几乎在每一个路口，他都能看到行色各异的人摆弄着苹果公司生产的数码音乐播放器 iPod。甚至苹果公司的对手微软公司总部内 80% 的员工都在用 iPod。你可将此视为过去 10 年间最富成效的公司再造，不过，与路易斯·郭士纳（Louis V·Gerstner）或李·艾柯卡（Lee Iacocca）的故事大不相同，乔布斯从未试图扮演战略家或管理大师。他所做的，是恢复苹果公司的创新能力。

（资料来源：陈阳，禹海慧. 管理学原理 [M]. 北京：北京大学出版社，2013.）

正如案例材料指出的，20 世纪七八十年代至 2004 年，乔布斯通过实践已证明了他是世界上最富前瞻性的企业家之一。电子产品企业在制定营销策略时，首先要对消费者的购买心理和行为有准确把握，利用消费者求新、求异的消费心理，不断推出新技术，扩大市场。在工业设计中，企业要有创新思维，不断设计新产品、淘汰旧产品，从而让消费者的眼光转移到新产品上来，才能够赢得更大的市场。本章首先介绍创新的内涵、特点和分类；其次介绍管理创新的内涵、特点、动因、过程、方法和途径；最后介绍企业流程再造的概念、实施原则、企业流程再造的过程和方法。

第一节　创　新　概　述

创新是知识经济的灵魂，是企业生存和发展的不竭之源，管理创新则是企业从事创新活动的基本内容。成功企业无一例外地重视创新活动，并在创新活动中自觉运用了创新的管理模式。企业开展创新活动，不仅要研究创新理论，而且要研究创新的发展及其与管理之间的关系。在我国，建立创新型组织是当务之急。要在组织内建立创新体系，开展持续动态创新，才能使组织在竞争激烈的国际市场上保持竞争优势和旺盛的发展动力。

一、创新的内涵

《现代汉语词典》（2012 年第 6 版）对创新的解释为"抛开旧的，创造新的"。1912 年，美籍奥地利经济学家约瑟夫·熊彼特在其德文版著作《经济发展理论》一书中首次提出了创新概念。熊彼特指出，创新就是建立一种新的生产函数，是企业家对生产要素的新组合，其中任何要素的变化都会导致生产函数的变化从而推动经济的发展。

按照其理论，创新包括五个方面的内容：①引入一种新的产品或提供一种产品的新质量；②引用新技术，即新的生产方法；③开辟一个新的市场；④控制原材料的新供应来源；⑤实行一种新的企业的组织形式。

二、创新的特点

从企业角度出发，创新最为显著的特点为风险性、综合性和超前性。

（一）风险性

创新的风险性是指创新给社会及企业自身带来损失的不确定性。创新的风险主要表现在以下两个方面：①企业因时机把握不当而给自身带来损失的不确定性。过早把握创新时机或错失创新时机都会给企业带来一定的风险，过早会使资源的投入变成沉没成本，错失则会使竞争对手抢占大块市场份额。②企业因创新内容、手段等问题的选择而给自身带来损失的不确定性。

（二）综合性

创新的综合性表现为硬技术综合化和管理技术综合化。硬技术综合化是指企业创新过程中对全球技术资源的整合与利用，要求企业在充分利用内部资源的基础上，寻找外部资源的支持。管理技术综合化是指企业在创新过程中综合运用各种管理手段、工具，对各部门的活动进行有效整合，从而实现协同创新的过程。

（三）超前性

创新的超前性是指创新是企业预知并率先抓住未来市场需求的行为。创新超前性主要体现在技术的领先和对稀缺资源的抢占两个方面。在技术领先方面，企业通过技术研发获取领先技术，并通过专利的申请在短期内获得比竞争对手更大的成本空间优势；在对稀缺资源的抢占方面，企业通过商业模式创新优先占领关键稀缺资源，增加与竞争对手抗衡的资本。

三、创新的分类

熊彼特的创新定义是属于经济范畴的，随着科学技术的突飞猛进和社会经济的发展，以及人们对创新意识的加强和创新水平的提升，创新已不再仅仅指经济现象，而扩展到政治、科技、文化、军事、社会生活等各个方面，出现了许多新的创新概念。创新可以主要归纳为七种类型：思维创新、产品（服务）创新、技术创新、组织创新、管理创新、营销创新和企业文化创新。

（一）思维创新

思维创新是以新颖独创的方法的思维过程来实现创新。培养创新思维，需要打破思维定式、思维惯性和封闭思维，以超常规甚至反常规的方法和视角去思考问题，提出创造性的创意和想法。思维创新的方法主要包括发散思维方法、收敛思维方法、联想思维方法和逆向思维方法。

（二）产品（服务）创新

产品（服务）创新是对现有产品（服务）进行实质性的改进或者生产（提供）一项新的产品（服务）。手机在短短的几年时间的更新演变，生动地说明产品的创新是多么迅速；英特尔公司不断推陈出新的微处理器更是创新的典范。

（三）技术创新

技术创新是指企业应用创新的知识和新技术、新工艺，采用新的生产方式和经营管理模式，提高产品质量，开发生产新的产品，提供新的服务，占据市场并实现市场价值。企业是技术创新的主体，技术创新是发展高科技、实现产业化的重要前提。

（四）组织创新

组织创新反映了企业创新过程中，组织创新各要素的动态变化过程。典型的组织变革和创新是通过员工态度、价值观和信息交流，使他们认识和实现组织的变革与创新。组织创新可以改变人的行为风格、价值观念、熟练程度，同时改变管理人员的认识模式。组织创新包括如下三个方面的内容：

（1）以组织结构为重点的变革和创新，例如，重新划分或合并部门、流程改造、改变岗位及岗位职责、调整管理幅度等。

（2）以人为重点的变革和创新。改变员工的观念和态度，如知识的变革、态度的变革、个人行为乃至整个群体行为的变革。

（3）以任务和技术为重点的变革和创新，如任务重新组合分配，更新设备、技术创新，达到组织创新的目的。

（五）管理创新

管理创新就是一个组织（企业）为了适应外部环境的变化，在管理观念、管理体制、管理机制和制度、管理工具、管理方法上所做出的变革。

（六）营销创新

营销创新是指营销策略、渠道、方法、广告促销策划等方面的创新。例如，安利（Amway）的直销就属于营销创新。

（七）企业文化创新

企业文化是员工所共有的价值观，需融入员工的思想和行为。从微软、HP、IBM等世界500强企业的成长历程中可以看出，企业成功依靠的并不完全是资本、规模、技术和某一群特定的优秀员工，还有独具特色的企业文化——具有勇于变革、调整自我、不断创新的企业文化。这种持续的创新文化是推进企业持续发展的原动力。

第二节　管理创新概述

一、管理创新的内涵

什么是管理创新？管理创新就是一个组织（企业）为了适应外部环境的变化，在管理观念、管理体制、管理机制和制度、管理工具、管理方法上所做出的变革。其外在表现可为：研发一个新产品；开拓和使用一种新技术、新方法或新工具；开辟一个新市场或生产经营的新领域；组建一个新系统；制定一套新的管理程序或规章制度，创造一套全新的管理理论和管理模式。其目的在于提高组织的效能、效率和应变能力。保罗·罗默（Paul Romer）认为，管理创新是在创造和掌握新的管理知识的基础上，主动适应外部环境，提高组织整体效能，推动生产要素在

质和量上发生新变化、产生新组合的过程。管理创新一般包括以下五种情况:

（一）提出一种新经营思路并加以有效实施

如果新经营思路是可行的,这便是管理方面的一种创新。但这种新经营思路并非只针对一个组织而言是新的,而应对所有的组织来说都是新的。

（二）创设一个新的组织机构并使之有效运转

组织机构是企业管理活动及其他活动有序化的支撑体系。一个新的组织机构的诞生是一种创新,但如果不能有效运转则成为空想,而不是实实在在的创新。

（三）提出一个新的管理方式方法

一个新的管理方式方法能提高生产效率,或使人际关系更加协调,或能更好地激励员工等等,这些都将有助于组织资源的有效整合以达到组织既定目标和责任。

（四）设计一种新的管理模式

所谓管理模式,是指组织综合性的管理范式。这个范式如果对所有组织的综合管理而言是新的,则自然是一种创新。

（五）进行一项制度的创新

管理制度是组织资源整合行为的规范,既是组织行为的规范,也是员工行为的规范。制度的变革会给组织行为带来变化,进而有助于资源的有效整合,使组织更上一层楼。因此,制度创新也是管理创新之一。

二、管理创新的新范式

全面创新管理是创新管理的新范式。它以价值创造（价值增加）为目标,以培养并提高组织的核心竞争能力为导向,以各种创新要素（如技术、组织、市场、战略、文化、制度等）的有机组合与全面协同创新为手段,通过有效的创新管理机制、方法和工具,力求达到"人人创新、事事创新、时时创新、处处创新"的创新效果,如图 11-1 所示。

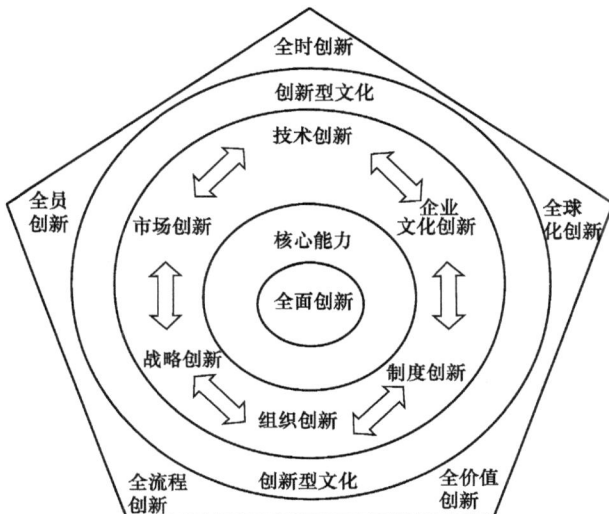

图 11-1 全面创新管理的新范式

（资料来源：许庆瑞.全面创新管理——理论与实践［M］.北京：科学出版社，2006.）

三、管理创新的动因

管理创新的动因是指组织进行管理创新的动力来源。按照管理创新的来源，管理创新的动因可以划分为两类，即管理创新的外在动因和管理创新的内在动因。

（一）管理创新的外在动因

管理创新的外在动因是指创新主体的创新行为所面临的外部环境的变动。其主要包括以下几种：

1. 制度环境的变动

这种变动对管理创新也会产生很大影响。例如，在传统计划经济体制下，企业是政府的附属物，企业生产经营活动都是由上级主管部门决定的，管理只是如何更好地执行上级的指令，企业缺乏管理创新的激情。而在现代市场经济体制下，现代企业制度的建立，使企业成为自主经营、自负盈亏的市场经济主体，这就促使企业积极从事管理创新，以获取更大的收益。

2. 技术的改变

技术的改变对企业的生产经营活动存在普遍的影响，这种影响可能使企业资源的获取、生产设备和产品的技术水平发生变化，也可能使企业的生产规模以及组织形式发生变化，还使适应变化要求的管理创新成为必然。

3. 社会文化因素的影响

社会文化是一种环境因素，它以其无形的形态深入组织成员及组织的方方面面，使创新主体的主导意识、价值观受到熏陶，从而使创新目标、创新行为受到社会文化的影响。

4. 市场竞争的压力

激烈的市场竞争会给组织带来很大压力，迫使组织不断进行管理创新。这种竞争不断鞭策组织去改进管理方式和方法，能自动地使组织和个人敢于承担创新风险，为组织发展提供动力。

阅读材料　哈瑞尔的竞争策略

哈瑞尔是美国一家小公司的负责人，专门销售一种名为"配方409"的清洁液，生意一直不错。后来，强大的宝洁公司专门推出了一种名为"新奇"的同类产品参与竞争，并决定首先在丹佛市试销。哈瑞尔得知这个消息后，当即把"配方409"悄悄地撤出丹佛市，以便给对手造成假象。果然，"新奇"试销大获成功，宝洁公司据此做出错误的判断，对"新奇"予以厚望，制定了一个推向全国的庞大规划。但是，哈瑞尔抢先在全国削价倾销"配方409"，使用户一次购买了足够半年的用量，使得"新奇"在推向全国的时候一蹶不振，极大地动摇了宝洁公司决策者的信心。最后，这场竞争以宝洁公司撤回"新奇"、哈瑞尔大获全胜而结束。

（资料来源：文章代,侯书森.创新管理［M］.北京：石油大学出版社，1999.）

（二）管理创新的内在动因

管理创新的内在动因是指创新主体使创新行为发生和持续的内在动力和原因。其主要包括以下几种：

1. 创新思维

现代组织的一切创新活动首先是思维的创新，管理者的创新思维是管理创新的基本前提和重要内容。具有创新思维的管理者往往不会满足于管理的现状，而是要根据组织内外环境的变化，主动探求新的管理方式和方法。

2. 创新目标

目标是激发创新的首要因素，可以说一切创新都是追求目标的行动。当一个管理者确定了所追求的目标之后，必然会把他所储备的知识、潜藏的能力充分调动起来，高效率地投入使用，全力以赴地开展创新活动。

3. 创新兴趣

兴趣可以引发管理者的创新行为。管理者如果产生了兴趣，就会表现出一种强烈的求知欲和好奇心，并且这种兴趣会转化成一种意志，引导和促使他不断开展探索和创新。

4. 创新心理需求

创新心理需求是因创新主体对成就、自我价值等的追求而产生的，而这种需求及追求本身也会成为创新行为的动因。因为创新一旦成功，就可以体现创新主体自身价值的高低，创新主体也可以从中获得成就感，得到一种自我满足，而正因为如此，具有成就感的创新主体更容易在艰苦的创新过程中保持顽强的进取心。

5. 创新的经济性动机

在现实的经济社会中，创新主体因为对收入报酬的追求和需要而产生创新的行动。创新主体的经济性动机是明确的，就是通过管理创新的成功，在增进企业管理效率、提高资源配置效率的同时，也能增加企业和个人的财富。

6. 责任心

责任心是创新主体进行创新的一个重要创新动因，因为创新主体在其工作范围内，要对其所做工作负责。只有具备高度责任心的人，才会去寻找当前工作中的不足和缺陷，希望从中找到改进的方向。

四、管理创新的过程

管理创新行为是由多因素、多阶段构成的，是一个复杂的过程。

（一）形成创新的愿望

由于企业内外环境的刺激，企业内的一些成员开始具有危机意识，并在企业创新机制的作用下，由自我发动或环境诱发产生创新愿望。自我发动是企业自身由于效益下降、亏损或发展问题，或是为了其他创新，如技术创新、制度创新的内在要求而有了创新冲动；环境诱发是由于企业外部经营环境的变化，特别是竞争的加剧，使企业必须创新，不创新即死亡。在这个阶段，对于企业中下层管理人员来说，其创新愿望必须得到上层管理人员的认可，才有可能组织实施，因而必须注意反映和沟通，促使个人愿望变成企业高层人士的愿望。

（二）创新定位

在具有创新愿望的基础上，企业组建一个具有足够权威，并由多层次人员参与的管理创新小组，在进行大量深入细致的调查研究后，经过反思与比较，充分审视现状，认清差距（包括条件差距与目标差距），分析原因，据此确定创新领域（整体或细节）及大致的创新目标方向，即做好前景规划。

（三）创新方案形成

运用多种创新方法和技术手段，提出解决问题的创新构想（创意），并在创新条件、创新原则、创新目标等约束下，对创意进行比较、筛选、综合及可行性评估，以形成比较具体的、切实可行的并能使系统向更高层次发展的创新方案。在这一阶段中，应特别注意可行性论证和创新结果的可检验性。

（四）付诸实施，即创新行动

管理创新小组组织、领导创新的具体实施者在一定的创新目标导向下，实施创新方案，并注重同步创造条件的一系列活动。这一阶段具体分为以下三个环节：

1. 做好宣传与沟通工作

在实施旧范式的解冻前要大力做好宣传与沟通工作，营造变革的气氛，以取得管理创新的主体与客体的认同，克服和消除妨碍变革的心理障碍，并争取激发人们的积极性与创造性，即在创新中能即兴创造和变革。在这一过程中，除了使成员深刻理解创新的必要性、迫切性、可能性外，还需要创造条件，缩短条件差距，为下一步的实施做好准备。

2. 变革，并创造短期成果

授权各部门、各成员实施创新方案，并制定短期内即可见效的绩效目标，以增强人们对创新的认同和信心。在这一环节中，由于并非所有技术变化、组织变化、人员变化都为人们所预料和准确描述，所以必须遵循以下三个原则：

①坚定性原则。无论遇到多少阻力和困难，都要有坚定的信心，坚持创新并持续创新。②稳定性原则。管理创新是一项复杂的工程，其实验环境又只能是现实的企业，具有很强的风险性，为了保证创新的进程和方向，必须注意有步骤、有控制地进行，保持企业应有的稳定性。③应变原则。对创新中出现的新的变化或新的环境，要及时反馈现象、修正方案，同时注意加强管理创新实施者自身的即兴创造和变革，争取更好、更快地实现短期目标并超越这一目标。

3. 巩固和深化

短期成果的示范作用虽然可以增强人们对创新的认同和信心，形成新的态度和新的行为，但由于旧习惯势力根深蒂固，以及对企业内外环境的变化尚未完全适应，必须利用必要的强化手段，使人们对变革的新行为与新态度巩固下来，并持久化，以保证管理创新的持续性发展。

（五）创新评价与总结

在经过一段时期的强化、固定后，管理创新的领域开始呈现新的范式，并日益稳定，创新效果也日益明显。此时，有必要对其创新效果，特别是其效益性进行评价，并科学地总结这一创新成果。在这一阶段，一方面可使企业经营管理者和广大员工在其成果得到社会承认时产生巨大的激励作用，并促进企业自身再次比较发现与外界的差距，形成新的冲动，以进行更深层次的创新；另一方面也可以使其创新成果向更大范围推广，促进其他企业审视现状并积极进行创新，以发挥企业管理创新成果的社会效用。

五、管理创新的方法

（一）有意识地进行管理创新

企业应建立研发实验室，或是为某些个人指定明确的创新职责，建立专门的组织架构来培育管理创新。要成为一个管理创新者，第一步必须向整个组织推销其创新观念。

（二）创造一种怀疑的、解决问题的文化

当面临挑战时，公司员工会如何反应？他们会开始怀疑吗？他们是会借鉴竞争者采用的方案，还是会更深入地了解问题，努力发现新的解决之道？只有后面一条路才能将公司引向成功的管理创新。因而管理者应当鼓励员工主动解决问题而非选择逃避，要创造一种怀疑的、解决问题的文化。

（三）寻求不同环境中的类比和例证

企业应该向一些高度弹性的社会体系学习；如果企业希望提高员工的动力，就应该观察、学习各种志愿者组织；鼓励员工去不同的国家工作也非常有价值，这可以开阔员工的视野并激发其思维。

（四）利用外部的变革来源来探究新想法

当企业有能力自己推进管理创新时，可以有选择地利用外部的学者、咨询顾问、媒体机构及管理大师。他们有三个基本作用：作为新观念的来源；作为一种宣传媒介让这项管理创新更有意义；使公司已经完成的工作得到更多的认可。

（五）持续地进行管理创新

真正的成功者绝非仅进行一两次的管理创新，相反，他们是持续的管理创新者。通用电气公司就是一个例子，它不仅成名于其"群策群力"原则和无边界组织，还拥有如战略计划、管理人员发展计划、研发的商业化等一系列支持持续创新的措施。

六、管理创新的途径

（一）借助外部著名咨询公司策划培训

当今国际上著名的咨询公司麦肯锡、毕马威等都开展管理咨询培训服务。咨询策划培训的实质是，委托具有专业知识和管理技术专家帮助企业重新设置管理机构、制定管理制度、推行新的管理方法、教育培训员工等，使企业组织运行机制扁平化，工作效率提高，从而使科学化、专业化管理水平得到提高。中小企业采用这种简捷方法可节约时间，减少资源的投入，获得较好的经济效益。

（二）引进现代管理技术

对生产管理中急需的技术，可以出资向著名公司购买引进。购买管理技术时，在协议中可要求输入方派遣技术人员来本企业进行具体指导实践。当前，我国企业引进的管理技术范畴主要有基础管理、财务管理、六西格玛管理、ERP 管理等。

（三）引进拔尖人才

在今天科技突破和知识经济时代，企业在市场经济竞争中的宏观发展和微观管理运作的成功，最关键的因素当属企业拥有一批拔尖的管理和技术人才。然而，在企业"系统"土壤中产生的出类拔萃的管理人才是极其有限的。企业为了快速获得人才，应当把挖掘人才的视野拓宽到外部人力资源市场，从企业发展的长远经济角度，积极引进外部拔尖人才。

（四）在合作经营项目中学习提高

企业双方在合作项目中学习是一种较好的办法。例如，我国企业和国际先进企业共同出资经营某一项目，国外企业或提供软硬件设备或派遣技术管理专家直接进行合作指导，此时我方企业管理技术人员能在实践中耳濡目染，可以形象、具体地学到许多书本上没有的特殊性管理技术，少走弯路，从而达到成功的彼岸。

第三节　企业流程再造

一、流程再造概念的提出

"再造"（Re-engineering）的概念起源于 1984—1989 年进行的一项名为"20 世纪 90 年代的管理"的研究。当时，以"3C"为特征的三股力量对企业的影响日益增大，"科层制管理"（Hierarch Management）不再适应企业的发展。该研究项目旨在借助计算机及其信息技术带来的革命性影响为企业管理指明方向。

流程再造（Business Process Reengineering，BPR）又称企业再造（Corporation Re-engineering）。简单地说，流程再造就是以工作流程为中心，重新设计企业的经营、管理以及运作方式。按照迈克尔·哈默的定义，流程再造是指"对企业的业务流程做根本性的思考和彻底重建，其目的是在成本、质量、服务和速度等方面取得显著的改善，使得企业能最大限度地适应以顾客（Customer）、竞争（Competition）、变化（Change）为特征的现代企业经营环境"。这一定义包括"根本性""彻底性""流程"和"显著性"四个关键词。

阅读材料　迈克尔·哈默的企业再造理论

迈克尔·哈默是美国著名管理学家，他在 20 世纪 80 年代末提出了"再造"一词，用来描述应用信息技术彻底对业务过程重新改造以实现业绩的突飞猛进。这一概念最早引起人们关注是出现在《哈佛商业评论》中，后来通过一系列相关畅销书使哈默成为 20 世纪 90 年代初最有影响的管理学家之一。

20 世纪 60 年代以来，技术革命使企业的经营环境和运作方式发生了很大的变化，而西方国家经济的长期低增长又使得市场竞争日益激烈，企业面临着来自顾客主导权、竞争方式和手段以及市场变化的严峻挑战。在这些挑战下，传统的企业运行机制和组织体制受到了强烈冲击，出现了"大企业病"现象：工作效率低下、组织僵化、机构臃肿、缺乏柔性、销售成本高、忽视客户满意度等。在这种情况下，先进的生产技术已不能从根本上解决这些弊端，也不能充分发挥先进技术的巨大潜力，这就是当时企业面临的挑战和机遇，它呼唤带有根本性变革的现代管理的出现。

在这种背景下，迈克尔·哈默和詹姆斯·钱皮（J.Champy）在广泛、深入进行企业调研的基础上提出了"企业再造"理论，认为企业可以通过重新塑造作业流程创造奇迹。1993年，两人将研究成果公之于世，联合出版了专注《再造企业——企业管理革命的宣言》一书。此书的出版在理论界和实业界引起了巨大的反响，一时间"企业再造""流程再造"成为人们讨论的热门话题，该书连续8周被美国《时代》评为最畅销书，与此有关的各种刊物、演讲会也盛行一时。在短短的时间里，该理论便成为全世界企业以及学术界研究的热点。

（资料来源：陈莞，倪德玲.最经典的管理思想[M].北京：经济科学出版社，2003.）

二、流程再造的原则

流程再造可以在企业核心竞争能力的塑造、适应当前日益变化的环境等方面发挥重要的作用。因此，很多企业都对流程再造寄予厚望，希望通过流程再造的实施，使得企业在各个方面都有所改善。但据调查表明，超过70%的实施了所谓流程再造的企业并没有达到预期的目标。究其原因，很大程度上是由于这些企业没有真正把握流程再造实施的基本核心原则——坚持顾客导向、坚持以流程为中心、坚持实施标杆管理和坚持以人为本的团队式管理。

（一）坚持顾客导向的原则

从根本上说，流程再造就是站在顾客的立场上重建企业，再造的出发点就是顾客需求。首先要确定顾客。谁是我们的顾客？这个问题是整个企业流程再造工作的最基本的引导方针，也牵引着整个企业经营策略的方向。流程再造项目应正确地辨识企业的顾客是谁，企业所服务的客户应该是目前的大客户或是未来潜在的客户，是经销商还是消费者，应该是市场占有率导向（Market-share-Oriented）还是利润贡献导向（Profit-oriented）。这些基本问题答案的不同将导致整个企业流程再造项目进行的方式有极大区别。

一旦决定了关键顾客，就要使企业的各级人员都明确，全心全意为顾客服务才是企业得以生存和发展的根本。在实施流程再造的企业里，员工的绩效由流程运作的结果来衡量，顾客满意度的高低是评价员工绩效的唯一标准。这是因为，企业存在的理由是为顾客提供价值，而价值是由流程创造的，只有改进为顾客创造价值的流程，企业的改革才有意义。坚持顾客导向的原则是流程再造成功的保证。

（二）坚持以流程为中心原则

一个以流程为中心的企业与一个以职能为中心的企业的根本区别不是企业运营流程的不同，而在于其基本结构的不同。在传统的以职能为中心的企业中，组成企业的基本单元是职能相对单一的工序和部门，由这些工序和部门分别完成不同的工作任务，流程由若干个单一的任务片段组成。而在一个以流程为中心的企业中，企业的基本组成单元是不同的流程，这样就使得企业的部门乃至流程本身都富有弹性，并可以随着市场环境的变化随时增减改变。以流程为中心的企业还意味着企业的形态也富有弹性，流程是直接面对顾客的，即随着市场需求的变化而变化。所以，以流程为中心的变革是一场持续的革命，仅仅一次改进，哪怕效果十分显著，都是微不足道的，一个企业必须持续关注流程，才能与不断变化的环境相协调。

（三）坚持实施标杆管理

流程再造必须有再造的参照物和基准，才能够做到有的放矢。标杆管理（Benchmarking）是 20 世纪 70 年代末由美国施乐公司首创的，被美国生产力与质量中心系统总结和规范后，逐步推广开来。美国生产力与质量中心对标杆管理的定义是：标杆管理是一个系统的、持续性的评估过程，通过不断地将企业流程与世界上居领先地位的企业相比较，来获得帮助企业改善经营绩效的信息。标杆管理的基本环节是以最强的竞争企业或那些行业中领先的和最有名望的企业在产品、服务或流程方面的绩效及实践措施为基准，树立学习和追赶的目标，通过资料收集、比较分析、跟踪学习、重新设计并付诸实施等一系列规范化的程序，将本企业的实际状况与这些基准进行定量化评价和比较，分析这些基准企业达到优秀绩效水平的原因，并在此基础上选取改进本企业绩效的最佳策略。通过辨识最佳绩效及其实践途径，企业可以明确本企业所处的地位、管理运作情况以及需要改进的地方，从而制定适合本企业的有效的发展战略。

（四）坚持以人为本的团队管理原则

目前，以人为本的管理理念已经深入人心，没有哪一个企业可以忽视人的问题。然而，以流程为中心的企业所关心的并不仅仅是人本身，还关心以人为本的团队管理。在传统企业里，由于相对静止的市场环境，决定了以分工为基础的职能导向型管理是有效率的。传统企业中除了领导者之外，其他人思考问题的出发点是如何完成本职工作，而对自己工作流程的进展却往往不够关注。而在以流程为中心的企业里，要扮演好企业领导者的角色，就必须学会像球队教练一样思考和统筹安排：他们要将主要的流程编织在一起，要合理分配资源，还要制定战略。在以流程为中心的企业里，一个以完成任务为基础的组织正逐渐被以团队为基础完成大部分任务甚至是全部任务的组织所取代。团队是完成每一个流程的基本单位，基于团队而工作的员工，其工作积极性和主观能动性得以充分发挥。让员工变"要我做"为"我要做"是流程再造的最高境界，也是坚持团队管理的精髓所在。

三、流程再造的过程和方法

由于许多流程再造的方法大同小异，为了提出一种具有普遍指导意义的再造方法，威廉姆 J·凯丁格（Wiuiam J·Kettinger）等人通过调查 33 家咨询公司的实际运用情况，仔细分析了 25 种常见方法中的"阶段与任务"的共性和差异，找出了每一阶段的核心任务，经过综合以后，得出了六个阶段 21 个任务的流程创新方法，如表 11-1 所示。

表 11-1　流程再造的"阶段—任务"框架

阶　段	任　务				
阶段一：构思 设想(S1)	S1A1 得到管理者的承 诺和管理愿景	S1A2 发现流程 再造的机会	S1A3 认识信息技术/ 信息技术的潜力	S1A4 选择流程	
阶段二：项目 启动(S2)	S2A1 通知股东	S2A2 成立流程再造小组	S2A3 制订项目实 施计划和预算	S2A4 分析流程外 部客户的需求	S2A5 设置流程再造 组的绩效目标
阶段三：分析 诊断(S3)	S3A1 描述现有流程	S3A2 分析现有流程			
阶段四：流程 设计(S4)	S4A1 定义并分析新流 程的初步方案	S4A2 建立新流程的原 型与设计方案	S4A3 设计人力 资源结构	S4A4 信息系统的 分析和设计	
阶段五：流程 重建(S5)	S5A1 重组组织结构 及其运行机制	S5A2 信息系统的实施	S5A3 培训员工	S5A4 新旧流程的切换	
阶段六：监测 评估(S6)	S6A1 评估新流程的绩效	S6A2 转向实施连 续改善活动			

　　阶段一：构思设想(S1)。这个阶段主要是为企业的流程再造项目立项做准备。企业流程再造首先要得到企业高层领导的支持，确定需要改善的企业关键流程；给予高层领导与员工对流程再造的理解，以及企业的发展战略和信息技术、信息系统支持流程再造的潜力；确定需要改善的企业流程。代表性技术有研讨会、IT/流程分析技术。

　　阶段二：项目启动(S2)。这个阶段的主要任务包括：通知股东；建立流程再造小组；制订项目实施计划和预算；分析流程外部客户的需求；设置流程再造的绩效目标。代表性技术有质量屋(QFD)。

　　阶段三：分析诊断(S3)。这个阶段的主要任务包括：对现有流程及其子流程建模，描述各个流程的属性，如活动、资源、沟通关系、管理职责、信息技术和成本等；通过确定流程的需求和顾客价值的实现情况，分析现有流程存在的问题及其产生的原因，确定非增值活动。代表性技术有流程图形建模技术(业务流程图、数据流程图等)、鱼骨分析。

　　阶段四：流程设计(S4)。这个阶段的主要任务是完成新流程的设计。通过头脑风暴法和其他新技术，提出新流程的各种解决方案；新流程的方案应该满足企业的战略目标，同时要设计与新流程运营相适应的人力资源和信息技术、信息系统的体系结构；产生新流程的模型及其相应说明、新流程的原型系统，以及支持新流程运营的信息系统的详细设计方案。代表性技术有创造性技术(头脑风暴法等)、流程模拟技术、数据建模技术。

　　阶段五：流程重建(S5)。这个阶段主要应用变化管理技术来确保相应流程的平稳过渡，需要培训员工、建立信息技术平台和信息系统等。代表性技术有作用因子分析。

阶段六：监测评估（S6）。这个阶段需要监测和评估新流程的绩效，以确定它是否满足预定的目标，通常与企业的全面质量管理联系起来。代表性技术有基于活动的成本分析（ABC），帕累托（Pareto）曲线图等。

必须注意，上述阶段中的一些关键人物与企业的流程体系中各个子系统之间的关系是非常密切的，体现了企业流程再造项目的本质。它为更好地理解流程再造的核心内容奠定了基础。同时，这个阶段—任务框架可以更加有效地指导和实施企业流程再造。

阅读材料　福特汽车公司的应付账款流程再造

20世纪80年代初，美国汽车业处于一片萧条之中，福特汽车公司的最高管理层仔细研究了财会科以及其他许多部门，希望找到削减成本的办法。仅在北美地区，负责应付账款的财会科就雇用了500多人。管理层认为，通过实现流程合理化和安装新的计算机系统，可以减少大约20%的人员。

一个减少到400人的部门已经让福特汽车公司感到十分振奋，福特汽车公司对自己加强应付账款控制的计划满怀热情，直到它开始留意马自达公司（Mazda）——马自达公司的财会科总共才5个人。数字上的绝对差异让大家感到非常震惊，即使考虑了两个公司规模和业务量的差别，这一差距也是巨大的。

福特汽车公司的管理层一步步提高了他们的目标：财会科不只是要减少100名员工，而是要减少几百名员工。之后，它开始着手实现该目标。首先，管理人员对原有系统进行分析。过去，当福特的采购科填写一张订购单后，发送一份给财会科；随后，当仓库收到商品后，将一份收据送到财会科；同时，供应商将商品发票送到财会科。然后，财会科将订购单、收据和发票进行核对，如果三者一致，财会科就准备付款。流程如图11-2所示。

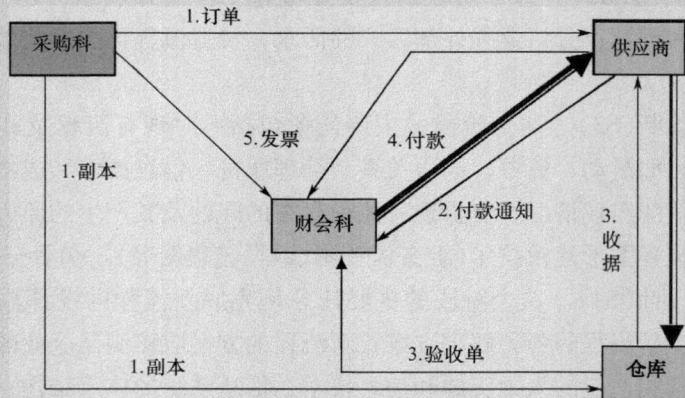

图11-2　福特汽车公司应付账款原业务流程图

该部门的绝大部分时间都用来处理不一致的情况，即订购单、收据和发票互相不符的情况。如果出现这种情况，财会科职员需要调查差错原因、推迟付款、制作文件，总之搞得工作一团糟。

帮助财会科职员提高调查效率可以改善工作，不过更好的办法应该是从根本上杜绝不一致的发生。为了实现这一目标，福特汽车公司建立了"无发票处理流程"，如图 11-3 所示。现在采购科填写了一张订购单后，会将该信息输入到在线数据库，而不需要将该订单复印件发送给任何人。当商品到达收货部后，仓库收货员会查看数据库，以便确定该货物是否与某个未到货的订货单一致。如果一致，他就接受商品，并将该交易输入计算机系统（如果收货部在数据库中找不到商品的记录，它会直接退货）。

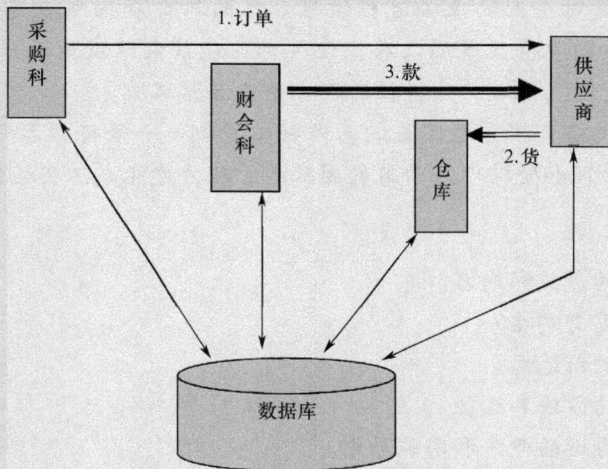

图 11-3　福特汽车公司应付账款新业务流程图

按照过去的程序，财会科在向供应商付款之前，必须在收货记录、订货单和发票之间核对 14 个项目。而新的方法只要求在订货单和收货记录之间核对 3 个项目——零件编号、计量单位以及供应商代码。核对可以自动完成，而且计算机可以填写支票，然后由财会科交给供应商。大家就不必再为发票操心了，因为福特汽车公司已经告诉它的供应商不要再寄发票。

福特实行这项新流程的部门减少了 75% 的员工，而不是保守计划下的 20%。而且，因为财务记录和实物记录之间没有任何出入，材料控制变得更简单，财务信息也变得更准确。

本章小结

1. 熊彼特指出，创新就是建立一种新的生产函数，是企业家对生产要素的新组合。创新可以主要归纳为七种类型：思维创新、产品（服务）创新、技术创新、组织创新、管理创新、营销创新和企业文化创新。

2. 全面创新管理是创新管理的新范式。它以价值创造（价值增加）为目标，以培养并提高组织的核心竞争能力为导向，以各种创新要素（如技术、组织、市场、战略、文化、制度等）的有机组合与全面协同创新为手段，通过有效的创新管理机制、方法和工具，力求达到"人人创新、事事创新、时时创新、处处创新"的创新效果。

3. 按照管理创新的来源，管理创新的动因可以划分为两类，即管理创新的外在动因和管理创新的内在动因。

4. 管理创新行为是多因素、多阶段的，是一个复杂的过程。它主要涵盖五个环节：形成创新的愿望；创新定位；创新与方案形成；付诸实施，即创新行动；创新评价与总结。

5. 企业可以通过借助外部著名咨询公司策划培训、引进现代管理技术、引进拔尖人才、在合作经营项目中学习提高几种途径来实现管理创新。

6. 企业流程再造是对企业的业务流程做根本性的思考和彻底重建，其目的是在成本、质量、服务和速度等方面取得显著的改善，使得企业能最大限度地适应以顾客（Customer）、竞争（Competition）、变化（Change）为特征的现代企业经营环境。

7. 企业只有真正把握流程再造实施的基本核心原则——坚持顾客导向、坚持以流程为中心、坚持实施标杆管理和坚持以人为本的团队式管理，才能成功实施企业流程再造。

复习思考题

1. 简述管理创新的含义和内容。
2. 管理创新的动因有哪些？
3. 阐述创新管理的新范式。
4. 简述管理创新的方法和途径。
5. 介绍企业流程再造的概念和实施原则。
6. 阐述企业流程再造的过程和方法。

案例思考

破旧立新、随机应变

——通用电气公司的组织变革管理

通用电气公司是由老摩根（Morgan Sr.）在1892年创立的，在两次世界大战中，这家公司大发战争财，获得了迅速发展。第一次世界大战后，该公司在新兴的电工技术部门——无线电方面居于统治地位，1919年成立了一个子公司，即美国无线电公司，几乎独占了美国的无线电工业。第二次世界大战又使通用电气公司的产量和利润额急剧增长。

通用电气公司在创立后的80多年中，以各种方式吞并了国内外许多企业，攫取了许多企业的股份。纵观通用电气公司的发展，组织变革是其发展历程中一个永不变更的话题，也是其不断壮大的原动力。

一、不断改革管理体制

考虑公司经营多样化，品种规格繁杂，市场竞争激烈，20世纪50年代初，通用电气完全采用了"分权的事业部制"。当时，整个公司一共分为20个事业部，每个事业部各自独立经营、单独核算。以后随着时间的推移，由于企业经营的需要，该公司对组织机构不断进行调整。1963年，当波契（Boych）接任董事长时，公司的组织结构共计分为5个集团组、25

个分部和 110 个部门。当时公司销售正处于停滞时期，波契认为业务扩大之后，原有的组织结构已不能适应，于是把 5 个集团组扩充到 10 个，把 25 个分部扩充到 50 个，把 110 个部门扩充到 170 个。他还改组了领导机构的成员，指派了 8 个新的集团总经理、33 个分部经理和 100 个新的领导部门领导；同时还成立了由 5 个人组成的董事会，他们的职责是监督整个公司，并为公司制定长期的基本战略。

二、设立战略事业单位——通用电气公司迈出的关键一步

在 20 世纪 60 年代末，通用电气公司在市场上遇到与威斯汀豪斯电器公司的激烈竞争，公司财政一直在赤字上摇摆。公司的最高领导者为摆脱危机，于 1971 年在企业管理体制上采取了一种新的战略性措施，即在事业部设立"战略事业单位"。这种战略事业单位是独立的组织部门，可以在事业部门内有选择地对某些产品进行单独管理，以便事业部将人力、物力能够机动、有效地集中分配使用。战略事业单位对各种产品、销售、设备和组织编制出严密的有预见性的战略计划。这种战略事业单位可以和集团组相平；也可以相当于分部的水平，如医疗系统、装置组成部分和化学与冶金等；还有些相当于部门的水平，如碳化钨工具和工程用塑料。通用电气公司的领导集团很重视建立战略事业单位，认为它是公司发展的一个"重要途径"。从该公司 20 世纪 60 年代到 70 年代迅速发展的情况看，这项措施确实起了不少作用。1966—1976 年的 11 年中，通用电气公司的销售额，由 71.77 亿美元增加到 156.97 亿美元，纯利润由 3.39 亿美元增加到 9.31 亿美元，同时期内的固定资产总额由 27.57 亿美元上升到 69.55 亿美元。

三、重新集权化——执行部制

在 20 世纪 70 年代中期，美国经济又出现停滞。于 1972 年接任通用电气公司董事长的琼斯(Jones)担心到 20 世纪 80 年代可能会出现比较长期的经济不景气现象。到 1977 年年底，他又进一步改组公司管理体制，从 1978 年 1 月起实行"执行部制"，也就是"超事业部制"。这种体质就是在各个事业部之上再建立一些"超事业部制"，来统辖和协调各事业部的活动，也就是在事业部的上面又多了一级管理。在改组后的体制中，董事长琼斯和两名副董事长组成了最高执行局，专管长期战略计划，负责和政府打交道，以及研究税制等问题。执行局下面设 5 个执行部(即"超事业部"，包括消费类产品服务执行部、工业产品零件执行部、电力设备执行部、国际执行部和技术设备材料执行部)，每个执行部由一名副总经理负责。执行部下共设有 9 个总部(集团)、50 个事业部、49 个战略事业单位。这样，一方面可使最高领导机构减轻日常事务，便于集中力量研究有关企业发展的决策性战略计划；另一方面也增强了企业的灵活性。各事业部的日常事务，一切有关市场、产品、技术、顾客等方面的战略决策，以前都必须向最高领导机构报告，而现在则分别向各执行部报告就行了。

四、融合不同职能的计算机网络系统

通用电气公司在企业管理中广泛应用电子计算机后，建立了一个网络系统，大大提高了工作效率。这个网络系统把分布在 49 个州的 65 个销售部门，分布在 11 个州的 18 个产品仓库，以及分布在 21 个州的 40 个制造部门(共 53 个制造厂)统统连接起来。在顾客的打电话来订货时，销售人员把数据输入这个网络系统，它就自动进行以下一系列工作，如查询顾客的信用情况，并查询在就近的仓库有无这种产品的存货。在这两点都得到肯定的回答以后，

这个网络系统就同时办理接受订货、开发票、登记仓库账目手续。如果有必要，还同时向工厂发出从仓库存货的生产调度命令，然后通知销售人员和顾客所需货物已经发货。这全部过程在不到15s的时间内即可完成。除了办事速度快以外，这个网络系统实际上已经把销售、存货管理、生产调度等不同的职能结合在一起了。

五、完备的科研组织体制

同样，美国通用电气公司也非常重视科研工作，而且已有悠久的历史。从公司成立后的第二年，就有一位德国青年数学家斯泰因梅茨（Steinmetz）搞科研工作，于1900年成立实验室。据1970年《美国工业研究所》报道，该公司共有207个研究部门，其中包括一个研究与发展中心、206个产品研究部门，共有科研人员17200余人，占公司员工总人数的4%。1973年，通用电气公司共有31000名获得技术学位的专业人员，其中半数以上从事研究与发展工作。1972年，公司科研总费用超过8亿美元，其中3亿美元由本公司承担，5亿美元主要用于与美国政府订立的合同的研究与发展工作上。

通用电气公司正是这样通过自身不断的改革与创新，特别是组织上的变革，屹立于世界企业之林而百年不倒。

（资料来源：摘编自中国企业国际化管理课题组.企业创新开发国际化管理案例[M].北京：中国财政经济出版社，2002.）

问题讨论：

1. 组织变革对通用电气公司的发展起到什么样的作用？
2. 你认为企业应该怎样看待组织变革？怎样选择组织结构模式？

参 考 文 献

[1] 戴维 A 阿克. 战略市场管理[M]. 7 版. 王霞，等译. 北京：中国人民大学出版社，2005.

[2] REG 佩林斯，A 杰弗里斯. 英国公司法[M].《公司法》翻译小组. 译. 上海：上海翻译出版公司，1984.

[3] Singh M. E-services and Their Role in B2C E-commercial [J]. Managing Service Quality，2002，12（6）：434-446.

[4] 阿里研究院. 互联网+：从 IT 到 DT[M]. 北京：机械工业出版社，2015.

[5] 小艾尔弗雷德 D 钱德勒. 看得见的手——美国企业的管理革命 [M]. 重武，译. 北京：商务印书馆，1987.

[6] 安景文. 现代企业管理[M]. 北京：北京大学出版社. 2012.

[7] 包忠明. 企业物流管理实务[M]. 北京：中国纺织出版社，2015.

[8] 彼得·德鲁克. 管理：任务、责任和实践(第三部)[M]. 刘勃，译. 北京：华夏出版社，2008.

[9] 彼得·德鲁克. 管理未来[M]. 李亚，等译. 北京：机械工业出版社，2013.

[10] 彼得·圣吉. 第五项修炼[M]. 张成林，译. 北京：中信出版社，2009.

[11] 陈莞，倪德玲. 最经典的管理思想[M]. 北京：经济科学出版社，2003.

[12] 陈楠. 宝洁：从研发到联发 \ [J\]. 商务周刊，2008（23）：26.

[13] 陈荣秋，马士华. 生产与运作管理[M]. 北京：机械工业出版社，2013.

[14] 陈荣秋，等. 生产与运作管理[M]. 北京：高等教育出版社，1999.

[15] 陈晓坤，蔡成喜，等. 企业管理学[M]. 北京：清华大学出版社，北京交通大学出版社，2007.

[16] 陈阳，禹海慧. 管理学原理 [M]. 北京：北京大学出版社，2013.

[17] 陈拥军. 电子商务与网络营销 [M]. 2 版. 北京：电子工业出版社，2012.

[18] 陈志祥，李丽. 生产与运作管理[M]. 北京：机械工业出版社，2012.

[19] 杜玉梅，等. 企业管理[M]. 3 版. 上海：上海财经大学出版社，2011.

[20] 范家骧，高天虹. 西方经济学：下册[M]. 北京：中国经济出版社，1992.

[21] 菲利普·科特勒，等. 营销管理[M]. 13 版. 卢泰宏，译. 北京：中国人民大学出版社，2011.

[22] 弗雷德 R 戴维. 战略管理 [M]. 8 版. 李克宁，译. 北京：经济科学出版社，2002.

[23] 甘华鸣，肖忠远. 企业创新（哈佛商学院 MBA 课程）[M]. 北京：中国国际广播出版社，2001.

[24] 格里·约翰逊，凯万·斯科尔斯. 公司战略教程 [M]. 3 版. 金占明，贾秀梅，译. 北京：华夏出版社，1998.

[25] 顾天辉，谭春华. 企业战略管理[M]. 北京：经济科学出版社，2010.

[26] 顾天辉，杨立峰，张文昌. 企业战略管理[M]. 北京：科学出版社，2008.

[27] 管永胜. 网络营销的6个关键策略[M]. 北京：中国财富出版社，2011.

[28] 哈罗德·孔茨，等. 管理学[M]. 8版. 孟韬，译. 北京：经济科学出版社，2013.

[29] 哈梅尔，普拉哈拉德. 竞争大未来[M]. 北京：昆仑出版社，1998.

[30] 韩睿. 3M公司的技术突破秘诀——前沿用户法[J]. 科技管理研究，2005，25(12)：284-285.

[31] 韩炜. 运营管理[M]. 北京：经济科学出版社，2009.

[32] 贺舒. 你是一个有效的决策者吗？——费尔的"四大决策"[J]. 新领军，2011，10：114-116.

[33] 胡宇辰，等. 企业管理学[M]. 北京：经济管理出版社，2003.

[34] 黄速建. 现代企业管理——变革的观点[M]. 北京：经济管理出版社，2002.

[35] 黄维德，董临萍. 人力资源管理[M]. 3版. 北京：高等教育出版社，2011.

[36] 黄渝祥. 企业管理概论[M]. 2版. 北京：高等教育出版社，2003.

[37] 加雷思·琼斯，珍妮弗·乔治. 当代管理学[M]. 3版. 郑风田，赵淑芳，译. 北京：人民邮电出版社，2005.

[38] 姜晓峰. 企业网络营销策略研究[D]. 青岛：中国海洋大学，2008.

[39] 焦晓波. 现代企业管理理论与实务[M]. 合肥：合肥工业大学出版社，2009.

[40] 杰伊·巴尼，威廉·赫斯特里. 战略管理[M]. 李新春，张书军，译. 北京：机械工业出版社，2008.

[41] 柯林斯，波拉斯. 基业长青[M]. 真如，译. 北京：中信出版社，2009.

[42] 肯尼思 E 克洛，唐纳德·巴克. 整合营销传播：广告、媒介与促销[M]. 5版. 谭咏风，胡静，译. 上海：格致出版社，上海人民出版社，2015.

[43] 蓝海林. 企业战略管理[M]. 北京：科学出版社，2011.

[44] 冷湖. 小米制胜之道[M]. 北京：中国纺织出版社，2015.

[45] 黎群，王莉，等. 企业文化[M]. 2版. 北京：清华大学出版社，北京交通大学出版社，2012.

[46] 黎万强. 参与感：小米口碑营销内部手册[M]. 北京：中信出版社，2014.

[47] 李亚民. 企业管理[M]. 北京：科学出版社，2010.

[48] 李宜琛. 日耳曼法概论[M]. 北京：商务印书馆，1944.

[49] 李志强，赵卫军. 企业技术创新与商业模式创新的协同研究[J]. 中国软科学，2012(10)：117-124.

[50] 里斯，特劳特. 定位[M]. 王恩冕，等译. 北京：中国财政经济出版社，2002.

[51] 廖泉文. 人力资源管理经典案例[M]. 北京：高等教育出版社，2005.

[52] 廖元和. 现代技术开发与创新[M]. 2版. 北京：经济管理出版社，2014.

[53] 林光. 企业管理[M]. 北京：清华大学出版社，2011.

[54] 刘丽文. 生产与运作管理[M]. 4版. 北京：清华大学出版社，2011.

[55] 迈克尔·波特. 竞争优势[M]. 陈丽芳, 译. 北京: 中信出版社, 2014.

[56] 迈克尔·波特. 竞争战略[M]. 陈小悦, 译. 北京: 华夏出版社, 2005.

[57] 佩罗特, 麦卡锡. 基础营销学[M]. 梅清豪, 等译. 上海: 上海人民出版社, 2000.

[58] 皮尔斯, 鲁滨逊, 等. 战略管理: 制定实施和控制[M]. 王丹, 等译. 北京: 中国人民大学出版社, 2005.

[59] 邱昭良. 学习型组织新实践[M]. 北京: 机械工业出版社, 2010.

[60] 邵喜武, 林艳辉. 管理学实用教程[M]. 北京: 北京大学出版社, 2013.

[61] 沈君, 等. 物流管理概论[M]. 2 版. 北京: 北京交通大学出版社, 清华大学出版社, 2014.

[62] 石慧波. 如何进行流程设计与再造[M]. 北京: 北京大学出版社, 2004.

[63] 史尚宽. 物权法论[M]. 北京: 中国政法大学出版社, 2000.

[64] 斯蒂芬 P 罗宾斯. 管理学[M]. 11 版. 李原, 等译. 北京: 中国人民大学出版社, 2012.

[65] 宋剑涛. 企业管理学[M]. 成都: 西南财经大学出版社, 2014.

[66] 孙健, 纪建悦. 人力资源开发与管理——理论、工具、制度、操作[M]. 北京: 企业管理出版社, 2004.

[67] 汤姆森, 斯迪克兰德. 战略管理[M]. 10 版. 段盛华, 译. 北京: 北京大学出版社, 2000.

[68] 汤姆森, 等. 战略管理: 概念与案例[M]. 18 版. 黄嫚丽, 等译. 北京: 机械工业出版社, 2012.

[69] 王晓平. 电子商务环境下的物流管理[M]. 北京: 北京大学出版社, 2013.

[70] 威廉 J 史蒂文森. 运营管理[M]. 11 版. 马风才, 译. 北京: 机械工业出版社, 2012.

[71] 吴勤堂, 黄兰萍. 企业管理学[M]. 武汉: 武汉大学出版社, 2009.

[72] 吴淑芳, 李树超. 企业管理学[M]. 青岛: 中国海洋大学出版社, 2005.

[73] 吴晓波. 物流与供应链管理[M]. 杭州: 浙江大学出版社, 2011.

[74] 夏洪胜, 张世贤. 技术开发与管理[M]. 北京: 经济管理出版社, 2014.

[75] 徐二明. 企业战略管理[M]. 北京: 中国经济出版社, 2002.

[76] 徐向艺. 管理学[M]. 济南: 山东人民出版社, 2005.

[77] 许庆瑞. 全面创新管理——理论与实践[M]. 北京: 科学出版社, 2006.

[78] 雅各布斯, 蔡斯. 运营管理[M]. 13 版. 任建标, 译. 北京: 机械工业出版社, 2011.

[79] 亚当·斯密. 亚当·斯密全集第 3 卷: 国民财富的性质和原因的研究（下卷）[M]. 郭大力, 王亚南, 译. 北京: 商务印书馆, 2014.

[80] 杨文士, 等. 管理学原理[M]. 2 版. 北京: 中国人民大学出版社, 2004.

[81] 姚远. 我国大型网上零售企业的网络营销策略研究[D]. 大连: 东北财经大

学，2007.

[82] 雍兰利，魏凤莲，等. 物流管理概论[M]. 杭州：浙江大学出版社，2011.

[83] 尤建新，等. 企业管理概论[M]. 4 版. 北京：高等教育出版社，2010.

[84] 张群. 生产与运作管理[M]. 3 版. 北京：机械工业出版社，2014.

[85] 张振刚. 创新管理[M]. 北京：机械工业出版社，2013.

[86] 赵晶媛. 技术创新管理[M]. 北京：机械工业出版社，2010.

[87] 中共中央马克思恩格斯列宁斯大林著作编译局. 马克思恩格斯全集[M]. 北京：人民出版社，2008.

[88] 中国企业国际化管理课题组. 企业创新开发国际化管理案例[M]. 北京：中国财政经济出版社，2002.

[89] 周小川，等. 企业改革：模式选择与配套设计[M]. 北京：中国经济出版社，1994.

[90] 朱光福. 企业物流管理[M]. 重庆：重庆大学出版社，2012.